OOG OM OOG

M.J. Arlidge bij Boekerij:

Iene miene mutte
Piep zei de muis
Pluk een roos
Klikspaan
Naar bed, naar bed
Wie niet weg is
Klein klein kleutertje
In de maneschijn
Nog lange niet
Niemand zeggen
Twee kleine visjes
Kom eens gauw

Kom je spelen?
Oog om oog

boekerij.nl

M.J. Arlidge

OOG OM OOG

Zou jij geen wraak willen voor
een onvergeeflijke daad?

Vertaald door Mireille Vroege

ISBN 978-90-225-9959-4
ISBN 978-94-023-2181-4 (e-book)
ISBN 978-90-528-6645-1 (audio)
NUR 330

Oorspronkelijke titel: *Eye for an Eye*
Vertaling: Mireille Vroege
Omslagontwerp: Wil Immink Design
Omslagbeeld: © iStock
Zetwerk: Mat-Zet bv, Huizen

© 2023 M.J. Arlidge
© 2023 Nederlandse vertaling Meulenhoff Boekerij bv, Amsterdam

Niets uit deze uitgave mag openbaar worden gemaakt door middel van druk, fotokopie, internet of op welke andere wijze ook, zonder voorafgaande schriftelijke toestemming van de uitgever.

Voorwoord

Er zijn op dit moment slechts zes criminelen in het Verenigd Koninkrijk aan wie de rechtbank de garantie op permanente, levenslange anonimiteit heeft gegeven, en die na hun vrijlating een nieuwe naam en een nieuw leven hebben gekregen. De misdaden die deze mensen hebben gepleegd waren zo berucht en hadden zo veel aandacht gekregen dat men de dreiging reëel achtte dat zij zouden worden aangevallen door mensen die het recht in eigen hand wilden nemen. Daarom heeft het hof de ongebruikelijke maatregel genomen om hun levenslange anonimiteit te schenken, hen te beschermen en een tweede kans in het leven te geven, onder supervisie van de reclassering.

Veel mensen hebben dit besluit toegejuicht en erop gewezen dat deze misdadigers zelf nog maar kinderen waren toen ze hun misdrijf begingen. Andere mensen vonden het daarentegen onterecht, en zij voelden zich niet prettig bij het idee dat deze criminelen zich nu vrij in de samenleving rondbewogen, onzichtbaar en uit het zicht. Als iemand die voor kindermisbruik veroordeeld is bij je in de buurt komt wonen, heb je op grond van Sarah's Law het recht daarvan op de hoogte gebracht te worden. Maar dat geldt niet voor deze zes mensen. En dat vinden sommigen vreemd, gezien de ernst van hun misdrijf en het feit dat minstens één van hen na zijn vrijlating nog meer ernstige seksgerelateerde misdrijven heeft gepleegd.

In de loop der jaren zijn er diverse pogingen gedaan om deze mensen bekend te maken, en met name de Engelse roddelpers doet zijn uiterste best hen op het spoor te komen. Al die pogingen zijn op niets uitgelopen, de zes misdadigers blijven tot op de dag van vandaag verstopt en beschermd. In *Oog om oog*, een fictieve kijk op dit onderwerp, onderzoek ik wat er zou gebeuren als iemand er wél in zou slagen om de nieuwe identiteit en verblijfplaats van deze beruchte misdadigers bekend te maken – niet aan de pers, nieuwszenders of op het internet, maar rechtstreeks aan de familie van de slachtoffers zelf. Zou het uitlopen op *natural justice*, zouden deze misdadigers eindelijk ten volle beseffen wat ze met hun verschrikkelijke misdaad hebben aangericht? Of zou het een uitnodiging worden tot eigenrichting, bloeddorst en heerschappij van het gepeupel?

Hoe zou u zich voelen als u eindelijk oog in oog kwam te staan met de moordenaar van uw kind?

Matthew Arlidge,
juli 2023

*Voor mijn moeder,
die me heeft gemaakt tot wie ik ben*

DAG 1

1

Nog voor hij hen zag, voelde hij al dat ze er waren. Verraadden ze zich door een flakkerende schaduw, het geluid van iemand die oppervlakkig ademhaalde, of door een onhandige voetstap? Of kwam het door zijn precies afgestelde zintuigen dat hij hun aanwezigheid bemerkte, door die overlevingsinstincten die hem al zo lang in leven hadden gehouden? Eén ding was hoe dan ook duidelijk: ze hadden hem gevonden.

Mark Willis onderdrukte zijn angst en liep door. Zweet parelde op zijn voorhoofd, zijn hart klopte in zijn keel, maar hij liep rustig door en keek vluchtig de in schaduw gehulde gebouwen en stegen langs. De wijk Rumworth was een ellendig oord, bewoond door drop-outs, junks en uitzichtloos arme mensen, maar Mark vond het hier fijn, vooral 's nachts, als hij kon gaan en staan waar hij wilde. Hij genoot van deze vluchtige momenten van vrijheid, wanneer alle ellende, pijn en geweld van het verleden leken weg te smelten, wanneer hij zich onzichtbaar en veilig voelde. Hij had een leuke avond gehad en kuierde onbespied naar zijn piepkleine flatje. Vijf pints goedkoop bier maakten gevoelens van zorgeloosheid bij hem los, van euforie zelfs. Maar in één tel was alles veranderd. Nu voelde hij zich broodnuchter, zijn hoofd was helder, zijn lichaam klaar om te vluchten, zich ervan bewust dat hij in levensgevaar verkeerde.

Hoe hadden ze hem gevonden? Waarmee had hij zich verraden? Hij kon het zich niet voorstellen. Hij was heel voorzichtig, heel behoedzaam geweest – hij had zich zijn nieuwe identiteit eigen gemaakt, hij had in deze nieuwe woonplaats een leven opgebouwd – maar op de een of andere manier wísten ze het. De komende paar minuten zouden bepalend zijn voor de vraag of hij aan vergelding zou weten te ontkomen of dat hij een wrede dood zou sterven. Zijn enige hoop was gevestigd op het verrassingselement, op een plotselinge, onverwachte sprong naar de vrijheid. Maar welke kant moest hij opgaan? Welk pad moest hij nemen? Als hij de juiste keuze maakte, kon hij hier ongedeerd vandaan komen, maar als hij de foute keuze maakte...

Daar. Zie je wel, hij verbeeldde het zich niet. Deze keer wist hij zeker dat hij een voetstap in de schaduwen van Lancaster House hoorde, de meest verwaarloosde van de vijf torenflats die deze onooglijke uithoek van Bolton ontsierden. Hij wierp snel een blik in de richting van het wegrottende wooncomplex en verwachtte in de schaduw een log silhouet te zullen zien, maar tot zijn verrassing liet zijn aanvaller nu alle behoedzaamheid varen en trad hij naar voren in de zwakke gloed van de lantaarnpalen.

Mark hield zijn adem in, wankelde even en was niet in staat te verwerken wat hij voor zich zag. De man was lang en krachtig, had laarzen met stalen neuzen aan en droeg een smerige spijkerbroek en een zwart bomberjack. Hij had handschoenen aan en hield een koevoet in zijn hand. De misselijkmakende kromming van de haak werd verlicht door de doffe natriumgloed van de lantaarns. Dit was al genoeg om Marks bloed te doen stollen, maar toen hij het gezicht van de man zag, kwam er een gesmoorde schreeuw uit zijn keel omhoog. Twee zwarte kraalogen keken hem door een latex varkensmasker aan, waardoor zijn belager onmenselijk, beestachtig en wreed werd.

De man kwam op hem af en begon sneller te lopen. Mark

raakte in paniek, draaide zich vliegensvlug om in de richting van York House en de ondergrondse verbindingsgang waardoor hij zich wellicht in veiligheid kon brengen... maar hij had amper een stap gezet of hij bleef als aan de grond genageld staan. Voor hem trad nog een gemaskerde figuur naar voren, die zijn vluchtroute afsneed. Ook deze man was gewapend en uit op geweld. Uit zijn snuit klonk triomfantelijk gesis.

'Shit...'

Het woord schoot op hoge toon en gesmoord Marks mond uit. Hij draaide zich om en liep terug, in de hoop dezelfde weg terug te kunnen gaan naar de Butcher's Arms, maar nu trokken zijn aanvallers hun laatste kaart: twintig meter voor hem kwam een derde man tevoorschijn, die nonchalant een koevoet in zijn hand liet ronddraaien.

Stilte. Mark bleef stokstijf in de donkere doorgang staan, en zijn belagers namen rondom hem hun positie in. Hij was recht in hun val gelopen en zou nu de consequenties onder ogen moeten zien. Geweld was ophanden, hun bloeddorst was tastbaar, hun gevoel van triomf zonneklaar. Zelfs op dit moment, terwijl Mark stond te trillen van angst, maakte de man die het laatst op het toneel was verschenen een luid snuivend geluid, in een onbeholpen imitatie van een varken, en het akelige geluid weerkaatste van de omringende gebouwen. Alles in Mark wilde op zijn knieën vallen, om vergeving smeken, maar hij wist dat hier geen sprake van genade zou zijn. Dit was het beloofde einde.

De drie mannen zetten een stap naar voren. En toen nog een. Ze bleven naderbij komen, met hun koevoeten geheven, klaar om hun weerloze vijand neer te slaan. Mark kon hun zweet ruiken, hun raspende ademhaling horen, hun blijdschap voelen. Hij wist dat de eerste klap nu elk moment kon komen, dat die huid zou doen scheuren en bot zou doen breken, dat hij tegen de grond zou slaan. Daarna zou hun aanval meedogenloos zijn, zou zijn lichaam onherkenbaar aan gort geslagen worden, in een langdurige, vastberaden wraakactie. De varkensman die recht voor hem stond, spande nu zelfs al zijn arm, klaar om toe te slaan, vastbesloten om de eerste cruciale klap toe te dienen... Mark stormde naar voren en ramde de palm van zijn hand in de varkenssnuit. Zijn belager had geen tegenstand verwacht en verweerde zich niet. Mark hoorde tot zijn grote vreugde 's mans neus breken, en zijn belager brulde het uit van de pijn. Mark had nu vaart en stortte zich op de gezette man, sloeg hem achterover en doorbrak daarmee voor heel even hun kordon. Hij zag zijn kans schoon en vloog naar voren, op de opening af die plotseling was ontstaan. Ruwe handen klauwden naar hem, grepen zijn dikke jack beet, maar Mark trok zijn armen los en rende weg. Zijn belagers bleven beteuterd achter met zijn donsjack in hun handen. Mark verhoogde zijn snelheid, zijn voeten bonkten over het beton en hij maakte de afstand tussen hem en zijn belagers zo groot als hij kon. Hij lachte hysterisch. Net had hij oog in oog gestaan met de dood en nu was hij vrij, ervan overtuigd dat hij drie mannen van middelbare leeftijd te snel af kon zijn en zich uit de voeten kon maken in de schaduwen van de troosteloze wijk waar hij woonde. Hij had maar een half uur respijt nodig om een veilige plek te vinden en een telefoontje te kunnen plegen. Hij kon deze nachtmerrie overleven, het navertellen, de tweede kans die hij gekregen had goed gebruiken.

Zware voetstappen achter hem schudden Mark wakker uit deze mijmeringen. Zijn belagers hadden het niet opgegeven en dreunden over het betonnen wegdek achter hem aan. Hij keek even snel om en zag tot zijn afgrijzen dat een van de mannen zich hooguit drie meter achter hem bevond en elke pees spande om hem te pakken te krijgen. Mark raakte in paniek en zette nog een tandje bij. Zijn longen brandden, zijn benen deden pijn van vermoeidheid. Hij liep nog steeds groot gevaar, maar als hij het terrein af wist te komen, redde hij het misschien toch.

Even verderop zag hij de centrale doorgang die naar de hoofdstraat leidde, en daar sprintte hij naartoe, in een race naar zijn redding. Maar wederom werd zijn hoop vermorzeld. Een wit busje blokkeerde de hoofdingang naar de wijk, en de koplampen brandden fel, alsof het de bedoeling was dat zijn belagers goed konden zien waar hij was. Het portier aan de bestuurderskant ging open en er kwam nog een gemaskerde man tevoorschijn. Mark kwam slippend tot stilstand, raakte in paniek en ging net op tijd uit de weg, want een hand had de arm die achter hem aan zwaaide al te pakken. Hij rende door, zonder acht te slaan op wat er verder gebeurde, met maar één doel: zijn achtervolgers vóór blijven.

Mark naderde de rand van het terrein, een wirwar van verhoogde doorgangen, vuilnisbakken en flakkerende lantaarnpalen. De verbindingsgangen waren hier donker en verraderlijk, en Mark struikelde dan ook een paar keer, maar hij denderde door en hield zijn tempo hoog. Zijn belagers zouden op een gegeven moment toch wel moe worden? De achtervolging staken? Hij sloeg een hoek om, rende door, en zag het omgekeerde boodschappenwagentje pas op het allerlaatste moment. Instinctief maakte hij een sprong, net over het obstakel heen, en landde toen keurig op het beton. De achtervolger die het dichtst achter hem zat, had minder geluk, knalde tegen het wagentje aan en viel op de grond. Dat gaf Mark moed, en hij rende door. Er ontstond nu een gat tussen hem en zijn achtervolgers, en als hij een trap naar straatniveau kon vinden, kon hij ze daar in de schaduwen wel van zich afschudden. Dit was zijn terrein, hier had hij de afgelopen vier jaar gewoond, en als hij het er levend af wilde brengen, moest hij hier gebruik van maken.

Hij voelde zich sterk, de energie stroomde door hem heen,

zijn ogen zochten zelfverzekerd naar zijn vluchtroute, maar toen hij slippend de volgende hoek omging, werd zijn hoop de grond ingeslagen. In het donker, in zijn paniek, had hij zich vergist en was hij de verkeerde gang in gerend. Hij rende nu niet zijn vrijheid tegemoet, maar een doodlopende steeg in. De metalen reling vóór hem die de bewoners moest beschermen tegen de ringweg vermorzelde zijn laatste kans om te ontsnappen. Mark kwam schuivend tot stilstand en keek om zich heen of hij niet op een andere manier kon ontkomen, maar hij werd aan de zijkant omsloten door de betonnen muren, die tot borsthoogte reikten, en vóór hem door de onheilspellende zwarte reling. Achter hem hoorde hij vier paar voetstappen vertragen en overgaan in looppas – zijn belagers kwamen naderbij om hem af te maken. Mark legde zijn voorhoofd tegen de koele metalen reling en begon te huilen. De tranen stroomden over zijn wangen en zijn lichaam beefde van angst. Niemand verdiende het om zo te moeten sterven.

'Kom op, jongens, laten we hem zijn kerstcadeau maar geven...'

Ze stortten zich met geheven wapens op hem. Ze zouden er de tijd voor nemen, zich tegoed doen aan zijn pijn, er echt van geníeten. Mark draaide zich om om zijn belagers aan te kunnen kijken, en opeens fonkelde er iets uitdagends in zijn ogen. Ging hij zich nu echt door die hersenloze sukkels in koelen bloede laten afslachten? Ging hij ze echt laten wínnen? Van ergens diep binnen in hem steeg er een laatste restje kracht, een laatste beetje moed in de jonge man op. Zijn achtervolgers waren maar een paar meter van hem verwijderd, klaar om toe te slaan, maar hij was vastbesloten hun die voldoening niet te gunnen. Hij draaide zich vliegensvlug om, pakte de reling beet en begon te klimmen. Zijn achtervolgers slaakten een schreeuw, sprongen toe, trokken aan zijn spijkerbroek, maar Mark wist zich los te rukken. Heel even stond hij boven op de reling te wankelen en zag hij de felle koplampen die op de drukke weg onder hem langs scheurden. Toen stortte hij zich naar voren.

Een paar tellen later kwam zijn lichaam met een misselijkmakend krakend geluid neer en sloeg zijn hoofd hard tegen het onverbiddelijke beton.

2

Olivia Campbell sloeg het autoportier dicht en liep snel weg. Het verkeer was die ochtend een ramp geweest in Londen, elke ader van de hoofdstad was verstopt met mensen die kerstinkopen kwamen doen en het had haar een uur gekost om van Holloway kruipend naar Tottenham te komen. Ze zette haar Corsa op een dubbele gele streep en rende de straat in, zich er pijnlijk van bewust hoe laat ze was. Ze had er nu spijt van dat ze er vóór haar belangrijkste afspraak nog twee cliëntenbezoeken tussen had gewurmd. Beide voorwaardelijk veroordeelden waren strijdlustig, onwillig en tijdrovend geweest, en dat betekende dat ze meer dan anderhalf uur te laat was voor haar eerste echte sessie met Jack. Olivia wist dat dit niet goed zou vallen – de gespannen jongen van negentien was in alle staten geweest toen hij gisteravond op zijn nieuwe adres in Tottenham Hale aankwam en vloog onderhand waarschijnlijk tegen de muren op, ervan overtuigd dat het feit dat ze verlaat was een voorteken was van gevaar of een ramp. Dat was natuurlijk allemaal nergens op gebaseerde paranoia – ze had dit al vaker gezien bij mensen die voorwaardelijk waren vrijgekomen en die veel in de publiciteit waren geweest – maar het zou het er vanochtend voor haar niet gemakkelijker op maken, en dat was jammer, want ze voelde zich toch al beroerd.

Olivia liep snel naar het onopvallende rijtjeshuis, met op de voordeur een verontschuldigende kerstkrans, keek vluchtig de straat in en klopte toen drie keer aan. Bijna onmiddellijk klonk er een stem – haar cliënt stond blijkbaar vlak achter de deur.
'Wie is daar?' vroeg hij zacht met een hoorbaar accent van de streek rond de riviermonding.
'Ik ben het. Olivia.'
'Ben je alleen?'
'Nee, ik heb lord Lucan en Shergar bij me, nou goed?' antwoordde Olivia geërgerd.
'Wie?'
'Doe nou maar gewoon open, ja?'
Olivia sprak op scherpe toon, maar ze wilde niet te lang voor de deur staan en de aandacht trekken en haar directheid had het gewenste effect, want de deur ging langzaam open en boven de veiligheidsketting verscheen een jong, bozig gezicht. Ze matigde haar toon en ging verder.
'Hoor eens, Jack, ik maak geen grapje, maar het is ijskoud buiten, dus...'
De puber ging eindelijk overstag en haalde de ketting eraf. Opgelucht liep Olivia naar binnen en trok de voordeur achter zich dicht.

'En, ben je al een beetje gewend?'
Olivia liep door de gang de voorkamer in en kreeg meteen haar antwoord, want Jacks weekendtas lag nog op precies dezelfde plek waar hij hem de avond ervoor had neergegooid. De jongeman voelde haar irritatie, vermeed oogcontact en staarde naar een punt op de vloer, vlak voor zijn sneakers.
'Kom op, Jack, we hebben het hierover gehad. Ik weet dat het spannend is, zo'n overgang, maar je moet wel een beetje je best doen. Ik begrijp dat dit niet bepaald het Ritz is,' ging Olivia ver-

der, terwijl ze haar blik over de bleke groene muurverf en de koude, gebarsten schoorsteenmantel liet gaan, 'maar je kunt het hier best wat gezelliger maken. Je moet je tas uitpakken, er je eigen plek van maken, en dan kunnen we misschien wat posters kopen. Waar hou je van? Rappers? Grime? Natuur? Of misschien voetbal? Je bent fan van Arsenal, toch? Ik ga met alle plezier een paar posters kopen van de belangrijkste spelers, Ødegaard, Gabriel Jesus, als je je daardoor wat meer thuis zou voelen.'

Olivia had een hekel aan voetbal, maar ze had haar huiswerk gedaan. Haar toewijding leek echter geen effect te hebben, want de bokkige puber bleef zwijgen als het graf.

'Werk eens een beetje mee, Jack. Ik begrijp heus dat het moeilijk voor je is, maar...'

'Ik wil terug,' zei hij opeens, terwijl hij strak naar de kale vloer bleef kijken.

'Pardon?'

'Ik wil terug naar de gevangenis.'

De moed zonk Olivia in de schoenen. Dit werd nog moeilijker dan ze had voorzien.

'We hebben het hierover gehad. Je kunt niet terug...'

'Ik vond het daar fijn,' zei Jack met klem, zonder acht te slaan op haar antwoord. 'Het personeel was aardig voor me en de andere jongens waren oké, snap je?'

'De beveiligde afdeling is uitsluitend voor criminelen,' wierp Olivia kordaat tegen. 'Jij hebt je straf uitgezeten, ze vonden dat je geschikt was om te worden vrijgelaten, dus dan kun je daar niet blijven.'

'Maar ik kan het nog niet.'

'Je zult wel moeten, Jack. Je bent een vrij man. Dit is nu je leven. Geniet er nou maar van.'

Olivia was zich ervan bewust dat dit erg ongeloofwaardig klonk, gezien deze niet erg inspirerende omgeving, en ze wilde er

net een grapje over maken, maar toen drong tot haar door dat de pukkelige jongen van negentien huilde.
'Práát dan alsjeblieft met ze,' kermde hij zachtjes. 'Zodat ze het begrijpen. Als ik zelf opgesloten wíl zitten, is dat toch voor iedereen het beste?'
'Daar ga ik niet over,' antwoordde Olivia voorzichtig. Ze schrok ervan dat hij zo plotseling zijn ontreddering toonde. 'Regels zijn regels. De reclassering heeft je beoordeeld en bepaald dat je geschikt bent om te rehabiliteren. Ik snap dat je bang bent, ik snap dat je je verloren voelt, misschien zelfs hulpeloos, maar ik heb hier ervaring mee, met jonge mannen zoals jij. En het werkt echt.'
Jack keek met betraande ogen vol ongeloof naar haar op.
'Echt, Jack, je hebt zo veel kansen nu. Je hebt een dak boven je hoofd, je hebt een baan, je hebt opleidingskansen, en bovendien kom ik twee keer per dag bij je langs om te checken of je het een beetje redt. Wat vind je ervan? Kunnen we dit sámen tot een succes maken?'
Jack schokschouderde en veegde zijn tranen af. Olivia vatte dat maar op als een 'ja', dus zette ze door.
'Laten we je verhaal nog een keer doornemen. Gewoon om even zeker te weten dat je alle details goed op een rijtje hebt. Naam?'
'Jack Walker,' antwoordde hij met licht bevende stem.
'Heel goed. Nog een tweede voornaam?'
'Nee, dat vonden mijn ouders onzin.'
'Uitstekend. Leeftijd?'
'Twintig.'
'Geboortedatum?'
'3 april 2003.'
'Waar kom je vandaan, Kyle?'
'Sorry? Ik heet Jack.'

Olivia knikte goedkeurend en ging verder. Ze was blij een flauw glimlachje om de mond van de jongen te zien, die er duidelijk tevreden over was dat hij er niet in was getrapt.

'Waar kom je vandaan, Jack?'

'Van oorsprong uit Epping, maar ik woon nu in Tottenham Hale.'

'Heb je verder familie die een beetje in de buurt woont?'

'Mijn ouders wonen in Spanje, en ik heb een zus die in Birmingham woont. Getrouwd, maar geen kinderen.'

'Kunnen jullie het goed met elkaar vinden?'

'Gaat wel. Maar zussen zijn eigenlijk altijd stomvervelend.'

Olivia moest een glimlach onderdrukken. De door de wol geverfde jongen mocht dan recalcitrant zijn, hij kon behoorlijk goed acteren.

'Ben je gezond?'

'Gaat wel. Een beetje last van astma.'

'Vroeger nog medische dingen meegemaakt? Ongelukken of operaties?'

'Ik heb een keer mijn arm gebroken, toen ik negen was. Daaraan moest ik geopereerd worden. Ik heb er een litteken van, kijk maar…'

Jack rolde zijn shirt omhoog, zodat er op zijn rechterarm een lang litteken te zien was. Dit letsel uit het verleden was in werkelijkheid het gevolg van een steekpartij, maar de wond was zo recht en vaag dat geen mens dat zou vermoeden.

'Goed zo, Jack. Heel goed. Hou dat verhaal vast en het komt allemaal goed.'

Jack keek naar haar op, nog steeds wat argwanend, maar misschien hoopte hij dat ze gelijk had.

'Ik ben verplicht om je, voor ik ga, te herinneren aan de voorwaarden van je vrijlating,' ging de reclasseringsambtenaar vlug verder, want dit deel wilde ze graag snel achter de rug hebben.

'Geen drank, geen drugs. Alleen bezoek hier thuis als je daar mijn toestemming voor hebt. Alleen onder toezicht toegang tot internet, absoluut geen contact met kinderen en onder geen beding terug naar Southend.'

'Waarom zou ik naar die ellende terug willen?' beet Jack afgemeten terug.

'Zo mag ik het horen. Zorg nou maar dat je je aan die regels houdt, meer niet. Want als je dat niet doet, zit je voor je het weet weer achter de tralies, en deze keer niet op een jeugdafdeling. Dan wordt het een gevangenis van categorie A, met alle gevaar en narigheid die daarbij horen. Begrepen?'

Jack knikte, maar zei niets. Dat was Olivia wel gewend – haar cliënten hadden aan de ene kant een hekel aan haar, maar hadden haar aan de andere kant ook nodig –, dus ze liet het maar passeren.

'In de koelkast liggen wat eerste levensbehoeften, maar ik kom morgen terug met een lading kant-en-klaarmaaltijden en wat lekkere dingen. Installeer je hier nu maar, ga een beetje tv-kijken en zorg dat je morgenochtend klaar bent om naar je werk te gaan. Hier heb je de gegevens van waar je moet zijn, wanneer je er moet zijn en wie je contactpersoon is.'

Ze gaf Jack een keurig getypt A4'tje.

'Het is ongeschoold werk, maar een sterke jongen als jij zou het daar goed moeten doen, en je verdient er ook nog een keurig salaris mee. De voorman neemt vaak ex-criminelen in dienst, maar hij kent natuurlijk niet je echte verhaal. Hij denkt dat je net een straf van een half jaar hebt uitgezeten voor wat lichte drugsdelicten. Zorg dat je niets doet of zegt wat hem op andere gedachten kan brengen.'

Jack trok een bedenkelijk gezicht; hij vond het blijkbaar ingewikkeld geformuleerd.

'Hou je nou maar gewoon aan je dekmantel,' legde Olivia uit.

'Een oudere "maat" heeft je overgehaald om pakjes rond te brengen, maar je bent nu blij dat je van hem af bent enzovoort...'
   Jack knikte; hij snapte het weer en werd beloond met een glimlach van Olivia.
   'Jack, echt, je kunt dit. Ik weet dat je nooit een normaal leven hebt geleid, maar het is gemakkelijker dan je denkt. En het zou wel eens je redding kunnen zijn. Dus grijp deze kans alsjeblieft. Niet veel mensen krijgen een tweede kans, maar jij wel. Dus pak 'm.'

Terwijl Olivia terugliep naar haar Corsa vroeg ze zich af of haar boodschap wel was doorgekomen. Jack had geknikt, had precies gezegd wat hij moest zeggen en ze had de indruk gekregen dat hij trots was op zijn correcte weergave van zijn nieuwe identiteit en persoonlijke achtergrond, maar misschien zei hij alleen maar wat zij wilde horen. Olivia voelde dat er iets ontbrak, een gevoel van overtuiging, misschien van geloof dat hij er iets van kon maken. Misschien was hij gewoon te zeer beschadigd om opnieuw te kunnen beginnen, zoals veel van die jongens. Hij maakte in elk geval een gespannen indruk bij het vooruitzicht van een nieuw leven – en dat was op een lugubere manier ironisch als je bedacht tot wat voor verontwaardiging zijn vrijlating had geleid in de pers en op social media. Ze moesten hem nu eens zien, dacht Olivia somber, terwijl ze snel van het onopvallende huis wegliep.
   Het was een zware dag geweest, maar die was blijkbaar nog niet ten einde, want een net uitgeschreven parkeerbon sierde de voorruit van haar auto. Olivia griste hem er vloekend af, stapte in de bejaarde Corsa en gooide de bon op de achterbank, waar nog een stuk of vijf andere parkeerbonnen en verkeersboetes lagen. Ze besteedde er verder geen gedachte aan en startte de motor van haar tegenstribbelende auto. Ze was al aan de late kant voor haar volgende afspraak.

3

Emily Lawrence liep met gebogen hoofd door de striemende regen. Het was somber weer in Bridgend, venijnig en meedogenloos, en de meeste inwoners schuilden binnen, en dat kwam haar prima uit. Bij deze pelgrimstocht kon ze geen pottenkijkers gebruiken.

Met haar bosje bloemen stevig in haar hand geklemd liep ze snel het keurig bijgehouden paadje op, waarbij ze zo nu en dan een blik wierp op de goed onderhouden grafstenen aan weerskanten. Sommige hadden speciale kerstversiering. Namen, data en familietragedies spoelden over haar heen: moeders die jong waren gestorven, tweelingen die bij de geboorte waren overleden, liefhebbende echtparen, jaren van elkaar gescheiden voordat ze uiteindelijk werden herenigd. Maar niets drong echt tot haar door, want de rampspoed van andere mensen kon haar niet echt raken. Misschien was dat ook wel te begrijpen, want ze had zo haar eigen dwingende redenen om hier te zijn, maar het kon ook door haar karakter komen. Iedereen zei altijd dat ze egoïstisch was.

Bij een splitsing ging ze naar rechts en liep op de automatische piloot naar hun graven. Ze kwam hier trouw twee keer per jaar, voor Susans verjaardag en daarna voor die van Gwyneth, en ze besteedde nog amper aandacht aan de weg ernaartoe. Haar voeten, om nog maar te zwijgen van haar hart en haar geweten, brachten haar waar ze heen moest. Emily treuzelde nooit, maakte nooit een praatje, kweet zich snel en efficiënt van haar plicht en ging dan weer met een hol en akelig gevoel terug naar huis.

Soms, na een erg naar bezoek, vroeg ze zich wel eens af of ze hier echt naartoe moest, of ze zichzelf jaar in jaar uit deze ellende moest aandoen. Maar ze wist het antwoord al voordat de vraag was gesteld, en dat was de reden waarom ze nu dus wederom op de begraafplaats van Bridgend was. Wel toepasselijk dat het vandaag zulk ellendig weer is, dacht Emily bij zichzelf, onder een stortvloed van over elkaar heen buitelende pijnlijke herinneringen.

Emily schudde haar duistere gedachten van zich af en vertraagde haar pas toen ze de graven naderde. Ze keek voor de zekerheid nog even om zich heen of er verder niemand aan kwam. De grafstenen waren nog steeds smetteloos schoon en zagen er in het zachte licht van de winterzon bijna uit of ze opgewreven waren. De bloemstukken waren fleurig en vers, het donkere marmer glom en de goudkleurige belettering was scherp en duidelijk, met de details van hun tragedie:

SUSAN SLATER, GEBOREN AUGUSTUS 1991,
OVERLEDEN MAART 1992
GWYNETH SLATER, GEBOREN APRIL 1988,
OVERLEDEN NOVEMBER 1992
TE VROEG VAN ONS HEENGEGAAN
VOOR ALTIJD IN ONS HART

Emily had deze woorden talloze keren gelezen, maar de korte tekst, de eenvoudige kracht die ervan uitging, benam haar telkens weer de adem. Ze kon een snik niet onderdrukken, de tranen sprongen haar in de ogen en haar zicht werd wazig. Ze drukte de bloemen stevig tegen zich aan, in de hoop dat ze troost

zouden bieden, ook al prikten de doorns pijnlijk in haar huid.
Het was te onthutsend, te pijnlijk om tot je te laten doordringen, de gedachte aan die onschuldige meisjes die onder zulke verschrikkelijke omstandigheden waren gestorven, maar aan de realiteit van hun kwelling viel niet te ontkomen. Die moest volledig en vaak onder ogen worden gezien, om de tragedie van de moord levend te houden. Tijd genas geen wonden, en dat moest ook niet, want daarvoor was hun dood te zinloos en kwaadaardig geweest.

'U kende ze zeker?'

Emily schrok en draaide zich als door een wesp gestoken om. Een bejaarde man stond haar aan te kijken. Ze knipperde haar tranen weg en monsterde deze indringer – een verzorgd, militair type, tegen de kou gekleed in een dikke jas en met een sjaal om. Hij had het accent van deze streek en schrandere en intelligente ogen, maar Emily herkende hem niet en het leek haar een onschuldige vraag.

'Niet echt,' loog ze. 'Ik kom alleen even mijn eer betuigen.'

Aanvankelijk zei de oude heer niets; wellicht intrigeerde het hem dat een vrouw van middelbare leeftijd bij zulk hondenweer de straat op ging om het graf van twee onbekenden te bezoeken. Toen ontspanden zijn gelaatstrekken zich langzaam tot een droevige glimlach en knikte hij treurig.

'Ik ben net bij Iris, mijn vrouw, geweest, maar op de terugweg ga ik ook altijd hier even langs, om te bidden voor die kleintjes...'

Zijn stem haperde en Emily draaide zich van hem af, geraakt door de emotie van deze onbekende man.

'Je moet er niet aan denken wat ze hebben meegemaakt...'

Emily knikte, maar draaide zich niet weer naar hem om. Ze bukte zich om haar bloemen op de graven te leggen. Terwijl ze dat deed, zag ze bloeddruppeltjes, daar waar ze de doornige stelen had vastgehad, en ze stak haar handen snel in haar zakken om de wondjes te verbergen.

'Onvoorstelbaar waar sommige mensen toe in staat zijn...' De oude man raakte aardig op dreef, wentelde zich in dit beruchte plaatselijk drama en werkte wellicht naar een of andere vreselijke beschuldiging toe, maar Emily kon het niet langer aanhoren. Ze knikte hem bedroefd toe en vertrok. Ze liep dezelfde weg terug over het pad, weg van die man, weg van dit afschuwelijke oord.

Ze kwam hier elk jaar, en elk jaar wist ze niet hoe snel ze weer weg moest komen, maar deze keer was het erger geweest dan anders. De pijn, het schuldgevoel, het verdriet verwachtte ze inmiddels, maar de venijnige bemoeienis van de gepensioneerde man had een emotie bij haar opgeroepen die ze al heel lang geleden had begraven – angst. Zijn zware accent van hier uit de buurt, zijn ongepolijste emotie, zijn zichtbare walging, dertig jaar na dato, hadden haar teruggeworpen in een tijd waarin haar naam een synoniem was voor wreedheid en het kwaad, waarin de plaatselijke bevolking haar maar wat graag aan stukken had gescheurd, waarin ze niet de gewone, eerlijke, onopvallende Emily Lawrence was. Die herinneringen boezemden haar tot op de dag van vandaag angst in, en terwijl ze op een drafje naar de uitgang liep, voelde ze dat ze over haar hele lichaam beefde. Geen enkel bezoek aan Bridgend was zonder risico, en misschien was het zelfgenoegzaam van haar geweest om te denken dat ze hier onopgemerkt kon komen. De oude heer had heel vriendelijk geleken en geen bepaalde beschuldiging tegen haar hebben willen uiten, maar hoe kon ze dat zeker weten?

Soms had ze het gevoel dat mensen dwars door haar heen konden kijken.

4

Hij keek gebiologeerd naar de televisie, overmand door emoties.

'Vandaag bij ons op de bank: Alison Burnham, wier dochter Jessie in 2013 is vermoord door de scholieren Courtney Turner en Kaylee Jones. De plegers van dit afschuwelijke misdrijf waren indertijd pas elf jaar oud en zijn vervolgens weer vrijgelaten. Alison heeft sindsdien onvermoeibaar gestreden voor langere gevangenisstraffen voor minderjarigen die een ernstig misdrijf hebben gepleegd...'

Mike Burnham schudde woedend zijn hoofd en wist niet op wie hij nu kwader was: op de BBC omdat ze hun verdriet uitbuitten of op Alison omdat ze ermee had ingestemd om in hun programma te verschijnen. Hij wist dat zijn ex-vrouw vond dat ze goed werk verrichtte, dat ze uit een afschuwelijk drama iets positiefs wist te halen, maar het was verschrikkelijk pijnlijk om steeds maar weer te moeten aanhoren wat er die dag precies was gebeurd. En bovendien, wat schoot je ermee op? Naar de slachtoffers werd toch nooit geluisterd. De daders, de misdadigers, die kregen alle aandacht, het strafrechtsysteem wrong zich in alle mogelijke bochten om het hún naar de zin te maken. De campagne hiertegen bood Alison misschien afleiding van hun gedeelde trauma, maar uiteindelijk veranderde er niets.

'Mike, kun je nu misschien...?'
Het drong nu pas tot hem door dat de secretaresse van de showroom nog steeds stond te wachten tot hij het verkoopcontract ondertekende. Hij bekeek de lijst ramen en deuren vluchtig, zette zijn handtekening en liep toen weer weg. Hij ging nog iets dichter bij de televisie zitten en hing aan de lippen van de presentator.

'Vanochtend is Kyle Peters, die in 2015 in Southend Billy Armstrong heeft vermoord, vrijgelaten uit de gevangenis, voorzien van een nieuwe identiteit en elders in het land gehuisvest. Alison, jij hebt dit al meegemaakt, jij bent geconfronteerd met het feit dat de moordenaars van je dochter zijn vrijgelaten. Wat doet dit vanochtend met je?'

'Nou, mijn hart gaat uiteraard uit naar de familie van Billy. Ik weet precies hoe zij zich voelen, hoe boos en verontwaardigd ze zullen zijn. Ik ben altijd van mening geweest dat iemand die een moord heeft gepleegd verplicht levenslang moet krijgen, ongeacht de leeftijd van de dader, en hier zien we voor de zoveelste keer dat het strafrechtsysteem het slachtoffer en zijn familie in de steek laat.'

Waarom? Waarom móést ze dit nou elke keer weer doen? Telkens wanneer Mike dacht dat het leven weer min of meer normaal werd, wanneer mensen hem misschien weer als een doodgewone vent zouden zien en niet als de vader van een vermoord kind, dan was – hup! – Alison daar weer, op de tv, op de radio, en duwde ze iedereen weer het verhaal over Jessica, over Courtney Turner en Kaylee Jones door de strot. Waarom voelde ze zich toch steeds genoodzaakt om dat te doen?

'Natuurlijk,' kirde de presentator. 'Ik kan me voorstellen dat dit soort dagen pijnlijke herinneringen oproepen aan wat er met jouw gezin is gebeurd. De dood van jullie kleine Jessie, de arrestatie, het proces...'

'Nee,' fluisterde Mike kwaad en gekwetst. 'Ze heette Jessica, geen Jessie...'

Op kantoor draaiden al hoofden zich om, maar Mike kon zich niet inhouden. De kranten, de nieuwszenders hadden besloten om hun dochter Jessie te noemen, omdat dat schattiger en tragischer klonk. Maar zo was ze nooit genoemd, door niemand.

'Hou je aan de feiten,' mompelde hij boos. 'Doe je werk, verdomme.'

Op de tv had Alison de blunder laten passeren, antwoord gegeven op de vraag en hun spel meegespeeld.

'Het heeft een ingrijpend effect gehad op Jessica's jongere zusje, Rachel, maar we hebben er allemaal erg onder geleden. Ik ben vlak nadat het was gebeurd gestopt met werken, en daarna is mijn huwelijk op de klippen gelopen...'

Wanneer hield ze een keer op? Wat bereikte ze hiermee, behalve dat ze de mensen vernederde die toch al genoeg hadden geleden? Ongelooflijk dat Alison zo naïef was.

'Het spijt me, Mike, maar nog even...'

Mike schrok op, draaide zich om en zag dat de schaapachtige secretaresse terug was.

'Je afspraak van tien uur zit op je te wachten...'

Ze knikte in de richting van de ontvangstruimte voor de klanten, waar een echtpaar van middelbare leeftijd ongeduldig stond te niksen.

'Sorry, ik was er even niet bij...'

Ze glimlachte meelevend naar hem, maar zei niets en keek ietwat ongemakkelijk, alsof ze niet goed wist hoe ze zich tegenover hem moest gedragen. Mike keek het kantoor rond en zag nu dat er een paar collega's naar hem zaten te kijken, blijkbaar geschrokken van zijn boze gemompel naar de televisie. Plotseling voelde Mike zich stom en bezwaard, en dat maakte hem alleen maar nog bozer. Waar moest hij zich in vredesnaam bezwaard over voelen? Híj had niks verkeerd gedaan. Hij griste zijn jasje mee en probeerde zich te herpakken, maar hij werd opnieuw afgeleid door wat hij Alison hoorde zeggen.

'Het ergste is natuurlijk dat we ons meisje moeten missen. Ze bracht altijd zo veel licht, zo veel vreugde met zich mee, welke kamer ze ook binnenkwam...'

Mike sloot zijn ogen – zijn pijn en verdriet staken opnieuw de kop op en dreigden hem te overspoelen –, maar toen dwong hij zichzelf terug te keren in het hier en nu en zijn emoties te onderdrukken. Hij draaide zich om, pakte de afstandsbediening, zette kwaad de tv uit en beende toen bars naar de showroom, waarbij twaalf paar ogen hem bij elke stap die hij zette vergezelden.

5

Hij sleepte de leunstoel de kamer door en zette hem voor de tv. Jack bleef even staan om zijn inspanning te bewonderen, blies zijn wangen bol en fronste zijn voorhoofd. Zo zat hij met zijn rug naar de deur, en dat vond hij eng, dus zette hij de stoel weer terug waar hij eerst stond. Deze stoelendans bood afleiding; in de jeugdgevangenis hadden alle meubelstukken aan de grond vastgeschroefd gezeten. Hier kon hij alles verplaatsen wat hij wilde, zo vaak hij wilde, kon hij het neerzetten conform zijn wensen, zijn behoeften, zijn persoonlijkheid, wat dat ook mocht wezen.

Dit leek echter wel het enige voordeel van zijn nieuwe situatie te zijn, en Jack zou ogenblikkelijk naar de jeugdgevangenis zijn teruggegaan als hij daar de kans voor had gekregen. Het was zonder enige twijfel de beste plek waar hij ooit had gewoond, de enige plek waar hij zich ooit veilig had gevoeld. Zijn ouderlijk huis was een maalstroom van chaos, geweld en mishandeling geweest, waar nooit iets aardigs werd gezegd of gedaan. In de gevangenis had Jack een gevarieerd programma met lessen en activiteiten gehad, alle gelegenheid om te sporten, zakgeld om iets in het winkeltje te kunnen kopen en regelmatig de mogelijkheid om op de PS5 te spelen. Het was natuurlijk niet allemaal rozengeur en maneschijn geweest. Ondanks alles miste hij zijn familie, vond hij het erg dat zijn moeder steeds minder vaak kwam, maar over het algemeen was het een prettige ervaring geweest. De jongens, een ongeregeld zooitje autodieven, brandstichters en drugsdealers, waren best aardig en nog betrouwbaar ook – betere broers dan zijn echte broers ooit voor hem waren geweest. Jack miste nu hun humor en hun plagerijen. Scat, de jongen van gemengd bloed die nooit voor een uitdaging terugdeinsde, die met zijn scherpe tong en totale gebrek aan angst jongens die twee keer zo groot waren als hij de baas kon. Tally, die onverbeterlijk altijd maar practical jokes uithaalde, een getalenteerd kunstenaar was en geweldige karikaturen van hun docenten maakte, en natuurlijk Deano, die altijd een oogje in het zeil hield voor Jack, ook al wist hij wel zo ongeveer wie hij in werkelijkheid was. Hij had Deano's trouw en genegenheid jegens hem nooit helemaal weten te doorgronden, maar het had hem een goed gevoel gegeven en hij verlangde er nu hevig naar.

Wat viel er hier voor hem te halen, in dit vreemde huis, in deze vreemde stad? Niets, alleen verveling en wanhoop. Hij had nooit erg goed alleen kunnen zijn, hij had nooit goed stil kunnen zitten, en als hij ergens niet op zat te wachten dan was het wel tijd om na te denken. Hij wilde bezig zijn, actief, afgeleid, zoals hij in de gevangenis was geweest, maar hier was hij helemaal alleen en had hij niet veel te doen. Tuurlijk, hij kon de tv aanzetten, naar een van de zorgvuldig uitgekozen zenders kijken, maar zou dat de leegte echt vullen? Zou dat die duistere, knagende gedachten verjagen die hem dreigden te overmeesteren? Want het kwam niet alleen door verveling dat Jack die avond schrikachtig en afgeleid was. Het kwam door angst.

Hij had dit niet tegen zijn reclasseringsambtenaar, de goedbedoelende Olivia gezegd, maar hij was doodsbang, wist niet of hij het er hier wel levend van af zou brengen, wist niet wat de toekomst hem zou brengen, wat er zou gebeuren als zijn ware identiteit bekend werd. De mensen waren echt woedend over zijn vrijlating. Journalisten van de roddelpers, leden van de recherche, zelfs volslagen vreemden zouden hem met alle plezier opknopen, maar hun gal was nog niets vergeleken met de woede van de familieleden van zijn slachtoffer. Als Jack zijn ogen sloot, zag hij de vader van de jongen nog voor zich, zoals die tegen hem schreeuwde toen hij werd weggevoerd, opgehitst door een paar van zijn broers, die eruitzagen of ze hem aan stukken wilden scheuren. In de loop der jaren hadden ze op diverse nieuwskanalen rondgebazuind dat ze vonden dat Jack een snelle, wrede dood verdiende, en hun vernietigende oordeel had aanzienlijke steun gekregen. Voor het grote publiek was Jack verachtelijk, het laagste van het laagste, een smet op de samenleving. Onderweg hierheen had hij een glimp van de kiosken opgevangen en de koppen gezien met HET GEZICHT VAN HET KWAAD, vlak boven die afschuwelijke foto van hem in dat ordinaire trainingspak, zijn haar in de war, een stuurs gezicht. Dat was het enige wat de wereld van hem wist – die politiefoto van ellende en ontaarding – en dat was ook het enige wat de wereld wílde weten. Zijn eigen situatie, zíjn kant van het verhaal interesseerde ze niet – nee, hij was onmenselijk, een hond die moest worden afgemaakt. Dit was zijn erfenis, zijn beloning, voor zijn misdaden. Vijandigheid, isolement en gevaar.

En wat moest hem van deze morbide gedachten afhouden? Wat kon ervoor zorgen dat hij niet langzaam gek werd? Niets, behalve de oorverdovende stilte van dit levenloze huis. Jack probeerde zich groot te houden, probeerde het beste van zijn nieuwe situatie te maken... maar hij was nog nooit zo eenzaam, zo ellendig en zo bang geweest als die avond.

6

Ze merkte meteen dat er iets aan de hand was.
 Olivia had zich door het verkeer heen geworsteld, terug naar het hoofdbureau van de reclassering, in Petty France, een steenworp van St James's Park verwijderd, in de veronderstelling dat ze weer een halfjaarlijkse beoordeling zou moeten aanhoren, maar ze was de vierde verdieping nog niet op gelopen of ze voelde het al: er golfde een gespannen energie over de afdeling. Collega's liepen haastig voorbij, de telefoons gingen onophoudelijk en boven dat alles uit het geroezemoes van koortsachtige gesprekken.
 Onderweg naar haar bureau zag ze Isaac Green zitten, en ze wenkte hem even bij haar te komen. De vijfenvijftigjarige oude rot kwam hinkend naar haar toe, enerzijds geamuseerd, anderzijds teleurgesteld over haar uitdrukkingsloze blik.
 'Jij bent altijd de laatste die dingen te horen krijgt, hè?'
 'Niet zo flauw, Isaac. Wat is er aan de hand?'
 Hij ging op haar bureau zitten, boog zich naar haar toe en liet zijn stem zakken.
 'Liam Sullivan is vanochtend bij een achtervolging in Bolton om het leven gekomen. Hij is van een verbindingsgang op een drukke tweebaansweg gesprongen om aan drie belagers met koevoeten te ontkomen.'

'Wie is Liam Sullivan?' vroeg Olivia.

'Echte naam: Mark Willis.'

Nú wist Olivia wat er aan de hand was.

'Jezus christus, ik heb nog met die man gewerkt,' reageerde ze ademloos. 'Ik bedoel, ik heb hem begeleid toen hij net in Bolton was komen wonen. Hij was die jongen van twaalf.'

'Die een weduwe van achtenzeventig verkracht en vermoord had. Hèhè, snap je het nu eindelijk?'

Hij zei het met macabere humor, maar Isaacs gezicht weersprak zijn luchtige toon. Dit was een catastrofe, een rampzalig falen van de reclassering, en iedereen die hier werkte wist dat.

'Weten we wat er gebeurd is?' vroeg Olivia op dringende toon.

'Alleen dit, vooralsnog. Willis heeft zich de afgelopen vier jaar in Bolton verscholen gehouden, hij woonde in een armoedige flat, werkte in de logistiek. Hij deed zijn best, min of meer. Een paar kleine vergrijpen, diefstal, drugsgebruik, maar niets ernstigs. Hoe dan ook, getuigen vertellen dat hij vroeg in de ochtend is besprongen door drie mannen met varkensmaskers.'

Voor Olivia het wist, ontsnapte haar een geschrokken snuivende lach, wat haar op een misprijzende blik van Saul, haar nieuwe collega, kwam te staan. Ze wendde zich van hem af.

'Waren ze verkleed als varkens?' vroeg ze vol ongeloof.

'Varkens met koevoeten, geloof het of niet. De politie onderzoekt of het iets met een bende te maken heeft, iets met drugs of...'

'Lijkt me onwaarschijnlijk. Willis was een onderkruipsel, een lafaard. Die zou daar nooit het lef voor hebben gehad; weerloze oude vrouwen waren meer zijn ding. Dit móét een wraakactie zijn geweest.'

'En dat is ook de reden waarom de hoge heren al twee uur in crisisberaad zitten. Een dergelijke schending van iemands veiligheid, ja... dat is voorpaginanieuws.'

Dat was het understatement van het jaar. Als dit waar was, als Mark Willis' ware identiteit door eigenrichters of door wraakzuchtige familieleden bekend was gemaakt, zou dat wekenlang het nieuws bepalen. In de geschiedenis van de reclassering was nog nooit zoiets ernstigs gebeurd, en het betekende grote problemen voor alle betrokkenen.

'Moet je ze nou zien,' ging Isaac verder met een knikje in de richting van de bestuurskamer, die afgeladen vol zat met directieleden. 'Hoe gaat dat gezegde ook alweer over een deuk en een pakje boter?'

Terwijl Isaac nog even doorfulmineerde over de huidige stand van zaken bij de reclassering, dwaalde Olivia's blik af naar het gezelschap keurig geklede mannen en vrouwen dat zich in de bestuurskamer had afgezonderd. Het was een mengelmoes, qua achtergrond, ervaring en expertise; sommigen waren toegewijd en werkten hard, anderen waren middelmatige opportunisten, weer anderen openlijk kritisch en cynisch. Maar die dag trokken ze allemaal hetzelfde gezicht: ernstig, zorgelijk, vermengd met een vleugje paniek. Olivia bekeek iedereen afzonderlijk en was benieuwd wie er iets zei, wat hun stemming was en zelfs wat ze zeiden, maar liplezen viel van deze afstand niet mee. Ze keek naar Bridget, met haar scherpe gezicht, die dól was op een crisis, toen naar Philip, het meest onverstoorbare directielid, en daarna bleef haar blik rusten op Christopher Parkes, een knappe, zwaarmoedige man van een jaar of vijftig die doodstil naar de geagiteerde bijdragen van anderen zat te luisteren. Voelde hij dat ze naar hem keek? Of verbeeldde Olivia het zich maar? De plaatsvervangend directeur draaide zich nu in elk geval langzaam om op zijn stoel en keek haar aan. Heel even hield hij oogcontact en ging er een elektrische golf over en weer, maar toen richtte hij zijn aandacht weer op de vergadering.

'Luister je eigenlijk wel naar me?' vroeg Isaac klaaglijk. Zijn stortvloed aan klachten was plotseling stilgevallen.

Olivia schrok op, glimlachte onnozel naar Isaac en kreeg op haar beurt een vermoeide glimlach van haar collega.

'Nou en of, Isaac. En ik ben het eens met alles wat je net zei.'

'Ja, vast...'

Hij schudde zijn hoofd en hobbelde terug naar zijn bureau. Olivia keek hem na en nam even de tijd om de rest van de afdeling langs te turen. Dit vertrek, de spelonkachtige restanten van een tijd waarin er meer geld was, was normaal gesproken hooguit voor een derde gevuld, maar vandaag was elk bureau bezet, waren reclasseringsambtenaren, ervaren én onervaren, bezig e-mails af te handelen, protocollen te herzien, belletjes aan het plegen om te checken of hun cliënten wel veilig waren. Het was de beste visuele weergave van paniek die je maar te zien kon krijgen – het bewijs van de intense schok die iedereen ervoer bij de moord op Mark Willis. Olivia ging zitten, logde in, riep háár dossiers op, pakte háár telefoon, en bereidde zich voor op een aantal moeilijke gesprekken. Er was nog heel veel niet bekend over de moord in Bolton – het wie, hoe, waarom van dit ernstige misdrijf – maar één ding was duidelijk. Voor Olivia en voor iedereen in dit gebouw ging de kerst niet door.

7

'O *little town of Bethlehem, how still we see thee lie. Above thy deep and dreamless sleep the silent stars go by...*'
Het Leger des Heils zong uit volle borst het winkelend publiek in High Street van Croydon toe en rammelde ondertussen met de collectebussen. Russell Morgan hield wel van een mooi kerstlied en had goede herinneringen aan zijn jeugd, toen hij zelf in de kerk had gezongen, maar deze weinig verfijnde vertolking deed hem niets en hij wandelde zonder zelfs maar om te kijken door. Hij had die avond alleen maar oog voor Amber.
'Als ik je verveel, moet je het zeggen, hoor. Dan hou ik mijn mond. Ik kan de hele avond wel doorgaan over alle onzin die ik vroeger heb uitgehaald,' zei Amber opgewekt terwijl ze onder de fonkelende lichtjes van High Street liepen. 'Ben je gek, zeg. Ik vind het juist leuk om naar je te luisteren.'
Amber lachte blozend. Russell voelde zich opeens stom, alsof hij te veel had gezegd, dus lichtte hij zijn enthousiasme even toe.
'Ik bedoel dat ik het leuk vind als je over jezelf vertelt. Over wat je hebt meegemaakt, wat je plannen zijn...'
Hij meende het, maar het was ook echt zo dat hij graag naar Ambers stem luisterde – heel zacht, heel vriendelijk, heel vrouwelijk. Hun vriendschap was echter nog te pril om daar al zo eerlijk over te zijn. Ze kenden elkaar pas drie weken; Amber was

een nieuw lid van zijn tweewekelijkse bijeenkomsten van de Narcotics Anonymous, en hoewel hij op slag verliefd was geworden op de blonde vrouw van in de twintig, wilde hij niet overkomen als een uitslover of, erger nog, een geilaard.

'Er valt niet veel meer te vertellen,' antwoordde Amber, die niets van zijn ongemakkelijke gevoel leek te merken. 'Je hebt al gehoord dat ik heel lang met mijn oude vrienden Charlie en Horse ben omgegaan, en wat mijn plannen voor de toekomst betreft: ik weet niet of ik die wel heb. Overeind blijven, denk ik.'

Russell ging maar niet in op die verwijzing naar haar drugsverleden, wilde er niet over nadenken, zijn eigen drugsgebruik was nu ook iets uit een ver verleden. Nee, hij wilde meer weten over de echte Amber, hoe haar situatie op dit moment was en of híj wellicht een rol zou kunnen spelen in haar plannen voor de toekomst.

'Wat doe je met kerst? Ben je in Londen of...'

'Ja, ik ben in Londen. Ik zou niet weten waar ik anders naartoe zou moeten, als ik heel eerlijk ben.'

Het was alsof er een wolk over Amber neerdaalde, en ze werd plotseling somber. Russell had er meteen spijt van dat hij het had gevraagd – een stomme vraag – maar hij wist eerlijk gezegd ook helemaal niet meer hoe dit moest. Hij had al jaren geen echte belangstelling meer voor iemand getoond.

'Sorry, je hoeft het er niet over te hebben als je niet wilt,' zei hij.

'Nee hoor, maakt niet uit,' stelde Amber hem gerust. 'Ik vind dit gewoon een moeilijke tijd. Als kind was ik dol op kerst. Mijn moeder, mijn zus en ik gingen altijd helemaal uit ons dak en kochten dan allemaal gekke, rare dingen voor elkaar. Bovendien was er altijd heel veel eten en drank in huis. Maar het leukste was wel... het allerleukste waren onze uitstapjes naar Brighton, om de kerstverlichting te zien. Dat zou ik graag weer eens doen, ik zou die verlichting daar zelfs dolgraag weer een keer willen zien... maar ik ben thuis niet welkom, dus ik vrees dat ik kerst dit jaar in m'n eentje zal vieren – samen met de toespraak van de koning.'

Ze zei het met een spottende glimlach, maar er klonk droefheid in door.

'Hè, wat naar voor je, Amber. Maar ik weet hoe je je voelt, mocht dat enige troost voor je zijn.'

'Ben jij ook een Single Pringle?' vroeg ze plagerig.

'Min of meer.' Hij haalde glimlachend zijn schouders op.

'Kom op, Russell, nou niet opeens zogenaamd verlegen doen. Wat zeggen ze altijd in de groep? Delen is helen...'

Russell lachte en zei toen: 'Heb je even?'

'Alle tijd van de wereld,' antwoordde Amber.

Dit was natuurlijk gewoon een vaststelling van feiten, maar hoorde hij nu ook nog iets anders in haar toon? Aanmoediging? Genegenheid?

'Mijn vader zit in de gevangenis, mijn moeder is al heel lang dood,' vertrouwde Russell haar toe. 'Ik ben alleen, met mijn oudere broer Chaz. Hij is ook verslaafd, dus ik probeer bij hem uit de buurt te blijven. Ik ben van Luton naar Londen verhuisd om die ellende achter me te laten, en sindsdien probeer ik het hier in mijn eentje te redden. Ik ben accountant, maar ik hoop binnenkort financieel directeur te worden en misschien zelfs ooit mijn eigen bedrijf te beginnen.'

Het verhaal van zijn nieuwe identiteit kwam er vlot uit, de ene leugen na de andere, soepel verteld en zeer geloofwaardig. Grappig eigenlijk dat hij deze werkwijze vroeger zo eng vond – alle details goed onthouden, vooral geen fouten maken. Nu genoot hij echt van zijn verhaal, beleefde hij elk moment van zijn 'achtergrond' en maakte hij elke toekomstdroom nog mooier. Hij was zelfs zo goed geworden in het uitserveren van deze verzinsels, hij was er na achttien jaar zo bedreven in geraakt om in zijn nieuwe identiteit te stappen dat hij amper nog onderscheid kon maken tussen waarheid en fictie. En dat beviel hem wel.

Hij stak zijn arm door die van Amber, ging verder met het opdissen van zijn verzonnen levensverhaal, gezellig wandelend tussen het lunchpauzepubliek, samen met zijn nieuwe vriendin, en koesterde zich in de warme gloed van de fonkelende kerstverlichting.

8

Emily Lawrence hield stil voor haar bescheiden woning en zag tot haar schrik dat het licht in de voorkamer brandde. Ze keek fronsend hoe laat het was. Ze had het snel gedaan, was over de M4 vanuit Wales naar Reading gescheurd, en een paar uur eerder thuis dan Sam uit school zou komen. Ze had gehoopt even een moment voor zichzelf te kunnen hebben om de emoties te verwerken die haar bezoekjes aan Bridgend altijd bij haar losmaakten, en weer haar opgewekte zelf te zijn als hij dan thuiskwam. Maar het licht dat door de dichte gordijnen viel, deed de alarmbellen bij haar rinkelen. Ze had die ochtend toen ze van huis ging alles uitgedaan, de gordijnen gesloten, de deur op het nachtslot gedaan om er zeker van te zijn dat het huis zo veilig en onopvallend was als maar kon. Wie was er in de tussentijd dan naar binnen gegaan? Wie was er in háár huis?

Emily deed zachtjes het portier dicht, liep snel naar de deur en haalde haar sleutel tevoorschijn. Ze kon zich niet voorstellen dat het haar reclasseringsambtenaar was – die kwam maar één keer per maand en belde altijd van tevoren. Was het Paul? Dat zou kunnen, maar haar ex-man had geen sleutel, dus hoe was hij dan binnengekomen? Kon het soms iemand anders zijn, iemand met kwade bedoelingen? Maar als dat zo was, waarom maakte diegene zijn aanwezigheid dan kenbaar door het licht aan te laten?

Was er dan misschien bij haar ingebroken? Dat zou een ramp zijn, zeker zo vlak voor kerst...

Er gingen wel tien verschrikkelijke scenario's door Emily heen, maar toen ze aarzelend de sleutel in het slot stak, hoorde ze binnen iemand lachen. Ze spitste haar oren en hoorde nu het lage gebrom van mannen die met elkaar in gesprek waren en het onmiskenbare geluid van een schietpartij op de Xbox.

'Hè, verdomme, Sam,' mompelde ze boos. Ze ramde haar sleutel in het slot en liep snel naar binnen. Ze sloot de voordeur, gooide haar tas neer in de gang en stormde zonder omhaal de voorkamer binnen. Bij haar dramatische entree sprongen twee pubers overeind. Zowel Sam als zijn beste vriend Gavin leek erg geschrokken, en toen de situatie tot hen doordrong, keken ze betrapt.

'Wat heeft dit te betekenen, Sam? Het is twee uur. Waarom ben je niet op school?'

Er viel even een stilte.

'We hadden paar uur vrij.'

'Je zit in de derde, dan heb je geen lesuren vrij.'

'Precies, mevrouw Lawrence,' antwoordde Gavin sportief. 'Het was eigenlijk een studiedag voor de leraren. Dat waren Sam en ik straal vergeten...'

'Maak dat de kat wijs. Jullie hadden twee weken geleden ook al een studiedag. Ben je vandaag überhaupt op school geweest?'

Dit was tot haar zoon gericht, en zijn schuldbewuste blik zei haar genoeg.

'Heb je gespijbeld?'

'Mevrouw Lawrence, Sam voelde zich eerlijk gezegd niet lekker. Ik heb aangeboden om bij hem te blijven tot u...'

'Stil, jij,' snoerde Emily hem de mond. 'Ik heb genoeg van die leugens en goedkope charme. Ik kijk recht door je heen, Gavin Williams, dus mijn huis uit met die waardeloze houding en dat

geliegd van je. Ik wil je hier niet meer zien.'
Gavin keek heel verbaasd, alsof hij net een klap in zijn gezicht had gekregen, maar nu schoot Sam hem te hulp.
'Zo praat je niet tegen hem. Hij is mijn vriend.'
'Mooie vriend. Het enige wat hij doet is je van het rechte pad afbrengen.'
'Dat is niet waar. Het was vandaag míjn idee om te spijbelen; Gavin heeft nog geprobeerd het me uit mijn hoofd te praten.'
'Dat is waar,' beaamde Gavin, maar zijn hoop op respijt werd snel de kop in gedrukt.
'Ben je er nog steeds?' vroeg Emily streng.
Deze keer drong de boodschap tot de slungel door. Hij pakte zijn tas.
'Sorry, man,' zei hij bij wijze van afscheid, en hij liep snel de kamer uit. Een paar tellen later sloeg de voordeur dicht.
'Waar zit in godsnaam je verstand?' viel Emily woedend tegen haar zoon uit. 'Sinds wanneer is dat spijbelen van jou begonnen?'
'Ik heb het pas een paar keer gedaan, niks bijzonders.'
'Niks bijzonders?' barstte Emily uit. 'Je hebt volgend jaar examens!'
'Dat lukt heus wel, hoor. Vandaag had ik voornamelijk natuurkunde, en je weet best dat ik daar goed in ben.'
'Daar gaat het niet om. Je zit op school om te leren, en dat lukt niet als je met die niksnut *Call of Duty* zit te spelen. Bovendien wil ik te allen tijde weten waar je uithangt. Dat weet je. Trouwens, waarom ben ik eigenlijk niet door school gebeld om te vragen waar je vandaag was?'
Nu keek Sam nog schaapachtiger.
'Ik eh... ik heb een e-mail gestuurd vanaf papa's account, dat ik een afspraak bij de dokter had.'
'Weet hij daarvan?'
'Natuurlijk niet.'

'Nou, zo meteen wel, zoveel is zeker.'
'Jezus, mam. Zeikwijf.'
Het woord was eruit voor hij het kon tegenhouden. Emily keek hem boos, woedend, overstuur aan. Nu had zíj het gevoel dat ze een klap in haar gezicht had gekregen.
'Sorry, mam, dat was niet mijn...'
'Ik zeik hierover omdat ik ontzettend veel offers heb gebracht om je goed op te voeden, om je naar die school te laten gaan, om te zorgen dat je een nette, eerlijke, gezagsgetrouwe jongen wordt. Ik heb mezelf nooit op de eerste plaats gezet, ik ben er altijd voor je geweest, omdat ik wil dat je een mooi leven krijgt. Ik zeik omdat ik van je hou en niet wil dat je je leven vergooit. En dan krijg ik dit als dank? Dat je tegen me liegt, dat je me beledigt...'
'Ik heb al gezegd dat het me spijt, mama, het was niet mijn bedoeling...'
'Jammer, te laat. Jij krijgt huisarrest, vriend. Een week. En zeg voorlopig maar dag met je handje tegen die Xbox. In dit tempo mag je van geluk spreken als je hem met kerst terug hebt.'
Sam staarde haar aan, verbijsterd over zo'n erge straf. Emily voelde wel dat dit misschien iets te streng was, maar ze was ziedend en bovendien was het ondenkbaar dat ze de sanctie nu opeens zou intrekken. Ze was deels blij dat ze hem had gestraft, deels bang voor de consequenties, maar ze hoopte dat hij in elk geval zou inzien dat hij schuldig was en zijn straf zou aanvaarden. Sam dacht hier echter heel anders over en viel met vuur schietende ogen tegen haar uit.
'Ik hááát je. Jezus, wat haat ik jou.'
'Sam...'
Emily liep naar hem toe, maar de woedende puber beende boos langs haar heen, verliet de kamer en sloeg de deur hard achter zich dicht. Het geluid trilde recht door Emily heen, vrat aan haar zenuwen en maakte haar nog ellendiger. Ze had heel

erg haar best gedaan om een goede moeder te zijn, om een evenwichtig, beleefd kind op te voeden, om een gelukkig, stabiel gezin te zijn. En meestal had ze ook wel het gevoel dat haar dat was gelukt, ondanks het feit dat haar huwelijk op de klippen was gelopen en ondanks het feit dat ze zo nu en dan een aanvaring had met haar hormonale zoon. Vandaag had ze echter het gevoel dat het volledig mislukt was.

Misschien was ze dan toch een zeikwijf.

9

Mike Burnham liep snel de straat door en probeerde zich voor de kerstvreugde af te sluiten. Over elf dagen was het kerst en de inwoners van Maidstone hadden flink uitgepakt, maar Mike bleef strak naar het trottoir kijken en negeerde de opgewekte begroeting van zijn buurman, de verlichte sneeuwvlokken die manisch over de huizen dansten. Uit een van de huizen waar hij langskwam, schetterde een krachtige versie van 'Once in Royal David's City', vergezeld van luidruchtig gelach en geroezemoes binnen, maar Mike liep door, was snel bij zijn voordeur en ging naar binnen, opgeslokt door de duisternis van het enige huis in de straat dat niet versierd was, dat geen lichtjes had en geen leven vertoonde.

Mike haatte kerst. Ooit was het het hoogtepunt van zijn jaar geweest. Alison en hij spaarden maanden om de meisjes alles te kunnen geven wat ze wilden. De uitgaven waren altijd veel hoger dan wat ze hadden gespaard en vaak moesten ze geld lenen om het tekort aan te vullen, maar de aanblik van de cadeautjes onder de boom, de tafel die bijna bezweek onder de kerstgerechten en de glimlach op de gezichtjes van zijn dochters was het altijd waard geweest. Tegenwoordig vond hij de kerstperiode verschrikkelijk en herinnerde die hele akelige vertoning hem alleen maar aan alles wat hij was kwijtgeraakt.

Mike hing zijn jas op en liep snel de woonkamer binnen. Het was er donker en stil, en zo had hij het graag. Normaal gesproken zou hij zich op de bank laten vallen, zich verliezen in de geestloze gloed van Sky Sports, zich verplaatsen naar zonovergoten golfbanen in Saoedi-Arabië of naar het kabaal van voetbalstadions in Manchester, maar die avond begon hij de kamer op te ruimen en gooide hij bakjes van afhaalrestaurants en oude kranten weg. Vanavond verwachtte hij bezoek.

Mike knipte de lampen aan, schoof de gordijnen dicht en draaide zich om om het geheel in zich op te nemen. De rommel was weg, de kussens lagen recht, maar het zag er nog steeds vreugdeloos en kil uit, dus redderde hij wat met de lampen, zette de radio aan, deed wat hij kon om het hier iets gezelliger te maken. Toen hij nog met Alison was, was dit haar domein geweest – zij had er echt oog voor hoe je een kamer moest inrichten en was altijd al socialer geweest dan hij. Nu hij alleen was, moest hij die huishoudelijke taken zelf doen, en hij zag tot zijn ontsteltenis dat het overal erg stoffig was en dat er op elk oppervlak een dikke laag zat. Hij pakte een doekje, ging aan de slag en joeg daarbij grote wervelende stofwolken de lucht in.

De tijd drong, en hij ging als een tornado tekeer, zodat het zweet hem op de rug stond, maar toen hij de kleine verzameling fotolijstjes op het dressoir afstofte, nam hij even de tijd om zijn favoriete foto van Jessica te bekijken. Die was genomen op haar schoolmarkt. Jessica zat in haar rolstoel, met beschilderd gezicht, en grijnsde breed naar de camera. Hij hield zielsveel van deze foto en zoog alle details in zich op. Haar scheve bril, haar roze wangen, haar ondeugende glimlach – allemaal dingen die zijn dochter zo bijzonder maakten. Zijn kleine vechter, die door hersenverlamming nooit had kunnen lopen, maar die zich daar niet door had laten belemmeren, die het leven ten volle had geleefd, altijd met een brutale grijns op haar gezicht. Deze gekoesterde

foto toonde haar precies zoals ze was, leek haar weer tot leven te wekken. Als Mike ernaar keek, voelde hij zijn hart zwellen van liefde, trots en verdriet. Kon hij de tijd maar terugdraaien, zodat hij zijn engel weer in zijn armen kon houden...
Het scherpe geluid van de deurbel verstoorde deze liefdevolle dromen. Mike veegde zijn tranen weg, zette de foto vlug terug en liep de gang in. Hij nam even een moment om zich te herpakken en deed toen de deur open. Het was Graham Ellis.
'Graham, wat leuk,' zei Mike. Hij probeerde beheerst en opgewekt te klinken.
'Weet je zeker dat je me wel verwachtte?' antwoordde zijn bezoek vriendelijk. 'Ik sta al zeker vijf minuten aan te bellen.'

'En, hoe gaat-ie?'
De twee mannen zaten aan de keukentafel, met een biertje in de hand.
'We doen ons best. Op mijn werk gaat het goed, al is het in deze tijd van het jaar altijd een gekkenhuis...'
'Zie je Alison en Rachel vaak?'
'Zo vaak ik kan,' antwoordde Mike behoedzaam. 'Met Alison is het nog steeds moeilijk, maar ik doe mijn best met Rachel. Ze had een druk programma. Kerstuitvoeringen, kerstviering en weet ik veel wat nog meer.'
'Vertel mij wat.'
Graham Ellis glimlachte toen hij dit zei, en je merkte meteen dat hij voor ieder lid van de familie oprechte genegenheid voelde. In de tijd dat hij nog inspecteur bij de politie van Kent was, had Graham leiding gegeven aan het team dat de moordenaars van Jessica voor het gerecht had gebracht, en Mike wist dat hij zich nog steeds om Alison en Rachel bekommerde. Daar was hij hem dankbaar voor, maar hij werd er ook een beetje ongemakkelijk van, want hij was bang dat de gepensioneerde agent meer

wist over het leven van zijn dochter dan hijzelf.

'En hoe gaat het met jouzelf?' vroeg Graham, terwijl hij een hand door zijn dunner wordende haar haalde. 'Gaat het een beetje, Mike?'

'Ja hoor, best, waarom niet?' antwoordde Mike ontwijkend. 'Ik ben met van alles bezig. Zodra kerst achter de rug is, ga ik hier eens orde op zaken stellen.'

Graham knikte en registreerde de vlekkerige formica bladen en de verkleurde keukenkastjes. Mike voelde zich opeens een sukkel en geneerde zich voor zijn loze beloften. Graham kwam nu al jaren hier bij hem langs en wist donders goed dat Mike al die tijd geen enkele poging had gedaan om zijn woning een beetje leuk in te richten. Mike draaide zich nu om naar zijn oude vriend, want hij had het gevoel dat hij het moest goedpraten, dat hij moest uitleggen waarom hij niks had gedaan, maar de gepensioneerde inspecteur had zijn blik op iets anders gericht: op een exemplaar van *The Sun*, dat Mike voordat hij aanbelde netjes had weggelegd. Op de voorpagina stond een politiefoto van een agressief ogende jongen van twaalf jaar, en daarboven de kop:

HET GEZICHT VAN HET KWAAD
SADISTISCHE MOORDENAAR KYLE PETERS VRIJGELATEN

Mike las de kop, kreeg wederom een steek van woede, en keek toen op en zag dat Graham hem recht aankeek.

'Dat moet moeilijk voor je zijn,' zei de agent meelevend.

'Ben je daarom langsgekomen? Om mij in de gaten te houden?'

Zijn vraag had een harde, beschuldigende toon, maar Graham Ellis ging er niet op in.

'Deels. Ik weet dat dit pijnlijke herinneringen zal oproepen. Ik weet nog hoe kwaad je was toen Courtney en Kaylee werden vrijgelaten, en ik was zelf ook kwaad, dus ik wilde je gewoon even laten weten dat je niet alleen bent, dat ik er voor je ben als je behoefte hebt om met iemand te praten.'

'Sorry, Graham, dat was onaardig van me,' zei Mike, die zich plotseling kleinzielig en de vriendelijkheid van deze man niet waard voelde. 'Maar je hebt gelijk, het is moeilijk. Het is verschrikkelijk moeilijk.'

Mike wilde het daarbij laten, zijn gal inslikken, maar het lukte niet.

'Het klopt gewoon niet. Dat soort mensen zou nooit vrijgelaten moeten worden.'

'Met alle respect, Mike, daar ga jij of ik niet over, wat we er persoonlijk ook van mogen denken.'

'Dat zou anders wel moeten. Die beesten...' beet Mike terug met een hevig geëmotioneerde stem. 'Die beesten die mijn meisje hebben vermoord hebben zeven jaar jeugdgevangenis gekregen, en toen zijn ze vrijgelaten. Zeven jaar. Is Jessica's leven niet meer waard?'

'Natuurlijk wel, Mike. Maar zo werkt het niet.'

'En waar zijn ze nu? Die hebben een fijn leventje, in een nieuwe stad, met een nieuwe naam, en die gaan straks ongetwijfeld heerlijk kerst vieren, terwijl wij lijden, wegrotten en ons in onze eigen ellende wentelen, door wat zíj gedaan hebben. En deze rotzak krijgt natuurlijk dezelfde behandeling...'

Hij knikte agressief naar de politiefoto van Kyle Peters.

'... die krijgt een heerlijk leventje ergens, gelukkig, zorgeloos. Wat heeft dat met rechtvaardigheid te maken?'

'Ik snap je en ik voel met je mee. Als ik het voor het zeggen had, waren ze langer, véél langer achter de tralies gebleven.'

'Nou dan...'

'Maar ik denk niet dat hun een gemakkelijk leventje te wachten staat. Het zijn ernstig beschadigde mensen, die de rest van

hun leven zullen moeten leven met wat ze hebben gedaan.'
'Laat me niet lachen,' beet Mike terug. 'Denk je dat die meiden ook maar een greintje geïnteresseerd zijn in ons? Wat ze gedaan hebben? Je was er zelf bij, Graham. Je hebt ze in de rechtszaal toch zien lachen en geiten?'
'Ze waren elf jaar, Mike. Ze wisten niet wat ze deden.'
'Gelul. Ze wisten preciés wat ze deden. En wat weerhoudt ze ervan het nog een keer te doen?'
'Ze worden heel goed in de gaten gehouden,' wierp de voormalig politieagent tegen. 'En ze moeten zich aan heel strenge voorwaarden houden...'
'O ja, Graham? Geloof je het zelf? De reclassering is een zooitje, dat weet je best. En dat betekent dat die beesten kunnen doen waar ze zin in hebben, en wanneer ze daar zin in hebben. En dat vind jij misschien prima...'
'Dat vind ik niet prima. Natuurlijk vind ik dat niet prima.'
'... maar ik vind het een schande, ik vind het gevaarlijk, ik vind het crimineel. Die meiden, die Kyle Peters, die zouden naast je kunnen wonen, je kinderen in de gaten kunnen houden, hun volgende misdrijf kunnen beramen, zonder dat jij daar ook maar iets van weet. Het hof, de politie, de reclassering, ze wringen zich in alle mogelijke bochten om hen te helpen, om hen aan nieuwe woonruimte te helpen, om hun een nieuwe identiteit, een nieuw verleden te geven, om ze te helpen liegen en bedriegen, om weg te komen met moord. Het deugt niet, maar wat nog veel erger is: het is niet veilig.'
Het laatste woord spoog hij eruit, en hij keek Graham Ellis woedend aan. Maar zijn gast was vastbesloten kalm te blijven.
'Mike, wat jij hebt doorgemaakt, de pijn die jij hebt moeten doorstaan, dat is onvoorstelbaar. Ik weet dat je heel veel bent kwijtgeraakt, heel veel mensen van wie je hield, en dat als gevolg daarvan ook je vertrouwen in mensen, in instituties ernstig is

aangetast. Maar je kunt niet eeuwig zo blijven leven. Je kunt niet altijd van het slechtste blijven uitgaan. De moordenaars van Jessica worden geschikt geacht voor re-integratie, net als Kyle Peters, dus we moeten hopen, aannemen dat ze een veilig, productief leven zullen leiden.'

'Doe niet zo naïef. Re-integratie is een loos concept voor die beesten, die hebben geen greintje schuldgevoel over wat ze gedaan hebben. Jezus, je hebt ze zelf ondervraagd. Het was voor hen één grote grap, een spel...'

'Je hebt gelijk,' antwoordde Graham Ellis, en hij schudde bedroefd zijn hoofd. 'Ik heb nooit iets van wroeging of spijt gezien, bij geen van beiden. Dus ik begrijp echt dat je kwaad bent. Maar hoeveel verdriet en pijn je ook voelt, je mag je niet door die woede laten opslokken. Dat zou Jessica niet gewild hebben.'

Dat was een stoot onder de gordel, maar het had wel effect, want Mike was zich er pijnlijk van bewust hoe vreselijk zijn dochtertje het zou hebben gevonden om hem zo verbitterd en vol wraaklust te moeten zien.

'Het heeft je al veel te veel gekost. Je huwelijk, je relatie met Rachel. Ik weet dat je het gevoel hebt dat je hier nooit overheen zult komen, maar op de een of andere manier zul je toch vooruit moeten proberen te kijken. Neem dat aanbod van die therapie aan, maak afspraken zodat je Rachel kunt zien, herstel het contact met je ouders, met je vrienden. Ga naar buiten, probeer iets leuks te doen, misschien zelfs iemand te ontmoeten...'

Mike schudde afwijzend zijn hoofd.

'En dan zeker al die ellende bij die mensen neerplempen?'

Mike keek nu op, want hij verwachtte iets van medeleven, begrip voor de omvang van deze taak. Maar het gezicht van zijn oude vriend stond streng en hard.

'Als dat nodig is om je leven een andere wending te geven, dan is het antwoord ja. Het is van het grootst mogelijke belang dat jij

je concentreert op de dingen die er echt toe doen,' antwoordde hij langzaam. 'Op Alison, op Rachel, op je werk. Het is bijna kerst. Ik weet dat dat altijd een moeilijke tijd is, maar waarom pak je dit jaar niet eens lekker uit? Je hebt financieel een goed jaar achter de rug, dus waarom pluk je niet gewoon de vruchten van je harde werken? Verwen Rachel. Verwen jezélf.'
'Dat is niet zo eenvoudig.'
'Alleen maar omdat je jezelf per se wilt straffen, Mike. Ik weet dat je het jezelf kwalijk neemt wat er met Jessica is gebeurd.'
'Hoe zou ik mezelf dat níét kwalijk moeten nemen?' onderbrak Mike hem bruusk, want zijn woede laaide weer op. 'Als ik niet te laat was geweest om haar op te halen, hadden die beesten haar nooit meegenomen. Als ik vijf minuten eerder was geweest, als ik er was geweest op het tijdstip waarvan ik had beloofd dat ik er zou zijn...'
'Nee,' zei Graham waarschuwend. 'Dit kun je jezelf niet blijven aandoen, Mike. Het was jouw schuld niet, het was Jessica's schuld niet. De enigen die hier schuld aan hadden, waren die meisjes. Ze zijn berecht, schuldig bevonden en voor hun misdaad gestraft. Voor zover ze ervoor gestraft kunnen worden...'
Mike schudde woest zijn hoofd, maar Graham Ellis ging door.
'Je moet je op de toekomst richten. Op de dingen die er echt toe doen.'
Graham keek hem indringend aan, ernstig, smekend.
'Mike, alsjeblieft. Als je hen niet kunt vergeven, vergeef het jezelf dan tenminste.'

10

Ze staarde naar buiten, waar het donker was, en nam een diepe haal van haar sigaret. Olivia deed haar best om van haar nicotineverslaving af te komen, maar gunde zichzelf nog wel één Marlboro Red per dag. Die rookte ze graag terwijl ze naar buiten keek, naar de fonkelende skyline van Londen. Het uitzicht over de hoofdstad was een van de weinige positieve kanten aan haar flat in Tooting, en ze genoot altijd erg van dit moment, terwijl de kalmerende roes van de nicotine haar na een stressvolle dag wat rust bracht.

Maar vanavond lukte het haar niet goed om tot rust te komen; na de moord op Mark Willis was ze erg in beroering en tolde haar hoofd van de vragen. Ze wilde verschrikkelijk graag weten wat de gevolgen hiervan waren, wat voor effect dit op hen allemaal zou hebben, en precies op dat moment ging luid de zoemer van haar intercom. Ze liep er snel naartoe en liet haar bezoeker binnen zonder de moeite te nemen even op het beeldscherm te kijken. Ze wist precies wie het was. Een paar tellen later werd er zachtjes aangeklopt. Ze bleef even voor de spiegel staan om te kijken hoe ze eruitzag en streek een losgeraakte pluk haar van haar voorhoofd. Olivia deed de deur open. Christopher Parkes, broeierig en op een duistere manier knap, zoals altijd. Olivia voelde de wellust door zich heen golven, maar verborg haar hartstocht onder een laagje irritatie.

'Wat ben je laat,' zei ze bozig.

'Je mag van geluk spreken dat ik überhaupt gekomen ben,' antwoordde Parkes. Hij liep naar binnen en trok zijn jas uit. 'Het is een gekkenhuis op het bureau.'

'Vertel,' moedigde Olivia hem aan. 'Hou me niet langer in spanning.'

Parkes schudde goedmoedig zijn hoofd toen hij haar opgewonden toon hoorde, liep naar het dressoir en schonk een flinke bel whisky voor zichzelf in.

'Er valt niet veel te vertellen, dat is het probleem,' antwoordde hij toen. 'We zijn alles nog aan het reconstrueren... We weten wél dat de drie zonen van het slachtoffer van Mark Willis momenteel in Bolton vastzitten. Ze hebben glashard ontkend dat ze er iets mee te maken hebben en beweren dat ze gisteravond tot na sluitingstijd in een pub in Hartlepool waren, maar een van hen heeft net zijn neus gebroken, dus een en een is twee...'

'Godallemachtig. Weten we hoe ze hem hebben gevonden?'

Parkes haalde zijn schouders op en zag er opeens veel ouder uit dan tweeënvijftig.

'Willis was erg op zichzelf, hij had geen vrienden, geen vriendin, hij hield zich aan de regels. We hebben met het plaatselijke team gesproken en die zeiden dat er geen enkele aanwijzing voor problemen was, dat er geen zorgen om hem waren. Natuurlijk zeggen ze dat, maar het ziet er niet naar uit dat dit door een ongeluk of een fout van Willis gekomen is.'

'Dat betekent dus dat de reclassering de wind van voren zal krijgen.'

'Precies. Firth heeft op dit moment een hartverzakking, en dat is niet voor niks. Als Willis' naam en woonplaats echt zijn gelekt, als een familielid of journalist daar de hand op heeft weten te leggen...'

Hij hoefde niet uit te meten wat er dan zou gebeuren, maar ze dachten alle twee in stilte na over de mogelijke gevolgen van deze tegenvaller. Toen sloeg hij de rest van zijn whisky achterover.

'Ik ga maar weer eens. Ik wilde het je alleen even vertellen.'

'Blijf nog even. Neem er nog een…' zei Olivia vlug, en ze liep naar het dressoir om de fles te pakken. 'Je bent er nog maar net.'

'Beter van niet. Ik moet nog rijden.'

'Dat heeft je er anders nog nooit van weerhouden,' wierp Olivia opgewekt tegen, en ze schonk hem bij.

Parkes schudde zijn hoofd met een veelbetekenende glimlach en nam een slok. Olivia kwam dichterbij en liet haar hand tussen zijn benen glijden. Ze voelde het meteen – haar bezoeker reageerde op haar aanraking. Olivia merkte wel dat Cristopher weerstand wilde bieden, maar dat hem dat niet goed lukte.

'Je hebt een heel slechte invloed op me…'

'Reken maar,' zei Olivia. Ze boog zich naar hem toe voor een kus en proefde de heerlijke smaak van whisky op zijn lippen. 'Want omdat je dit jaar zo'n brave jongen bent geweest, heb ik een verrassing voor je…'

Ze maakte haar zin niet af, liep snel naar de bank en tilde een kussen op, waaronder een mooi ingepakt cadeautje lag. Ze pakte het op, liep er snel mee terug naar haar minnaar, haakte haar been om het zijne en gaf het hem.

'Gelukkig kerstfeest, liefste.'

Parkes aarzelde even met aannemen, maar Olivia keek hem stralend aan en dwong hem zo het spel mee te spelen. Hij zette zijn glas neer en haalde het papier eraf. Het was een doosje met het logo van Omega erop.

'Olivia…'

'Sst, maak nou maar open. Kijk even.'

Het was duidelijk dat Parkes eigenlijk niet wilde, maar hij maakte het doosje toch open. Erin lag een gloednieuwe Omega Seamaster. Olivia schoot te hulp en haalde het dure uurwerk uit het doosje.

'Het nieuwste model en kijk...'
Ze draaide het horloge om, zodat de inscriptie op de achterkant te zien was: *13/2/21.*
'De datum van onze eerste kus.'
Ze deed heel erg haar best om het luchtig te houden, maar haar goede humeur sloeg niet over op haar gast.
'Je weet best dat ik dit niet kan aannemen.'
'Je hoeft het thuis niet te dragen. Neem het mee naar kantoor en doe het daar om.'
'Waarom doe je dit, Olivia?' vroeg hij op smekende toon.
'Omdat het kerst is. Omdat ik iets moois voor je wilde kopen,' antwoordde ze, maar haar stem haperde. 'Omdat ik van je hou, verdomme.'
'En ik vind jou ook heel lief,' zei Parkes met gepijnigd gezicht. 'Maar we hebben afgesproken dat we er een punt achter zouden zetten, omdat dat voor ons allebei beter is.'
'En als ik nou niet wil dat het afgelopen is?' wierp Olivia tegen, met luidere stem nu. 'Stel nou dat ik wil dat al die maanden van geheimzinnig gedoe, al die gestolen momenten echt ergens toe zouden leiden, echt iets zouden betekenen?'
'Ze betekenen ook heus iets, dat weet je best. Maar je wist ook van het begin af aan dat ik getrouwd ben en dat ik twee puberzonen heb die me nodig hebben...'
Hij sloot het doosje en gaf het haar terug, maar Olivia wendde zich van hem af en weigerde het aan te pakken.
'Olivia, luister, wat wij met elkaar hadden was echt en betekenisvol.'
'Hébben,' fluisterde ze pinnig.
'Maar we wisten allebei dat het maar tijdelijk zou zijn.'
'Behalve dat het iets ingewikkelder is geworden dan dat, toch?' wierp ze verbitterd tegen.
'Dat kan zijn,' hield Parkes vol. 'We hebben het erover gehad,

we hebben een plan gemaakt en zijn gezamenlijk tot de slotsom gekomen dat we verder moesten gaan met ons leven. Dit soort stunts gaan echt te ver.'

'Dit soort stunts?'

Ze schreeuwde nu bijna, maar dat interesseerde haar niet. 'Dat ding heeft me bijna een maandsalaris gekost. Geld dat ik niet heb! Maar ik heb het gekocht omdat ik van je hou, omdat ik je iets moois wilde geven.'

De tranen stroomden over haar wangen, maar daarmee wist ze haar voormalige minnaar niet te vermurwen, want die leek eerder geïrriteerd dan dat hij sympathie voor haar kon opbrengen.

'Oké, dit heeft geen zin,' zei hij snel, en hij pakte zijn jas.

'Toe maar, loop maar weg. Ga maar terug naar Penny en je mooie kinderen...'

'Jíj maakt het moeilijk, Olivia, niet ik,' klaagde hij. 'Ik spreek je morgen, en dan hoop ik dat je een beetje bij je positieven bent gekomen...'

'O, sodemieter toch op.'

Ze meende het niet. Ze wilde dat hij bleef, dat het weer goed was tussen hen, maar de avond was al verpest, en dat wisten ze allebei. Parkes legde het cadeau op de salontafel, liep snel naar de deur, maar bleef op de drempel even staan. En toen hij zich naar zijn voormalige geliefde omdraaide, keek hij iets milder uit zijn ogen en leek er bijna iets van spijt uit te spreken.

'Het is nooit mijn bedoeling geweest om er zo een eind aan te maken, Olivia. Echt niet. Ik zou graag vrienden willen zijn, als dat kan, maar hoe dan ook...'

Hij aarzelde even, zocht naar de juiste woorden.

'Het spijt me,' voegde hij er toen aan toe.

Toen liep hij naar buiten en trok de deur achter zich dicht.

11

'Chandra, excuses dat ik je zo laat nog laat komen, maar dit kon echt niet wachten.'
'Niet erg, meneer. Als ik kan helpen, graag.'
Zo dacht ze er natuurlijk niet echt over. Inspecteur Chandra Dabral had al een uur geleden thuis moeten zijn om haar man te verlossen van de zware zorg voor de kinderen, maar als je door de commissaris zelf werd ontboden, kon je niet weigeren. Vandaar dat ze nu op zijn kantoor op de bovenste verdieping van Scotland Yard stond, met een uitgestreken gezicht en de handen op haar rug.
'Je hebt vast wel gehoord wat er vanochtend vroeg in Bolton is gebeurd,' stak commissaris Terry Draper voortvarend van wal.
'Alleen in grote lijnen. Het valt buiten onze jurisdictie.'
'Nou, nu niet meer,' antwoordde Draper droogjes. 'Zoals je weet is Willis veroordeeld voor de verkrachting van en moord op de achtenzeventigjarige Valerie Bridge, elf jaar geleden. Haar drie volwassen zoons – Vince, Steve en Mick – zitten momenteel in Bolton in hechtenis en worden ondervraagd door de recherche daar. Ze ontkennen alles en schijnen verschillende getuigen te hebben die zeggen dat ze hen...'
Draper onderbrak zichzelf even om in het verslag dat op zijn bureau lag te kijken.

'… op het tijdstip van de aanval in de Dog and Whistle-pub in Hartlepool hebben gezien. Die mensen liegen waarschijnlijk, maar of dat te bewijzen valt is vers twee.'

Chandra gooide er maar meteen een directe vraag in. 'Hoe weten ze zo zeker dat zij het waren?' vroeg ze. 'Hebben ze getuigen? Celmateriaal op de plaats delict? DNA?'

'Vooralsnog niets van dien aard, heb ik begrepen. De drie mannen zijn voorzichtig te werk gegaan, hebben hun identiteit verhuld, droegen handschoenen, reden in een busje dat in Hartlepool gestolen was en dat ze na afloop ergens hebben achtergelaten. Nee, ons intrigeert vooral de communicatie die via hun mobiele telefoons is gelopen, en dan met name die van de oudste zoon, Steven. Hij heeft zes weken geleden een anoniem bericht ontvangen van een prepaidtoestel vanuit Londen, met daarin de nieuwe naam van Mark Willis – Liam Sullivan – en het adres van zijn flat in Bolton.'

Chandra floot geschrokken.

'Dus in Bolton zelf is niet verdachts voorgevallen wat tot deze aanval kan hebben geleid?'

'Zo op het eerste oog niet,' antwoordde Draper ingetogen. 'Geen discussies op fora voor eigenrichting, geen geruchten, Willis heeft zelf ook niet aangegeven dat hij zich zorgen maakte. Deze aanval kwam uit het niets, en was ook nog eens behoorlijk bruut…'

Draper wees op de foto's die op zijn bureau lagen, bekeek vluchtig de beelden van Mark Willis die met armen en benen gespreid op een tweebaansweg lag, met zijn hoofd in een plas bloed.

'Dus we vermoeden dat de gebroeders Bridge die info hebben ontvangen,' opperde Chandra, terwijl ze de verontrustende beelden in zich opnam, 'dat ze Willis vervolgens hebben bespied en toen in een hinderlaag hebben laten lopen…'

'Zo'n beetje wel, ja. En daarmee komen we op jullie betrokkenheid. Dit was geen ongeluk, ze hebben hem niet toevallig zien lopen.

Iemand heeft bewust vertrouwelijke informatie aan Steven Bridge gelekt, vermoedelijk met het uitdrukkelijke doel om een mishandeling uit te lokken, misschien zelfs om Willis te laten vermoorden. Aangezien de schuldige deze informatie heeft gelekt terwijl hij zich in de stad bevond, is het aan ons om hier onderzoek naar te doen. Het is niet uitgesloten dat het iemand van buiten is, dat een journalist of een verontruste burger de hand op zijn gegevens heeft weten te leggen, maar het is wel erg onwaarschijnlijk. En dat is een probleem, want slechts een paar mensen in het hele land hebben toegang tot dit soort zeer vertrouwelijke informatie – in feite alleen het team dat hem in Bolton begeleidt, de baas van de reclassering en natuurlijk de minister van Justitie.'

'Dus we hebben hier te maken met een mogelijk geval van overtreding van een ambtenaar?'

Draper knikte bars.

'Het spreekt voor zich dat het van het grootst mogelijke belang is dat we dit zo snel mogelijk uitzoeken. Bij het ministerie van Justitie en van Binnenlandse Zaken is de pleuris uitgebroken, en bovendien is het nieuws van de moord op Willis al tot de social media doorgedrongen.'

Draper draaide zijn laptop om, zodat Chandra de Twitter-feed kon zien die hij volgde.

'Een groep die zichzelf Immer Waakzaam noemt heeft het bericht nog geen uur na zijn dood naar buiten gebracht en op Twitter en Instagram foto's van het lichaam van Willis gepost, foto's die genomen zijn door automobilisten die in de buurt van het ongeluk waren. Deze groep van zelfverklaarde eigenrechters is blijkbaar dolblij met het overlijden van Willis, en dat geldt ook voor veel van hun volgers...'

Chandra zag het aantal likes onder de beelden snel oplopen en trok een grimas. Een moord toejuichen – zelfs als het om een berucht persoon als Willis ging – was om kotsmisselijk van te worden.

'Ik hoef jou niet te vertellen dat deze moord groot nieuws wordt, dus laten we proberen de zaak vóór te zijn. We moeten erachter zien te komen hoe ze aan deze informatie zijn gekomen, wie hem heeft gelekt en waarom.'

'Dat spreekt voor zich.'

Draper had vastberaden en resoluut geklonken, en Chandra bootste zijn toon na, want ze wilde zijn vertrouwen in haar niet beschamen. Maar toen ze de verlaten gang weer in liep, voelde ze zich bepaald niet zelfverzekerd. Ze had zelfs het gevoel dat ze zich zo meteen in een poel van ellende zou begeven die wel eens ingrijpende gevolgen kon hebben voor het politiewerk, voor het strafrechtsysteem én voor haar eigen carrière.

Chandra trok haar telefoon uit haar zak en typte snel een bericht aan haar man.

'Kun jij de tweeling in bed stoppen? Denk dat het hier heel laat wordt.'

12

De straat was verlaten, op twee types na die dicht tegen elkaar aan liepen tegen de kou. Er stond een snijdende wind en er joegen spetters natte sneeuw door de lucht, maar het deerde Russell niet, want hij was blij om Ambers lichaam tegen zich aan te voelen. Ze hadden het hele eind vanaf de hoofdstraat lopen kletsen, over van alles en nog wat, vriendschappen, opleiding, hobby's, maar nu bevonden ze zich diep in de buitenwijken, weg van de drukte. Hier zat iedereen lekker veilig thuis, of gezellig in een van de pubs, zodat de vrienden op straat het rijk alleen hadden, en dat vond Russell heerlijk. Het voelde alsof ze in hun eigen coconnetje zaten, afgesneden van de rest van de wereld. Het was alsof deze avond alleen voor hen tweeën bestond.

'Meen je nou echt dat je *Reservoir Dogs* nog nooit hebt gezien?'

'En *Pulp Fiction* ook niet,' antwoordde Amber. Ze moest lachen om zijn ongelovige blik. 'Niks voor mij.'

'Dan zal ik toch nog eens goed over het fundament van onze vriendschap moeten nadenken,' zei Russell om te plagen, en hij trok zijn arm los uit de hare. 'Ik denk zelfs dat ik je misschien maar moet laten gaan...'

'Die films zijn te welddadig voor me, ik snap niet waarom iemand ernaar wil kijken,' antwoordde Amber lachend.

'Omdat ze gewoon retegoed zijn.'
'Jij zegt het.'
'Wat vind je dan leuk?' vroeg hij. 'Films met Judi Dench?'
'Een beetje vertrouwen, graag. Ik ben nog niet eens dertig…'
'Met Lily James dan…'
Ze gaf hem speels een stomp en schudde haar hoofd.
'Zo doen mannen nou altijd. Die denken altijd dat ze het monopolie op goede smaak hebben.'
'Tja, daarin moet ik schuld bekennen,' antwoordde hij met een glimlach. 'Maar je moet me echt even een idee geven…'
'Ik vond *Joker* goed. Kom ik daarmee door de ballotage?'
Ze wandelden ontspannen kletsend verder en kwamen op een gegeven moment bij het mooie appartementencomplex waar Russell woonde. Hij ging langzamer lopen en draaide zich naar Amber om.
'Weet je zeker dat ik je niet even naar huis zal brengen?'
'Nee, dat hoeft niet,' antwoordde ze. 'Ik woon letterlijk op een steenworp afstand.'
'Het voelt toch niet oké; normaal gesproken brengt de jongen het meisje naar huis, en niet andersom.'
'Ja, maar ik ben dan ook geen normaal meisje…'
Haar gezicht begon erbij te stralen en er brak een ondeugende glimlach op door, waardoor ze er mooier uitzag dan ooit. Russell wilde haar vastpakken, haar kussen, maar hield zich in.
'Moet je horen, het is echt steenkoud, waarom kom je niet even boven, dan bel ik een taxi? Als je wilt, drinken we even koffie voor je gaat. Even een beetje ontspannen?'
Haar glimlach verstrakte heel licht. Russell wist meteen dat hij te hard van stapel was gelopen.
'Een andere keer misschien,' antwoordde Amber vriendelijk. 'Ik moet nu echt naar huis.'
'Tuurlijk, prima.'

Russell was geïrriteerd en boos, alsof hij zich op haar had gestort en ze hem van zich af had geduwd.
'Bel me morgen anders even?' zei Amber snel, bij wijze van olijftak.
'Doe ik.'
Een korte stilte, en toen boog Amber zich naar voren en gaf hem zacht een kus op zijn wang.
'Welterusten dan maar...'
Ze draaide zich om, liep de straat in en sloeg haar armen om zichzelf heen tegen de kou. Russell keek haar na. Hij was kwaad op zichzelf omdat hij zijn hand had overspeeld, maar was ook opgewonden en kon zijn ogen niet afhouden van haar rondingen, haar strakke achterwerk, haar lange benen. Ze was zo ontzettend sexy dat hij maar aan één ding kon denken, en dat was hoe hij helemaal in haar zou opgaan. Ondanks zijn misstap van die avond was hij vastbesloten om alles te doen wat nodig was om haar te krijgen. Er zouden geduld en vastbeslotenheid voor nodig zijn, maar hij was er helemaal klaar voor.
Hier had hij al veel te lang op moeten wachten.

13

Emily verzamelde al haar moed en klopte aan.
'Sam?'
Geen antwoord. Ze wist dat Sam nog wakker was, want ze hoorde zijn muziek zacht dreunen, dus hield ze vol.
'Lieverd, alsjeblieft. Ik wil alleen even praten.'
Emily drukte de klink omlaag en duwde de deur voorzichtig open. Ze liep de kamer binnen en zag Sam op bed liggen, met zijn gezicht naar de muur. Weer voelde ze een scherpe scheut verdriet – ze kon het niet aanzien als hij boos was, en al helemaal niet als zij daar de oorzaak van was. Met bezwaard hart liep ze voorzichtig de kamer in en ging op het voeteneind zitten.
'Sam, het spijt me dat ik zo heftig reageerde, het spijt me als ik je waar Gavin bij was in verlegenheid heb gebracht. Het was niet mijn bedoeling om… Ik… ik wil gewoon niet dat je de kansen die je krijgt vergooit. Je bent een slimme jongen, je hebt een prachtige toekomst voor je, als je tenminste verstandige keuzes maakt. Spijbelen, met jongens omgaan die… die niet jouw kwaliteiten, jouw mogelijkheden hebben… Dat is de eerste stap bergafwaarts. Ik wil helemaal niet gemeen zijn of je plezier vergallen, of wat dan ook. Ik… ik wil gewoon dat je het goed doet in je leven, meer niet.'
Ze haperde en viel stil, want ze wist niet goed wat ze nog meer

moest zeggen. Elk woord was waar en ze hoopte maar dat ze er op de een of andere manier mee door Sams woede heen wist te breken. Tot haar immense opluchting draaide haar zoon zich nu naar haar om. Hij keek ongemakkelijk, een beetje beschaamd zelfs.
'Het spijt mij ook. Ik had dat allemaal niet moeten zeggen.'
'Ik ben het alweer vergeten.'
Emily kon zich niet inhouden en boog zich naar haar puberzoon toe en gaf hem een dikke knuffel. Het interesseerde haar niet dat hij dat ongemakkelijk vond, ze vond het gewoon fijn om haar lieve jongen even vast te houden.
'Mam...'
Emily maakte zich van hem los. Zijn toon intrigeerde haar. Sam klonk aarzelend, een beetje nerveus zelfs.
'Wat is er, lieverd?' vroeg ze, plotseling bezorgd.
'Gavin en ik... eh... het is een beetje ingewikkeld, maar... we hebben niet zomaar voor de lol gespijbeld. Ze moeten ons op school nogal hebben...'
'Worden jullie gepest?'
Emily voelde onmiddellijk woede oplaaien.
'Soort van,' ging Sam snel verder. 'Het is niet heel erg, maar soms hebben we er gewoon geen zin in, snap je...'
'Pesten ze jullie allebei?'
'Ja, best vaak eigenlijk.'
'Maar waarom uitgerekend jullie twee?'
Sam aarzelde even, maar zei toen: 'Door onze vriendschap. Door wat we voor elkaar voelen.'
'Aha. Dat wist ik niet. Zijn jullie... Hebben jullie verkering of...?'
'Ik weet niet of Gavin mijn vriendje is of zo,' zei Sam, terwijl hij vermeed zijn moeder aan te kijken. 'Maar ik zou het wel graag willen. Vind je dat erg?'

'Nee, tuurlijk niet. Ik ben gewoon verbaasd, meer niet, omdat je een tijdje met Amy ging en...'

'Dat was niet serieus. Ik ben homo, mam.'

Hij zei het zo vol overtuiging dat Emily even niet wist hoe ze moest reageren.

'Sorry dat ik je er zo mee overval,' ging hij verder, zelfverzekerder nu. 'Ik wilde er eerlijk over zijn.'

'Natuurlijk, lieverd. En ik daar ben ik heel blij om... Alleen...'

Sam keek naar haar op, hij was op zijn hoede. Emily kwam in de verleiding om terug te krabbelen, om deze gedachte de kop in te drukken, maar zette toch door.

'... seksualiteit is op jouw leeftijd nog niet iets wat vaststaat. Je bent pas veertien. Het is nog heel vroeg om al met zekerheid te zeggen wat je wel of niet bent.'

'Daar ben ik het niet mee eens. Ik heb meisjes nooit leuk gevonden, niet op die manier. En nu ik Gavin heb leren kennen...'

'Geef het de tijd, dat is alles wat ik wil zeggen. Onderzoek vooral wie je bent, maar...'

'Ik wéét wie ik ben, mam,' wierp Sam geïrriteerd tegen. 'Dat verandert echt niet.'

'Iedereen verandert, lieverd. Niets is in steen gehouwen. Je groeit, je ontwikkelt je, je ontdekt nieuwe dingen over jezelf,' hield Emily vol. 'Wie je als kind bent, is niet wie je als vol...'

'Ik ben geen kind, dus behandel me ook niet zo. Ik ben homo, punt uit. Als je daar een probleem mee hebt...'

'Daar heb ik geen probleem mee,' stelde Emily hem vlug gerust. 'Echt niet, oké?'

Sam keek haar aan; hij was duidelijk nog steeds kwaad en wist niet of hij haar nu moest geloven of niet.

'Ik zou je nooit veroordelen of afkeuren wat je doet, nooit. Dat moet je echt van me geloven.'

Sam haalde zijn schouders op, maar haar merkbare oprechtheid en emotie leken hem iets milder te hebben gestemd, dus ging ze door.

'Luister, het is al heel laat en je moet morgen naar school, dus laten we het er morgen nog even verder over hebben. Als je maar weet dat ik alleen maar liefde en bewondering voor je voel, altijd.'

Ze kneep even in zijn hand en stond toen op.

'Over tien minuten het licht uit, anders ben je morgen niets waard...'

Ze liep stilletjes zijn kamer uit en deed de deur achter zich dicht. Het was een moeilijke, vermoeiende dag geweest en ze wilde alleen nog maar naar bed. Toen ze haar slaapkamer in liep, schoof ze de gordijnen dicht, zette de radio aan en kleedde zich uit. Ze kon niet wachten tot ze onder zeil kon gaan en de zorgen van die dag kon vergeten, maar er was nieuws op de radio. Ze verstijfde.

'De politie van Bolton heeft inmiddels bevestigd dat de man die vanochtend vroeg in de wijk Daubhill na een wilde achtervolging is overleden, Mark Willis is. In mei 2012 werd Willis, die toen twaalf jaar was, schuldig bevonden aan de brute verkrachting van en moord op de gepensioneerde Valerie Bridge in Hartlepool. Willis is vier jaar geleden vrijgekomen en schijnt onder een schuilnaam te hebben geleefd. Hij werkte bij een logistiek depot in het centrum van Bolton. De politie wil vooralsnog geen nader commentaar geven...'

Alle hoop op vergetelheid was verkeken. Emily bleef als aan de grond genageld staan en was zo vreselijk geschrokken dat ze amper nog adem kreeg. Haar ergste nachtmerrie was werkelijkheid geworden.

14

'Er gaan koppen rollen, let op mijn woorden.'
Mike Burnham schudde verbijsterd zijn hoofd; de machohouding van de politicus irriteerde hem. Vanaf het moment dat hij het nieuws van de moord op Mark Willis had gehoord, had hij aan de tv vastgeklonken gezeten, naar de uitzendingen op Sky, de BBC en ITV gekeken, en was daarna overgeschakeld naar *Newsnight*. Guy Chambers, staatssecretaris van Justitie, die je vaak in politieke talkshows zag, was de voornaamste gast, en hij had geen goed woord over voor de reclassering.

'We beschikken uiteraard nog niet over alle feiten,' ging de politicus verder in een zwakke poging zich behoedzaam uit te laten, 'maar als het hier inderdaad om een rampzalig falen van de beveiliging gaat, zullen er veranderingen moeten komen, van bovenaf. Bij de onderzoeken naar Usman Khan en Joseph McCann is aan het licht gekomen hoe ernstig de reclassering in gebreke blijft, en hoewel ze ingrijpende hervormingen zouden hebben doorgevoerd, schijnt er niets te zijn veranderd…'

Mike zette de tv uit, hij kon het niet meer aanhoren. In de loop der jaren had hij al tientallen politici horen beweren dat ze de misdaad hard zouden aanpakken, dat ze het strafrechtsysteem zouden reorganiseren, dat de slachtoffers voortaan op de eerste plaats zouden komen, maar er was nooit iets veranderd. Het was allemaal gebakken lucht, ambitieuze politici die met de massa meeliepen, die altijd maar in een goed blaadje hoopten te komen, die een beroep deden op de trouwe aanhang van de partij, maar ondertussen níéts deden om de mensen te helpen die er echt onder te lijden hadden. Wat wisten deze mensen over rechtvaardigheid? Over doen wat juist was? Zij, de overheid, het systeem, beschérmden misdadigers en moordenaars juist. Het was de taak van gewone mannen en vrouwen om te zorgen dat mensen veilig waren – dat hadden de gebeurtenissen in Bolton wel bewezen. Sommigen zouden de belagers veroordelen om hun jacht op Willis, en hen wegzetten als rebellen of mensen die aan eigenrichting deden. Maar nog veel meer mensen zouden hen toejuichen en het prachtig vinden dat deze drie jongens eindelijk voor hun moeder het recht hadden doen zegevieren. Mike zou geen kwaad woord spreken over wat ze hadden gedaan – wat moesten ze anders als de balans zo sterk doorsloeg in het voordeel van de plegers? – maar hij voelde eerlijk gezegd totaal niet die triomf waarop hij had gehoopt. Op de een of andere manier kon hij zich nooit in de pijn van iemand anders inleven, hoezeer hij ook zijn best deed.

Mike liep de trap op naar de overloop en ging naar de slaapkamer. Zoals altijd zette hij Classic FM op terwijl hij zich klaarmaakte om naar bed te gaan. Hij kon niet tegen de stilte die viel als het donker was, en vaak liet hij de radio de hele nacht aanstaan, liever dan alleen in de oorverdovende stilte te moeten liggen. Hij miste zijn ex-vrouw, hij miste zijn gezin, maar hij miste vooral Jessica. Overdag had hij afleiding van zijn werk, het boodschappen doen en de klusjes, maar als het donker was viel dat allemaal weg. De nachten waren altijd het ergst.

Terwijl Mike in bed lag, probeerde hij helemaal op te gaan in de muziek, het ritme en de melodie te volgen en zijn brein actief en alert te houden. Maar hoe hij zijn best ook deed, de vermoeidheid werd hem de baas, en hij kon zijn ogen niet langer openhouden. Hij vocht er uit alle macht tegen, doodsbang voor de gruwelen die hem in het donker misschien zouden komen bezoeken, maar een paar tellen later viel hij toch in slaap.

Onmiddellijk was ze bij hem. Herinneringen aan Jessica. Gierend van de lach, een brutale opmerking makend, ruziënd met haar zus, schreeuwend tegen haar moeder – allerlei momenten van gezinsgeluk en spanning, waarvoor hij alles over zou hebben om ze nog een keer te mogen beleven. Maar al snel dienden zich meer duistere gedachten, meer duistere beelden aan. De doodsangst op Jessica's gezicht toen twee haveloze meisjes in de verlaten groeve haar rolstoel over puinhellingen duwden, hun verlekkerde, triomfantelijke blikken, terwijl Kaylee Jones filmde hoe het doodsbange meisje van elf jaar om genade smeekte, Courtney Turner haar weerloze slachtoffer uit haar rolstoel op de koude, harde grond kiepte, haar ophitste, haar keihard schopte, en inzoomde om de moord van dichtbij te filmen...

Mike schoot overeind en hapte naar adem. De tranen stonden hem in de ogen. Hij wilde het uitschreeuwen van angst, tieren van woede, deze wereld aan flarden scheuren, maar hij wist dat hij alleen maar tegen fantomen in de nacht zou brullen. Dus ging hij maar weer liggen, met zijn ogen wijd open, verzette hij zich tegen zijn dodelijke vermoeidheid en vocht hij tegen de duisternis die hem dreigde op te slokken.

DAG 2

15

Olivia had wel dagen willen slapen, als dat kon. Ze sleepte zich uit bed om te douchen, sleepte zich toen naar het koffiezetapparaat in de hoop haar lusteloosheid kwijt te raken, maar ze was nog steeds doodmoe. Ze had bijna geen oog dichtgedaan; haar gedachten waren heen en weer geschoten van haar trouweloze minnaar naar haar paniekerige cliënt en weer terug, en ondertussen waren haar woede en frustratie alleen maar groter geworden. Ze had zich bij het opstaan nog minder fris gevoeld dan toen ze naar bed ging en het kostte haar moeite zichzelf op gang te krijgen, en dat was een probleem, want ze dreigde wederom te laat te komen.

De hele situatie was onhoudbaar. Van Olivia's afdeling waren er momenteel zes mensen thuis door ziekte of stress, en dat betekende dat de rest hun werk erbij moest doen, en naast hún cliënten ook die van henzelf moesten begeleiden. Het was onbegonnen werk, het was bespottelijk en onmenselijk, maar het moest gedaan worden, vandaar dat Olivia's agenda zo bomvol was. Ze gooide haar voor de helft opgedronken koffie in de gootsteen, pakte haar dossiers, propte ze in een grote tas die ze van een of andere boerenmarkt had meegenomen toen ze heel kort de aanvechting had gehad om voortaan biologisch te gaan eten. De fantasieën die ze er ooit op na had gehouden over dat ze in Londen een hip leven zou leiden waren eigenlijk heel verbazingwekkend, want in werkelijkheid had ze te maken met een tranentrekkende huur, bespottelijk hoge gemeentebelastingen, verschrikkelijke verkeersdrukte en de koopjesafdeling van de Aldi. Geërgerd over haar eigen naïviteit stopte ze het laatste dossier in de tas. Maar in de haast haalde ze de map open aan het handvat, en vielen er een paar volgetypte A4'tjes op de grond.

'Godsamme...'

Ze ging op handen en knieën zitten, griste de vellen bij elkaar en stopte ze weer in de map. Daarbij viel haar oog echter op de tekst, waarvan een groot deel ingrijpend was bewerkt. Dit was het dossier van Jack Walker, en hoewel ze het al tientallen keren had gelezen, nam ze toch even de tijd om dat nog een keer te doen. Het was een zinloze exercitie, want ze zou er toch niets nieuws uit leren? Toch had ze op de een of andere manier het gevoel dat ze de ranzige details wel in zich móést opnemen en dat ze zich in de diepe krochten van zijn ontaarde karakter móést storten.

De eerste hoofdstukken van zijn dossier gingen over zijn achtergrond. Het gezin in Southend, het vele spijbelen, zijn kleine aanvaringen met de wet. Hierin stond ook wat Jack te vertellen had over hoe het er thuis aan toeging. Zijn afwezige vader, zijn moeder die hem verwaarloosde, en natuurlijk het seksueel misbruik. Dit nam drie bladzijden van het dossier in beslag, en hoewel de namen van de daders zwart waren gemaakt, kon je zo ook wel raden over wie Jack het had toen hij alle verkrachtingen en terloopse geweldplegingen opsomde waarvan hij slachtoffer was geweest. Zijn oudere broers, die nu zelf in de gevangenis zaten voor allerlei ernstige misdrijven, hadden hem een paar keer per week belaagd, hem tegen de grond gedrukt, hem mishandeld, hem vernederd. Het vermoeden bestond dat Jack zijn jongere broer Danny op zijn beurt op een vergelijkbare behandeling had getrakteerd, hoewel Jack dat met klem ontkende. Olivia was geneigd hem niet te geloven, en had het gevoel dat hij zijn jongere broer op zijn minst had geïntimideerd. Als ze in de loop der jaren iets had geleerd, dan was het dat geweld altijd geweld voortbracht.

Haar blik dwaalde nu naar de laatste hoofdstukken, waarin het misdrijf dat Jack zelf had gepleegd werd ontleed. Dit was zware kost, maar Olivia deinsde er nooit voor terug en zou haar werk niet goed doen als ze er wel voor terugdeinsde. Wederom waren namen en locaties onleesbaar gemaakt, maar in wezen was dit een zinloze exercitie, want de macabere details waren iedereen in dit land bekend. Het rapport schetste in grote lijnen hoe Jack een jonge jongen van de pier in Southend had ontvoerd, hem met de belofte dat hij snoep zou krijgen had meegelokt naar een leegstaand huis. Daar had hij de jongen van vier jaar gemarteld, verkracht en doodgeknuppeld. De rechter had het een 'misselijkmakende en langdurige mishandeling' genoemd. Ondanks al haar ervaring voelde Olivia de gal in haar keel omhoogkomen toen ze Jacks misdrijf in al zijn wreedheid zwart-op-wit uitgemeten zag. Dat ze misselijk werd, kwam echter niet door de verbijsterende lijst verwondingen – de verbrijzelde ribben, de gebroken oogkas, de kapotgeslagen tanden. Nee, haar maag draaide om van de seksuele kant van het misdrijf, want bij de sectie bleek Billy Armstrong zowel zaad als suikerspin in zijn mond te hebben toen zijn verwoeste lichaam werd gevonden.

Olivia liet het dossier vallen en rende naar de badkamer. Ze trok de deur open, viel neer op haar knieën en braakte in de wc-pot. Bittere koffie prikte in haar neus en keel. Ze kotste drie keer, toen was het voorbij. Ze rolde van de wc-pot weg en bleef op het koude linoleum liggen. Waarom deed ze dit? Waarom martelde ze zichzelf met details die toch al in haar geheugen gegrift stonden? Terwijl ze zo op de grond lag, keek ze omhoog naar het vlekkerige plafond en vroeg ze zich af of het wel verstandig was geweest om uitgerekend deze zaak op zich te nemen. Had ze moeten weigeren? Had ze moeten vragen of Jack aan iemand anders toegewezen kon worden? Waarschijnlijk wel, maar dan had ze wel moeten uitleggen waarom, en dan was er een heel andere beerput opengegaan. Misschien was dat toch beter geweest, wat voor tumult het ook veroorzaakt zou hebben. Misschien had ze eerlijk moeten zijn tegen haar meerderen en de veiligheidsprotocollen de rest moeten laten doen. De reclassering zou haar immers nooit als begeleider van Jack Walker hebben aangesteld als ze hadden geweten dat ze zwanger was.

16

Mike keek in de spiegel en herkende de man die hem daar aankeek amper. Ooit was hij een knappe, flinke vent geweest, en was Alison trots geweest dat ze hem aan de haak had geslagen. Ze vond het leuk om met hem te pronken, samen naar de pubs, bars en restaurants van Maidstone te gaan. Alison mocht er zelf ook zijn, en ze waren een knap stel geweest samen. Maar van die man, die brutale, goedgeklede geliefde, was niets meer over; hij had plaatsgemaakt voor een hologige zombie die er tien jaar ouder uitzag dan hij was.

Mike had hier en daar wat grijze haren, donkere kringen onder zijn ogen en een ingesleten droefenis in zijn gezicht waardoor mensen niet goed het gesprek met hem durfden aan te gaan. En dat waren dan nog onbekenden. De mensen die hem wél kenden, die wisten wat er was gebeurd, deden nog meer hun best om hem uit de weg te gaan. Wat moest je zeggen tegen een man wiens kind was vermoord? Een meisje over wier wrede, sadistische dood nog steeds in de sensatiepers werd geschreven, die de macabere fascinatie van het publiek voor extreem geweld bleef voeden? Niets. Dan zei je niets.

Mike deed wat aftershave op en kreunde zacht toen de alcohol in zijn vermoeide huid prikte. Elke dag doorliep hij deze riedel, als op de automatische piloot, maar wie was die man die hem in de spiegel aankeek? Deze lege huls in een net overhemd met stropdas? Deze robot die zijn tijd doorbracht met het ophemelen van de voordelen van dubbele beglazing? Komisch eigenlijk dat Mike nog steeds die moeite nam: elke ochtend opstaan, zijn pak aantrekken, naar de showroom toe. Hij wist dat hij dat deed om iets te doen te hebben, maar het was en bleef een belachelijke vertoning: doen alsof hij een normaal mens was die zijn carrière, zijn vooruitzichten en zijn salaris belangrijk vond. Hij speelde een rol, en het maakte hem niet uit of hij iemand tot de aanschaf wist te verleiden of niet, maar toch was het beter dan het alternatief. Dat had hij al een keer geprobeerd en dat had hem bijna genekt – dat was ook niet zo vreemd als je twee flessen wodka per dag dronk. Nee, dit was de beste manier om verder te gaan met zijn leven, de enige manier, maar op sommige dagen drong tot hem door hoe absurd het was dat hij ertoe veroordeeld was om dag in dag uit hetzelfde te doen, om hetzelfde zinloze werk te doen, zonder dat het resultaat hem ook maar iets interesseerde. Hij zei vaak dat híj levenslang had gekregen in plaats van Courtney Turner en Kaylee Jones. Vandaag was hij daar tot in elke vezel van doordrongen.

Mike wierp nog één blik op zichzelf en ging toen de deur uit. Hij was in elk geval toonbaar; iets wat op trots leek dwong hem daartoe. Hij was op zijn werk niet populair en ook niet erg succesvol, maar hij maakte lange werkdagen zonder daarover te klagen, dus ze wilden hem maar wat graag houden. Soms ontnam het vooruitzicht dat hij dit pad nog vijftien, twintig jaar moest volgen hem alle energie, overtuiging en verlangen. Kon hij dat echt? In zijn donkerste uren overwoog hij maar een eind aan alles te maken en zich in een orgie van drank en pillen van het leven te beroven. Maar iets weerhield hem daar altijd van. Hij wilde absoluut niet als een lafaard gezien worden, en bovendien: wat zou dat met Rachel doen, die het toch al zo zwaar had? Nee, er zat niets anders op dan zijn wanhoop en verveling maar te verbijten en gewoon door te gaan.

Mike griste het jasje van zijn pak mee en liep naar het gangtafeltje. Zijn telefoon gaf een luide *ping* en Mike pakte hem op. Van zijn werk belde er nooit iemand zo vroeg al, en Alison appte 's avonds laat altijd, als Rachel in bed lag. Dus het was waarschijnlijk spam of een herinnering dat zijn auto gekeurd moest worden, en Mike had zin om niet te reageren, maar hij was toch te nieuwsgierig. Tot zijn verbazing was het een bericht van een onbekend nummer, en de inhoud bevreemdde hem nog meer:

Courtney Turner woont tegenwoordig onder de naam Sharon Wall op Meadow Lane 24, Colchester, CO1 1AP.

Mike keek vol ongeloof naar het bericht, zijn hart sloeg op hol. Wie had hem dit bericht gestuurd? Wat schoot diegene hiermee op? En zou het echt waar kunnen zijn? Woonde dat rotwijf dat zijn dochtertje had gemarteld, vernederd en vermoord echt op een uurtje rijden bij hem vandaan?

17

'Hoe hebben ze hem gevonden? Hoe zijn ze er in vredesnaam achter gekomen waar hij woonde?'

Emily had er alleen maar mee ingestemd om met haar ex-man af te spreken omdat hij zo had aangedrongen, en ze had er nu al spijt van. Paul was in alle staten en vuurde de ene vraag na de andere op haar af – vragen waar ze het antwoord niet op wist.

'Ik heb geen idee,' antwoordde ze afgemeten. 'Dat soort dingen vertellen ze mij niet. Ik heb hier niets mee te maken.'

'Jullie worden allebei beschermd door hetzelfde systeem, door dezelfde mensen...'

'Dat is niet waar, Paul. Het team in Bolton heeft niets te maken met het team in Reading. Het ligt voor de hand dat dit soort zaken...'

Emily aarzelde, want ze vond het vreselijk dat ze zichzelf een 'zaak' had genoemd, maar toen ging ze toch door.

'... volledig van elkaar gescheiden worden gehouden. Mijn contactpersonen hebben geen idee wat er in Bolton speelt, en omgekeerd. Zo werkt het, zo zorgen ze ervoor dat iedereen veilig is.'

'Alleen zijn ze dat dus blijkbaar niét. Je hebt de verslagen gezien, de beelden van de mobiele telefoon. Ze stonden hem op te wachten, Emily. Ze hebben hem in de val laten lopen en hem de dood in gejaagd. Hij mag nog van geluk spreken dat ze hem niet zelf te grazen hebben kunnen nemen.'

'Vreemd om dat "geluk" te noemen.'

'Je begrijpt best wat ik bedoel. Het scheelde maar een haar of zijn kop was ingeslagen, en dat heeft hij alleen maar kunnen voorkomen door op een vierbaansweg vol verkeer te springen.' Hij schreeuwde nu bijna en hield zich toen opeens in, want hij merkte dat de andere klanten in het café naar zijn woedeuitbarsting luisterden. Op gedempte toon ging hij verder.

'Ik zeg alleen maar dat je met ze moet praten. Dat je erachter moet zien te komen wat er aan de hand is. Vragen of Sam en jij tijdelijk ergens anders moeten gaan wonen of zelfs een nieuwe woonplaats moeten krijgen. Die arme jongen is net in de vierde begonnen, hij krijgt steeds meer huiswerk. Hij heeft een boel op zijn bordje.'

Je weet nog niet de helft van wat er speelt, dacht Emily bij zichzelf. Paul hing graag de toegewijde vader uit, maar zíj voedde Sam op, zíj kende hem het best, en ze steigerde bij de insinuatie dat ze haar zoon door haar eigen slordigheid of gebrek aan belangstelling moedwillig aan gevaar zou blootstellen.

'Je overdrijft.'

'Door me om mijn zoon te bekommeren?'

'Doe me een lol, Paul. Jíj bent weggegaan, hoor, niet ik...'

'O god, krijgen we dat...'

'Jíj bent een nieuwe relatie begonnen, jíj bent de eerste tíén jaar van Sams leven afwezig geweest.'

'Je liet me niet toe!'

'Nee, je bent weggelopen. Weg van mij.'

'Nou, dat is niet zo heel vreemd, hè?'

'Moet ik daar echt antwoord op geven, Paul?'

Ze zei het op agressieve toon, maar eerlijk gezegd vond ze het niet heel vreemd dat hij was weggegaan. Met haar geschiedenis, met haar strafblad, zo slecht als zij bekendstond, was het nogal veel allemaal. Zeker doordat er, als je jezelf aan 'Emily Lawrence' vastklonk, van je werd geëist dat je in een fictief verhaal meespeelde. Nee, vooral de manier waarop Paul bij haar was weggegaan deed haar nog pijn. Hij had moeder en kind in de steek gelaten en het aangelegd met een vrouw die half zo oud was als hij, en was naar de andere kant van het land verhuisd. Ja, ze waren inmiddels weer in het zuiden komen wonen en hij bemoeide zich actief met Sam, maar het was veel te laat om nog de toegewijde vader uit te hangen.

'Luister, zo schieten we niet op,' ging ze verder, terwijl ze haar woede inslikte. 'We hebben geen idee wat er in Bolton is gebeurd. Misschien is Willis wel dronken geworden en heeft hij aan een vriend verteld wie hij in werkelijkheid is. Misschien had hij een vriendin die te dichtbij is gekomen. Het kan alles wel geweest zijn.'

'Op de tv zeggen ze dat iemand de informatie met opzet naar de familie van het slachtoffer heeft gelekt. Bij *Newsnight* zat een man, een politicus, die zei...'

'Dat is speculatie, giswerk, meer niet, en tot we weten wat er echt is gebeurd is het van cruciaal belang dat we allebei kalm blijven,' drong Emily aan. 'Je hebt gelijk, het is een belangrijk jaar voor Sam, dus als hij ergens niet op zit te wachten is het dat hij hier wordt weggerukt, van zijn school, zijn vrienden, zijn familie. Ik wil wedden dat wat er in Bolton is gebeurd een plaatselijke blunder is, een stomme fout van Willis die hem zijn leven heeft gekost. Dat soort vergissingen bega ik niet, ik neem geen enkel risico...'

Paul keek alsof hij haar wilde onderbreken, dus praatte Emily snel door.

'... en het resultaat daarvan is dat ik al meer dan twintig jaar met succes in de gemeenschap heb weten op te gaan. Twintig jaar, Paul. Denk daar maar eens over na. Denk er maar eens over na hoe succesvol ik ben geweest, hoe goed het systeem ervoor heeft gezorgd dat Sam en mij niets is overkomen. Het werkt, het is veilig, dus kunnen we alsjeblíéft proberen om niet in paniek te raken als er helemaal niets is om ons zorgen over te maken? Ik doe dag in dag uit mijn best met Sam, ik help hem te groeien en te bloeien, en dat is niet gemakkelijk, neem dat van mij aan. Ik heb mijn eigen leven, een baan, verantwoordelijkheden jegens vrienden en collega's, een to-dolijst die zo lang is als jouw arm, en eerlijk gezegd helpen dit soort gesprekken me niet bepaald. Mijn plaatsvervanger moest voor me invallen zodat ik hier vandaag kon zijn, dus doe me een lol en kalmeer een beetje, ja? Ik heb dit onder controle, er is níéts om je zorgen over te maken.'

Haar bloed kookte en Paul bond, heel voorspelbaar, in onder het gewicht van haar gloedvolle verdediging. Het was bij hem vaak veel geschreeuw en weinig wol, en hij had nooit tegen haar sterke persoonlijkheid op gekund. Ze maakte een eind aan het gesprek, en hij was misschien niet gerustgesteld, maar in elk geval wel gesust, zodat zij verder kon met haar leven. Ze liep snel terug naar haar auto en genoot er even van dat ze Pauls woedeuitbarsting in de kiem had weten te smoren voordat ze daar zelf echt last van had gekregen, of erger nog, voordat Sam er last van had kunnen krijgen. Ondanks het feit dat Emily opgelucht was, knaagde er toch bezorgdheid aan haar. Ze had Paul overtuigend van repliek gediend, zijn zorgen als loze angsten weggewoven, maar ze was bij lange na niet zo ontspannen als ze zich had voorgedaan. In werkelijkheid was ze wel degelijk van slag door het bericht over de moord op Mark Willis en had ze die nacht geen oog dichtgedaan en allerlei verschrikkelijke scenario's liggen bedenken. Zodra ze vanavond thuis was, zou ze haar contactpersoon bij de reclassering bellen en kijken of zij misschien wat meer over de situatie wist te vertellen, want op dit moment was ze in paniek en kon ze alleen maar aan het allerergste denken. Misschien was Willis ontdekt door een fout van het team daar, of doordat iemand hem toevallig had gezien, maar stel nou dat dat niet het geval was? Stel nou dat iemand hem inderdaad met opzet had verraden, met de dood tot gevolg? Zijn misdrijf was niet bekender dan het hare, dus kon het haar dan ook gebeuren? Kon zij worden opgespoord, mishandeld, gedood? Zou Sam zelf ook in de vuurlinie kunnen belanden? Van die gedachte raakte Emily volledig in paniek, en in één tel gingen de kalmte en het optimisme van de afgelopen veertien jaar in rook op. Ze had erg haar best gedaan om Paul ervan te overtuigen dat er niets was om zich zorgen over te maken, maar ze geloofde het zelf niet echt. Terwijl ze naar haar auto liep, keek ze schielijk achterom. Emily moest toegeven dat ze zich voor het eerst in jaren ongerust en bang voelde, alsof het net zich langzaam rond haar sloot. Werd ze echt achtervolgd? Opgejaagd?

Hield iemand haar op dit moment in de gaten?

18

Het was een bitterkoude ochtend in Coombe Park, en toen Russell met grote stappen over het gras liep, knerpte de ijzige dauw onder zijn voeten. Jaren geleden, toen hij nog een beetje moest wennen in Croydon, toen hij nog moest leren om zich een nieuwe identiteit, een nieuw leven eigen te maken, hadden zijn ontmoetingen met Isaac Green altijd achter gesloten deuren plaatsgevonden, uit de buurt van nieuwsgierige blikken. Tegenwoordig sprak hij liever buiten af met zijn contactpersoon van de reclassering, zodat hij lichaamsbeweging met pastorale zorg kon combineren. Green liep langzaam en leunde zwaar op zijn wandelstok, als gevolg van letsel uit het verleden, maar hij zei dat hij de frisse lucht heerlijk vond.

'Zo te horen ga je op je werk als een speer, hè?' zei Isaac toen ze een hoek omsloegen en op een snaterend groepje hondenuitlaters afliepen.

'Twee promoties de afgelopen vijf jaar, dus dat zegt wel iets,' antwoordde Russell zelfverzekerd. 'Jacob zei dat als ik zo doorga, ik in de toekomst misschien wel financieel directeur kan worden.'

'Toe maar, zeg. En je vindt het nog steeds leuk?'

'Nou en of. Ik hou van cijfers – de winstmarges in de gaten houden, de voorspellingen. En ik vind het leuk dat we groeien,

dat we elke dag weer nieuwe markten aanboren...'
'Dan ben ik blij voor je. Je hebt hard gewerkt om zover te komen.'
Russell aanvaardde Isaacs complimentje en ze liepen verder. De reclasseringsambtenaar was al op leeftijd en kon het tempo van de jongere man maar niet bijhouden.
'En je ouders? Heb je je vader nog gesproken?'
'Een paar weken geleden.'
'En je moeder?'
'Zo nu en dan, je weet hoe dat gaat.'
Dat wist Isaac inderdaad, en hij wist ook dat hij niet moest aandringen, dus begon hij over iets anders.
'En de NA? Ik hoop dat je daar nog steeds twee keer per week naartoe gaat?'
'Stipt.'
Isaac Green monsterde zijn cliënt en bespeurde sarcasme. Maar Russell wuifde zijn angsten snel weg.
'Nee, echt, ik heb nog geen bijeenkomst overgeslagen. Ze zijn goed voor me en ik vind het tegenwoordig nog leuk ook.'
'Je toon is veranderd.'
'Nou, daar is ook wel een reden voor.'
Russell bleef stilstaan en draaide zich naar zijn contactpersoon om, die ook inhield en blij leek te zijn dat hij even kon uitrusten.
'Ik heb iemand leren kennen.'
'Een vrouw?'
'Duh. Ik ben niet zoals die gasten uit Londen,' antwoordde Russell lachend. Hij liet zijn lichte Bedfordshire-accent even in zijn stem doorklinken.
'Hoelang speelt dit al?'
'Pas een week of twee. Maar ik hoop dat het iets wordt.'
'Heeft ze ook een naam?'
'Amber. Leuke meid, oorspronkelijk uit Brighton. Ze heeft

een zware tijd achter de rug met heroïne en cocaïne, maar ze is nu op het rechte pad. Ze heeft een stageplek als grafisch ontwerper gevonden en woont in East Croydon, dus hooguit op een steenworp afstand van waar ik woon.'

'Hoe goed ken je haar?'

'Niet heel goed, maar ze is geweldig.'

'En lijkt dit je verstandig?'

Nu verscheen er een frons op Russells voorhoofd.

'Pardon?'

'Je weet best wat ik bedoel. Vind je het gezien je verleden verstandig om iemand in je leven toe te laten?'

'Ik ben verdomme geen monnik, Isaac. Als ik iemand leuk vind, vind ik iemand leuk.'

'Dat begrijp ik, maar dan nog…'

'Wat is het probleem? Denk je soms dat ik het ga opbiechten? Denk je dat ik ga vergeten wie ik nu ben?'

'Natuurlijk niet, je hebt je identiteit altijd heel strikt bewaakt.'

'Wat dan?'

Isaac keek zijn cliënt nadenkend aan, alsof hij de juiste woorden probeerde te vinden. Russell keek aandachtig naar hem, en langzaam begon het hem te dagen.

'O, nou snap ik het. Je denkt zeker dat ik voor háár een gevaar vorm?'

'Dat heb ik niet gezegd.'

'Ik zie het toch aan je gezicht.'

'Ik zeg alleen maar dat je al jaren geen belangstelling voor iemand hebt getoond en niet meer intiem met iemand bent geweest. Je hebt geen idee hoe je gaat reageren, wat voor gevoelens het misschien bij je losmaakt…'

'Ik weet precíés hoe ik me voel, en jij vergist je. Dit is goed voor me. Het is het laatste stukje van de puzzel. Jij zegt altijd dat ik inmiddels een normaal leven kan leiden, nou, dit ís een nor-

maal leven, met een baan, een beetje geld in mijn zak en een leuke meid.'
'Oké, oké,' zei Isaac, en hij stak ten teken van overgave zijn hand omhoog. 'Dat begrijp ik, en je hebt gelijk. Natuurlijk heb je gelijk.'
'Maar?'
'Maar... doe het rustig aan.'
'Voor haar of voor mezelf?'
'Voor jullie allebei, als ik heel eerlijk ben.'
'Nou, ik zal een poging wagen, maar ik kan het je niet beloven. Ik heb hier heel lang op gewacht en verdomme, ik verdien wel een beetje geluk, toch?'
Isaac knikte, maar hield zijn gedachten verder voor zich. De twee mannen liepen in ongemakkelijk stilzwijgen verder, voegden zich in de ochtenddrukte en verdwenen toen langzaam uit het zicht.

19

'Wat is er, Jack? Waarom ben je niet klaar?'
De puber stond in de keuken in alleen zijn boxershort, ongemakkelijk en kwetsbaar. Hij was zich ervan bewust dat hij het had verpest en ontweek Olivia's blik toen ze hem de les las.
'Dit is je eerste dag op je werk, dan mag je niet te laat komen.'
'Sorry, ik heb me verslapen. Ik denk dat ik nog erger gesloopt was dan ik dacht.'
'Heb je een wekker gezet?'
'Ik dacht van wel.'
'Jack, we hebben het hier over gehad. Jouw geluk, jouw vooruitgang, jouw toekomst, het is allemaal jóúw verantwoordelijkheid, oké? Dus als ik zeg dat je moet zorgen dat je klaarstaat, dan zorg je dat je klaarstaat. De wereld gaat zich niet aan jou aanpassen, jij moet zorgen dat je je aan de wereld aanpast.'
'Het spijt me. Ik kon vannacht gewoon niet slapen.'
'Wat was er dan? Gespannen omdat het de eerste nacht was? Het bed is toch wel naar je zin?' vroeg ze bezorgd.
'Jawel, dat is allemaal prima. Ik voelde me gewoon niet goed. Buikpijn. Eerlijk gezegd voel ik me nu ook niet echt lekker...'
'Nee, nee, nee. In de jeugdgevangenis heb je dat misschien iedereen kunnen wijsmaken, maar ik ben niet van gisteren, Jack. Neem je moeder in de maling.'

'Nee echt, eerlijk, ik heb kramp, ik heb echt pijn...'
'Ja, en ik word de volgende paus.'
Jack draaide zich met een boze blik om, maar Olivia liet zich niet van de wijs brengen en ging gewoon door.
'Ik snap het. Het is een grote dag vandaag, een enorme stap voor je. De echte wereld in, echte mensen om je heen, echte situaties. Het is heel normaal dat je daartegen opziet, maar ervoor weglopen is niet de oplossing. Als je vandaag achter de rug hebt, is het morgen al een stuk gemakkelijker. Neem dat nou maar van mij aan.'
Jack keek sceptisch naar haar op en zei niets. Olivia liep naar de gootsteen, pakte een glas water en draaide de kraan open.
'Oké, weet je nog waar je naartoe gaat?' ging ze verder.
'Naar Oak House, in Enfield.'
'Precies. George Simmons, de voorman, verwacht je. Hij is streng maar rechtvaardig. Laat niet over je heen lopen, dan komt alles goed. De taxi is hier over vijf minuten, dus kleed je aan. Als je opschiet, kun je je nog even snel wassen. Ik maak even vlug een boterham voor je, dan kun je die meenemen. Is kaas oké?'
Jack knikte vermoeid, maar maakte geen aanstalten.
'Kom, schiet op. Ik hou die taxi wel in de gaten.'
Olivia schonk haar glas vol, nam een grote slok en genoot van het ijskoude water.
'Gaat het wel goed met je?'
Olivia schrok van de vraag. Haar antwoord kwam snel en was niet erg overtuigend.
'Super. Waarom zou het niet goed met me gaan?'
'Nou, je ziet een beetje bleek. En, niet onaardig bedoeld, maar je zweet.'
Olivia kreeg een kleur, haalde een hand over haar voorhoofd en veegde het zweet eraf. Terwijl ze dat deed, merkte ze hoe

warm en vochtig haar oksels voelden. En erg genoeg voelde ze weer een golf misselijkheid opkomen.

'Is er iets?' vroeg Jack, en hij deed een stap naar haar toe. 'Wil je anders even zitten?'

Hij kwam nog een stap dichterbij, en nu stak Olivia haar hand op om hem tegen te houden – ze was zich ervan bewust dat het totaal ongepast was dat ze zo dicht bij deze halfnaakte jongeman stond.

'Het gaat wel.'

'Nee, je bent lijkbleek.'

'Ik zei: het gaat wel.'

Ze beet het hem boos en ontdaan toe. Maar hij leek totaal niet onder de indruk van haar ongemakkelijkheid en bleef haar aanstaren. Ze kreeg allemaal wilde gedachten. Kon het zijn dat hij het wíst? Merkte hij aan haar dat ze zwanger was? Olivia zette deze loze gedachten van zich af, rechtte haar rug en torende opnieuw boven de iele puber uit.

'En jíj bent te laat. Dus schiet op. Ik wil dat je hier over twee minuten terug bent en dat je dan de deur uit kunt.'

Hij keek haar even geïntrigeerd aan en draaide zich toen langzaam om en liep de keuken uit. Olivia zuchtte opgelucht en probeerde zich te vermannen en haar opkomende misselijkheid te onderdrukken. Ze draaide zich om, schonk haar glas nog eens vol. Ze sprak zichzelf streng toe omdat ze zwak en dom was geweest en maande zich tot zelfbeheersing. Maar dat was gemakkelijker gezegd dan gedaan, en terwijl ze het glas naar haar mond bracht, merkte ze tot haar verbazing dat haar handen beefden.

20

Haar maag maakte radslagen toen ze naar het midden van het vertrek liep. Chandra Dabral had nog nooit eerder leidinggegeven aan zo'n geruchtmakend onderzoek. Het was de grootste opdracht die haar team ooit toegewezen had gekregen, en alle ogen waren op haar gericht, zowel in het crisiscentrum als daarbuiten. Als ze dit tot een succes wist te maken, stond haar wellicht nog meer promotie te wachten. Slaagde ze er niet in, dan was die hoop voor altijd vervlogen.

'Ik neem aan dat jullie inmiddels allemaal weten waar het hier om gaat,' richtte ze zich met krachtige en kalme stem tot alle aanwezigen.

Twintig gezichten knikten verwachtingsvol – de geruchtenmolen had zijn werk gedaan.

'Ambtsovertredingen. Een aantal van jullie voormalige collega's heeft zich daar de afgelopen jaren schuldig aan gemaakt, dus ons onderzoek, onze werkwijzen, ons gedrag moeten bij deze zaak smetteloos zijn. We moeten rustig, professioneel en doelgericht ons werk doen, tot de verdachte is gearresteerd en berecht. Gezien de ernst van het misdrijf weet ik dat dit voor jullie geen probleem vormt.'

Chandra zweeg even en was blij dat er veel vastberaden reacties uit de groep kwamen. Het team maakte een energieke, toegewijde, loyale indruk, maar helemaal zeker was ze hier niet van. Ze had de meeste medewerkers van haar voorganger overgenomen en ze had geen idee hoe ze erop zouden reageren dat ze nu onderdeel van een onderzoek met zo veel nieuwswaarde waren. Kon ze ervan op aan dat iedereen discreet zou zijn? Of zou er iemand in de verleiding komen om met een ambitieuze journalist het bed in te duiken en gebruik te maken van de financiële mogelijkheden die zo'n zaak wellicht opleverde?

'Vertrouwelijkheid is in een zaak als deze van het grootst mogelijke belang, dus niet uit de school klappen – niet tegen je partner, niet tegen vrienden, niet tegen de pers. Wat in deze kamer wordt gezegd, blijft ook binnen deze kamer.'

Opnieuw deed Chandra er even het zwijgen toe. Ze liet haar blik langs alle gezichten gaan, tot ze zeker wist dat de boodschap goed was overgekomen. Toen liep ze naar het crisisbord.

'Goed, zes weken geleden, op 7 november, is er om 10.15 uur vanuit Londen een bericht gestuurd vanaf een Samsung Galaxy-telefoon. Op basis van locatietracking weten we dat de telefoon zich ergens in de buurt van Shepherd's Bush moet hebben bevonden. Daar zijn veel woonhuizen en winkels, maar er is ook een congrescentrum, en daar kom ik zo nog op terug...'

Ze wees op de kaart een omcirkeld gebied in het westen van Londen aan en ging toen verder.

'Van de telefoon en de simkaart is geen eigenaar geregistreerd, maar we hebben wel het serienummer van de telefoon, en als we een verdachte hebben aangehouden kan dat nuttig zijn. Het bericht is verstuurd naar Steven Bridge, inwoner van Hartlepool, en luidde: "Mark Willis woont onder de naam Liam Sullivan in flat 2, York Tower in de wijk Rumworth, Bolton." Kort maar krachtig, en meneer Bridge was er heel blij mee. Zoals jullie weten heeft Mark Willis Valerie Bridge, een weduwe van achtenzeventig jaar, verkracht en vermoord toen hij zelf pas twaalf jaar oud was. Hij heeft zeven jaar in de jeugdgevangenis gezeten en kwam toen voorwaardelijk vrij. Toen is hij naar Bolton verhuisd, waar hij een nieuwe identiteit en een tweede kans kreeg. De familie van Valerie Bridge was daar niet blij mee, en dat is ook wel te begrijpen...'

Chandra haalde diep adem en vervolgde haar verhaal.

'Valerie is langdurig mishandeld en had ernstige verwondingen. Een schedelbasisfractuur, twee gebroken armen, en daarbovenop nog een geperforeerde darm, als gevolg van het ernstige seksuele misbruik.'

Chandra zag een jonge agent zijn hoofd afwenden, maar ze ging door.

'Haar drie zonen, Steven, Vince en Mick, hebben vaak gezegd dat ze Willis aan stukken zouden scheuren als ze hem te pakken zouden krijgen. Ze hebben op Twitter, Instagram en dergelijke rondgebazuind wat ze van plan waren, ondanks herhaaldelijke waarschuwingen van de politie. Gisterochtend zagen ze in alle vroegte hun kans schoon en hebben ze Willis, toen die vanuit de pub naar huis liep, in een hinderlaag gelokt. Het is niet aan ons om de gebroeders Bridge voor de rechter te brengen, dat is de taak van de recherche van Bolton. Het is ónze taak om erachter te komen wie hun de vertrouwelijke informatie over de woonplaats van Willis heeft verschaft, en daarmee deze aanval in gang heeft gezet.'

'Weten we zeker dat het om een lek gaat?'

Dat was rechercheur Buckland, een ervaren agent, altijd recht voor zijn raap. Hij was officieel haar plaatsvervanger, maar Chandra was nog niet zover dat ze hem al vertrouwde, aangezien hij de afgelopen paar weken tegen iedereen die het maar wilde horen had verteld dat híj tot inspecteur had moeten worden benoemd, en niet zij.

'Daar gaan we nu wel van uit.'

'Er moeten toch ook nog andere verklaringen zijn? Misschien dat iemand hem in de wijk heeft zien lopen en hem heeft herkend. Zijn politiefoto heeft vaak genoeg in de bladen gestaan, dus dat zou toch mogelijk moeten zijn?'

Chandra was benieuwd waarom rechercheur Reeves, een van de nieuwere agenten, zo graag wilde dat het geen lek was, maar dat hield ze nu voor zich.

'Dat zou kunnen,' antwoordde ze, 'maar het is al elf jaar geleden. Liam Sullivan was drieëntwintig en zag er heel anders uit dan de Mark Willis van twaalf. Indertijd was het een dikkige knul met een fris gezicht, terwijl hij later in zijn leven... nou ja, kijken jullie zelf maar...'

Ze tikte op zijn foto.

'Broodmager, ongeschoren, geblondeerd haar, oorbellen, tattoos. Ik weet niet of ík hem wel zou hebben herkend.'

'Hij ziet eruit als een armoedige versie van Phil Foden,' probeerde rechercheur Lucy Drummond, wat iedereen erg vermakelijk vond.

'Bovendien is er op fora van eigenrechters voorafgaand aan de aanval niets, maar dan ook niets met betrekking tot Mark Willis te vinden,' voegde rechercheur Buckland eraan toe, die zijn team graag bij de les wilde houden. 'Er zijn in de loop der jaren een paar keer meldingen gedaan dat iemand hem gezien meende te hebben, maar op dat front is het al een paar maanden stil gebleven.'

'Precies, en gezien het feit dat Willis niet te kennen heeft gegeven dat hij zich ergens zorgen over maakte en dat hij die avond door meerdere getuigen drinkend en kletsend in de Butchers Arms is gezien, schijnbaar volkomen zorgeloos, denk ik dat we ervan uit kunnen gaan dat zijn ontmaskering zowel voor hem als voor zijn begeleidingsteam volkomen onverwacht was. Daarover gesproken...'

Ze draaide zich nogmaals om en richtte de aandacht van haar team op zes gezichten die op het bord geprikt waren.

'De hogere echelons van de reclassering waren er natuurlijk van op de hoogte waar Willis zich bevond, maar de dagelijkse begeleiding, het directe contact, werd gedaan door de zes leden van zijn team in Bolton. Zoals jullie weten zijn er bij een dergelijk beschermingsprogramma diverse instanties betrokken, en dat komt in dit geval neer op deze hechte groep van zes mensen. Onder hen een ervaren politieagent, een ervaren reclasseringsambtenaar en vertegenwoordigers van de sociale dienst en de deelraad. Het was hún taak om ervoor te zorgen dat Willis zich aan de regels hield, zich verantwoordelijk gedroeg, een bijdrage leverde aan de samenleving en er in algemene zin voor zorgde dat hij geen gevaar liep. Uiteindelijk was zijn welzijn hún verantwoordelijkheid.'

'Bedoel je te zeggen dat het een van hen geweest moet zijn?' vroeg rechercheur Cooke geïntrigeerd.

'Daar moeten we dus achter zien te komen. Jullie vinden hun namen en verdere gegevens in de informatie, en ik wil dat we hen allemaal nauwgezet natrekken: communicatie, financiële situatie, politieke voorkeur, gezinssamenstelling, werkreputatie, de hele rataplan. Maar ik wil dat jullie vooral aandacht besteden aan deze man...'

Ze wees een man van eind middelbare leeftijd aan, met donkere ogen, zware oogleden en een grijs wordende snor.

'Inspecteur Martin Coates. Hij zit al heel lang bij de politie van Bolton en gaat over ongeveer een jaar met pensioen. Hij is het enige lid van dit begeleidingsteam dat in Londen was op de dag dat het bericht naar Steven Bridge is verstuurd. Hij was zelfs aanwezig op een congres in het Excel Centre in Shepherd's Bush, georganiseerd door de politie van Londen en het ministerie van Justitie.'

Ze tikte op de kring op de kaart, die de locatie van de telefoon aangaf.

'Ik heb hem verzocht om vanochtend op het bureau langs te komen en ben van plan hem kort te ondervragen. Misschien is hij onschuldig, misschien ook niet, maar dat hij daar die dag toevallig was, moet nader onderzocht worden. Dus ik heb informatie over hem nodig, alles wat Martin Coates aan het lek kan linken.'

'Dat is nogal wat,' begon Buckland. 'Een agent tot verdachte maken.'

'Agenten hebben wel eerder de wet overtreden, brigadier, en wij gaan alleen maar op het bewijsmateriaal af. Dus ik stel voor dat we alle politieke overwegingen even ter zijde schuiven en aan de slag gaan.'

Sommige agenten stonden al op, maar Chandra stak haar hand op ten teken dat ze moesten wachten.

'Nog één ding. Dit wordt ongetwijfeld een heel moeilijk onderzoek, niet in de laatste plaats omdat een aanzienlijk percentage van het publiek zal toejuichen wat Steven en zijn broers hebben gedaan. Ik juich dat niet toe, en jullie ook niet, neem ik aan. Er is een misdrijf gepleegd – twee misdrijven zelfs – en het is onze taak om te zorgen dat degene die deze tragische gebeurtenissen in gang heeft gezet, wordt gepakt en vervolgd. Wat wij ook over Mark Willis mogen denken, hoe afgrijselijk we zijn misdrijf ook mogen vinden, we mogen niet vergeten dat hij ouders, broers, zussen en vrienden heeft die nu om hem rouwen. Zij verdienen het dat er recht wordt gedaan. Zij verdienen te weten wie Mark tot zijn dood heeft veroordeeld. Dus laten we voor die mensen, voor ons allemaal, de verrader vinden die met andermans leven voor God heeft gespeeld.'

21

'Ik weet niet of dit wel verstandig is.'
Ze aarzelde, keek even naar haar man en ging toen verder. 'Ik bedoel: we hebben het hier al jaren over, maar het is vreselijk duur. Het is ook nog bijna kerst, dus ik maak me zorgen over hoe duur dit gaat worden.'

De arts, een vrouw van middelbare leeftijd, draaide zich weer om naar Mike, in de hoop dat hij haar gerust zou stellen of misschien zelfs korting zou geven. Normaal gesproken was Mike hierop ingesprongen, had hij gevoeld dat de deur op een kier stond, maar die dag spoelden de woorden over hem heen en drongen ze amper tot hem door. Haar man nam het stokje van haar over.

'Maak denk je eens in hoeveel geld we besparen op onze energierekening. In de loop der tijd betalen die ramen zichzelf terug. Dat klopt toch, of niet?'

'Absoluut,' antwoordde Mike met een afwezig knikje.

'Ik weet het niet, hoor,' wierp de arts tegen. 'Hebt u geen brochure voor ons, zodat we er nog even over kunnen nadenken?'

'Natuurlijk, die liggen op de balie,' antwoordde Mike behulpzaam. 'Neemt u er onderweg naar buiten maar een mee.'

Het echtpaar blies perplex de aftocht en de echtgenoot wierp Mike nog een boze blik toe, geïrriteerd over diens gebrek aan belangstelling en het teleurstellend verlopen bezoek. Mike was er met zijn hoofd niet bij en haalde zijn schouders erover op, maar toen hij zich omdraaide, liep hij zo Simon tegen het lijf, zijn energieke chef.

'Wat is er aan de hand, man? Wil het niet meer lukken?'

Hij zei het met een glimlach – joviale kantoorpraat – maar de onderliggende toon was niet te missen.

'Dat was toch kat in het bakkie? Normaal gesproken had je de koop nu al beklonken.'

Onder de opgewekte toon lag oprecht onbegrip, bezorgdheid zelfs.

'Ze was er nog niet klaar voor,' antwoordde Mike. Hij probeerde het gezaghebbend te laten klinken. 'Hij moet nog even op haar inpraten en dan komen ze in het nieuwe jaar terug, let op mijn woorden.'

'Laten we het hopen, want die targets gaan niet vanzelf, Mike, en de directie heeft gevraagd of ik de personeelskosten kan terugdringen...'

Mike had zin om de man te zeggen dat hij de pot op kon – hij was vijftien jaar ouder dan deze laagopgeleide David Brent – maar in plaats daarvan glimlachte hij en zei: 'Dan kan ik maar beter aan de slag gaan.'

Hij griste zijn jasje mee en pakte zijn autosleutels.

'Waar ga je naartoe?' informeerde Simon. 'Ik dacht dat je vanochtend afspraken met klanten had staan.'

'Mijn volgende afspraak is bij iemand thuis,' loog Mike. 'Een oude dame die de deur niet meer uit kan. Ik heb gezegd dat ik wel even langskom.'

'Die heb ik anders niet in je agenda zien staan.'

'Ze belde vanochtend vroeg, en ik kreeg medelijden met haar. Het zou een grote order kunnen zijn. Ze klonk een beetje wanhopig en je weet hoe soft ik ben...'

'Nou, maak het kort, want we hebben vanochtend een bomvolle agenda.'

'Voor je het weet, ben ik weer terug.'

Mike gaf hem een knipoog en liep snel naar buiten. In de weerspiegeling van de etalage zag hij dat Simon hem nakeek; hij was er duidelijk van overtuigd dat er iets niet klopte aan zijn gedrag, maar Mike trok zich er niets van aan. Sinds hij die ochtend dat anonieme berichtje had ontvangen, had hij aan niets anders kunnen denken; hij zag alleen maar beelden voor zich van Courtney Turner die in Colchester een gelukkig, zorgeloos leven leidde. Hoe zou ze er tegenwoordig uitzien? Wat deed ze zoal? Was ze opnieuw in aanraking gekomen met de politie? Het leek hem zeer waarschijnlijk, aangezien zij altijd de meest dominante, de meer sadistische van de twee meisjes was geweest, de drijvende kracht achter de zinloze moord op Jessica, maar plotseling móést hij het weten. Hij wist dat het gevaarlijk was, dat het misschien op niets uitdraaide, maar het bericht negeren was uitgesloten. En dat was dan ook de reden waarom hij, ook al had zijn chef zijn flinterdunne smoesje zo doorgeprikt, niet op zijn schreden terugkeerde, maar snel de showroom uit liep. Het had geen zin om te aarzelen, het had geen zin om dit uit te stellen.

Hij had een afspraak met een moordenaar.

22

'Het interesseert me niet wat je hebt gedaan of wat je niet hebt gedaan. Iedereen krijgt hier van mij een eerlijke kans, oké?' De potige voorman torende boven Jack uit en keek hem indringend aan. 'En ik verwacht op mijn beurt van jou dat je op tijd komt, dat je je professioneel gedraagt en dat je hard werkt, begrepen?'

Jack knikte, maar zei niets. Hij was zijn tong verloren.

'Dit is een heel groot woningbouwproject, maanden werk, dus als je het handig speelt, zou je hier wel eens goed kunnen zitten. Je hebt een metseldiploma, toch?'

'Ja, klopt,' wist Jack met gespannen piepstem uit te brengen.

'Mooi, dan begin je bij de bungalows. Daar werken een paar geschikte jongens, dus daar vind je je draai wel.'

De voorman wees naar de uiterste hoek van de bouwplaats. Jack was zenuwachtig en aarzelde, maar zette toen weifelend een stap naar voren. George hield hem tegen en fluisterde op vertrouwelijke toon: 'Niets om je zorgen over te maken, jongen. We hebben in ons leven allemaal wel eens iets verkeerds gedaan.'

Hij zei het op een toon alsof hij wist waarover hij het had, bedoeld om zo zijn solidariteit te tonen.

'Hard werken, dan komt alles goed. Dit is de eerste dag van de rest van je leven.'

De voorman klopte hem eens stevig op de rug en stuurde hem toen weg. Hij deed het op een energieke, optimistische, opgewekte manier, maar Jack voelde het allemaal niet. Hij voelde zich gedesoriënteerd en onzeker, het was alsof hij alles van een afstand zag, alsof hij van bovenaf op dit vreemde tafereel neerkeek. Al de hele dag had hij alles verwarrend en vreemd gevonden, en niet in de laatste plaats het feit dat hij door zijn woedende contactpersoon van de reclassering uit zijn bed was gehaald. De reis naar de bouwplaats was al net zo desoriënterend geweest; hij had in de taxi naar buiten zitten staren en de wereld aan zich voorbij zien trekken. Forenzen die zich naar hun werk haastten, ouders achter de kinderwagen, kinderen in hun keurige schooluniform – alledaagse taferelen, maar toch voelde hij zich van alles afgesneden, alsof iedereen aan deze gewone werkdag deelnam, alleen hij niet.

De aankomst op de bouwplaats was niet veel beter geweest; de taxichauffeur had hem afgezet en was er zonder een woord weer vandoor gegaan. Hij had zelf de weg moeten zoeken, had een paar keer een verkeerde afslag genomen en toen pas zijn voorman gevonden. George Simmons was vriendelijk maar kortaf geweest, zodat Jack nu midden over een luidruchtige bouwplaats liep. Hij had nog nooit eerder ergens gewerkt, aangezien hij negentien jaar had doorgebracht in een gezin met huiselijk geweld, een gevangeniscel en op een beveiligde afdeling. Hoe werkte dit? Wat voor regels golden hier? Hoe moest je je gedragen zonder iemand kwaad te maken of ongewenst aandacht te trekken? Hij had nooit een vader gehad die hem meenam naar voetbal, die hem leerde hoe je met andere mensen omging, hoe je je mannetje stond – dat werk. Wat moest hij in vredesnaam doen?

'Oppassen, jongens, een nieuwkomer...'

Jack besefte gegeneerd dat de potige bouwvakker het over hem had. Een paar andere mannen keken benieuwd op.

'Iel ventje, maar een extra metselaar kunnen we altijd gebruiken. Hoe heet je, knapperd?'

'Jack.'

'Mooie Jack, zeker?'

'Kweenie.'

'Niet zo bang kijken, knul. Ik zal je heus niet opeten. Ga daar maar naast Jez aan de slag. Laat maar eens zien wat je kunt...'

Jack deed wat hem gezegd was en merkte dat er bij de rest van de ploeg een paar veelbetekenende blikken over en weer gingen. Hij ging naast Jez staan, een slungelige gast met vuurrood haar, pakte baksteen en troffel en deed zijn collega na.

'Waar kom je vandaan, Jack?' vroeg Jez vriendelijk.

'Uit Epping,' mompelde Jack, terwijl hij geconcentreerd de specie gelijkmatig probeerde uit te smeren.

'Zo, een bosbewoner? En heb je veel rotzooi uitgehaald, Jacky?'

'Valt wel mee,' antwoordde Jack zwakjes.

'Nou, je klinkt niet erg overtuigd,' zei Jez lachend, terwijl hij wat nieuwe specie neerkwakte. 'Waar hou je zoal van? Voetbal? Meisjes? Wiet?'

'Voetbal, ja.'

'Voor welke club ben je?'

Jack aarzelde even. 'West Ham,' antwoordde hij toen.

Jez blies walgend zijn wangen op.

'Jezus christus. Jongens, we hebben hier verdomme met een Hammer te maken...'

Er kwam een hele lading scheldwoorden Jacks kant op, en daarna ging iedereen weer aan het werk. De nieuwigheid van zijn komst was er al een beetje af. Al snel had bijna niemand meer oog voor hem en kletste de rest van de ploeg weer met elkaar verder.

'Heb je die foto's op Twitter gezien?' vroeg Jez opgewonden.

'Welke foto's?'

'Je weet wel, van die vent in Bolton. Gepost op een internetforum – eigenrechters, dat werk. Ze waren maar heel even te zien, maar echt ranzig, man. Je kon het hoofd van die man zien, helemaal opengebarsten, overal bloed.'
Jack verstijfde met de baksteen in zijn hand. Hij had geen idee waar Jez het over had, maar hij vond het maar niks.
'Wie was het dan?'
'Mark Willis. Die kerel die dat oude dametje heeft verkracht en toen haar hoofd heeft ingeslagen, toen hij nog maar een klein ventje was. Een paar gasten hebben hem gisteravond opgewacht en hem toen door een woonwijk achternagezeten. Hij schijnt van een brug van tien meter hoog te zijn gesprongen, om aan ze te ontkomen. Hij kwam terecht op de ring, midden tussen het verkeer. Ze konden hem van het asfalt schrapen.'
Er zwol een hard geluid aan in Jacks oren. Was dit echt waar?
'Hij had nog erger verdiend,' mengde een andere bouwvakker zich in het gesprek. 'Ik wil wedden dat die gasten er spijt van hebben dat ze hem niet te pakken hebben gekregen, zodat ze hem pas echt goed hadden kunnen afmaken.'
'Ze zouden hem aan stukken hebben gescheurd.'
'En terecht. Dan kan je verwachten als je oude vrouwtjes verkracht. Wat een beest…'
Jack probeerde zich voor de stemmen af te sluiten, probeerde zich te focussen, maar hij zag wazig en voelde zich duizelig.
'Als iemand mij zou vertellen dat er hier zo'n psychopaat rondliep, ging ik er meteen op af. Dan sneed ik hem zo met mijn troffel open,' liet een andere metselaar weten.
'Met een troffel? Ik zou een betonschaar nemen. Zijn ballen eraf knippen…'
'Precies. Ik zou ze allemaal omleggen, stuk voor stuk. En ze flink laten lijden. Pedo's, verkrachters, allemaal.'
Dit kon op algehele instemming rekenen.

'En jij, captain Jack? Doe jij ook mee met de lynchpartij?' klonk toen de stem van Jez boven de anderen uit.

Jack kreeg er geen woord uit. Zijn borst voelde beklemd, zijn benen waren beverig en zijn hand trilde, zodat de specie van zijn troffel gleed.

'Tuurlijk,' zei hij luid met een gemaakte glimlach. 'Ik doe mee.'

'Zo mag ik het horen. We hebben hier een echte terminator, jongens.'

De bouwvakkers praatten lachend verder en schetsten het rituele geweld dat ze zouden gebruiken voor de mensen die in hun ogen echt te ver waren gegaan. Hun woede en bloeddorst vulden Jacks hoofd, waardoor het hem niet meer lukte zich nog op zijn werk te concentreren, hij de specie er als een bezetene op smeerde en de bakstenen ongelijkmatig op elkaar kwamen te liggen. Hij wilde hun haat uitwissen, hij wilde hier weg, naar een fijnere plek, maar hij was aan alle kanten omgeven door gif en gal. Hij kwam in de verleiding om de benen te nemen, om weg te vluchten van de bouwplaats en te blijven rennen, maar op die manier de aandacht op zich vestigen was natuurlijk geen optie. Dus hield hij zich maar stil, stapelde hij baksteen op baksteen, verward en bang, en bad hij al die tijd in stilte dat de boze jongemannen niet door zouden krijgen dat de duivel zich in hun midden bevond.

23

'Godsamme, wil je soms dat ik een zenuwinzinking krijg?'
Olivia wist dat het geen zin had om zo uit haar plaat te gaan, maar ze kookte over van frustratie. Ze keek de recalcitrante ex-inbreker die in de leunstoel tegenover haar zat indringend aan.
'Hoelang doe je dit al, Eric?' ging ze verder. 'Je kent de regels zo onderhand toch wel?'
'Natuurlijk ken ik die,' antwoordde de man, terwijl hij over zijn buik krabde. 'Maar het slaat nergens op. Ik ben geen gevaar meer voor de samenleving, dus waarom zou ik door al die hoepels moeten springen? Ik ben geen circushond.'
'Was je dat maar, dan was je gemakkelijker af te richten.'
Olivia wilde hem op zijn plek zetten, want ze was woedend dat deze sukkel, die niet eens haar cliënt was, zo slecht meewerkte. Maar tot haar ergernis barstte Eric in lachen uit.
'Da's een goeie, die vind ik leuk. Misschien kun jij vaker komen in plaats van die andere. Die vent is moddervet en hij stinkt naar...'
'Mij niet gezien,' onderbrak Olivia hem. 'Als Charlie er maandag nog niet is, ga ik persoonlijk bij hem langs en rook ik hem uit.'
De man lachte weer, wat haar nog meer ergerde.

'Zoals je weet kan ik het formulier pas indienen als je per week drie zinvolle activiteiten hebt gedaan,' ging ze verder, alsof ze het tegen een kind had. 'Dus wat mag ik hier opschrijven?'
Stilte. De gezette ex-crimineel tuurde in gedachten verzonken naar het vlekkerige plafond.
'Ben je naar je AA-bijeenkomst geweest?'
'Nee, deze week niet.'
'En je hervormingsprogramma?'
'Die veranderen de tijden voortdurend...'
Olivia had bijna geen zin meer om te leven, maar zette toch door.
'En de opleiding dan? Je deed toch een cursus... houtbewerking, is het niet?'
'Nee, tegelzetten.'
'O, nou, mooi zo,' antwoordde Olivia, en ze wilde het hokje al aanvinken.
'Alleen was die vent deze week ziek.'
Olivia liet verslagen haar pen zakken.
'Maar wat heb je dan wél gedaan? Heb je deze week überhaupt iets productiefs gedaan?'
Er viel een lange stilte.
'Nou, ik heb de keuken opgeruimd,' antwoordde Eric toen.
Olivia aarzelde. Dit was bij lange na niet genoeg... maar het moest maar. Ze vinkte het hokje af.
'Goed, dat is één,' antwoordde ze. 'Laten proberen of we er voor vrijdag nog twee kunnen doen, oké?'

Toen Olivia terugliep naar haar auto, voelde ze zich moedelozer dan ooit. Iedere voorwaardelijk vrijgelaten misdadiger op haar lijst, van de onschuldige inbreker tot de man die een kind had vermoord, was een hopeloos geval – slonzig, achteloos, radeloos, in paniek, suïcidaal of gewoon lui. Kon dan niemand haar even tegemoetkomen? Haar dag iets gemakkelijker maken? Die was slecht begonnen en werd geleidelijk aan alleen maar erger. De misselijkheid was over, maar vervangen door een verpletterende vermoeidheid en een barstende hoofdpijn. In het verleden had Olivia zich door deze vaak voorkomende dips heen geslagen met koffie, alcohol en sigaretten, en met name die laatste hadden haar de noodzakelijke motivatie verschaft om haar werkdag door te komen. God, wat had ze nu trek in een sigaret – om haar de broodnodige oppepper te geven, om haar hoofdpijn te verdrijven – maar ze probeerde te stoppen en stond inmiddels al weken op één sigaret per dag.

Haar blik viel op de kiosk aan de overkant van de straat.

'Kan mij het ook schelen...' mompelde ze, en ze stak over en liep naar binnen.

Onderweg naar de toonbank werd ze begroet door de eigenaar, een Oost-Europese man in een shirt van PSG, maar ze negeerde zijn praatje en kwam meteen ter zake.

'Een pakje Marlboro rood, graag.'

Hij opende de discrete kast achter zich en zocht erin rond. Terwijl hij bezig was, bekeek Olivia de stapels kranten die voor haar lagen uitgestald. Haar ogen werden naar de voorpagina's getrokken en ze was haar sigaretten onmiddellijk vergeten. Alle koppen gingen over de dood van Mark Willis, de bloedstollende politiefoto van hem als elfjarige jongen keek de lezer aan. Olivia wist dat er eindeloos veel pagina's aan de gebeurtenissen van de vorige dag zouden worden besteed, met daarin de sensationele details over de dood van de misdadiger, en dat ze van de gelegenheid gebruik zouden maken om nogmaals zijn choquerende delicten op te dissen. Ze bladerde *The Mirror* door, waar een aantal onscherpe foto's van de plaats delict in stonden, en pakte toen de *Daily Mail*. Ook daarin veel aandacht voor de sensationele aspecten van Willis' moord, maar ook een heel opiniestuk met vernietigende kritiek op de reclassering, waarin met name veel aandacht werd besteed aan directeur Jeremy Firth, die onder vuur lag. De krant vond het blijkbaar leuk om olie op het vuur te gooien en de situatie voor alle betrokkenen ondraaglijk te maken.

'Verschrikkelijk, hè?'

Olivia keek op en zag dat de winkelier naar de koppen keek.

'En wie schiet hier iets mee op? Niemand...'

Olivia nam de sigaretten van hem aan, zei niets en liet haar blik nog één keer over de koppen gaan. Misschien had de man gelijk – er waren ongetwijfeld heel wat redactionele commentaren bij die hem gelijk zouden geven. Maar Olivia vermoedde dat het grote publiek er anders tegen aan zou kijken, en misschien zou denken dat er eindelijk gerechtigheid was geschied. Een aantal kranten was die mening toegedaan, maar *The Mirror* vatte dit gevoel het best samen met de eenvoudige, maar pakkende kop:

OOG OM OOG

24

'Heb je de kranten gezien?'
Jeremy Firth zei het op nonchalante toon, het klonk zelfs bijna blasé, maar Christopher Parkes merkte wel dat zijn chef uitermate benieuwd was naar zijn reactie.
'Even vluchtig, maar ik heb ze nog niet helemaal kunnen lezen,' antwoordde Christopher vlak.
Dat was niet waar. Christopher had die ochtend op zijn kantoor alle belangrijke kranten gelezen en nieuwsuitzendingen bekeken, en hoewel de kritiek op de reclassering hem niet had verbaasd, was hij wel geschrokken van de hoeveelheid stront die over Firth, die al heel lang directeur was, was uitgestort.
'Ik heb niets gezien waar we heel erg van zouden moeten schrikken,' ging Christopher monter verder. 'Maar we zullen naar aanleiding van de dood van Willis natuurlijk wel een enorme lading kritiek krijgen. Hoe je het ook wendt of keert, het was een blunder van jewelste.'
'Niet van ons,' zei Firth snel. 'Het begeleidingsteam in Bolton had alle bevoegdheid om Mark Willis in de gaten te houden en was verantwoordelijk voor hem. Dit was de schuld van Alice Dunne, en van niemand anders.'
'Is dat ons standpunt?' vroeg Christopher, terwijl hij opkeek van de keur aan kranten die op de vergadertafel lag uitgespreid.

'Het is de waarheid. Tenzij jij denkt dat iemand anders hiervoor op kan draaien?'

Dit was weer eens een test, een uitdaging, en Christopher voelde zich erdoor overvallen.

'Dus we zeggen dat het een lokale kwestie is?' vroeg Christopher bij wijze van antwoord.

'Nou en of. En het is van cruciaal belang dat iederéén dat begrijpt. We zullen de komende paar weken flink onder vuur komen te liggen. Journalisten, commentatoren, parlementariërs, ze zullen allemaal met dit verhaal aan de haal gaan, dus het is van groot belang dat we geloofwaardig en standvastig blijven en dat we één front vormen. We mogen ons niet van onze centrale boodschap laten afleiden. Ze hoeven maar een vermoeden van zwakte of verdeeldheid te krijgen en ze scheuren ons aan stukken, en dan is al het goede werk dat we de afgelopen vijftien jaar hebben gedaan voor niets geweest...'

Exact evenveel jaar als Firth directeur was, bedacht Christopher, al zei hij dat niet.

'Solidariteit, dat is het belangrijkste, nu meer dan ooit,' voegde Firth eraan toe. 'Ik neem aan dat jij ervoor zorgt dat die boodschap tot de rest van het managementteam doordringt?'

Firth keek Christopher strak aan, alsof hij diens ziel probeerde te lezen. De twee mannen hadden het nooit erg goed met elkaar kunnen vinden, en Firth had Parkes' ambitie nooit echt vertrouwd. En die dag al helemaal niet.

'Je kunt op me rekenen, Jeremy,' zei Christopher op hartelijke toon, en hij glimlachte erbij. 'Ik zal ervoor zorgen dat iedereen goed doordrongen is van de ernst van de situatie en dat iedereen doet wat hij moet doen.'

'Dat is goed om te horen,' antwoordde Firth ferm. Hij gaf Christopher een klopje op de schouder. 'Loyaliteit is bij deze dienst heel belangrijk. Als je vooruit wilt komen...'

'Ik ben het helemaal met je eens,' antwoordde Christopher, nog steeds met die glimlach op zijn gezicht.

'Fijn dat we elkaar begrijpen.'

De directeur bleef Christopher strak aankijken. Christopher wist niet of hij dat nu deed om hun band te bestendigen of om afvalligheid de kop in te drukken. Maar hij liet zich niet kennen en liet het oogcontact voortduren tot Firth dat zelf verbrak.

'Nou, terug naar de werkvloer dan maar,' zei de directeur monter, en hij verliet de vergaderkamer en liep op zijn gemak de gang in.

Christopher wachtte tot Firth uit het zicht was verdwenen en richtte zijn blik toen weer op de vernietigende aanval op de tafel. Hij liet zijn ogen langs de veroordelende koppen gaan, en hield toen stil bij een commentaar in de *Daily Mail*, waarin hevige kritiek op Firth werd geuit. De plaatsvervangend directeur las het artikel gretig, genoot van de scherpe toon, en kwam toen aan bij de regel met de naam van de journalist in kwestie, waarin haar contactgegevens stonden en ze lezers aanspoorde om contact met haar op te nemen als ze iets te melden hadden.

Madeleine Barker, madeleinebarker@dailymail.com

Christopher bleef even naar haar e-mailadres staan kijken. Toen keek hij of de kust veilig was, pakte de krant, stopte hem in zijn aktetas en verliet snel de kamer.

25

'Waar beschuldigt u me nou precies van?'
Inspecteur Martin Coates wierp Chandra Dabral vanaf de andere kant van de tafel een boze blik toe – de vijandigheid droop ervan af. Een collega-agent ondervragen was een hachelijke onderneming, en Chandra probeerde in haar ondervraging beleefd en diplomatiek te zijn, maar Coates was van meet af aan ongeduldig, snel geïrriteerd en agressief geweest. Nu leek hij zichzelf helemaal niet meer in de hand te hebben.

'Ik probeer alleen maar vast te stellen of u ons met ons onderzoek kunt helpen,' antwoordde Chandra kalm. 'Ik wil dit zo snel mogelijk tot op de bodem hebben uitgezocht, en u ook, neem ik aan.'

'Nou en of,' beet hij terug. 'Ik hoor in Bolton te zijn, bij mijn team, in plaats van het hier met jullie over die idiote fantasieën te moeten hebben.'

Chandra trok een wenkbrauw op, maar was niet onder de indruk van deze aperte aanval op haar gezag.

'Inspecteur Coates, u bent hier op mijn verzoek, en daar wil ik u voor bedanken. Maar maakt u zich geen illusies. Als ik het gevoel krijg dat u met opzet een lopend onderzoek probeert te saboteren, zal ik u arresteren en u in de cel laten afkoelen, ongeacht uw rang of uw status. Is dat duidelijk?'

Hij wierp haar een minachtende blik toe, maar liet het er verder bij zitten.

'Mooi, dan gaan we verder waar we gebleven waren, goed? Op 7 november was u in Shepherd's Bush op een bijeenkomst van het ministerie van Justitie. U kwam in Londen aan met de trein van 06.53 uur uit Manchester, en u ging terug met de trein van 21.53 uur vanaf Euston. Klopt dat zover?'

'Ja,' antwoordde Coates korzelig.

'Hebt u toen u in Londen was berichten verstuurd of ontvangen?'

'Uiteraard. Tientallen.'

'Vanaf wat voor apparaten?'

'Vanaf mijn telefoon en mijn laptop, die jullie momenteel allebei in jullie bezit hebben.'

'Nog andere apparaten?'

'Nee! Hoe vaak moet ik dat nog zeggen? Ik heb nooit een Samsung Galaxy gehad.'

'Weet u dat honderd procent zeker? Want dit is namelijk uw laatste kans...'

'Waarom zou ik dat doen waar u op doelt?' onderbrak Coates haar bars. 'Waarom zou ik mijn carrière op het spel zetten, mijn roeping verloochenen, het leven van iemand die aan mijn zorg is toevertrouwd op het spel zetten?'

'Dat hoopte ik eigenlijk van u te horen.'

'Ik zat verdomme in zijn begeleidingsteam. Ik heb Mark Willis meer dan twee jaar begeleid, in de gaten gehouden of hij geen gevaar liep, gezorgd dat hij een nieuw leven opbouwde. Waarom zou ik me dan plotseling in een opwelling van ordinaire wraakzucht tegen hem keren?'

'Misschien had u zo uw twijfels over hem. Misschien had u het gevoel dat hij u belazerde, dat hij deed alsof hij zich netjes aan de regels hield, maar in werkelijkheid weer in overtreding was? Er zijn in het begin van zijn proefverlof toch incidenten geweest die tot bezorgdheid over zijn gedrag hebben geleid?'

'Dat is al heel lang geleden, en dat was een misverstand, meer niet. Mark Willis heeft zich de laatste tijd keurig gedragen.'

'Misschien vond u dat hij eigenlijk niet genoeg gestraft was? Veel agenten in uw contreien vonden een paar jaar gevangenisstraf maar een schrale genoegdoening voor de familie Bridge.'

'Dat zou kunnen, maar ik heb nog nooit iemand gesproken die dat met zoveel woorden heeft gezegd en ik zou dat ook beslist niet goedkeuren.'

De politieagent schoof achteruit op zijn stoel en sloeg zijn armen over elkaar alsof hij vond dat het gesprek wel ten einde was. Maar daar trapte Chandra niet in.

'Vertel me eens wat meer over Ian Blackwell.'

Nu zag ze een reactie bij hem. Coates herpakte zich snel, maar Chandra had beslist even iets van onzekerheid, misschien zelfs van angst bij hem gezien.

'Dat is mijn neef,' legde Coates uit. 'Maar we hebben niet veel contact,' voegde hij er snel aan toe. 'Hij is twee jaar geleden ontslagen wegens een ambtsovertreding.'

Chandra liet even een stilte vallen.

'Dat was een akelig incident, toch?' zei ze toen. 'Blackwell heeft, terwijl hij bij de politie werkte, vertrouwelijke informatie vrijgegeven. Hij heeft het publiek opgehitst om een verdachte van pedofilie te mishandelen die in de regio van Burnley woonde. Klopt dat?'

'Ja.'

'Klopt het ook dat hij de bedenker is van Immer Waakzaam, een online platform van verontruste burgers dat gespecialiseerd is in het met naam en toenaam bekendmaken van zogenoemde "gevaren voor de samenleving"? Een groep die al heel snel op de hoogte leek te zijn van de onverwachte moord op Mark Willis en die binnen een uur na zijn dood foto's van zijn stoffelijk overschot postte. Ze waren daar veel eerder mee dan de belangrijkste nieuwszenders, andere social media...'

'Dus u denkt een en een is twee, en vervolgens concludeert u hieruit dat ik mijn carrière om zeep zou helpen om Ian en dat zooitje ongeregeld te helpen om het heft in eigen hand te nemen?'

Chandra zei niets en keek hem peilend aan.

Coates sloeg op tilt. 'Jezus christus, het moet niet veel gekker worden!' beet hij haar toe. 'Ik heb geen enkel respect voor Ian en ik zou hem nooit, maar dan ook nooit op die manier helpen. Hij heeft met die overtreding zichzelf en zijn roeping te schande gemaakt, om nog maar te zwijgen van onze familie. Hoe dúrft u te denken dat ik hem zou helpen!'

'Dus u hebt geen contact met hem?'

'Nee, natuurlijk niet. Die vent is een paria. Binnen de politie en binnen onze familie.'

'Vreemd, want we hebben uw telefoon uitgelezen – de telefoon waarvan u toegeeft dat het de uwe is – en daaruit blijkt dat u hem de afgelopen paar weken vrij vaak hebt gesproken.'

Weer een zichtbare reactie: Coates voelde zich opnieuw betrapt. Chandra haalde twee vellen uit haar map en draaide die om, zodat de verdachte ze kon zien.

'Een keer op 2 december, een keer op 12 december, en nog een keer op 14 december.'

'Hij belde mij.'

'Dus u hebt hem wél gesproken? Dat geeft u toe?'

'Ja, maar...'

'Waar hebben jullie het over gehad?

Coates aarzelde en zocht naar de juiste woorden.

'Oké, ik geef toe dat hij heeft geprobeerd om mij in te schakelen en dat hij me onder druk heeft gezet om hem kleine beetjes informatie te geven – het maakte niet uit wat, dingen die hij kon gebruiken om meer aandacht voor zijn platform te genereren.'

'Aha.'

'Maar ik heb gezegd dat hij de pot op kon. Dat hij daarmee niet alleen zijn vrijheid, maar ook mijn carrière op het spel zette.'

'Dus u hebt gewoon nee gezegd en toen opgehangen?'

'Ja!'

'Maar jullie gesprek van 2 december duurde bijna tien minuten. En het gesprek erna bijna vijf minuten. Dat vind ik vrij lang om iemand alleen maar te vertellen dat hij de boom in kan.'

Het zweet was Coates inmiddels uitgebroken en hij zat ongemakkelijk op zijn stoel te wiebelen.

'Luister, de eerste keer zat hij een tijd tegen me te slijmen, en toen kwam hij er pas mee voor de draad. De tweede keer bood hij zijn excuses aan en zette me vervolgens onder druk door te zeggen dat iedereen van de familie aan zijn kant stond, dat ze vonden dat hij er goed aan had gedaan, wat een aperte leugen was.'

'En daar hebt u gewoon beleefd naar geluisterd? Keurig hoor.'

'Zo is het helemaal niet gegaan. Ik walg van die egoïstische klootzak, ik walg van alles waar hij voor staat. Ik zou nooit met hem samenspannen, dat slaat nergens op.'

'Nou, ik geloof u niet.'

Coates schrok ervan dat zijn empathische tegenwerping geen indruk op haar had gemaakt en staarde haar aan.

'U bent de link tussen Mark Willis, het lek en de Immer waakzaam-groep, zoveel is duidelijk. U wist waar Mark Willis woonde, hoe zijn dagindeling eruitzag en waar hij graag iets ging drinken, en om redenen die mij geheel duister zijn hebt u besloten hem te verraden, met de dood tot gevolg. De enige vragen waar ik nog geen antwoord op heb zijn wanneer u dit plan hebt bekokstoofd en waarom u het nodig vond om het ten uitvoer te brengen.'

'Nee.'

Het woord explodeerde met een scherpe schok uit Coates' mond.

'Dit laat ik me níét aanpraten. Ik ken die types zoals u: ambitieus, ongeduldig, vooral naam willen maken. U denkt misschien dat dit voor u de snelste manier is om promotie te maken, een beruchte zaak die uw naam zal vestigen, maar neem van mij aan, inspecteur Dabral...'

De minachting droop ervan af en hij keek haar strak aan.

'... dat u hier niet zult opklimmen door van míj een zondebok te maken.'

26

Hij bleef stokstijf staan en keek ingespannen naar de voordeur. Mike Burnham had er iets langer dan een uur over gedaan om in Colchester te komen en was onderweg naar Meadow Lane de hele stad door gescheurd. Mike controleerde of hij het huisnummer goed had en parkeerde zijn auto iets verderop in de straat aan de overkant. Hij was zich ervan bewust dat hij voor iedereen die in deze slaperige straat voorbijkwam te zien was, stapte uit en deed de motorkap open. Hij hoopte dat niemand aandacht zou besteden aan iemand die aan zijn motor aan het prutsen was, en dat hij zo wat langer de tijd had om het rijtjeshuis aan de overkant te observeren. Hij bad alleen maar dat niemand hem zou vragen wat er met zijn auto aan de hand was, want hij had totaal geen verstand van auto's.

Er gingen minuten voorbij, toen een uur, toen nog een uur. Nog steeds geen teken van leven in het armoedige huis aan de overkant. Was dit een onzinnig onderneming? Vals alarm? Ergens hoopte hij van wel, hoopte hij dat deze hele escapade op een stom misverstand zou blijken te berusten, zodat hij terug kon naar zijn saaie leventje, bestaand uit lethargie en wanhoop. Maar zolang er nog twijfel was, zolang er nog een kans bestond dat Courtney Turner hier inderdaad woonde, moest hij volhouden. Het kostte hem echter steeds meer moeite om onder de motorkap dingen te vinden waaraan hij kon frunniken en hij voelde zich steeds meer een bedrieger. Wat moest hij doen als iemand vroeg waar hij mee bezig was? Een bemoeial die hier woonde, of erger nog, een politieagent? Hoe moest hij dan verklaren waarom hij hier was?

Mike keek bezorgd op zijn telefoon hoe laat het was. Hij stond hier nu al twee uur. Zelfs als hij nu vertrok, zou hij aan Simon moeten uitleggen waarom hij een paar uur zomaar weg was geweest en verschillende afspraken had gemist. Mike voelde de moed langzaam in zijn schoenen zinken en werd overspoeld door neerslachtigheid. Misschien was het inderdaad gestoord dat hij hierheen was gegaan, op basis van een willekeurig bericht.

Een luide dreun. Hij keek op. Iemand was naar buiten gekomen en had de deur hard achter zich dichtgeslagen. Een vrouw in legging en hoody liep snel de straat uit. Was dat Turner? Had hij haar nou net gemist? Mike liet in paniek de motorkap zakken, waarna die met een klikje sloot, en deed toen de auto op slot. Hij wachtte tot de haastig lopende gestalte het eind van de straat had bereikt en ging toen achter haar aan.

De vrouw schoot de hoek om, liep in hoog tempo de hoofdstraat in en keek zo nu en dan even bezorgd op haar telefoon. Mike liep honderd meter achter haar met zijn telefoon tegen zijn oor gedrukt, zogenaamd alsof hij in gesprek was, en tuurde om haar even goed in beeld te krijgen, maar dat was onbegonnen werk. Ze had de capuchon van haar hoody omhoog, liep met haar rug naar hem toe, en bovendien had hij geen idee hoe lang ze inmiddels was, of ze dik was of dun, want de laatste keer dat hij haar had gezien was ze een meisje van elf geweest. Vanwaar hij liep, kon hij niet eens zien wat voor kleur haar ze had, dus de kans was groot dat hij achter een onschuldige vreemde aan liep. Maar toch zette hij door.

Ze liep verder en zette er flink de pas in. De vrouw schoot een straat in, leek zich toen te bedenken en liep pal de andere kant op. Was ze ergens bang van geworden? Wíst ze dat ze werd gevolgd? Mike bleef haar toch gewoon volgen en liep inmiddels zo vlak achter haar dat hij in haar kielzog haar zware bloemachtige parfum kon ruiken. Misschien was dit wel de enige kans die hij kreeg om erachter te komen of de anonieme boodschapper de waarheid sprak. De vrouw versnelde nu echt haar pas, begon te hollen en keek nog een keer op haar horloge. Dit vond Mike bemoedigend. Misschien was ze gewoon laat, was ze op weg naar een huis of restaurant dat ze niet kende. Misschien was ze zich er helemaal niet van bewust dat hij haar volgde.

In de verte zag hij een pub en tot zijn opluchting begon ze nu langzamer te lopen. De Rat's Castle zag er niet erg aantrekkelijk uit, met smerige ramen en een haveloze louvredeur, maar de vrouw aarzelde geen moment en ging naar binnen. Mike ging langzamer lopen, checkte of er twee minuten waren verstreken, haalde diep adem en ging ook de pub in.

Binnen zag het er afgeleefd en vermoeid uit, het domein van lijntrekkers, alcoholisten en studenten. Mike voelde zich niet op zijn gemak in zijn nette pak en frisse overhemd, en liep snel naar de bar en wenkte de barkeepster. Ze maakte zich met tegenzin los van haar telefoon.

'Wat zal het zijn?' vroeg ze ongeïnteresseerd.

Hij keek even snel wat er op de tap was en koos Carlsberg, hoewel hij nooit lager dronk.

'Twee pond vijftig.'

Hij betaalde snel, de muntjes rinkelden in zijn bevende hand. De vrouw monsterde hem nieuwsgierig, nam het geld van hem aan en liep ermee naar de kassa. Even later was ze wederom verdiept in haar telefoon en had ze geen oog meer voor hem.

Mike nam een paar slokjes en wist weer hoe vies hij dat smakeloze schuimende bier vond. Toen draaide hij zich om, zodat hij de rest van het café beter kon zien. Voor zo'n afgeleefd etablissement was het er verrassend druk, maar hij kon zijn prooi nog wel zien – ze zat met een groep vrienden helemaal in de hoek. Ze zat met haar rug naar hem toe, dus hij nam even de tijd om het gezelschap in zich op te nemen. Het was een eigenaardig stel, allemaal zo rond de twintig jaar, gekleed in goedkoop textiel, ruim behangen met blingbling. Honkbalpetjes, oorbellen, motieven in het gemillimeterde haar geschoren. Ze deden alsof ze leden van een bende uit LA waren, maar dan in een afgeleefde pub in Essex. Een paar jongens hadden een onaangestoken sjekkie in hun mond, ten teken dat ze niet konden wachten om een pelgrimstocht naar buiten te ondernemen om even te kunnen roken.

Mike nam nog een paar slokken en zag tot zijn verbazing dat hij zijn glas bijna leeg had. Hij was gespannen en voelde zich vreemd kwetsbaar in deze onbekende kroeg, maar hij maande zichzelf kalm en waakzaam te blijven. Hij was hier maar met één reden, en voor niets anders. Zodra hij erachter was of dit bedrog was of niet, kon hij naar huis. Er was geen enkele reden waarom hem iets zou overkomen. Althans, dat hield hij zichzelf voor.

Mike keek abrupt op. Achter in het café was beweging ontstaan. De rokers waren opgestaan en liepen naar de uitgang aan de achterkant. Zijn prooi bleef echter zitten waar ze zat, maar ging wel verzitten en deed haar hand omhoog om haar capuchon af te doen. Mike hield zijn adem in en keek gespannen toe. Ze schudde een bos zwart haar los. Zwart, gitzwart haar, dezelfde kleur als de moordenaar van zijn dochter.

Zou ze het dan echt zijn? Alsof ze een teken had gekregen draaide ze zich om naar haar vriend, zodat Mike haar profiel te zien kreeg. De tijd leek stil te blijven staan, haar bewegingen, haar gebaren leken zich in slow motion af te spelen, en hij werd overspoeld door bittere, hatelijke herinneringen. Ze was het echt, geen twijfel mogelijk. Het was Courtney Turner. Nu lachte ze – die misselijkmakende hoge lach die hij tijdens het proces zo vaak had gehoord als ze met Kaylee Jones zat te geiten. Het sloeg uit het niets als een getijdengolf over Mike heen, overweldigend, allesverterend.

Haat. Zuivere, onversneden haat.

27

Emily glimlachte in zichzelf. Toen ze was weggereden na haar vervelende gesprek met Paul, had ze besloten om iets te doen wat ze in al die jaren dat ze werkte nog nooit had gedaan. Ze ging spijbelen.

Normaal gesproken zou ze dit nooit hebben goedgekeurd. Ze had een duidelijke mening over de eigen verantwoordelijkheid en over het belang van leiderschap, maar ze wist dat ze die dag toch niets meer zou presteren. De moord op Mark Willis, Sams onthulling over zijn geaardheid en de angst in Pauls ogen hadden er gezamenlijk toe geleid dat Emily zich gespannen voelde en er met haar hoofd niet bij was. Ze zou zich die dag met geen mogelijkheid op haar werk kunnen concentreren en een zinnige uitwisseling met haar collega's, haar cliënten, haar baas met zijn kraalogen kon ze wel uit haar hoofd zetten. Daar kwam nog bij dat haar nieuwe plaatsvervanger een keurige boekhouder was die de boel wel draaiende zou houden, dus die moest vandaag de kar maar trekken.

Emily had naar kantoor gebeld, gezegd dat ze ziek was en even genoten van de opwinding van dit slechte gedrag, dat helemaal niets voor haar was. Toen was ze plannen gaan maken. Toen ze over de drukke A415 naar huis reed, had ze bedacht wat ze de rest van de dag zou gaan doen. Ze zou naar huis gaan, koffiedrinken, haar werkkleren uittrekken en dan naar het centrum van Reading gaan. Ze wilde wat kleren kopen, bij een vriendin langsgaan en dan misschien op de afdeling etenswaren van een Marks & Spencer wat lekkere dingen kopen. De afgelopen vierentwintig uur waren zwaar en verwarrend geweest, en ze had zich vast voorgenomen om Sam die avond eens lekker te verwennen, om hun relatie weer op het spoor te krijgen, om hem duidelijk te maken dat ze zielsveel van hem hield.

Opgewekt neuriede ze met de radio mee en genoot van de bekende melodie van 'Rocking Around the Christmas Tree'. Ze vond dit altijd een fijne tijd en pakte dan flink uit, zoals alleenstaande ouders nu eenmaal doen. Ze wist dat het bespottelijk en overdreven was, maar aangezien ze zelf als kind nooit echt kerst met het gezin had gevierd, vond ze dat ze zich dit wel mocht permitteren. Sam kocht elk jaar heel attent een mooi cadeau voor haar, en dat ontroerde haar altijd zeer. Dat was het hoogtepunt van het jaar: zijn cadeau openmaken, terwijl hij verwachtingsvol toekeek.

Emily trommelde opgewonden met haar vingers op het stuur en wenste dat het een beetje rustiger op de weg zou worden, zodat ze naar huis kon. Nu ze had besloten dat ze een dagje vrij zou nemen, wilde ze dat ook zo goed mogelijk benutten. Gelukkig werd de file al minder en de weg vrij. Emily gaf gas, voegde in de buitenste rijstrook in, maakte gebruik van een plotselinge opening in het verkeer en nam de afslag van de ringweg. Net op dat moment ging het licht van oranje op rood. Ze drukte blij het gaspedaal in en scheurde weg. Ze kende alle sluiproutes en zou nu binnen tien minuten thuis zijn.

Maar terwijl Emily doorreed, viel haar iets op. In haar achteruitkijkspiegel zag ze een staalgrijze Audi. Die reed in gestaag tempo op tien meter achter haar, maar hoe was hij daar gekomen? Dan moest hij door rood zijn gereden, maar vanwaar die haast? Emily keek nog eens goed in de spiegel en voelde een siddering van schrik, een flits van herkenning. Verbeeldde ze het zich nu of had ze diezelfde Audi vanochtend ook al gezien, toen ze naar Paul toe reed? Grijze Audi's zag je natuurlijk wel vaker, maar ze herkende iets aan het kenteken – de 073 waarmee dat begon, duidde erop dat dit een nieuw voertuig was. Had ze de auto nu al eerder gezien of zag ze dingen die er niet waren?

Wat nu? Moest ze gas geven en kijken of de auto haar écht volgde? Of moest ze langzamer gaan rijden en proberen te zien wie er achter het stuur zat? De zon stond die dag laag en weerkaatste van de voorruit van de Audi, dus koos Emily voor het eerste en drukte ze het gaspedaal in. Ze reed vijfenvijftig, vijfenzestig, terwijl ze hier maar vijfenveertig mocht, maar daar trok ze zich niets van aan, want plotseling was ze bang. De auto achter haar leek ook harder te gaan rijden en bleef op gelijke afstand, zodat Emily met de seconde angstiger werd. Als ze echt werd achtervolgd, wie was diegene dan? In een fractie van een seconde nam ze een besluit en drukte het gaspedaal diep in. De auto achter haar deed hetzelfde, maar toen sloeg ze abrupt rechts af en kwam slippend tot stilstand op de busbaan. Ze schoot naar voren op haar stoel, de autogordel sneed in haar borst, en toen viel ze naar achteren. De Audi spoot langs en weg was hij. Op Chequer Street sloeg hij links af en reed weg.

Emily keek hem na. Het zweet kroop over haar wervelkolom. Wat had dit te betekenen? Werd ze nou paranoïde? Ze bracht haar ademhaling tot rust, keek naar de klok tot die een paar minuten verder was, en reed toen weg. Op Chequer Street sloeg ze rechts af. Ondertussen hield ze haar achteruitkijkspiegel goed in de gaten, maar gelukkig was de Audi nergens te bekennen. Al snel was ze weer in Woodley, de buurt waar ze inmiddels bijna twintig jaar woonde. Ze kon in haar eigen straat altijd wel parkeren, en normaal gesproken zou ze een plekje pal voor haar bescheiden twee-onder-een-kap in beslag nemen. Maar vandaag besloot ze het anders te doen; ze reed twee keer door de straat op en neer en parkeerde toen op honderd meter van haar huis. Ze wist dat het waarschijnlijk overdreven was, maar met alles wat er speelde, wilde ze geen enkel risico nemen.

Het zekere voor het onzekere.

28

'Wat is er? Alles goed?'
Russell glimlachte geamuseerd omdat Amber zo overduidelijk in de war en geschrokken was.
'Er is helemaal niks. Waarom zou er iets moeten zijn?' vroeg hij ontwijkend.
'Nou, je zei dat je me dringend wilde spreken en het is een gewone werkdag, dus…'
'Dus je ging ervan uit dat ik in een crackhuis zat en je een noodbericht stuurde?'
'Nee, niet echt,' zei Amber, en ze lachte opgelucht. 'Maar ik vroeg me wel af of je het daar misschien over wilde hebben, of over je familie of wat dan ook…'
'Nee hoor, alles is prima.'
Amber glimlachte gerustgesteld, maar leek het nog steeds niet helemaal te begrijpen. Ze zaten in een drukke Pret A Manger, vlak bij haar kantoor, en het was er afgeladen vol met kantoormensen die even snel een broodje kwamen eten.
'Dus…'
'Dus waarom heb ik je gevraagd hierheen te komen? Onder je werk?' Russell borduurde voort op haar vraag en deed net alsof hij het namens haar een schande vond.
'Zoiets, ja.'

'Ik wilde je zien.'
'Dat is heel lief van je, maar...'
'En dat moest nú.'
Hij legde het niet verder uit en genoot van haar verwarring.
'Russell, wat is er aan de hand? Waarom doe je zo vreemd tegen me?'
'Oké, ik zal het eerlijk zeggen. Ik wil dat je vandaag wat vroeger naar huis gaat.'
'Oké...'
'Het zou zelfs beter zijn als je helemaal niet meer naar kantoor ging.'
'Want?'
'Want ik heb een plan, maar dat betekent wel dat we snel weg moeten. Je zou terug kunnen gaan naar kantoor en heel braaf de laatste paar uur nog gaan werken... maar het is leuker als je dat niet doet.'
Nu leek Amber zich te ontspannen.
'Wat dan?'
'Nee, nee, nee. Eerst antwoord geven. Ben je bereid niet meer terug te gaan en de rest van de dag met mij door te brengen? Ja of nee?'
Amber staarde hem aan, schudde haar hoofd om zo veel brutaliteit, maar begon toen te glimlachen.
'Nou, ik heb nog recht op vrije dagen, en bovendien heb ik maandag overgewerkt...'
'Zo mag ik het horen.'
'Ik zeg wel dat ik thuis ga werken, daar komen ze toch niet achter.'
'Mooi zo,' zei Russell, en hij stond op. 'Vooruit, dan gaan we.'
Amber stond verbaasd ook op en pakte haar tas en telefoon.
'Maar mag ik dan in elk geval wel weten wat we gaan doen? Waar we naartoe gaan?'

Russell deed alsof hij hier even over nadacht en glimlachte toen bedeesd.
'Absoluut niet. Ik heb een verrassing voor je in petto.'

29

'*You're just too good to be true. Can't take my eyes off of you...*'
Het nummer schalde uit de radio en de bouwvakkers zongen lekker mee. Vooral Jez was goed op dreef; hij gebruikte zijn troffel als microfoon, wiegde uitdagend met zijn heupen en brulde de tekst mee. Jack probeerde geen aandacht aan hem te besteden en zich op zijn werk te concentreren, maar hij bleef maar koortsachtig aan Mark Willis, lynchpartijen en nog veel ergere dingen denken. Hij wilde niets liever dan niet opvallen, geconcentreerd blijven, maar Jez leek erop gebrand te zijn om hem van zijn werk te houden. Hij gleed nu suggestief zingend achter hem langs en gaf hem een stevige klap op zijn achterwerk. Die had Jack niet zien aankomen, en hij schrok zich dood en liet daarbij zijn troffel vallen.

'Laat hem met rust, dat is grensoverschrijdend gedrag!' riep een van Jez' vrienden.

'Ja, dág. Hij vráágt er gewoon om,' antwoordde Jez vrolijk, waarna hij zijn aandacht op een ander slachtoffer richtte.

Jack raapte gegeneerd zijn troffel op en ging verder. Hij wist dat sommige jongens met een schuin oog naar hem keken en zich afvroegen waarom hij nooit een woord zei en de indruk wekte absoluut niet bij de lolbroekerij betrokken te willen worden. Hij wist dat hij beter wel kon meedoen, dat hij aansluiting moest zien te vinden, maar hij kon het niet. Het bericht over de moord op Mark Willis had hem totaal uit het lood geslagen en hij had het gevoel dat hij met zijn mond vol tanden stond en het zweet hem uitbrak. Bovendien, wat moest hij zeggen? Wat had hij met die jongens gemeen, met hun gemakkelijke, ongecompliceerde leven? Hij was bang dat hij geen woord zou kunnen uitbrengen, of, nog erger, dat hij maar wat raak zou kletsen en dan een fout zou maken in zijn verhaal. Dus besloot Jack zijn mond maar te houden, in de hoop dat hij zo een ijverige werknemer zou lijken. Hij wist echter wel dat hij een vreemde, afwezige indruk maakte, en dat bedrukte hem nog meer.

Hij probeerde zich weer op zijn werk te concentreren, maar hoorde opnieuw voetstappen aankomen.

'Jez, doe me een lol, ik probeer mijn werk te doen,' zei hij op smekende toon, en hij draaide zich naar de grapjas om.

Maar het was Jez niet. Het was de voorman, George, en hij keek niet bepaald blij.

'Waar ben jij in godsnaam mee bezig, Jack?'

'Hoe bedoelt u? U zei dat ik naar de bungalows toe moest en Jez vroeg of ik aan de korte muur wilde begi...'

'Noem je dat een muur? Ik kan vanaf de andere kant van de bouwplaats zien dat dat prutswerk is.'

Jack deed een stap achteruit en bekeek het ongelijkmatige metselwerk. De moed zonk hem in de schoenen.

'Je stenen liggen niet recht en overal zit specie. Zodra daar gewicht op komt te liggen is het einde verhaal.'

Om dit te illustreren zette George een stap naar voren en schopte tegen het metselwerk, dat meteen instortte.

'Godsamme, waar is dat nou weer goed voor?'

Voor Jack wist wat hij deed, stond hij tegen George te schreeuwen.

'Daar ben ik de hele ochtend mee bezig geweest!'

Als de voorman al van de agressieve uitval van Jack stond te kijken, liet hij dat niet merken. Hij greep de jongen vakkundig bij zijn kraag en trok hem naar zich toe. Nu was George degene die van zich liet horen. Hij trok Jack steeds dichter naar zich toe, tot hun neuzen elkaar bijna raakten.

'En het kost je de hele middag om hem weer op te bouwen. Begrepen?'

Hij keek Jack kwaad aan, alsof hij hem uitdaagde om terug te duwen.

'Je begint opnieuw, van onder af aan. En deze keer goed. En als dat je niet zint, is daar het gat van de deur, vriend.'

Jack wilde hem een kopstoot geven, hem in zijn gezicht spugen, hem zeggen dat hij kon oprotten, maar er lag een gestaalde blik in de ogen van de voorman, en zijn toon klonk dreigend en liet doorschemeren dat dat een heel onverstandige zet zou zijn. Dus ondanks het feit dat er allemaal mensen naar hen stonden te kijken, en zelfs ondanks het feit dat hij ten overstaan van iedereen bakzeil zou moeten halen, sloeg hij zijn ogen neer en gaf met een knikje te verstaan dat hij zou gehoorzamen.

'Da's beter,' zei George, en hij liet hem los. 'Ik kom over een uur terug om te kijken of het een beetje wil lukken.'

George draaide zich om, liep met grote passen weg, kreeg een boks van Jez en een heleboel goedkeurende blikken van de jongens. Jack griste zijn emmer mee en wendde zich vernederd af om aan de slag te gaan. Hij merkte dat de anderen allemaal naar hem keken en probeerde zich uit alle macht te vermannen. Hij had het bijna verknald, op zijn eerste dag nog wel. Hij had zijn woede, zijn angst niet weten te beheersen. Wat bezielde hem? Hij zou een kleine drugscrimineel moeten zijn, een uitgebuit slachtoffer van koeriersbendes, en niet een gewelddadige, onhandelbare moordenaar.

Jack kreeg opeens het gevoel dat hij dit werk niet kon, en hij voelde zich stuurloos in een wereld die plotseling vol valkuilen en gevaar bleek. Mark Willis was gedood, zijn identiteit was bekendgemaakt en toen was hij gedood, maar niemand had het nodig geacht hem dat te vertellen. In plaats daarvan had Olivia hem hierheen gestuurd, hem met een opgewekte glimlach uitgezwaaid, om zwaar werk te verrichten met een stelletje hersenloze sukkels die erop gebrand leken hem het leven zuur te maken. Ze stonden hem ook nu nog achter zijn rug uit te lachen, te bespotten en te beledigen. Hij was al eerder iemands speeltje geweest, iemands schandknaap, iemands slachtoffer. Dat had hij toen niet prettig gevonden en dat vond hij nu ook niet prettig. Dus terwijl hij de ene baksteen of de andere legde, de angst hem in zijn greep hield en de benauwenis hem naar de keel vloog, stak een andere emotie in hem de kop op.

Een duistere, zachtjes kokende woede.

30

Hij staarde haar razend aan. Mike kon het amper geloven, maar het bewijs bevond zich pal voor zijn neus. Courtney Turner, het meisje dat zijn dochtertje had afgeslacht, nu een volwassen vrouw, in de bloei van haar leven, zat gezellig met vrienden in de pub. Het idee alleen al was onvoorstelbaar, immoreel, obsceen. Dit stuk verdriet zou moeten branden in de hel en niet hier zitten te lachen, drinken en grappen te maken. Ze zat te flirten met een of andere stonede gast naast haar en ging met haar vinger over zijn biceps. Mike werd er misselijk van. Welk recht had zij om te leven, te genieten, terwijl zijn dochtertje onder de groene zoden lag?

Mike wendde zich van hen af en staarde strak in zijn lege bierglas. Zijn bloed kookte, hij wilde het uitschreeuwen van woede, verkondigen hoe onrechtvaardig deze wereld was, maar hij had nog een spoortje gezond verstand over, en dat maande hem tot voorzichtigheid. Dus greep hij zich maar vast aan de toog, kneep in het plakkerige donkere hout tot zijn vingers er pijn van deden en deed zijn uiterste best om weer kalm te worden.

Maar het was moeilijk. Heel moeilijk. Dit was precies waar hij bang voor was geweest, en nog erger. Sinds de twee meisjes die Jessica hadden vermoord waren veroordeeld, was hun leven met geheimhouding omgeven geweest en hadden de politie en de reclassering alles gedaan wat ze konden om hen te beschermen. Zo nu en dan was er echter toch een brokje informatie naar de roddelbladen doorgesijpeld, en daaruit viel op te maken dat Courtney Turner een comfortabel leven in een luxueuze jeugdgevangenis had geleid, waar ze haar hadden verwend en gepamperd en ze alles had gekregen wat ze maar wilde. Deze situatie was een hele verbetering geweest ten opzichte van haar thuissituatie, en de veroordeelde misdadigster moest hebben gedacht dat ze de jackpot had gewonnen en had gebruikgemaakt van de naïviteit en ruimhartigheid van andere mensen. Ze was niet voor haar misdrijf gestraft, maar belóónd, ze had erdoor geleerd dat je een barbaarse wreedheid kon begaan en daar dan op de een of andere manier voordeel aan kon behalen. Je was toch niet bij je verstand als je dacht dat dit de juiste manier was om met deze moordenaars om te gaan? Ze zouden moeten worden gedwongen hun misdaad onder ogen te zien, te begrijpen wat voor afgrijselijke schade ze ermee hadden aangericht, maar in plaats daarvan plukten ze er de vruchten van en lachten ze Vrouwe Justitia in haar gezicht uit.

Daar was het weer, uitgerekend op dit moment. Die afschuwelijke spotlach. Die had hij in zijn nachtmerries talloze keren gehoord, wanneer hij de macabere taferelen uit de rechtszaal de revue liet passeren, waarin Courtney met haar jongere handlanger, Kaylee, zat te giechelen en geiten, op hetzelfde moment dat de details over Turners afgrijselijke gewelddadigheid aan de ontzette juryleden uit de doeken werden gedaan. Mike greep de toog nog harder beet, zijn vingers brandden van de pijn, en hij dacht terug aan hun desinteresse, hun egocentrische vermaak, terwijl de aanwezigen werden gedwongen om de met een mobiele telefoon gemaakte beelden van de mishandeling te bekijken. Kaylee filmde haar handlanger en Courtney bespotte en kleineerde Jessica, terwijl het meisje op de grond lag te huilen en om genade smeekte. Zelfs nu kon hij nog horen hoe Courtney haar bespuugde, zijn dochter verschrikkelijk vernederde en haar precies vertelde wat er met haar ging gebeuren. Hij herinnerde zich al net zo helder het nerveuze gegiechel achter de camera, de zwakke tegenwerpingen van Kaylee, voordat Courtney haar protesterende handlanger terechtwees en toen een steen pakte en hun hulpeloze slachtoffer begon te stenigen. Maar wat hij het allerergst had gevonden, wat ervoor had gezorgd dat hij nadien nooit meer een moment rust had gekend, was het geluid van Courtneys harteloze lach toen ze haar gevloerde slachtoffer mishandelde, en elke steen die raak was, joeg een schok van pure woede door hem heen...

Opnieuw klonk er een nasaal lachsalvo en terwijl Courtney haar longen openzette, gooide ze haar hoofd in haar nek. Deze keer kwam Mike in actie. Hij schoof zijn barkruk opzij en liep recht op haar af, met grote stappen het café door. Hij was ziedend, hij zag bijna niets, maar hij wist precies wat hij ging doen. Hij zou haar aan haar ravenzwarte haar naar achteren trekken, haar tegen de grond drukken en op haar gemene schreeuwende gezicht inbeuken tot er niets meer van haar over...

'Kijk uit, man!'

De waarschuwing kwam te laat. Mike knalde tegen een gezette vent aan die vier glazen bier vasthield. Het was zo'n dreun dat één glas op de grond kapotviel en de rest van het bier over Mikes witte overhemd gutste. Abrupt tot stilstand gebracht bleef Mike geschrokken staan, zijn woede overgoten met het ijskoude bier dat langs zijn lichaam droop.

'Godver, dat waren vier glazen bier.'

Mike keek de man aan, verbaasd dat iemand zich zo druk kon maken over een paar biertjes. Maar nu drong tot hem door dat de boze klant niet de enige geïnteresseerde was en dat andere gasten zich omdraaiden om te kijken wat er aan de hand was.

Mike kwam bij zinnen, haalde zijn portemonnee tevoorschijn en drukte de man een briefje van twintig in de hand.
'Haal even nieuwe. Het spijt me ontzettend.'
Mike draaide zich om en liep snel weg. Hij lette maar niet op de nare beledigingen die hem naar het hoofd werden geslingerd. Hij had op het punt gestaan om een ernstig misdrijf te plegen, ten overstaan van tal van getuigen, dus het was tijd dat hij zich uit de voeten maakte, zijn wonden likte en weer een soort evenwicht probeerde te vinden. Hij had per se willen uitzoeken of Courtney hier echt was, of ze een prettig leventje in Essex leidde, maar nu had hij het antwoord en wilde hij gewoon maken dat hij wegkwam. Het was onverstandig van hem geweest om hierheen te komen en hij wist niet hoe snel hij de deur van het café moest opentrekken om zich uit de voeten te maken. Maar zoals altijd had Courtney Turner het laatste woord, zoals dat in het echte leven en in zijn nachtmerries steevast was gebeurd, dus toen Mike de vrieskoude avond in liep, hoorde hij het nog één keer.
Die afschuwelijke spotlach.

31

Amber gierde van het lachen terwijl de Waltzer almaar ronddraaide. Russell hield zich uit alle macht vast en genoot van haar overgave, haar plezier, hij vond het allemaal even heerlijk. Normaal gesproken hield hij niet van kermisattracties, maar Amber was er dol op en haar ongebreidelde enthousiasme over het feit dat ze weer op de pier van Brighton was, was genoeg om hem zijn weerzin te laten overwinnen. Normaal gesproken zou hij hebben gebeden dat de misselijkmakende rit zo snel mogelijk voorbij was, maar die avond wilde hij dat er nooit een eind aan zou komen.

Het was allemaal precies volgens plan verlopen. Hij had niet willen vertellen waar ze naartoe gingen, alleen dat ze met de trein moesten. Toen ze eenmaal op het station van Blackfriars waren aangekomen, had Amber echter de trein naar Brighton op het bord zien staan en precies geweten wat hun bestemming was. Tot zijn verbazing was ze in tranen geweest; ze kon niet geloven dat Russell zo attent en zo lief was geweest om deze sentimental journey voor haar te organiseren. Hij bespeurde daaronder ook iets van verdriet, het gevoel dat ze in een ideale wereld haar gezin bij zich zou hebben, maar dat weerhield haar er niet van zich op wat echte kerstpret te verheugen.

Ze hadden suikerspin gegeten, in de achtbaan gezeten, geprobeerd een knuffel te winnen, wat helaas niet was gelukt, en ze hadden zelfs aan het eind van de pier voorbarig wat geschuifeld. Dat had maar een paar seconden geduurd, want toen hadden ze allebei de slappe lach gekregen. En nu zaten ze dus in de Waltzer, omgeven door het gelach en gegil van tientallen mensen die op dit speciale kerstuitje waren afgekomen, terwijl een computerversie van 'Frosty the Snowman' aanzwol en als ze langsraasden weer wegstierf. Amber was in haar nopjes, had de tijd van haar leven, maar toen de carrousel vaart minderde, bestierf de glimlach op haar gezicht.

'Ooo,' kermde ze dramatisch. 'Mogen we nog een keer, papa?' vroeg ze met het stemmetje van een pruilend kind.

'Dat had je gedroomd,' zei Russell lachend. 'Eén keer was meer dan genoeg.'

'Spelbreker,' wierp zijn date tegen, en ze gaf hem een stomp tegen zijn arm.

De carrousel kwam tot stilstand en de roestende metalen beugel die hen op hun stoel had gehouden, ging omhoog. Amber spoot als eerste weg, sprong eruit en liep snel naar een kraampje met warme dranken.

'Warme chocolademelk met marshmallows?' riep ze naar hem, terwijl ze naar het begin van de rij rende, vlak voor een groot gezin.

'Vergeet het maar. Ik drink of eet nooit meer iets. Ik ben kotsmisselijk.'

Amber bestelde lachend en even later wandelden ze naar het eind van de pier en raakten ze eindelijk wat uit de drukte.

'Dank je wel, Russell,' zei Amber zacht, terwijl ze haar arm door de zijne stak. 'Dit betekent heel veel voor me.'

'Je hoeft me niet te bedanken,' antwoordde hij snel. 'Ik wilde het gewoon graag. Ik hoop alleen dat het net zo leuk was als je je herinnert.'

'Nog leuker,' fleemde ze, en ze drukte zich lekker dicht tegen hem aan.

Ze liepen zwijgend naar het eind van de pier. Russell vond het heerlijk om haar tegen zich aan te voelen. Een paar jaar geleden had zoiets hem ondenkbaar geleken, toen zijn naam nog altijd een synoniem was voor verdorvenheid, en nu liep hij hier met een mooie vrouw en kreeg hij bewonderende blikken van voorbijgangers. Jarenlang was hij weggezet als het kwaad, als uitschot, maar nu kon hij twee middelvingers naar dat hele stelletje opsteken. Hij liep hier met een sexy vrouw, die hem leuk vond, die hem wílde. Bij de reling bleef hij even staan en draaide zich om om naar het feestgedruis te kijken, in het besef dat ze zich nu in de volmaakte omlijsting van het oplichtende reuzenrad achter hen bevonden.

'Even een selfie.'

Hij haalde zijn telefoon tevoorschijn, boog zich naar haar toe en maakte snel vijf foto's.

'Laat eens kijken,' drong Amber aan. 'Ik heb waarschijnlijk mijn haar in mijn gezicht of mijn ogen dicht...'

Maar dat was niet zo. Ze zag er oogverblindend uit en de lichtjes van het reuzenrad gaven haar gezicht een fonkelende kerstgloed. Het was het perfecte plaatje, misschien wel de mooiste foto die hij ooit had genomen, en hij was opgetogen dat hij haar zo had weten vast te leggen. Russell had niet geweten hoe de avond zou verlopen, of Amber erin mee zou gaan, maar het warme, soepele lichaam dat hij tegen zich aan gedrukt voelde, nam al zijn twijfels weg.

Het verliep allemaal precies volgens plan.

32

'Bedankt, mam, dat was heerlijk. Echt zalig.'
Sam schoof zijn kom van zich af en leunde achterover op zijn stoel.
'Weet je zeker dat je niet nog een beetje wilt?' drong Emily aan. 'Er is nog genoeg.'
'Alsjeblieft zeg. Ik heb morgen sportdag. Ik had niet moeten nemen, en al helemaal geen twee porties.'
'Nou, als je het zeker weet... Morgen is het niet meer zo lekker.'
Sam stak glimlachend zijn handen omhoog, dus legde Emily zich erbij neer, ruimde het restje broodpudding af en zette het op het kookeiland.
'Hé, mam...'
Ze draaide zich om; misschien wilde hij nog iets anders.
'Ga jij nou maar zitten,' ging Sam verder. 'Ik was wel af.'
'Dat hoeft niet.'
'Dat is wel het minste wat ik kan doen na zo'n maaltijd.'
Emily ging er maar niet tegen in en gaf hem de schaal. Ze keek vol trots toe, terwijl haar zoon, haar lieve jongen, aan de afwas begon. Terwijl ze zo naar hem keek, verbaasde ze zich erover dat hij zo volwassen was, zo vriendelijk, zo gevoelig, en vroeg ze zich af waar ze dit geluk aan verdiend had. De pijn en de bezorgdheid

van de vorige dag kwamen haar nu onzinnig voor. Ze was teleurgesteld geweest omdat hij had gespijbeld en geschrokken van de reden ervoor, maar het was háár schuld geweest dat het gesprek zo stekelig en ongemakkelijk was verlopen. Sam had gewoon eerlijk tegen haar willen zijn over zijn situatie en zij had de boel verdraaid, het met haar eigen bagage en eigen frustraties nodeloos ingewikkeld gemaakt. Haar zoon was een doodgewone puber die zijn weg probeerde te vinden. Nee, hij was beter dan de meeste pubers, hij beschikte over een wijsheid, ruimhartigheid en bedachtzaamheid die de meeste jongens van zijn leeftijd niet hadden. Dat moest ze goed onthouden, ze moest hem zijn eigen pad laten banen, hem wat ruimte geven, en de situatie niet door haar eigen problemen laten beïnvloeden.

Ze ruimde de borden af en liep naar de vaatwasser.

'Ik zei toch dat je moest blijven zitten,' protesteerde Sam lachend. 'Kun je nou geen minuut stilzitten?'

'Je weet dat ik daar niet erg goed in ben. Ik ben liever bezig.'

'Neem een avondje vrij, trek een fles wijn open, verwen jezelf eens een beetje.'

Dat kwam aan. Misschien had ze inderdaad wel eens iets leuks verdiend. Ze was de hele middag bezig geweest met de broodpudding en een pastei van rundvlees met bier, ze had een voucher gekocht om zijn Xbox-rekening aan te vullen en ervoor gezorgd dat alles klaar was voordat Sam thuiskwam. Hij was in een bedachtzame bui thuisgekomen, maar toen hij zag wat een moeite zijn moeder had gedaan, had hij daar oprecht enthousiast op gereageerd. Hij had wat langer op de ps5 mogen spelen, een poosje met vrienden gechat, en toen gezellig samen met zijn moeder gegeten. Ze hadden gepraat, echt gepraat, over van alles en nog wat. Het was geheel volgens plan verlopen, het was een groot succes geweest en een glas koele pinot grigio klonk inderdaad verleidelijk... maar ze wilde niet in haar oude gewoontes vervallen.

'Ik maak even je sporttas klaar en dan neem ik daarna misschien een glaasje...'

'Je leert het ook nooit, hè?' antwoordde Sam, terwijl hij goedhartig zijn hoofd schudde.

Emily negeerde zijn zachtmoedige kritiek, liep de kamer uit en ging naar boven, naar de overloop op de eerste verdieping. Het droogrek stond in de logeerkamer en al snel haalde ze de was eraf en zocht ze sportbroekjes, sportshirts en sokken bij elkaar. Ze wist dat veel ouders de was een monotoon en zelfs geestdodend routineklusje vonden, maar zij niet; het gaf haar altijd een zacht, warm gevoel als ze de schone kleren voor haar zoon klaarlegde. Datzelfde gevoel kreeg ze als ze maaltijden bereidde, etiketten innaaide of hem bij een vriendje ging ophalen. Het betekende dat ze een goede ouder was, een goede moeder. En dat was heel belangrijk voor haar.

Ze hoorde iets, keek op en zag Sam naar zijn kamer lopen en ondertussen zijn T-shirt uittrekken en in de wasmand gooien.

'Ik denk dat ik even ga douchen voor ik naar bed ga, als je dat goedvindt,' zei hij, terwijl hij zich naar haar omdraaide.

'Tuurlijk. Als je maar geen handdoeken op de grond laat liggen.'

'Dat doe ik toch nooit?'

Met een knipoog liep hij naar de badkamer. Emily keek hem na. Ze had het vage litteken gezien dat van zijn navel naar zijn buik liep, het resultaat van een gesprongen blindedarm, toen hij elf jaar was. Dat was indertijd vreselijk beangstigend geweest – haar kleine Sam, die pijn had en bang was – maar nu vrolijkte die herinnering haar juist op. Hij had zich heel beroerd gevoeld, maar was geen moment echt in gevaar geweest, en het had beslist een paar bijkomende voordelen gehad, want Emily had genoten van de tijd dat ze hem kon verzorgen toen hij moest aansterken en ze had hem vreselijk verwend. Als dat vervelende voorval het ergste was geweest wat er de eerste veertien jaar van Sams leven was gebeurd, moest ze toch iets goed hebben gedaan. Haar eigen jeugd was heel anders geweest, doordrenkt van geweld, armoede en verwaarlozing, en die hadden hun stempel op haar gedrukt. Ze was door haar opvoeding zwaar beschadigd geraakt; haar geest, haar emoties en haar ziel waren misvormd door de mishandeling, wat tot een paar heel onverstandige keuzes en slechte daden had geleid, maar ze was er niet aan onderdoor gegaan. Ze had in haar leven veel slechte dingen gedaan, talloze vergissingen begaan, maar Sam, de zorgzame, liefdevolle Sam, behoorde daar niet toe.

Hij was het enige wat ze echt helemaal goed had gedaan.

33

Hij had besloten wat hij ging doen. Nu moest hij alleen nog doorzetten.

Waar Ian Blackwell ook ging, overal leek hij omringd te zijn door mensen die nog steeds dachten dat ze gelukkig konden worden, die zich vastklampten aan de ouderwetse gedachte dat trouwen, kinderen, consumptiegoederen en een Netflix-abonnement garant stonden voor een succesvol, voldoening schenkend leven. Hij zag het aan de gezichten van de mensen die kerstinkopen kwamen doen in de drukke straten, in de verliefde blikken van jonge stelletjes die hun eerste kerstboom mee naar huis sleepten. Hij zag het verdorie zelfs aan de gezichten van de andere klanten in dit aftandse internetcafé, immigranten die hun dierbaren thuis een bericht stuurden, zeiden dat ze op tijd voor kerst geld zouden sturen, dat hun grootse avontuur in Engeland goed verliep. Ooit zou Blackwell blij voor hen zijn geweest, zou hij hebben gedeeld in hun vreugde. Nu vond hij dat iedereen zichzelf maar wat wijsmaakte.

Hij trok zijn honkbalpet wat dieper over zijn ogen, wendde zich af van zijn buurvrouw, een spraakzame Filipijnse, en keek op zijn beeldscherm. Het was een haveloos café en de verbinding was traag, maar voor wat hij wilde doen was het goed genoeg. Niemand vroeg wat je deed of toonde ook maar de geringste belangstelling voor waar je mee bezig was, zodat de voormalig politieagent ongehinderd en met weinig kans op ontdekking zijn gang kon gaan. Zelfs áls de politie erin slaagde zijn activiteit tot precies dit café te herleiden, verscholen in een uithoek van Brixton, dan zou de gezette Turkse eigenaar hun nog bijzonder weinig kunnen vertellen, want die zat veel liever porno te kijken dan dat hij zijn klanten in de gaten hield. Voorlopig was deze afgelegen, obscure tent het perfecte hoofdkwartier voor Blackwells bezigheden, en hij wilde zijn tijd dan ook zo goed mogelijk benutten.

Hij stak zijn USB-stick in de poort en opende de server. Even later zat hij op de site van Immer Waakzaam en logde in. Toen ging hij aan het werk en uploadde snel twee nieuwe foto's van het lichaam van Willis. In tegenstelling tot de eerdere foto's, die door passerende automobilisten waren genomen, waren deze recente foto's door een dienstdoende vrouwelijke politieagent genomen – een van zijn volgers en een echte aanhanger – en ze waren van een uitstekende helderheid en beeldkwaliteit. Als zijn volgers al van de eerste kiekjes hadden genoten, dan werden deze helemaal een succes.

Er klonk een hard geluid, en Blackwell keek op. De deur was opengegaan, zodat er een koude windvlaag langs de mopperende klanten woei. Twee pubers stormden lachend en kletsend naar binnen. Het was een onschuldige verstoring, maar toch een aansporing voor Blackwell om niet te lang te blijven zitten, dus ging hij door naar de pagina voor persoonlijke berichten. Tot zijn verbazing trof hij hier tien nieuwe berichten aan, allemaal met potentiële waarnemingen van misdadigers overal in het land. Hij keek ze even vluchtig door, schreef er een paar af als het werk van tijdverspillers en fantasten, maar markeerde drie waarnemingen die hem veelbelovend leken. Een verkrachter die in Glasgow zijn borgtocht had verbeurd, een in ongenade gevallen scoutingleider die in Blackpool was gespot en een moeder van achttien jaar die haar baby had doodgeslagen en gezien was toen ze in Plymouth in een café iets zat te drinken. Allemaal nader onderzoek waard, als hij daar even tijd voor had.

Blackwell logde uit, opende de site opnieuw, maar deze keer als een normale bezoeker. Zijn mond viel open. Het aantal opgestoken duimpjes, goedkeurende opmerkingen steeg met de seconde, honderden, nee, duizenden gewone mensen reageerden op zijn posts, op zijn klaroengeschal om rechtvaardigheid. Blackwell had wel geweten dat de dood van Willis veel publiek zou trekken, maar het aantal steunbetuigingen was niettemin adembenemend. Al die offers die hij had gebracht, al die beledigingen die hij van collega's, vrienden en familie had moeten incasseren – het was het allemaal waard geweest.

Ze hadden hem uitgelachen om zijn missie, hem belachelijk gemaakt om wat hij nastreefde, maar nu waren de bakens toch echt verzet. Hij wilde alleen maar dat zijn ex-vrouw hier was geweest en had kunnen zien hoezeer ze zich in hem had vergist. Hij was een succes, hij deed ertoe, hij was aan de winnende hand.

Ian Blackwell had zich veel te lang in de luwte opgehouden, was veel te voorzichtig, te terughoudend geweest, maar nu speelde hij in de eredivisie. Mark Willis was de eerste grote vis, maar zou beslist niet de laatste zijn. En met elke misdadiger die werd ontmaskerd, met elke overwinning, zou het aantal volgers van Blackwell groeien, tot er geen houden meer aan was. De dood van Willis had het vonkje doen ontbranden dat deze revolutie in gang zou zetten. Blackwell walgde van elke misdadiger die dacht dat hij het systeem te slim af kon zijn, dat hij ongestraft misdrijven kon plegen, maar degenen die zedendelicten pleegden, konden bij hem op een heel speciaal soort haat rekenen. Die mensen waren het laagste van het laagste, die beesten, zoals Mark Willis, of de onlangs vrijgekomen Kyle Peters, die het op oude vrouwen en kwetsbare kinderen gemunt hadden. Deze verkrachters en pedofielen, die veel te lang een lange neus naar justitie hadden getrokken, stonden nu zelf in de vuurlinie, en dat was dankzij hém. Hij zou ervoor zorgen dat ze werden gestraft voor hun misdaden, dat ze dezelfde angst zouden ervaren die ze hun slachtoffers ook hadden ingeboezemd. Ze zouden de schrik, de doodsstrijd en de angst voelen die hun toekwam.

Voor deze beesten zou de dood, wanneer die zich eindelijk aandiende, een verlossing zijn.

34

'Waarom hebt u het me niet verteld? U had het me moeten vertellen...'
Jack spuwde het eruit, hij was overstuur en kwaad.
Olivia probeerde hem uit alle macht te sussen. 'De moord op Mark Willis heeft niets met jou te maken,' antwoordde ze ferm. 'Dat is een lokaal probleem, een lek in Bolton, dat is voor jou níét relevant.'
'Niet relevant?' zei hij vol ongeloof. 'Ze zijn erachter gekomen wie hij was, ze hebben hem opgejaagd. Drie gasten met varkensmaskers en koevoeten. Ik heb de beelden gezien...'
'Hoe dan?'
'Hoezo "hoe dan"? Al die kerels op de bouwplaats stonden het op hun telefoon te bekijken. Geweldig vonden ze het, láchen...'
Nu hoorde Olivia zijn angst, zijn bezorgdheid. 'Luister, Jack, het spijt me,' zei Olivia vriendelijk. 'Misschien had ik het je inderdaad moeten vertellen, maar ik wilde je niet op je eerste dag al ongerust maken, en het heeft echt geen invloed op jouw situatie. Jij bent hier echt veilig.'
'O ja?'
'Ja,' zei ze met klem. 'Nu dit gebeurd is, gaan we natuurlijk al onze veiligheidsprocedures onder de loep nemen, maar ik weet zeker dat we, als we dit tot op de bodem hebben uitgezocht, tot

de ontdekking zullen komen dat iemand in zijn begeleidingsteam de boel heeft verkloot, of dat Willis zelf laks is geworden en zich heeft verraden. Daarom is het ook zo belangrijk dat je kalm blijft, dat je je normaal gedraagt en dat je je nieuwe identiteit omarmt. Hoe is het vandaag verder gegaan?'

Jack sloeg zijn ogen neer en tuurde boos naar de grond.

'Slecht. De voorman zei dat ik er niks van bakte en iedereen op de bouwplaats ging maar door over wat zíj hadden gedaan als ze Willis te pakken hadden gekregen. Het was echt... verschrikkelijk.'

'Dat moet heel moeilijk voor je zijn geweest,' antwoordde Olivia meelevend, en ze legde een troostende hand op zijn arm. 'Maar het is gewoon slechte timing, meer niet. Dat incident in Bolton verdwijnt naar de achtergrond, je krijgt dat werk op een gegeven moment onder de knie en dan komt het allemaal goed, echt. Je hebt je diploma met de hoogst denkbare cijfers gehaald, je bent goed in je werk, je kunt het er echt ver mee schoppen.'

'Ja hoor. Ik mag van geluk spreken als ik het eind van de maand haal, zoals het nu gaat.'

'Dat slaat nergens op, Jack. Je loopt geen gevaar, dat beloof ik je. Maak er nou maar een rustige avond van, ga bijtijds naar bed, en dan is er morgen weer een nieuwe dag.'

'Dat kunt u gemakkelijk zeggen. U bent op de hoogte. Míj wordt niets verteld.'

'Ik vertel het je nu toch?'

'Iemand kan op dít moment mijn nieuwe identiteit en mijn adres online zetten. Maar hoe weet ik dat? Mij vertellen ze niets.'

'Vraag me maar wat je wilt. Ik ben er voor...'

'Het zou al helpen als ik een telefoon had,' onderbrak Jack haar. 'Of een tablet. Iets waarop ik het nieuws in de gaten kan houden.'

'Sorry, Jack, maar daar trap ik niet in.'

Er fonkelde even woede in Jacks ogen.

'Als je het nieuws wilt volgen, kun je naar de tv kijken of naar de radio luisteren.'

'Daar hoor je dit soort dingen niet,' antwoordde Jack, die zich kwaad maakte. 'Als je wilt weten wat er echt speelt, heb je social media nodig. Er bestaat een groep, Immer Waakzaam...'

Olivia greep meteen in en onderbrak hem. 'Je weet best dat je op geen enkel sociaal medium mag,' zei ze ferm. 'Dus je laat het uit je hoofd.'

Hij keek haar boos aan, halsstarrig, strak van de angst en de frustratie, maar Olivia weigerde zich te laten bespelen. Daarvoor liep ze al te lang mee.

'Luister, ik weet dat het moeilijk is,' hield ze vol. 'Maar ik moet je toch vragen om me te vertrouwen. Het is mijn taak ervoor te zorgen dat jou niets overkomt, dat je je prettig voelt in je nieuwe situatie, dus als er ook maar de geringste kans bestaat dat jij gevaar loopt, grijp ik in. Dan breng ik je ergens anders onder, zorg ik dat je een nieuwe identiteit krijgt, of wat er verder maar nodig is. Ik sta aan jouw kant, Jack, maar je moet wel meewerken. En nog belangrijker: je moet me vertrouwen. Denk je dat dat lukt?'

'Ik ben hier gewoon zo... zo geïsoleerd. Ik word er gek van.'

'Ik snap dat het moeilijk is om alleen te zijn. Je bent eraan gewend om mensen om je heen te hebben en...'

'Ik bedoel, hoe kan ik mezelf beschermen als ik helemaal alleen ben?'

'Je hóéft jezelf niet te beschermen. Niemand weet dat je hier zit.'

'Maar als ze er nou achter komen? Stel dat ze hiernaartoe komen? Wie beschermt mij dan? U?'

'Als het moet wel, ja. Maar zover zal het niet komen.'

Jack blies zijn wangen bol en liep niet erg overtuigd van haar weg.

'Jack, echt. Je bent hier honderd procent veilig, dus probeer je geen zorgen te maken. In de koelkast staat een currymaaltijd die in de magnetron kan, met papadums erbij en wat chocoladeyoghurtjes. Ga lekker eten, kijk een beetje tv, ontspan je, rust uit. Ik weet dat het vanavond allemaal heel erg lijkt, maar je staat aan het begin van een groot avontuur, Jack. Ik ben ervan overtuigd dat je er wat van gaat maken.'

Stilte, toen een kort, nors knikje. Olivia keek even op haar horloge.

'Luister, ik moet nu gaan, maar ik kom morgenochtend weer. Als er iets is of als je je ergens zorgen over maakt, je hebt mijn nummer. Je mag me dag en nacht bellen.'

Weer een stuurs knikje. Niet veel, maar meer zat er vandaag niet in.

'Oké, dan zie ik je morgen.'

Ze vertrok en deed de deur van de woonkamer achter zich dicht. Jack liep naar het raam, schoof de vitrage een stukje open en zag haar snel de straat in lopen. Hij staarde gespannen en mistroostig naar buiten, liet de vitrage weer vallen en liep terug naar zijn tas. Heel even bleef hij zo staan, omringd door de doodse stilte van het lege huis, en toen trok hij kalm de rits van zijn rugzak open. Daarin zaten acht blikjes cider met het hoogste alcoholpercentage dat daarin te krijgen was. Hij probeerde braaf te zijn, te doen wat hem werd gezegd, maar nu snakte hij er echt naar even van de wereld te zijn.

35

'Wat ben je laat.'

Mikes ex-vrouw was altijd al recht voor zijn raap en nam nu niet eens de moeite hem gedag te zeggen, maar stak meteen van wal. Dat ging sinds hun scheiding al zo – een verbitterde vechtscheiding die minder dan een jaar na de moord op Jessica had plaatsgevonden. Daarvoor hadden ze samen veel gelukkige jaren gehad, maar de herinneringen aan die mooie tijd lieten zich steeds moeilijker oproepen, vooral doordat Alison zich zo ronduit vijandig gedroeg.

'Het spijt me, het was erg druk op het werk,' loog Mike. 'Maar ik ben er nu. Is ze klaar?'

'Al bijna een uur. Mike, echt, als je Rachel wilt blijven zien, zullen we toch echt beter van je op aan moeten kunnen. We hebben allemaal een druk leven, vooral in deze tijd van het jaar. Ik... we kunnen hier niet een beetje op jou zitten te wachten.'

'Jullie gaan zeker iets leuks doen? Jij en Dave?' reageerde hij verbitterd.

'Dat gaat je niets aan. Hou jij je nou maar gewoon aan de afspraak.'

'Daar is ze!' zei Mike opgewekt, en hij draaide zich om van zijn vrouw, naar Rachel toe, die nu de trap af kwam.

Zijn zestienjarige dochter glimlachte schaapachtig naar hem en kwam in de gang bij hen staan.
'Hoe gaat-ie, meisje?'
Weer een korte glimlach. Heerlijk vond hij die, maar het greep hem toch altijd aan, want Rachels glimlach was een blauwdruk van de brede grijns van Jessica.
'Hoe gaat het, pap?'
'Kon niet beter.'
Hij zei het met alle overtuiging die hij in zich had, maar in werkelijkheid voelde hij zich verschrikkelijk. Zijn uitstapje naar Colchester had hem niet onberoerd gelaten; Courtneys lach, haar glimlach en zelfs haar geur leken aan hem te kleven. Hij kon aan niets anders denken, maar moest zichzelf toch op een of andere manier zien te dwingen zijn aandacht erbij te houden. Hij zag Rachel toch al niet zo vaak, dus hij mocht dit spaarzame bezoek niet verpesten.
'Maar als ik heel eerlijk ben, rammel ik van de honger. Zullen we dan maar?'
Ze had geen verdere aansporing nodig, want de sfeer tussen hen drieën was gespannen en zwaar. Even later waren ze met zijn tweetjes en liepen ze hand in hand de straat in. Mike zorgde ervoor dat het gesprek luchtig bleef; hij maakte wat opmerkingen over de meest absurde kerstverlichting in de voorkamers van andere mensen. De stemming werd allengs lichter, Rachel vond het leuk dat hij er was, maar toch was hij opgelucht toen Mac's All Night Diner in het zicht verscheen. Dat was een van Rachels favoriete tenten, en ze vond het altijd leuk om daar iets te gaan eten.
Eenmaal veilig en wel aan hun tafeltje geïnstalleerd vielen ze op de menukaarten aan. Even later werden er hamburgers besteld, besloten ze welke bijgerechten er moesten komen en hadden ze allebei een grote aardbeienmilkshake voor hun neus staan.

'En, hoe is het op school? Hoe gaan de repetities voor de kerstvoorstelling?'
'Goed hoor. Ik heb dit jaar best een grote rol gekregen, dus dat betekent dat ik veel tekst moet leren...'
'Dat komt wel goed. Het komt bij jou altijd goed.'
'Je komt toch wel, hè?' vroeg ze, maar het klonk opeens of ze daaraan twijfelde.
'Tuurlijk, meisje. Dat wil ik voor geen goud missen.'
Hij meende het nog ook, hoewel hij dit soort gelegenheden eigenlijk altijd heel moeilijk vond. Hij kon niet tegen die eindeloos meelevende blikken, hij kon er niet tegen al die gelukkige echtparen met hun gezonde, liefhebbende kroost te zien. Al dat gedoe bezorgde hem een ongerijmd gevoel over kerst, over het leven.
'Waar gaat het dit jaar over?'
'Nou ja, het kerstverhaal natuurlijk, maar dan gesitueerd in een vluchtelingenkamp in Calais.'
'Apart.'
'Wel leuk, eigenlijk. Het is met muziek, een beetje dans. Ik doe een duet met Charlie. We hebben al heel vaak geoefend, maar de pasjes zijn heel ingewikkeld en we moeten het allemaal doen terwíjl we zingen en dansen. Het is een wonder als we het allemaal goed krijgen. Iedereen kijkt dan natuurlijk, en dat maakt het nog veel erger...'
Rachel was lekker op dreef en zat gezellig te kletsen over de beproevingen van het leven als puber. Mike liet haar praten, liet zich meeslepen door haar opwinding en enthousiasme, en was blij dat zíj blij was. Hij hield van de energie, het geratel, al die gebeurtenissen en informatie . In zijn eigen leven gebeurde zo weinig dat het een genot was om naar iemand te luisteren wier leven een eindeloze maalstroom leek te zijn van hoogte- en dieptepunten, van triomfen en rampen. Hij vond het fijn om naar

haar te kijken terwijl ze aan het vertellen was; soms drong amper tot hem door wat ze dan precies zei en genoot hij gewoon van de snelle bewegingen van haar mond, van de fonkeling in haar ogen, van de kuiltjes die in haar wangen verschenen als ze glimlachte of lachte. Hij hing nu aan haar lippen, de woorden vlogen op hem af, hij keek aandachtig naar haar en ging helemaal op in haar enthousiasme. De buitenwereld, de serveersters en de klanten, leken weg te vallen, want al zijn aandacht was op zijn dochter gericht. Maar terwijl Rachel verder vertelde over haar avonturen, gebeurde er iets vreemds. Haar gezicht begon te veranderen – eerst langzaam, toen steeds sterker, tot Jessica's karakteristieke gelaatstrekken die van haar zus hadden vervangen. Mike knipperde met zijn ogen, probeerde het tegen te gaan, maar het lukte hem niet de gedaanteverandering een halt toe te roepen.

'Ze vindt dat ik moet vragen of ik een solo mag doen, maar ik denk echt niet dat ik dat durf…'

Mike wendde zijn blik af, sloot zijn ogen en probeerde deze nachtmerrie te verdrijven, maar toen hij opnieuw opkeek, zat Jessica tegen hem te praten en straalden haar zestienjarige ogen van opwinding en geluk.

'Je weet hoe dat is als je in de schijnwerpers staat, als iedereen naar je kijkt. De helft van de tijd wil ik maken dat ik weg kom, maar de andere helft wil ik dansen en zingen en helemaal uit mijn dak gaan…'

Jessica lachte erbij, gooide haar hoofd in haar nek en zette weer die betoverende glimlach op. Mike voelde de tranen in zijn ogen prikken. Kijk haar nu toch, zijn mooie dochter, zo volwassen al.

'Ik weet eerlijk gezegd niet van wie ik het heb. Mama moet er niet aan denken en jou zie ook niet zo snel op een podium…'

Mike voelde een snik in zijn borst omhoogkomen. Hij wilde

zijn kleine meisje omhelzen, dicht tegen zich aan houden, uithuilen op haar schouder.

'Pap?'

Mike voelde een traan over zijn wang biggelen, en toen nog een.

'Pap, gaat het?'

Plotseling was Jessica's gezicht verdwenen en weer vervangen door dat van Rachel. Ze keek uiterst ongemakkelijk en, wat nog erger was, boos.

'Sorry, ja, nee, prima,' zei hij, en hij veegde de tranen weg. 'Ik heb een lange dag achter de rug, meer niet. Maar vertel verder, ik wil er alles over horen.'

'Heb je wel iets meegekregen van wat ik net zit te vertellen?' vroeg ze boos.

'Ja, natuurlijk. Je had het over zingen en...'

Hij maakte zijn zin niet af, overmand door emoties kon hij niet verder praten.

'Laten we maar gaan,' zei Rachel, en nu kreeg zíj tranen in haar ogen.

'Doe niet zo raar,' wierp Mike tegen. 'Onze hamburgers komen zo.'

'Ik wil hier weg.'

Ze zei het op een pijnlijk besliste toon. Vechtend tegen haar tranen stond Rachel op, pakte haar tas en liep snel naar de uitgang. Mike pakte aangeslagen zijn portemonnee, negeerde de vragen van de serveerster, gooide een briefje van vijftig op tafel en ging achter haar aan. Tegen de tijd dat hij de deur uit was, zag hij Rachel al halverwege de straat, zo snel ze kon terug naar huis.

De avond was verpest, het feest was voorbij en hij kon niets anders doen dan op een drafje achter haar aan gaan. Meer dan ooit voelde hij zich een mislukte vader.

36

Chandra sloop de overloop over, terwijl ze op zachte toon in haar telefoon sprak.

'Hij blijft alles ontkennen, meneer, maar eerlijk gezegd denk ik dat we iets op het spoor zijn.'

Ze zweeg even en keek in de kamer van de kinderen. De peutertweeling, Diya en Pari, lag heerlijk te slapen – een aanblik die haar hart altijd deed smelten –, maar Chandra zette haar schuldgevoel over het feit dat ze er niet was geweest om hen in te stoppen van zich af en liep weg van de kamer, waarbij ze goed oplette dat ze niet op de krakende plank in het midden van de overloop stapte.

'We hebben nu vooral meer tijd nodig,' ging ze verder. 'We moeten een concrete connectie tussen Martin Coates en Ian Blackwell zien te vinden. Ik weet zeker dat degene die de vertrouwelijke informatie heeft gelekt verbonden is aan de Immer Waakzaam-groep, als je bedenkt hoe snel die ermee aan de haal ging. Vooralsnog hebben we een aantal telefoongesprekken tussen Coates en Blackwell in de dagen voorafgaand aan de aanval, en dat helpt uiteraard, maar we weten niet waar die gesprekken over gingen, dus dat kan voor de rechtbank naar twee kanten toe worden uitgelegd. In positieve zin dat digitale communicatie tussen de neven kan bewijzen dat Coates van plan was om zeer vertrouwelijke informatie te lekken met het uitdrukkelijke doel om Willis te ontmaskeren en hem iets aan te doen.'

Ze was nu bij de slaapkamer aangekomen. Ze liep naar binnen, trapte haar schoenen uit en glimlachte verontschuldigend naar haar man, Nimesh, die op bed een roman van Ian Rankin lag te lezen.

'En jij weet zeker dat we die zullen vinden?' vroeg hoofdinspecteur Draper zonder omhaal.

'Ik heb goede hoop, meneer. Het technische team is zijn laptop, zijn telefoon, zijn desktopcomputer aan het uitpluizen, en bovendien hebben we Blackwells gegevens op alle bureaus in Londen laten verspreiden. We denken dat Blackwell momenteel in de hoofdstad opereert, en met zijn arrestatie zou deze hele zaak natuurlijk snel tot een einde kunnen worden gebracht.'

'Ga er dan maar mee verder. Bel me zodra je iets weet.'

Hij hing abrupt op, zonder dat Chandra nog iets kon zeggen. Ze zuchtte diep, stak de telefoon in haar zak en liet zich op bed vallen. Ze voelde zich volkomen leeg en afgepeigerd. En dit was nog maar de eerste dag van wat een slopend onderzoek beloofde te worden.

'Kun je me vertellen wat er speelt?' vroeg Nimesh, in een heel slechte imitatie van Nessa.

Al was ze nog zo gespannen, ze moest toch om zijn stomme grapje glimlachen. Wat Chandra ook doormaakte, haar lieve, trouwe, malle echtgenoot slaagde er altijd in haar op te vrolijken.

'Nee... maar als je vandaag het nieuws een beetje hebt gevolgd, heb je waarschijnlijk wel een vermoeden waar het over gaat.'

'Dat betekent dat het dus een lek geweest móét zijn. Als jij daar iets mee te maken hebt, ik bedoel...'

'Dat kan ik niet bevestigen en jij mag niet speculeren, stouterik.'

Nimesh deed geluidloos alsof hij zijn lippen verzegelde, wat hem opnieuw een glimlach opleverde.

'Heb je iets gegeten?' ging haar man verder. 'Ik heb wat voor je bewaard, dat kan ik even voor je opwarmen, als je wilt...'

'Je bent een engel,' zei ze, en ze pakte zijn hand vast. 'Maar ik denk niet dat ik een hap door mijn keel krijg.'

'Met jezelf uithongeren schiet je niets op. Je moet iets eten.'

'Ik weet het... maar ik voel me eerlijk gezegd hondsberoerd.'

'Je bent toch niet zwanger, hè?' vroeg hij, zogenaamd vol afschuw. 'Want als dat zo is, vermoord ik de klootzak die je...'

Ze gooide hem lachend een kussen naar het hoofd, dat hij handig wist te ontwijken.

'Waarom ben je altijd zo vrolijk?' vroeg Chandra verbaasd.

'Waarom ben jij altijd zo gestrest?'

De glimlach bestierf op Chandra's gezicht. Dit riedeltje hoorde ze vaker, hoewel ze het hem nooit echt kwalijk nam. Ze wist namelijk dat hij gelijk had.

'Omdat ik net de spreekwoordelijke gifbeker aangereikt heb gekregen.'

'Fijn...'

'En ik weet vrijwel zeker dat mijn toekomst staat of valt met de vraag of ik het juiste resultaat weet te behalen, en wel snel ook.'

'Dat lukt je wel. Het lukt je altijd.'

'Dit keer ligt het anders,' antwoordde Chandra, terwijl ze bezorgd haar hoofd schudde. 'Ik zal heel veel tegels moeten lichten, enorme herrie moeten schoppen, en dan nog is het niet zeker dat we iemand veroordeeld krijgen. Draper zal me nauwgezet in de gaten houden, de pers ook, en dat betekent dat ik stilletjes gek zal worden van de zorgen, dat ik de klok rond zal moeten werken en dat jij en de meisjes op jezelf aangewezen zullen zijn.'

'Dat komt wel goed. We zullen je missen, maar we redden ons wel. Ik kan wel íéts, hoor.'

'Dat weet ik, maar ik vraag wel veel van jullie, en ze zijn nog maar zo klein.'

'Ze zijn steviger dan je denkt. We redden het wel een poosje zonder je.'

'Maar ik wil niet dat jullie het zonder mij moeten redden. Ik wil bij jullie zijn.'

'Dat kan binnenkort ook weer, maar nu móét je dit doen.'

Chandra reageerde niet, maar ze wist dat hij gelijk had. Haar vergeefse gedachte dat ze de berenval die voor haar was gezet kon ontwijken, kwam deels voort uit een verlangen om bij haar jonge gezin te zijn, maar deels ook uit angst.

'Maar als ik het nou verpest, Nims?'

'Doe niet zo raar.'

'Ik meen het. Dit wilde ik altijd. En god, wat heb ik op de deur staan bonken, en hoe vaak heb ik niet gevraagd of ik een belangrijke zaak mocht doen, iets met veel media-aandacht. Maar dít had ik nooit verwacht.'

Ze keek naar haar man op, en in haar ogen stond nu pure angst te lezen.

'Stel nou dat ik het niet kan?'

37

'Hij moet iets van de schuld, van de verantwoordelijkheid op zich nemen, maar hij lijkt vastbesloten om zijn handen van deze hele zaak af te trekken.'

Christopher Parkes keek vanaf de andere kant van de ruimte naar zijn chef. De minachting droop van zijn woorden af. Jeremy Firth leek die avond in een opvallend goed humeur te zijn, oreerde tegen zijn collega's en maakte zelfs grapjes. De kerstborrel van de reclassering was ondanks de gebeurtenis in Bolton gewoon doorgegaan, hoewel de aanwezigen ervan uit waren gegaan dat het een nogal sombere aangelegenheid zou worden. Firth had die boodschap blijkbaar niet doorgekregen.

'Je kunt het hem ook niet echt kwalijk nemen,' reageerde Olivia wrang. 'Hij gaat over – hoelang? – een jaar met pensioen. Als hij ergens niet op zit te wachten, is het dat dat door een groot schandaal op de tocht komt te staan.'

'Maar dan nog, die man is toch niet van deze wereld?' vond Christopher, terwijl hij zijn wangen liet opbollen. 'Hij lijkt vastbesloten te zijn om dit Alice Dunne in de schoenen te schuiven, ook al valt iedereen die hier werkt uiteindelijk onder zíjn verantwoordelijkheid. Als iemand een blunder begaat, is het zíjn schuld. Hij zit verdomme boven op de apenrots.'

'En hoe denk jij dat het hem is gelukt daar zo lang te blijven zitten? Door ervoor te zorgen dat hem nooit iets te verwijten valt. Elk succes is aan hem te danken, elke blunder is een fout van iemand anders.'

'Maar dan nog, je zou hem eens moeten horen,' zei Christopher afgemeten. 'Hij is zich ervan bewust dat er een enorme bak ellende op ons afkomt, maar is veel meer geïnteresseerd in hoe hij zelf buiten schot kan blijven dan dat hij tot op de bodem uitzoekt wat er precies is gebeurd. We hebben het er gisteravond de helft van de vergadering over gehad of we ervan op aan kunnen dat Dunne rustig vertrekt of dat ze stennis gaat schoppen.'

'Misschien probeert hij alleen maar de reputatie van de reclassering te beschermen.'

'Er is maar één ding dat hij probeert te beschermen, en dat is zijn eigen positie. Dat is hem de afgelopen vijftien jaar heel goed gelukt. Jezus, hoeveel schandalen zijn er gedurende zijn aanstelling niet geweest? Verschillende operaties zijn verkeerd afgelopen, om nog maar te zwijgen van dat akkefietje met zijn assistente, en nóg zit hij daar, ook al heeft hij totaal geen voeling meer met de moderne wereld, geen enkele belangstelling voor innovatie, verbetering van de werkwijzen of het aanzien van deze dienst. Hij heeft elke fatsoenlijke, hardwerkende medewerker hier volkomen in de steek gelaten en moet nodig worden vervangen.'

Hij fluisterde het, elke lettergreep was doortrokken van gefrustreerde ambitie.

'Jouw tijd komt nog wel.'

'Misschien wel eerder dan je denkt.'

'Hoe bedoel je?' vroeg Olivia, opeens geïntrigeerd. 'Wat voer jij in je schild, deugniet?'

Olivia glimlachte en wilde hem over zijn arm aaien om hem de informatie te ontfutselen, maar toen zag ze Christophers vrouw van de andere kant van het vertrek aan komen lopen. Hoewel Penny diep in gesprek was met Firth, was het duidelijk dat ze hen tweeën in de gaten hield. Olivia glimlachte breed naar haar, hief haar wijnglas, een vriendelijk gebaar dat door mevrouw Parkes werd beantwoord.

'Je vrouw houdt ons in de gaten,' fluisterde ze, nog steeds met een glimlach op haar gezicht.

'Gedraag je dan normaal. We zijn gewoon twee collega's die recente gebeurtenissen met elkaar bespreken. Nu we het daar toch over hebben, hoe is het met jouw cliënt? Denk je dat je hem op het rechte pad weet te houden?'

'Geen idee, hij draait helemaal door,' antwoordde Olivia somber. 'En nou niet op een ander onderwerp overstappen, we hadden het over jou en je vrouw.'

'Olivia...'

Er klonk een waarschuwende toon door in zijn stem; haar voormalige minnaar was duidelijk bang dat ze een scène ging trappen. Maar Olivia had een rotdag achter de rug en was niet van plan zich in een hoekje te laten drukken.

'Dus jullie gaan gezellig met het hele gezin kerst vieren?'

'Moet dit?' vroeg hij, en hij zag er opeens moedeloos uit.

'Hoe gaat het trouwens met de jongens?'

'Oké, de boodschap is duidelijk.'

'Hoe luidt die boodschap dan, Christopher? O, je bedoelt dat je me wel zwanger hebt gemaakt, maar me gewoon in mijn eentje kerst laat vieren, terwijl jij gezellig met je perfecte kerngezin rond de boom zit?'

Christopher controleerde even of zijn vrouw niet keek, pakte Olivia toen bij haar arm vast en loodste haar naar een discreet hoekje bij de bar.

'O, geweldig. Verstop me maar. Uit het oog, uit het hart.'

'Dat zie je verkeerd, Olivia.'

'Dat zie ik helemaal niet verkeerd. Jij zou het liefst willen dat dit allemaal niet bestond, hè? Je zou het het liefst onder het tapijt vegen, zodat je terug kunt naar de mooie Penny, over wie je toevallig laatst nog hebt gezegd dat je haar saai en verstikkend vond...'

'We hebben het hierover gehad, we waren het erover eens dat het voor iedereen het best is als...'

'Nee, jíj hebt het erover gehad, en jíj was het erover eens. Maar zal ik jou eens iets vertellen? Misschien wil ik wel helemaal geen abortus.'

'Dat was niet de afspraak,' wierp Christopher vlug tegen. 'Ik ben er heel duidelijk over geweest dat we voorzichtig moesten zijn.'

'Ongelukjes gebeuren nu eenmaal.'

'Dat was geen ongelukje en dat weet jij donders goed,' beet hij getergd terug.

Olivia keek hem verbijsterd aan.

'Denk jij dat ik met opzet zwanger ben geworden? Dat ik je in de val probeer te lokken?'

Hij ontweek haar blik, maar zijn stilzwijgen zei genoeg.

'Rot toch op, Christopher.'

'Zou je in godsnaam niet zo hard willen praten?' smeekte hij.

'Jij bent echt ongelooflijk, zeg. Jij zult ook nooit eens je verantwoordelijkheid nemen, hè? Jij dendert maar door, zonder zelfs maar om te kijken naar de mensen die je achter je laat.'

'Zo ligt het helemaal niet, en dat weet je best. Ik had... ik had gevoelens voor je, maar ik kan het gewoon niet. Haat me er maar om als je wilt, maar ik kan Penny's hart niet breken, ik kan het leven van mijn jongens niet kapotmaken door bij mijn gezin weg te gaan. Ik weet dat ik het verkloot heb, en dat spijt me. Ik wil niets liever dan zorgen dat het goed komt tussen ons. Geef je me die kans, Olivia? Ik zal dit goedmaken, dat beloof ik je.'

Ze wilde tegen hem tekeergaan, hem uitschelden omdat hij zo egoïstisch en zo arrogant was, maar haar minnaar was zichtbaar van streek en het verdriet en de spijt waren van zijn gezicht af te lezen. Plotseling voelde Olivia de strijdlust uit zich wegstromen en voelde ze niets meer, alleen nog maar een intense leegte en verlies.

'Hoe dan, Christopher? Hoe?'

Hij keek haar aan, zocht naar een adequaat antwoord, maar draaide zich plotseling om en liep weg, in de richting van zijn vrouw. Olivia voelde zich hol en gebroken en had zin om ter plekke in te storten, om ten overstaan van alle aanwezigen de ogen uit haar kop te janken, maar ze had nog een restje gezond verstand en waardigheid over, dus liep ze in plaats daarvan maar naar de bar.

'Een dubbele wodka graag. Nee, doe er eigenlijk maar twee...'

Ze keek om zich heen, op zoek naar haar partner in crime. Het was afgeladen vol met slechtgeklede ambtenaren en reclasseringsmedewerkers die niets liever wilden dan het bittere heden vergeten en net doen alsof die eindeloze draaimolen van bezuinigingen en de daaruit voortvloeiende missers alleen maar een boze droom waren, waaruit ze op een dag wakker zouden worden. Olivia wilde niet aan die waanvoorstelling meedoen – vanavond wilde ze het op een zuipen zetten met iemand die net zo sarcastisch en verbitterd was als zijzelf. Isaac Green werd bij dit soort gelegenheden altijd stomdronken, waarna hij zijn collega's ging lopen beledigen, en op een heel goede avond zelfs zijn meerderen. Maar hoe goed ze de zee aan bekende gezichten ook aftuurde, ze kon hem niet vinden. Verbaasd fronste Olivia haar voorhoofd. Het was niets voor Isaac om zijn neus voor gratis drank op te halen. Waar zat die vent in vredesnaam?

38

Hij schuifelde de gang door, zijn oren gespitst op een teken van leven. Hij wist vrijwel zeker dat de hele afdeling het pand had verlaten en dat ze op weg waren naar een veel te dure bar in Westminster, voor de jaarlijkse kerstborrel, die net zo zinloos was als geforceerd, maar hij kon geen enkel risico nemen. Vanavond niet.

Toen Isaac Green aan het eind van de stille gang was aangekomen, liet hij zichzelf met zijn sleutelkaart binnen, deed de deur behoedzaam open en keek naar binnen. Tot zijn opluchting was de kantoortuin verlaten – een sombere, doodse ruimte, verlicht door een paar oplichtende beeldschermen. Isaac deed de deur zorgvuldig achter zich dicht, treuzelde geen moment en liep moeizaam over het versleten tapijt naar de privékantoren van het management. Hij stuwde zichzelf met zijn wandelstok naar voren. De beveiliging ging vast door het pand patrouilleren en zou op enig moment het hoofd hier om de hoek steken, dus treuzelen was er niet bij. Hoe sneller hij erin en eruit was, hoe beter, zeker als hij nog zijn opwachting op het feest wilde maken, wat hem een verstandige voorzorgsmaatregel leek.

'Kijk eens aan, wat een verrassing!'

Isaac bleef als aan de grond genageld staan, dodelijk geschrokken van de stem die plotseling uit het donker klonk. Hij draaide

zich vlug om en zag Saul Behr in elkaar gedoken achter zijn beeldscherm zitten. De man keek glimlachend naar hem op.
'Jezus, Saul, ik schrik me dood.'
'Sorry man,' antwoordde Saul lachend. 'Ik ben gewoon blij je te zien. Ik zit hier al meer dan twee uur moederziel alleen...'
'Wat doe je hier nog zo laat?' vroeg Isaac op duidelijk geïrriteerde toon.
'O, gewoon even een paar e-mails wegwerken. Ik loop vreselijk achter, met alles wat er speelt. En ik wil echt de vinger aan de pols houden.'
Isaac staarde de man aan, verbijsterd dat het idealisme en enthousiasme van de jongeman nog niet door zijn ervaring in de vuurlinie de grond in waren geboord. Misschien waren er dan toch nog mensen bij deze dienst die erin geloofden. Toen herpakte hij zich en vroeg: 'Dus je gaat niet naar de borrel?'
'Daar hou ik eerlijk gezegd niet zo van,' antwoordde Saul. 'Dus ik wilde het zo lang mogelijk uitstellen. Ik moet waarschijnlijk wel even mijn gezicht laten zien...'
'Als je niet gaat, kun je promotie wel op je buik schrijven. Dat is hier les nummer één, vriend...'
Dit leek voor de ambitieuze jongeman de doorslag te geven. Hij stond op en pakte zijn jasje.
'Kom je ook? Ik wacht anders wel even in de hal, als je...'
'Nee, ga maar alvast,' antwoordde Isaac snel. 'Ik moet nog met een paar cliënten bellen, dus dat duurt wel even. Dan zie ik je straks, oké?'
'Ik zou er niet al te vast op rekenen. Eén drankje en dan naar huis, lekker in bed netflixen.'
Saul trok een mal gezicht en slenterde weg. Isaac keek hem gespannen na en vertrok bijna geen spier, tot hij de deur hoorde dichtvallen en de voetstappen van zijn collega hoorde verdwijnen. Toen kwam hij weer in beweging en liep hinkend naar het

privékantoor van Christopher Parkes. Hij probeerde de deurknop, die gemakkelijk draaide, en daar was het privédomein van de plaatsvervangend directeur. Ondanks zijn knagende vrees voelde Isaac ook een golf adrenaline, blij dat hij weer zijn gang kon gaan. Hij wierp nog één blik over zijn schouder, haalde diep adem en glipte toen het stille kantoor binnen. Hij deed de deur zachtjes achter zich dicht en liet voorzichtig de rolgordijnen zakken.

39

Het was zover. Nu ging het gebeuren.

Russell had zich op hun terugreis naar Londen niet ingehouden. Hij had met Amber op een tweezitter achter in het rijtuig gezeten, uit het zicht, en zijn verlangen de vrije loop gelaten. Hij had haar vurig gekust en zijn handen over haar slanke lichaam laten dwalen. Vanaf het station van Croydon waren ze in straf tempo naar zijn flat gelopen en nu stond het tweetal in verwachtingsvolle stilte voor zijn deur. Vastberaden en hongerig buitte Russell zijn gunstige positie uit.

'Ik zou je graag mee naar binnen willen vragen... maar ik weet dat jij niet zo bent,' zei hij plagerig.

'Je zou me kunnen overhalen,' zei Amber om het spel mee te spelen.

Russell boog zich naar haar toe, kuste haar lang en talmend, en maakte zich toen ademloos en opgewonden van haar los.

'Na jou,' fluisterde Amber.

Russell maakte de deur open en liet haar binnen.

Zodra ze in zijn flat waren, ging alles snel. Het smoesje van een afzakkertje bleef achterwege, en Russell drukte Amber tegen de voordeur, waar ze nog wat langer kusten. Even later waren ze in de woonkamer, waar Amber haar tas op de grond gooide, zich achterover op de bank liet vallen en Russell vroeg op haar te komen liggen. Dat liet hij zich geen twee keer zeggen. Hij trok zijn overhemd uit, rukte haar blouse open en zag haar sportschoollichaam. Hij boog zich naar voren, kuste de bovenkant van haar borsten en keek hoe er op haar zachte huid kippenvel ontstond. Nu lieten ze zich met elkaar verstrengeld naar de grond glijden. Haar tong zocht de zijne, er ging een lading pure elektriciteit over en weer. Nu had hij haar op de grond, en hij beet in haar oren, haar hals, en trok toen haar beha naar opzij om haar tepel met zijn tong te kunnen aanvallen.

Hij was in alle staten, en keihard. Het was heel lang geleden sinds hij intiem was geweest met een vrouw, en hij wilde Amber het liefst haar spijkerbroek van haar lijf rukken en haar hier ter plekke op de harde houten vloer neuken. Maar toen zijn hand naar haar riem ging, hield ze hem tegen.

'Rustig aan. We hebben geen haast.'

Russell keek geïrriteerd naar haar op. Maar Amber glimlachte en zei: 'We hebben de hele nacht…'

Ze maakte zich van hem los en ging op haar knieën voor hem zitten. Hij boog zich naar voren, wilde haar kussen, maar ze legde een hand tegen zijn borst.

'Ik eerst.'

Hij had zin om haar te negeren, om zich aan haar op te dringen, maar iets weerhield hem daarvan. Misschien had ze gelijk, misschien was het inderdaad beter als hij het rustig aan deed.

'Ogen dicht,' ging ze verder.

'Sorry?'

'Ogen dicht. Ik heb een verrassing voor je.'

Russell deed het. Hij was benieuwd. Amber kwam naar voren, ging met een vinger door zijn haar, greep zijn dikke krullen vast en stak haar vrije hand toen in haar tas. Russell ademde oppervlakkig, zijn mond voelde klam, zijn opwinding bereikte het kookpunt. Amber keek glimlachend naar hem en trok toen met een gemene ruk zijn hoofd naar achteren en haalde een keukenmes langs zijn keel. Het mes kwam tot diep in een ader en het bloed spoot met een akelige boog door de lucht. Russell zakte in elkaar en viel naar adem happend op de grond. Hij kreeg geen adem, zijn zicht was wazig, zijn hart ging tekeer. Terwijl hij daar in een plas bloed op de grond lag, stak hij zijn arm naar Amber uit om haar om hulp te vragen, maar in plaats daarvan ging ze staan en torende ze met het mes in haar hand boven hem uit, met een blik van onverholen haat in haar ogen.

'Kom ik je niet bekend voor, Andrew?' vroeg ze.

Hij schrok zich dood toen hij zijn echte naam hoorde, en nu, zelfs in deze hachelijke toestand, bespeurde hij iets bekends op haar demonische gezicht, voelde hij heel vaag iets van herkenning. Maar voor hij deze gedachte volledig kon verwerken, sloeg Amber hard toe. Ze liet zich op haar knieën vallen en stak het mes zo in zijn rechteroogkas.

40

Ze sloeg de voordeur dicht, deed de ketting erop en bukte zich toen om de post op te rapen. Olivia kwam te snel overeind en voelde zich opeens duizelig en wankel. Ze was hondsmoe, had op de kerstborrel te veel gedronken, in een ijdele poging haar zorgen te overstemmen, en had er nu spijt van. Ze was nu al wanhopig, leeg en eenzaam. Hoe zou ze zich morgen dan voelen, met een verschrikkelijke kater?
Ze gooide haar tas neer en bekeek de post. Een heleboel reclame, waarin van alles werd aangeprezen, van pizza's tot klusjesmannen, maar tussen alle troep zaten ook een paar kerstkaarten. Olivia vrolijkte er even door op, scheurde de eerste open, maar hield het al snel voor gezien toen ze doorhad dat het een onpersoonlijk schrijven van de plaatselijke meubelzaak was. De tweede dan maar, die zag er veelbelovender uit. Olivia maakte hem snel open, benieuwd van wie hij was. De boodschap was kort en bondig.
'Fijne kerst, van mama.'
Olivia grinnikte grimmig. Typisch iets voor haar. Er was geen energie aan besteed, geen genegenheid aan te pas gekomen en er werd al helemaal niet over liefde gerept. Er was namelijk nooit over liefde gerept, want haar moeder had haar in de loop der jaren maar al te vaak laten weten dat ze erg teleurgesteld was dat ze

geen zoon had gekregen. Olivia schudde haar hoofd, draaide de kaart om om te kijken wat erop stond en barstte meteen in schor gelach uit. Het was een plaatje van Maria met kind, een engelachtige beeltenis van allesverterende moederliefde. Om te gillen, en precies in de roos, gezien Olivia's toestand. Ze vond het zo'n kosmische klotezooi dat ze het plotseling uitbulderde van het lachen. Ze vond het ongelooflijk, ongelooflijk gráppig, dat haar moeder, die ellendige, liefdeloze moeder, uitgerekend deze kaart had uitgekozen om haar met kerst te sturen. Wat gebrúíkte die vrouw? Had ze dan geen geheugen? Geen geweten?

Olivia leunde zwaar tegen de muur en kon alleen maar lachen, wild, uitzinnig lachen – haar hele lichaam schokte ervan. Eén grote grap was het. Haar leven was één grote grap. Een verdrietige, zielige grap. Toen zwakten de lachsalvo's langzaam maar zeker af en maakten plaats voor diepe snikken, waartussen ze naar adem hapte. In een flits sloeg haar manische vrolijkheid om in smart, en met de beledigende kaart in haar hand geklemd liet Olivia zich langs de muur omlaagglijden en huilde zittend op het tapijt de ogen uit haar hoofd.

DAG 3

41

Ze stak de sleutel voorzichtig in het slot en luisterde toen ze de voordeur opendeed goed of ze iets hoorde. Olivia, die hondsmoe was, was blij dat haar komst onopgemerkt was gebleven en trok de deur achter zich dicht. Binnen was het doodstil. Aan de ene kant was dat geruststellend. Als Jack niet wist dat zij binnen was, had hij geen tijd om eventuele verboden middelen, niet-goedgekeurde apparaten of ander bewijs van het overtreden van de regels te verstoppen. Aan de andere kant betekende die oorverdovende stilte in huis waarschijnlijk dat hij nog in bed lag en dat hij wederom het risico liep te laat op zijn werk te komen. Olivia schudde geërgerd haar hoofd en liep naar de slaapkamer. Hoe vaak moest ze het die jongen nog aan zijn verstand brengen?

Ze deed de deur met een ruk open en liep naar binnen. De sluimerende gestalte, voor de helft door een dekbed van Arsenal aan het zicht onttrokken, schoot geschrokken overeind.

'Jezus, wat heeft dit...' vroeg Jack boos toen hij doorhad wie de indringer was.

Hij pakte snel een handdoek en sloeg die om zichzelf heen om zijn krappe boxershort te verbergen.

'Dit is mijn kamer, daar kunt u niet zomaar onaangekondigd binnen komen stormen.'

'Dat kan ik wel. Ik heb tegen je gezegd dat ik op een willekeurig moment een drugs- en alcoholtest kon komen doen, en vandaag is het zover.'

'O jezus...'

'Bovendien kom je zo te laat op je werk. De taxi staat over tien minuten voor de deur en je bent bij lange na nog niet klaar. Trek iets aan, dan doen we die tests en kun je weg.'

Jack staarde haar vijandig en weerspannig aan.

'Kom, hup hup...' spoorde ze hem aan.

'Ga mijn kamer dan uit.'

'Sorry, dat mag niet. Regels zijn regels.'

Jack trok pruttelend de rest van zijn kleren aan en spoot toen een obscene hoeveelheid Lynx Africa op. Olivia loodste hem kokhalzend de kamer uit.

'Mag ik eerst mijn tanden poetsen? Ik eet op de bouwplaats wel iets.'

'Dat mag, maar ik moet met je mee naar de badkamer, en bovendien heb je er toch niets aan. Het ruikt op je kamer naar een regelrechte brouwerij, en ik heb wel een vermoeden hoe dat komt. Dus misschien kun je beter eerst iets eten en daarna je tanden poetsen?'

Jack liep met een boos gezicht langs haar heen de keuken in en liet een glas ijskoud water vollopen.

'Wat heb je gebruikt?' vroeg ze kwaad, terwijl ze achter hem aan liep.

'U bent niet goed wijs. Ik heb een rustige avond gehad, zoals u had gezegd.'

'Dan vind je het vast niet erg als ik mijn stem verhef,' zei ze, en ze schroefde haar volume op tot ze bijna tegen hem stond te schreeuwen.

'Oké, oké, doe even rustig, ja?'

'Wat heb je gebruikt?'

'Een paar blikjes cider, meer niet. Om een beetje rustig te worden...'
'Meer niet?'
'Nee.'
'Drugs?'
Hij schudde zijn hoofd, maar keek haar niet aan.
'Kijk me aan, Jack.'
'Ik zweer het, dat was alles, een beetje drank, niks bijzonders.'
'Dus jij vindt het niks bijzonders dat je de regels overtreedt? Voor dit soort overtredingen kan ik je laten opsluiten. Heb je daar soms zin in?'
'Doe niet zo raar!'
'Hou je dan ook aan de regels. Je bent met proefverlof, vergeet dat niet. En haal het niet in je hoofd om nog een keer tegen me te liegen. Daar heb ik de tijd en het geduld niet voor.'
'Maar u moedigt me aan om te liegen,' wierp Jack woedend tegen. 'U zegt elke dag dat ik moet liegen – over wie ik ben, over waar ik vandaan kom. Hoe moet ik dan weten wanneer ik wel en wanneer ik niet moet liegen?'
'Tegen alle andere mensen vertel je over je nieuwe identiteit,' antwoordde Olivia ferm. 'Maar tegen mij ben je altijd open en eerlijk. Zo werkt het.'
Jack liet zich schouderophalend op een stoel vallen, plukte een beetje aan een witte boterham en trok er stukjes af die hij vervolgens opat.
'Luister, ik begrijp best dat het heel moeilijk is,' ging Olivia verder, terwijl ze een zachtere toon probeerde aan te slaan. 'Dat je je de hele dag als iemand anders moet voordoen. Maar dat wordt na verloop van tijd gemakkelijker, een tweede natuur, zodat je niet eens meer weet dat je het doet.'
'U hebt makkelijk praten, maar ik doe het de hele dag in mijn broek, en dan zit ik hier 's avonds in mijn eentje. Ik... ik word

helemaal knetter. Ik heb niks te doen, niemand om mee te praten. Ik haat het echt, ik kan er niet tegen om alleen te zijn...'
Een golf zelfhaat, miserabele eenzaamheid, die hij snel de kop indrukte, waarna hij opstond om zijn glas nog eens te vullen. Olivia keek aandachtig naar hem en reageerde er toen vriendelijk op.
'Dat weet ik, en ik voel met je mee, maar hier zul je het toch mee moeten doen. Betere kaarten krijg je niet, dus je moet echt proberen om er een succes van te maken. Er is namelijk geen alternatief.'
Jack zei niets en staarde in de gootsteen.
'Met het oog op de gebeurtenissen van de laatste dagen is het nog belangrijker dat je je houdt aan de regels die wij je hebben gegeven. Je beste verdediging, je beste kans in het leven is om echt Jack Walker te wórden. Als je dat doet, geef ik je op een briefje dat alles goed komt. Jack, alsjeblieft, voor je eigen bestwil en de mijne: hou je aan de regels en word de man die je kunt zijn.'
Ze deed heel erg haar best om positief over te komen, en eindelijk kreeg ze een reactie in de vorm van een schouderophalen. Dat werd tijd ook, want Olivia wist dat de taxi er elk moment kon zijn.
'Goed, dan doen we nu even die tests en dan kun je daarna naar je werk, oké?'
Jack stemde schoorvoetend in met een ademtest – kantje boord, maar gelukkig niet te hoog – en leverde wat urine in, maar maakte wel de hele tijd bezwaar dat ze hem in de gaten hield. Toen de formaliteiten waren afgehandeld, stuurde Olivia hem naar de badkamer om zijn tanden te poetsen, en toen liep ze de keuken in, trok haar latex handschoenen uit en gooide ze in de vuilnisbak. Daarin lagen, weggezakt in het plakkerige zwarte plastic, acht lege blikjes Diamond White. Ontdaan dat Jack zo

zwak en stom kon zijn pakte ze de zak, trok hem uit de vuilnisbak en liep ermee naar de achterdeur. Ze had al tientallen keren tegen cliënten staan preken om hun hun verantwoordelijkheden in te prenten, maar drong het eigenlijk ooit wel tot hen door? Begrepen ze wel in wat voor hachelijke positie ze verkeerden? Hadden ze niet door wat voor prachtige kans ze hadden gekregen? Tegen alle verwachtingen in hadden deze misdadigers verlossing, geluk en hoop op een dienblaadje aangereikt gekregen, maar Jack leek, net als vele anderen, deze ontsnappingsroute per se te willen saboteren, leek zijn laatste kans te willen verspelen. Het was voorspelbaar én om somber van te worden. Olivia trok de achterdeur met een ruk open en liep chagrijnig naar de vuilnisbakken.
Soms wist ze zeker dat deze mensen gedood wílden worden.

42

'Geen fijne aanblik, hè?'
Chandra Dabral wendde zich van het stoffelijk overschot af en zag een man in een slechtzittend pak op haar afkomen. Hij stak haar een zweterige hand toe. 'Bill Jones. Ik ben van de recherche.' Hij zette zijn borst erbij op, verheugd dat hij zo'n belangrijke moordzaak toebedeeld had gekregen.

'Normaal gesproken zou ik nooit een andere agent mijn plaats delict laten betreden...'

Dat 'mijn' viel Chandra meteen op, maar ze zei er niets over.

'... maar van hogerhand is me verteld dat deze zaak voor u van belang is, dus vandaar...'

Het was een zeer beladen ontvangst. Misschien mocht hij haar niet omdat ze zo snel carrière maakte. Misschien had hij een hekel aan haar omdat ze een vrouw was, omdat ze Aziatisch was, of allebei. Het interesseerde haar hoe dan ook niet; ze had alleen maar oog voor deze meest recente, choquerende ontwikkeling in háár onderzoek.

Ze kwam meteen ter zake. 'Wie heeft hem gevonden?'

'Zijn reclasseringsambtenaar, Isaac Green,' zei Jones, en hij snufte er luidruchtig bij. 'Ga vooral even met hem babbelen, zodra hij zijn officiële verklaring heeft afgelegd... maar het komt er eigenlijk op neer dat hij vanochtend vroeg bij zijn

cliënt ging kijken en hem toen zo heeft aangetroffen.'
Chandra vermande zich en draaide zich weer om naar het lichaam. De vijfendertigjarige man lag naakt en bevuild in een grote plas gestold bloed. Zijn rechteroog was door een brute klap verwoest, zijn rechterwang was helemaal blauw en zat onder de bloedspetters, zijn keel hing open en door de loshangende huidflap was zijn doorgesneden luchtpijp te zien.

'Echte naam Andrew Baynes, hoewel hij de afgelopen achttien jaar als Russell Morgan door het leven is gegaan. Wraak wordt dus inderdaad het best koud opgediend...'

'Dat soort speculaties zou ik maar tot een minimum beperken, als ik u was,' antwoordde Chandra bits. 'Vooralsnog is er geen concrete link tussen deze aanval en wat er in Bolton is gebeurd.'

'Wel een beetje toevallig, niet?' Jones grijnsde er veelbetekenend bij. 'Gezien de geschiedenis van deze vent. "De Kannibaal Killer"...'

Jones articuleerde nadrukkelijk en genoot van het theatrale effect. Chandra had zin om hem een veeg uit de pan te geven – het idee dat iemand plezier beleefde aan dit wrede misdrijf stuitte haar tegen de borst – maar hield haar mond. Jones kwam op stoom en vertelde uitgebreid wat voor misdrijven Baynes allemaal had gepleegd, maar dat wist Chandra zelf ook wel. De moord op de veertienjarige Alice Rose was groot nieuws geweest. De aan drugs verslaafde jongen was pas vijftien jaar oud geweest toen hij, geobsedeerd door occulte zaken, zijn vriendinnetje in spe had meegelokt naar een afgelegen bos in Bedfordshire, waar hij haar de keel had doorgesneden, haar drieënveertig messteken had toegebracht, toen van haar bloed had gedronken en een poging had gedaan haar vlees te eten. Net als bij Kyle Peters had de uiteindelijke vrijlating van Andrew Baynes in de media veel tumult veroorzaakt, maar in de loop der jaren was zijn zaak bij het publiek naar de achtergrond verdwenen. Nu zouden de voorpagina's er weer vol mee staan, en zou de zaak met name in verband worden gebracht met de recente moord in Bolton. Het waren ongetwijfeld andere belagers geweest, waarschijnlijk hadden ze zelfs niets met elkaar te maken, maar de aanloop ernaartoe was hetzelfde. Op de een of andere manier werden deze voormalig misdadigers om onbekende redenen ontmaskerd en verraden, met de dood tot gevolg. Deze conclusie was onvermijdelijk, ook al was Chandra daarover net tegen de man uitgevaren, en dat betekende dat haar leven, en dat van haar team, zojuist nog veel moeilijker was geworden.

'Ja, dit wordt een grote zaak,' voegde Jones eraan toe, alsof hij haar gedachten kon raden. 'Zo'n zaak die maar eens in de tien jaar voorbijkomt, dus ik ga er meteen mee aan de slag. Het lijkt me omwille van de helderheid het best als we niet bekendmaken dat jullie er ook bij betrokken zijn. Het publiek moet niet in verwarring worden gebracht met een ander groot lopend moordonderzoek, dus misschien zou u, als u hier klaar bent, via de achteruitgang willen vertrekken?'

Jones liep al naar de deur; vermoedelijk bereidde hij zich voor op zijn eerste mediaoptreden, maar Chandra liet hem zonder verder iets te zeggen gaan, want al haar aandacht was op het lichaam gericht. Ze had het niet kunnen geloven toen inspecteur Buckland haar die ochtend had gebeld met het bericht dat Andrew Baynes was vermoord. De ontwikkelingen gingen haar nu veel te snel, maar vielen niet meer te ontkennen. Wat aanvankelijk een opzichzelfstaand geval van verraad en wraak in Bolton was geweest, ontwikkelde zich nu snel tot een nationale noodsituatie, een samenzwering die de geloofwaardigheid van het volledige strafrechtsysteem ondermijnde, om nog maar te zwijgen van de orde- en wetshandhaving zelf. Er was nog niets duidelijk over de oorzaak van dit rampzalige falen van de beveiliging, maar de aanvallen zelf waren duidelijk door persoonlijke motieven gedreven en vormden een buitensporige en gerichte vergeldingsactie. De moordenaar van Baynes was duidelijk de nodige tijd bij het stoffelijk overschot gebleven en had talloze steekwonden op zijn verwoeste bovenlichaam aangebracht, in een langdurige en vastberaden aanval. Voor Chandra was de boodschap die hier werd overgebracht glashelder.

Andrew Baynes was eindelijk door zijn verleden ingehaald.

43

Emily liep in straf tempo de straat in. Ze was in opperbeste stemming en genoot nog na van een heerlijke avond met Sam en liep over van dankbaarheid voor haar geluk. De afgelopen paar dagen waren akelig en verontrustend geweest, maar nu leek alles weer goed te gaan. De herinnering aan haar bezoek aan Bridgend vervaagde, er waren geen ontwikkelingen rond de tragische gebeurtenis in Bolton, en Sam en zij waren weer goed met elkaar, en dat was het voornaamste. Hun ruzie kwam haar nu heel onnozel voor, en haar poging om haar zoon van zijn identiteit en seksualiteit weg te duwen heel onhandig. Ze had zelf misschien een ellendige jeugd gehad, zonder grenzen, normen en waarden of iets van eigenwaarde, maar dat gold niet voor haar zoon. Toen Emily hem die ochtend naar school had zien lopen, kletsend en grappen makend met zijn vrienden, had ze een heuse golf van trots en hoop gevoeld.

Het leven stond haar echter zelden toe echt van dit soort geluksmomenten te genieten. Ze had er altijd voor gezorgd dat ze veel te doen had, op het bescheiden accountancybureau waar ze inmiddels al tien jaar werkte, door extra verantwoordelijkheden en leidinggevende taken op zich te nemen, te zorgen dat er geen seconde werd verspild, dat ze zich altijd nuttig maakte, het bedrijf met talloze kleine dingen hielp. Ze werd nooit volledig beloond voor haar ijver en toewijding, maar dat had haar nooit echt dwarsgezeten. Ze vond het fijn om te geven, om anderen te helpen, om echte voldoening te putten uit het feit dat ze er dag in dag uit voor zorgde dat alles soepel en efficiënt verliep.

Op tijd komen vond ze nog steeds lastig, dus moest ze zich nu wederom haasten. Ze had er nu spijt van dat ze haar auto zo ver van huis had neergezet; meestal kon ze zo vanaf de voordeur achter het stuur stappen. Maar die dag moest ze zo ongeveer over de smalle stoep rennen, zoals altijd beladen met tassen vol dossiers. Ze kreeg het warm en raakte bezweet, maar ze liet haar stemming er niet door bederven, want ze wist best dat je dat soort kleine probleempjes moest weglachen, dat je die moest zien als onderdeel van een gelukkig, normaal leven.

Ze liep door, jongleerde met wisselend succes met al haar tassen, waarbij één grote tas nu van haar schouder gleed, zodat er een paar mappen op straat vielen. Ze bukte zich zuchtend om ze op te rapen en liep door. Maar toen zag ze iets. Een auto die eerst langzamer ging rijden en toen weer sneller, blijkbaar om gelijke tred met haar te houden. Eerst hoorde ze het, de motor die afzwakte en toen weer loeide, en daarna zag ze hem uit haar ooghoek, een donker gevaarte dat haar volgde. Emily schoot meteen in de alarmstand, maar hield zichzelf voor dat ze niet paranoïde moest doen. Ze ging sneller lopen en in haar haast om bij haar auto te komen begon ze een beetje te hollen. Even verderop kwam een bestelbusje van Morrison's aanrijden, en daar maakte Emily gebruik van: ze tuurde of ze de weerspiegeling van de auto die haar volgde in de voorruit van het busje kon zien. Toen het supermarktbusje haar passeerde, keek ze snel naar de auto achter zich en meteen sloeg haar hart een slag over. Het was een donkergrijze Audi.

Emily liep snel door – nu nog maar dertig meter, dan was ze bij haar auto. De auto die haar volgde hield haar tempo aan en bleef vlak achter haar. Ze waagde het om even om te kijken, registreerde het 073-nummerbord, en draaide zich toen snel weer om. Het móést dezelfde auto zijn, het toeval was te groot. Maar wat moest ze doen? Moest ze naar haar auto rennen en wegscheuren? Moest ze haar reclasseringsambtenaar bellen? Nee, dat was paniek zaaien, dat zou als te extreem overkomen, want misschien vergiste ze zich wel. Misschien was ze door de recente gebeurtenissen wel uit haar evenwicht gebracht. Maar wat dan?

Emily was bij haar auto aangekomen, drukte op de sleutel en maakte zich klaar om uit het zicht te verdwijnen, om zich voor haar mysterieuze achtervolger te verstoppen. Maar toen ze het portier opentrok, hield ze om de een of andere reden toch even in. Dit sloeg nergens op, vluchten voor een fantoombestuurder, zonder ook maar enig idee te hebben wie er achter het stuur zat en wat diegene wilde; ze wist niet eens of diegene enig idee had wie zij in werkelijkheid was. Zomaar uit het niets voelde Emily zich opstandig en kwaad worden. Ze had niet al twintig jaar aan een nieuw leven gebouwd om nu doodsbang op de vlucht te slaan. Nee, het was beter om haar angsten onder ogen te zien, om de confrontatie met deze vreemde aanwezigheid aan te gaan dan de rest van de dag allerlei verschrikkelijke scenario's te lopen bedenken. Emily gooide haar tassen op de stoel van de bijrijder, draaide zich plotseling om en liep naar de weg, recht op de talmende Audi af.

De bestuurde reageerde onmiddellijk en zette de auto stil, hoewel er verder geen verkeer was. Emily liep wantrouwig door, nog maar een meter of vijftien tot ze bij de auto was. Door de felle zon was de voorruit nog steeds ondoorzichtig, dus ze rende de rij auto's langs in de hoop een blik door het raam aan de kant van de bestuurder te kunnen werpen. Ze was nu bijna bij haar prooi, nog tien meter, nog vijf...

Plotseling schoot de auto naar voren en denderde vlak langs

haar heen, zodat ze naar opzij viel, tegen een geparkeerde auto aan. Emily probeerde geschrokken in de auto te kijken, vastbesloten om haar achtervolger te ontmaskeren. Nu zag ze hem. Het was maar een vluchtige glimp, hooguit een fractie van een seconde, maar haar adem stokte in haar keel door wat ze zag, en de herkenning was onmiddellijk en bloedstollend.

Het was een gezicht dat ze bijna dertig jaar niet meer in het echt had gezien. Haar oudste broer, Robert.

44

Hij keek ingespannen naar de jongeman die naar het huis toe liep. Mike zat al vanaf negen uur die ochtend in zijn auto, bladerend door een exemplaar van de *Daily Mail*, terwijl hij tegelijkertijd in de gaten hield wie er in het huis aan Meadow Lane 24 naar binnen ging en naar buiten kwam. De krant was handig geweest om de tijd te verdrijven. Het grote schandaal van die dag ging over Jeremy Firth, de directeur van de reclassering, die onder vuur lag; hij was de vorige avond gefotografeerd toen hij dronken en onvast ter been na een kerstborrel van het werk over straat strompelde, ergens in de buurt van St James's Park. Mike was te vooringenomen om hier kwaad over te worden; het artikel bevestigde hooguit alles wat hij al over de reclassering dacht, en hij had snel doorgebladerd naar lichtere kost. Het had hem in elk geval wakker gehouden, terwijl hij de bewegingen in de stille straat in deze buitenwijk in de gaten hield en zo nu en dan, bij een plotselinge opleving van activiteit, even van zijn krant opkeek.

Om half tien was de postbode voor de deur van Courtneys huis verschenen. De man had vergeefs aangebeld en aangeklopt, had het grote pakket geërgerd weer opgeborgen en was verdergegaan. Veertig minuten later was deze koerier op het toneel verschenen. Hij had zijn aftandse Movano met een zwenkende beweging op de stoep gezet en was snel naar de voordeur gelopen. Hierop volgden dertig seconden van aanhoudend bellen, waarna ook deze man het opgaf, een foto van het artikel maakte en het achter de vuilnisbakken smeet. Nu liep hij terug naar zijn bestelbus, in gedachten al bij zijn volgende adres. Maar Mikes aandacht was strak op het rijtjeshuis gericht – een huis waarvan hij nu zeker wist dat er niemand was.

Mike wachtte tot de koerier was weggereden en keek links en rechts de straat in. De ochtendspits was voorbij, zowel ouders als werknemers waren vertrokken, dus de straat was zo goed als verlaten. Mike pakte een weekendtas van de achterbank en wilde net het portier openmaken toen tot zijn schrik op het dashboard zijn telefoon luid zoemde. Hij wachtte even en keek wie het was. De moed zonk hem in de schoenen. Alweer Simon. Zijn chef had al een snibbige boodschap ingesproken waarin hij vroeg wanneer Mike dácht te verschijnen, maar Mike vermoedde dat hij deze keer aanzienlijk minder beleefd zou zijn. Hij had in de tussentijd een of ander smoesje moeten verzinnen – in allerijl naar de eerste hulp, een ziek familielid – maar daar was het nu te laat voor. Nu moest hij een klus klaren.

Mike stapte uit, stak snel over en beende, amper zonder vaart te minderen, de voortuin van Courtney Turner in, waarna hij scherp rechts afsloeg om via de toegang opzij van haar huis naar binnen te glippen. De metalen poort die de toegang ooit had versperd, was roestig en zwaaide vermoeid heen en weer aan beschadigde scharnieren. Mike wurmde zich erlangs en verdween uit het zicht. Hij had een jas aan die hij in een kringloopwinkel had gekocht, en een honkbalpet op die hij diep over zijn ogen had getrokken, maar hij wilde toch voortmaken.

Hij liep gebukt snel het gangetje door en keek waar hij eventueel naar binnen kon. Er was tot zijn teleurstelling geen zijdeur, maar halverwege de muur vond hij wel een raam van melkglas, dat waarschijnlijk een wc of badkamer op de begane grond aan het zicht moest onttrekken. Mike bleef er even bij staan en ging met een gehandschoende hand langs het verwaarloosde gele kozijn. Deze dubbele beglazing was ooit ongetwijfeld het nieuwste van het nieuwste geweest, geprezen om haar duurzaamheid en veiligheid, maar het raam was inmiddels oud en niet onderhouden, zodat de rubberprofielen slap waren geworden en de kunststof scharnieren loszaten. Mike glimlachte in zichzelf, deed stil de rits van zijn weekendtas open en haalde er een hamer en een beitelmes uit. Hij wrikte het mes onder het rubber, vlak onder het mechaniek van het slot, richtte de hamer en gaf er een harde klap op. De beitel gleed moeiteloos naar voren. Mike had tien jaar als glaszetter gewerkt, en hij was het nog niet verleerd. Hij kon nog steeds blindelings ramen installeren of openbreken. Hij liet de hamer in zijn zak glijden en wrikte het mes nu een, twee, drie keer heen en weer. Bij de derde keer zette hij wat meer kracht, het slot gaf keurig mee en het raam viel open. Hij pakte de rand beet, trok er hard aan en het oude raam ging met een zachte kreun wijd open. Het was duidelijk in jaren niet opengemaakt, en dat kwam hem prima uit. Als hij eenmaal binnen was, kon hij het weer goed dichttrekken, het sluitmechaniek terug op zijn plaats tikken, zodat het eruitzag alsof het nooit was opengemaakt. Als hij slim was, als hij voorzichtig te werk ging, zou er nooit iemand achter komen dat hij hier binnen was geweest.

Hij pakte het kozijn vast, zette één voet op een buitenkraan vlak naast hem en trok zich omhoog. Eerst liet hij zijn ene voet neerkomen, toen de andere, en even later liep hij heel stil een kleine doucheruimte op de begane grond in. Hij bleef meteen staan, luisterde of hij iets hoorde en voelde voor het eerst iets van zenuwen. Hij had lang gewikt en gewogen of hij hier wel heen zou gaan, maar hij had geen keus. Nu hij wist waar Courtney Turner woonde, was wegblijven en gewoon verdergaan met zijn leven geen optie. Dus ook al bonkte zijn hoofd en golfde zijn maag, hij stopte zijn gereedschap weer in de weekendtas, deed voorzichtig de badkamerdeur open, haalde diep adem en liep het huis in.

45

'Sorry.'
Olivia keek op van de vuilnisbak in de keuken en zag Jack schuldbewust in de deuropening staan talmen. Ze deed de vuilniszak erin en kwam overeind.
'We hebben het er later nog wel over, de taxi staat te wachten, dus...'
Ze gebaarde dat hij moest gaan, maar Jack aarzelde nog steeds.
'Het was niet mijn bedoeling om de regels te overtreden, al helemaal niet op de eerste dag. Maar ik voelde me gewoon zo klote. Het komt door dit huis, het is hier zo stil, doodstil. Dat werkt op mijn zenuwen.'
'Dat snap ik en daar heb ik ook over nagedacht. Ik ga kijken of ik iets kan bedenken om te voorkomen dat je dingen doet die niet mogen. Er worden wel eens tweedehands spelcomputers in dit soort huizen uitgedeeld. Lijkt je dat wat, als ik er een voor je zou weten te fiksen?'
Als Olivia iets van blijdschap of enthousiasme verwachtte, kwam ze bedrogen uit. Jack reageerde amper en bleef naar zijn voeten kijken.
'Luister, ik vind echt dat we het hier op een later tijdstip nog eens over moeten hebben. Je loopt het risico te laat te komen op...'

'Ik wil Danny zien.'
'Pardon?'
Olivia wist niet of ze hem wel goed had verstaan.
'Ik wil mijn broertje zien.'
'Dat kan absoluut niet.'
'Waarom niet? Het is kerst, of niet soms? En hij is familie…'
'Neem je me nou in de maling, Jack? Je bent hier nog maar net, je bent net je eerste voorzichtige stapjes in je nieuwe leven aan het zetten, dus waarom zou je dat allemaal op het spel zetten door contact met je familie te zoeken?'
'Omdat ik verder niemand heb.'
Er klonk oprecht gevoel in door, en daar keek Olivia van op. Ze wist dat Danny het enige familielid was over wie Jack ooit iets positiefs had gezegd, maar toch zette dit blijk van emotie haar op het verkeerde been.
'Ik mis ze,' ging Jack verder. 'U hebt toch ook familie? Dan weet u toch wat ik doormaak?'
Olivia ontweek deze uitnodiging om iets over zichzelf te vertellen door te zeggen: 'Luister, ik snap echt dat het moeilijk voor je is, vooral in deze tijd van het jaar, maar je familie… nou ja, die horen bij wie je vroeger was, toch? Als je hen weer ziet, als je je in zo'n lastige situatie begeeft, raak je alleen maar overstuur en het zou je in het slechtste geval in gevaar kunnen brengen.'
'Ik zeg niet dat ik terugga naar Southend. Zo stom ben ik echt niet. We zouden ergens in Londen kunnen afspreken, daar lopen we heus geen gevaar.'
'Maar waarom, Jack? Waarom wil je Danny zien?'
'Omdat ik van hem hou. Omdat hij mijn kleine broertje is. De rest… nou ja, u weet wat voor mensen dat zijn, maar Danny is altijd voor me opgekomen, we waren vrienden. Hij zou me nog steeds komen opzoeken, dat weet ik zeker.'
'Maar wat bereik je ermee als je hem zou zien?'

'Dan zou ik me iets minder alleen voelen. Alsof er toch één iemand op de wereld is die me geen rotzak vindt...'
Olivia deed er het zwijgen toe, geschokt door zijn vurige pleidooi. Er ging woede in schuil, maar ook echte kwetsbaarheid. Dat was een combinatie die je niet zomaar kon wegwuiven.
'U zegt tegen mij dat ik dit tot een succes moet maken,' ging hij verder. 'Dat dit mijn beste kans is, maar ik kan het niet. In elk geval niet in mijn eentje. De mensen daar...'
Hij gebaarde naar het raam, want hij bedoelde de wrede buitenwereld.
'... die haten me als de pest, en hier, nou ja, hier ben ik helemaal alleen. En dat pakt over het algemeen niet al te best uit...'
Olivia schrok van zijn toon, die bitter en duister was, maar ze zei niets.
'Ik word hier helemaal gek in mijn eentje. Ik moet tegen iemand kunnen praten...'
Olivia aarzelde. Ze wist niet goed hoe ze op deze hartenkreet moest reageren. Ze kon bijna niet geloven dat ze het serieus in overweging nam, gezien alles wat er speelde, maar Jack zag eruit alsof hij op instorten stond en ze wist niet hoe dit zou aflopen als ze het hem weigerde. Jack rook haar aarzeling en benutte zijn voorsprong.
'Een half uur. Meer niet. Ik zou in mijn lunchpauze met hem kunnen afspreken, in een pub of in een park.'
'Niet in een park. Uitgesloten.'
'In een pub dan. Midden op de dag zit daar toch niemand. U kunt meekomen, als u wilt. Om te zorgen dat ik geen gekke dingen doe.'
'Ik heb geen tijd om achter jou aan door Londen te banjeren. Maar misschien hoopte je dat al?'
'Hou toch op,' beet Jack boos terug. 'Ik doe een voorstel, maar als u het te druk hebt, is dat uw zaak.'

'Dat kan zijn, maar het lijkt me nog steeds een heel slecht idee,' antwoordde Olivia ferm. 'En ik zou je ten zeerste adviseren om...'

'Maar u kunt me niet tegenhouden, toch?'

Jack was boos en keek haar onheilspellend aan. Het was onverstandig van haar geweest om hem ervan te beschuldigen dat hij haar om de tuin probeerde te leiden, want daarmee had ze het beetje invloed dat ze op hem had verspeeld.

'Eh... nee, maar...'

'U kunt me niet wettelijk verbieden om contact met mijn broer te zoeken en hem te ontmoeten, als we dat maar ver uit de buurt van Southend doen, toch?'

Jack had haar klem, en dat wist hij ook.

'Het wordt actief ontmoedigd, maar nee, ik kan je niet verbieden je broer te zien,' gaf Olivia toe.

'Dat bedoel ik.'

'Maar ik kan je wel privileges ontnemen, je voorwaarden veranderen, alles doen wat ik kan om je het leven zuur te maken.'

'Waar slaat dat in godsnaam op?'

Hij kon elk moment ontploffen, dus Olivia stak haar vinger op om hem het zwijgen op te leggen.

'Dus... als we dit inderdaad gaan doen, dan op mijn manier.'

Dit verbaasde Jack; hij bedaarde en bond meteen in.

'U zegt het maar. U bent de baas.'

'Precies. Goed, we doen het als volgt. Het gebeurt op een locatie die ik uitkies, ergens in het centrum van Londen. Je belt me vlak voor en vlak na jullie ontmoeting, en die duurt niet langer dan een half uur. Je drinkt niet, je gebruikt geen drugs, je koopt of ruilt níéts. Na afloop ga je linea recta terug naar je werk, je praat met niemand, en het allerbelangrijkste: je bent discreet. Heb je dat begrepen?'

Olivia legde het er dik op, sprak hem streng toe, maar was in werkelijkheid van slag en bezorgd. Dit hele plan was waanzin, maar ze had sterk het gevoel dat hij het, als ze weigerde, toch gewoon zou doen en misschien wel terug zou gaan naar Southend. Ze moest deze afspraak met zijn familie in goede banen zien te leiden en dan verder maar hopen dat de broers het niet meer zo goed met elkaar konden vinden als vroeger, dat Jack het niet voor herhaling vatbaar zou vinden.

'Is dat afgesproken?'

'Honderd procent.'

'Goed,' ging Olivia verder, terwijl ze een vertwijfelde blik op haar horloge wierp. 'Dan gaan we hem bellen.'

46

Ze roffelde wild op haar telefoon in en drukte hard op de toetsen. Emily hield één oog op de straat gericht en het andere op het toetsenpaneel, met als resultaat dat ze twee keer het verkeerde nummer intoetste en toen pas de juiste cijfers wist in te voeren. Ze drukte op 'bellen' en hoopte vurig dat hij niet meteen naar de voicemail zou doorschakelen.

Een paar tellen later hoorde ze dat er verbinding werd gelegd en galmde de ringtoon door de auto.

'Neem op, alsjeblieft, neem op…'

Hij ging nog steeds over. Wat was er? Waarom nam ze niet op?

'Hallo, met Marianne Jeffries.'

'Marianne, godzijdank. Met Emily. Emily Lawrence…'

'Is alles goed met je, Emily?' vroeg haar reclasseringsmedewerker bezorgd. 'Wat is er?'

'Ik heb Robert zojuist gezien.'

Aan de andere kant van de lijn viel een stilte. Toen: 'Robert. Je bedoelt…'

'Robert, mijn oudere broer, die me het liefst meteen aan stukken scheurt zodra hij me ziet. Robert Slater…'

Emily's stem beefde, ze was bijna in tranen.

'Hoe zeker weet je dat?'

'Honderd procent zeker. Ik heb hem recht aangekeken.'

'Is hij naar je toe gekomen?' vroeg Marianne, die nu echt bezorgd was.

'Nee, hij zat in een auto, maar hij is pal langs me gereden. Hij is het, geen twijfel mogelijk. Hij volgt me al een paar dagen, dat weet ik zeker.'

Aan de andere kant viel nu een lange stilte.

'Marianne, wat moet ik in godsnaam doen?'

'Waar ben je nu?'

'Onderweg naar de school van Sam.'

'Oké. Haal hem op. Bedenk maar een noodsituatie, verzin een smoes voor hem. Zorg dat je hem uit die school haalt. Ik kom naar je huis, ik haal kleren, toiletartikelen en andere dingen die je nodig hebt op. We zien elkaar bij het Marriott Hotel, Heathrow, vlak na afrit vijf op de M4, oké?'

'Heathrow, Marriott, afslag vijf,' herhaalde Emily gehoorzaam.

'En, Emily, als je identiteit bekend is geworden, dan hebben we geen tijd te verliezen. Doe het rustig, doe het voorzichtig, maar wel nu meteen.'

47

Mike was op van de zenuwen, hij ademde oppervlakkig, maar hij zette door. Hij had nog nooit eerder de wet overtreden, was nog nooit zonder toestemming bij iemand binnen geweest, maar op de een of andere manier móést hij hier zijn, móést hij zien wat voor soort vrouw dit beest was geworden.

De vloerplanken kraakten luid toen hij de gang in liep, en hij bleef stokstijf staan. Zijn hart klopte in zijn keel. Maar het was doodstil in het huis en niemand had gemerkt dat hij had ingebroken. Mike blies langzaam zijn adem uit, zette een paar stappen naar voren en stak zijn hoofd om de keukendeur. Het was er een bende, in de gootsteen lag vuile vaat, op het aanrecht stond een plastic kom met een laag gestolde pap erin, maar niets wat hem weerhield, dus liep hij verder.

Ook in woonkamer zag hij niets bijzonders, dus liep hij de trap op. Hij zette zijn voeten voorzichtig aan de zijkant van de treden neer, om zijn aanwezigheid niet aan te kondigen. Toen hij op de overloop aankwam, overwoog hij waar hij het eerst naartoe zou gaan. Er kwamen vier deuren op uit, en een daarvan stond op een kier, waardoor hij een armoedige badkamer zag. Die liet hij voor wat hij was; hij liep naar links en duwde de eerste deur open die hij tegenkwam. Hierachter lag een mooie ouderslaapkamer, ruim, zonnig, met aan de achterkant een eigen badkamer. Als het huis van iemand was geweest die er wat trotser op was, zou het een fantastische kamer zijn geweest – een hoog plafond, luchtig, mooie negentiende-eeuwse elementen – maar net als in de keuken was het ook in deze kamer een bende. De vloer lag bezaaid met damesondergoed, maar ook met tijdschriften en hier en daar een chipszakje, en dan stond er ook nog een aantal asbakken, boordevol joints. Het was goor, afgeleefd, verwaarloosd, maar te midden van al die verloedering waren ook tekenen van welvaart te zien. Op de ladekast stond trots een paar Air Jordans, naast een overvol sieradenkistje. Daarnaast lag het doosje van een nieuwe iPhone 14, met contract en al. Mike pakte het op, registreerde belangstellend het forse maandbedrag en prentte zich Courtneys telefoonnummer in. Hij legde het contract terug, liep verder en zijn blik dwaalde af naar het nachtkastje, waarop een half opgegeten Galaxy-reep, een haarscrunchie en een pakje condooms lagen.

Mike walgde van de aanblik, de vieze alledaagse rommel van het leven van deze vrouw. Eten, slapen, neuken. Meteen schoot de woede door hem heen – waarom zou Courtney dit soort eenvoudige aardse geneugten mogen smaken, terwijl Jessica dat nooit zou of kon doen? Hij keek naar deze rondslingerende persoonlijke spullen en zijn woede werd met de seconde heviger. Hij had zichzelf voorgehouden dat hij hier alleen uit nieuwsgierigheid was, om te kijken wat voor iemand Courtney tegenwoordig was, maar zijn gedachten dwaalden al af naar duisterder oorden, en hij fantaseerde dat hij de nietsvermoedende jonge vrouw zou opwachten, haar de schrik van haar leven zou bezorgen door tevoorschijn te springen, haar te confronteren, haar aan te vallen...

Plotseling schrok Mike op uit deze macabere dagdroom. Hij hoorde iets, een geluid beneden. Hij luisterde gespannen en zijn hart klopte in zijn keel. Hij hoorde de voordeur dichtgaan, en toen twee stemmen. Twee stemmen, van een man en van een vrouw, kletsend en lachend. Nu was er beweging, het geluid van kreunende vloerplanken, de trap die kraakte. Er liep iemand snel naar boven, met twee treden tegelijk, en diegene kwam steeds dichterbij... Had hij zichzelf op de een of andere manier verraden? Was zijn aanwezigheid opgemerkt? Hij had geen tijd om daarover na te denken, want de voetstappen liepen nu recht op de ouderslaapkamer af. Mike draaide zich in paniek om en precies op het moment dat de deur openging, liep hij de badkamer in. Hij ging achter de deur staan, drukte zich tegen de koude tegelwand en probeerde zich zo goed en zo kwaad als het ging te verschuilen. Zo bleef hij staan, met ingehouden adem, slechts een paar seconden verwijderd van het moment waarop hij zou worden ontdekt.

48

Hij keek zo geschrokken, zo aangeslagen, dat Chandra niet zeker wist of hij haar wel had verstaan.
'Meneer Green? Ik vroeg wanneer u Andrew Baynes voor het laatst hebt gezien?'
De ervaren reclasseringsambtenaar werd plotseling wakker en draaide zich naar Chandra om alsof hij haar voor het eerst zag. Ze zaten in haar oude Mondeo, voor het politiebureau van Croydon. Het was geen ideale ruimte voor een gesprek, maar Chandra dacht dat Green in een informele omgeving misschien wat meer ontspannen zou zijn, en bovendien had ze er geen zin in dat Bill Jones over haar schouder meekeek. En aangezien hun tijd kostbaar was, moest het maar in haar Mondeo.
'Gisteren,' mompelde Green, en hij schudde bedroefd zijn hoofd. 'We zijn een wandelingetje gaan maken in het park.'
'Wat voor indruk maakte hij op u?'
'Hij was zelfverzekerd, zoals altijd. Hij was positief over van alles, hij leek me zelfs gelukkig.'
'Heeft hij nog gezegd dat hij zich zorgen maakte om zijn veiligheid?'
'Nee, helemaal niet. Ik geloof dat ik hem nog nooit eerder zo ontspannen heb meegemaakt.'
'Is u gisteren tijdens uw gesprek iets vreemds opgevallen,

maakt niet uit wat? Iets wat ongebruikelijk of verdacht op u overkwam?'

'Niet echt.'

'En is het normaal dat u élke dag naar hem toe ging?'

Nu zweeg Green even, want de vraag maakte hem zenuwachtig, dus Chandra legde snel uit wat ze bedoelde.

'U had gisteren al een goed en lang gesprek met hem gehad. Wat maakte dan dat u vanochtend vroeg als eerste meteen weer bij hem langsging? Maakte u zich ergens zorgen over?'

'Nee, ik…'

Green aarzelde, alsof hij de juiste woorden probeerde te vinden.

'Gisteren had hij in de loop… in de loop van ons gesprek verteld dat hij iemand had ontmoet – een vrouw – en dat hij gevoelens voor haar had gekregen. Dat verbaasde me, want het was in al die jaren dat we elkaar kennen de eerste keer dat Andrew over zoiets begon.'

'Dus er was wél iets ongebruikelijks aan uw gesprek van gisteren?'

'Ja, dat zou je kunnen zeggen,' gaf Green toe, en hij ging ongemakkelijk iets verzitten. 'Het was beslist geen ontwikkeling waar ik blij mee was. Ik maakte me zorgen om hem, en om haar ook als ik heel eerlijk ben, dus ik wilde ons gesprek voortzetten.'

'Om tegen hem te zeggen dat hij niets met haar moest beginnen?'

'Wellicht. Hoewel het als puntje bij paaltje komt natuurlijk wel zíjn leven is, dus…'

'En dat is de reden waarom u vanochtend bij zijn flat was? Dat is de reden waarom u hem hebt gevonden?'

Green knikte, maar zei niets. Hij staarde somber naar buiten.

'U bent erg geschrokken van zijn dood, hè, Isaac?' merkte Chandra op.

'Is dat gek? U hebt hem toch gezien?'
'Ja.'
'Nou dan...'
'U was zijn belangrijkste contactpersoon bij de reclassering.'
'Zijn enige contactpersoon.'
'Dus jullie waren wel close met elkaar?'
'Zo zou ik het niet willen noemen. Hij was een cliënt. Maar in de loop der tijd leer je iemand kennen, ontwikkel je een routine samen.'
'Dus u mocht hem graag?'
'Dat is iets te sterk uitgedrukt. Ik mocht vooral nooit vergeten, nooit uit het oog verliezen, wat Andrew had gedaan.'
'Dus de misdaden die hij had gepleegd zaten u niet lekker?'
'Natuurlijk niet. Hij heeft een jong meisje in koelen bloede gedood en haar lichaam vervolgens verminkt. Dat was de context van onze relatie, de reden dat we elkaar bleven zien.'
'En als ik het goed begrijp, was u bang dat hij nog steeds gevaarlijk kon zijn?'
'Het loont om in mijn tak van sport voorzichtig te zijn. Luister, wat is hier de bedoeling van? Ik ben al uitgebreid verhoord door inspecteur Jones. Ik heb uit beleefdheid met dit gesprek ingestemd, maar ik zie niet echt in...'
'Ik onderzoek de mogelijkheid dat iemand van de dienst bewust informatie lekt over de verblijfplaats en identiteit van misdadigers die hun straf hebben uitgezeten en aan wie indertijd veel media-aandacht is besteed.'
'En u denkt dat ík daar iets mee te maken heb?'
'We ondervragen iedereen die toegang had tot vertrouwelijke informatie betreffende Andrew Baynes. U was de contactpersoon van zijn begeleidingsteam, de enige die hem regelmatig zag...'
'Dit slaat echt helemaal nergens op. Ik híélp hem.'

Green slingerde de woorden er vol woede en irritatie uit.
'Of ik hem graag mocht of niet doet niet ter zake. Het was mijn taak en ik maakte vorderingen bij hem. Andrew had een goede baan, een leuk appartement, hij was van de drugs af. Hij maakte er wat van, en ik heb hem op dat hele traject begeleid. U hebt het recht niet mij waar dan ook van te beschuldigen.'
'Ik stel u gewoon een paar eenvoudige vragen...'
'Nou, dan bent u bij mij aan het verkeerde adres,' onderbrak Green haar afgemeten. 'Hij had de draad van zijn leven weer opgepakt en greep nieuwe kansen met beide handen aan.'
'Zoals deze vrouw? Die nieuwe vriendin?'
Green haalde geïrriteerd zijn schouders op en deed er het zwijgen toe.
'Kunt u haar voor me beschrijven?' ging Chandra kalm verder.
'Blond, lang. Een lekker wijf, voor zover ik heb begrepen...'
Hij zei het expres om haar op stang te jagen, in de hoop een reactie te krijgen, maar Chandra trapte er niet in.
'We hebben Baynes' digitale voetafdruk moeten bekijken, om te zien of hij berichten had gekregen van een ongebruikelijke afzender – of hij bedreigd was, gewaarschuwd, iets in die trant. We hebben niets gevonden wat daarop duidde, maar dít hebben we wel gevonden. Een foto, gisteravond genomen in Brighton. Van Baynes en een jonge vrouw, zo te zien zijn ze op een soort date. Zou dit zijn nieuwe vriendin kunnen zijn?'
Green pakte Chandra's telefoon van haar aan en bekeek gulzig de foto van Baynes, met een verliefde glimlach op zijn gezicht, met een knappe blonde vrouw voor het reuzenrad van Brighton. Toen betrok ogenblikkelijk zijn gezicht.
'Wat is er, Isaac? Wat heb je gezien?' vroeg Chandra dwingend.
'Dat is haar, ja.'
Hij klonk verbijsterd, bijna sprakeloos.
'Erger nog: ik weet wie ze is.'

49

'Wie denk jij verdomme wel dat je bent?'

Jack keek de woedende voorman aan, maar zei niets.

'Hoezo denk jij dat je hier een uur te laat kunt komen aanzetten zonder dat dat consequenties heeft? Neem je me nou in de zeik?'

'Het kwam door het verkeer,' loog Jack.

'Onzin. Iedereen was er op tijd. Dus jij dacht: ik slaap lekker uit?'

Jack hield zich in en tuurde naar zijn voeten. Wat moest hij in vredesnaam zeggen? De waarheid kon hij niet vertellen, maar het lukte hem niet om even snel een leugen te bedenken. Nu prikte George met een dikke vinger in zijn borst, zodat hij opschrok uit zijn gepieker.

'Als je hier werkt, is uitslapen er niet bij,' legde hij nog maar eens uit. 'Uitrusten is er niet bij. Je werkt hier keihard, 's ochtends, 's middags en 's avonds, je doet wat ik zeg en wanneer ik het zeg. Want als je dat niet doet, is daar het gat van de deur. Begrepen?'

Jack had zin om het uit te schreeuwen. Waarom las iedereen hem altijd de les? Maar hij hield zich in en knikte alleen maar.

'Nou, zeg het dan,' zei de voorman streng. 'Zeg: ja, George, ik begrijp het.'

'Ja, George, ik begrijp het,' mompelde Jack.

'Mooi zo,' ging George verder, die dit wel vermakelijk vond. 'Want ik moet van je op aan kunnen. Ik moet je kunnen vertrouwen. En neem van mij aan dat het nog heel lang gaat duren voor dat zover is, vriend.'

Wie nam hij nou in de maling? Jack was zijn vriend niet. Zou hij nooit worden ook.

'Maar ik weet het goed met je gemaakt. Ik ben bereid je de kans te geven mijn vertrouwen te winnen. Vandaag ga je niet metselen, maar mag je mijn muilezel zijn. Zie je die berg blokken daar?'

Hij wees op een enorme berg grote betonblokken.

'Die heb ik aan de andere kant van de bouwplaats nodig. Cooky moet ze hebben. Je weet wel waar ik bedoel, toch?'

Hij sprak hem expres kleinerend toe, vastbesloten om zijn nieuwste aanwinst te vernederen. Jack zag dat de andere bouwvakkers toekeken en het een leuke vertoning vonden. Weer borrelde zijn woede op.

'Oké, aan de slag jij. Die blokken gaan niet uit zichzelf die kant op.'

George gaf Jack een klopje op het hoofd en liep grinnikend weg. Jack was woedend en had zin om hem terug te sleuren, tegen de grond te slaan en de tanden uit die stomme dikke kop van hem te slaan, maar hij hield zich in. Hij was getergd, verongelijkt en van slag, maar hij had beloofd zijn best te doen, dit nieuwe leven met beide handen aan te pakken, dus slikte hij zijn woede in en begon de betonblokken in een aftandse kruiwagen te laden. Zijn bloed kookte, zijn hoofd tolde, maar hij slaagde er net in zichzelf in toom te houden. Voorlopig.

50

Hij gluurde door de kier van de deur en hij kreeg het met de seconde benauwder. De man in Courtneys slaapkamer was de vent met wie Mike haar in de pub had zien flirten. Hij lag nu op het onopgemaakte bed loom op zijn telefoon te scrollen, zich blijkbaar niet bewust van de indringer die zich twee meter verderop verstopt had.

Mike draaide zich om, veegde het zweet van zijn voorhoofd en dacht na over wat hij moest doen. Het was uitgesloten dat hij ongezien uit de slaapkamer kon wegkomen. Moest hij dan maar gewoon tevoorschijn komen en proberen zich het huis uit te praten? Maar wat moest hij dan in vredesnaam zeggen? Hoe kon hij uitleggen waarom hij hier was? En stel nou dat die vent hem probeerde tegen te houden?

Mike ademde oppervlakkig en hij kon niet helder nadenken, maar nu viel zijn oog op het gebarsten badkamerraam. Zou hij kunnen ontsnappen? Stel dat hij het raam open zou zetten? Kon hij er dan door naar buiten klimmen zonder al die flesjes shampoo op de vensterbank te raken? Kon hij op de grond springen zonder zijn enkel te breken? Mike liep er op zijn tenen naartoe, stap voor voorzichtige stap. In gedachten hoorde hij de houten ondervloer luidruchtig kraken, zijn aanwezigheid verraden en de enorme gestalte in de kamer ernaast aansporen zich op hem te storten. Maar wonder boven wonder wist hij onopgemerkt het raam te bereiken. Heel even was hij dolblij, maar toen hij de hoge vensterbank vastpakte en zich wilde optrekken, verloor hij alle moed. Het vieze raam was geschilderd en vermoedelijk in jaren niet opengemaakt. Hij dacht koortsachtig na. Wat nu? Hij had zijn weekendtas op zijn rug, hij had gereedschap waarmee hij het raam open zou kunnen krijgen. Maar dat kostte hem minstens twintig, dertig minuten, en daarbij zou hij veel te veel lawaai maken om nog onopgemerkt te blijven. Nee, hij zat gevangen in de kleine badkamer. Maar wat betekende dat voor hem? Wat moest hij in godsnaam doen?

Hij hoorde iets in de kamer ernaast en keek op. Er was nog iemand binnengekomen. Mike liep voorzichtig terug naar zijn verstopplaats achter de deur en hoorde Courtney op gedempte toon tegen haar vriend praten. Er volgde een kort gesprekje, gelach, en toen het geluid van het bed, dat kraakte toen ze erbij kwam liggen. Mike geloofde zijn oren niet en schudde ontsteld zwijgend zijn hoofd. De situatie werd met de minuut schrikbarender en onwerkelijker. Courtney Turner bevond zich op dit moment op een paar meter afstand, en lag op het bed in de armen van haar geliefde. Het was tegelijkertijd gestoord, gevaarlijk en ontregelend. Erger nog: het was allemaal zijn schuld.

Stilte in de slaapkamer. Heel even durfde Mike te hopen dat het stel in slaap was gevallen, maar toen hoorde hij een geluid waarvan zijn maag omdraaide. Kussen. Hongerige, vochtige kussen. Mike sloot zijn ogen en draaide zich om. Hij wilde zich er helemaal voor afsluiten. Maar de beweging in de slaapkamer werd steeds intenser, er ruisten lakens, er werden kleren uitgerukt, hij hoorde een riem op de grond vallen. Nu werd het dekbed weggeslagen, en dat gleed op de grond. Toen hoorde hij het – een langzame, zinnelijke kreun van genot. Hij probeerde het buiten te sluiten, maar de geluiden van Courtneys genot vielen niet te ontkennen en werden met de seconde luider.

'Laat het ophouden, laat het ophouden...'

Hij fluisterde het in zichzelf, maar zijn stille smeekbede maakte het alleen maar nog erger, want nu klonk er een zwaar, ritmisch gebonk, doordat de bedstijl met veel kabaal tegen de muur sloeg. De man praatte tegen haar, afgemeten en assertief, en dat leek Courtneys genot alleen maar te verhogen, want haar gekreun werd luider en luider. Heel even dacht Mike dat hij moest overgeven, het geluid van haar vervoering was niet om aan te horen, en van pure ellende drukte hij een vuist in zijn mond. Maar gelukkig kwam er nu een einde aan zijn beproeving, want een paar meter naast hem kwam Courtney luidruchtig klaar.

Mike bleef stokstijf stilstaan, de tortelduifjes hijgden en zuchtten. Het was maanden, jaren geleden dat Mike zelf seks had gehad, en onder andere omstandigheden had hij de hartstocht van iemand anders misschien wel opwindend gevonden. Maar het geluid van Courtneys genot had een volstrekt tegenovergestelde uitwerking op hem. Terwijl hij daar in de badkamer stond te trillen, had hij zin om de boel hier kort en klein te slaan, om de hele wereld in vlammen te laten opgaan. Hij kookte van woede en verbittering en was amper in staat te verwerken wat hij net had gehoord. Het was afschuwelijk, te afschuwelijk voor woorden, en het leek de spot te drijven met zijn verdriet, zijn lijden, zijn verlies. Hoe dúrfde ze. Hoe dúrfde ze zo te genieten.

Hij was buiten zinnen, zijn hart klopte in zijn keel, hij was overmand door emotie en verdriet. Hij kon gewoonweg niet geloven wat hij net had meegemaakt, wat hij had moeten doorstaan, maar besefte tot zijn afgrijzen dat het ergste nog moest komen. Want terwijl hij daar stond te beven en te zieden, hoorde hij beweging: Courtney kwam uit bed en liep over de met rommel bezaaide vloer zo de badkamer in.

51

'Mam, wat is er in godsnaam aan de hand?'
Sam keek zijn moeder aan alsof ze gek was geworden. Ze stonden op de gang van de school, tegenover elkaar, geïsoleerd, maar toch in het oog springend in de stilte die er zo halverwege de ochtend heerste.
'Niets ergs, maar je moet nú meekomen.'
'Maar ik zit midden in een les. En tussen de middag heb ik voetbal…'
'Maak je daar geen zorgen over. Ik heb het geregeld met je docenten en voetbal is er ook nog wel als je terugkomt.'
'Maar waarom moet ik mee? Ik begrijp het niet…'
Zijn verwarring ging gepaard met een groeiend angstgevoel. Emily vond het vreselijk om hem zo bezorgd te zien, terwijl hij in gedachten de verschillende mogelijke noodsituaties afliep.
'Is er iets met papa?'
Emily keek hem aan, maar zei niets. Moest ze het zeggen? Moest ze daarover beginnen?
'Is er iets met hem gebeurd?'
'Niets ernstigs,' loog ze, en ze voelde zich een vreselijke verrader. 'Hij heeft een ongelukje op zijn werk gehad, meer niet. Het komt weer goed, hij is nu in het ziekenhuis, maar het lijkt me verstandig als we meteen bij hem langsgaan.'

'Mag ik hem bellen?' vroeg Sam, en hij haalde zijn telefoon uit zijn tas.

'Nee, nog niet. Hij zei dat hij ons zo snel mogelijk zou bellen.' Emily glimlachte hem bemoedigend toe, maar voelde zich vreselijk schuldig. Het zweet liep over haar rug en haar slapen klopten. Sam leek het te voelen.

'Wat hou je voor me verborgen? Waarom doe je zo raar?' wierp hij haar voor de voeten.

'Ik doe helemaal niet raar.'

'Waarom mag ik papa dan niet bellen? Ik begrijp het niet.'

'De dokter is nu bij hem, daarom. Ik beloof je dat je hem zo kunt spreken.'

'Weet je het zeker?'

Dit was het moment om eerlijk te zijn, om toe te geven dat er met Paul niets aan de hand was, maar dat zíj een probleem had. Maar hoe moest ze dat doen, uitgerekend hier op school? Ze vond het vreselijk dat ze niet eerlijk tegen Sam was over zijn vader, maar wat moest ze anders? Hoe moest ze hem anders zover zien te krijgen dat hij met haar meeging? Sam wist niet beter dan dat haar ouders dood waren en dat ze geen broers of zussen had, dus wie moest ze anders in stelling brengen om uit te leggen waarom ze opeens midden op de dag bij hem op school stond?

'Geloof me nou maar,' hoorde ze zichzelf zeggen. 'Het komt allemaal goed. Maar we moeten wel nú weg.'

Eindelijk gaf Sam zich gewonnen, tot Emily's enorme opluchting. De vertrouwensband die ze hadden, en die in de loop van vele jaren was opgebouwd, kreeg de overhand. Met een geforceerde glimlach pakte ze haar zoon, van wie ze zielsveel hield, bij de arm en trok hem snel mee de gang door. Ze duwde de zware dubbele deur open, en weg waren ze.

52

Zijn handen brandden, zijn benen stribbelden tegen, maar hij was er bijna. Nog een paar meter maar en dan zat zijn taak erop, was zijn marteling voorbij. Jack was bijna de hele ochtend bezig geweest om de honderd en nog wat blokken naar de andere kant van de bouwplaats te verslepen, hij had de grootst mogelijke moeite gehad met het enorme gewicht als de kruiwagen in een groef of een geul bleef steken of andere kleine obstakels tegenkwam. De kruiwagen was meermaals omgevallen, zodat de zware lading op de grond viel en enorme stofwolken deed opdwarrelen. Niemand was hem te hulp geschoten, de andere bouwvakkers hadden hem uitgelachen en naar hem gejoeld terwijl hij zich in het zweet werkte om de grote blokken weer in de kruiwagen te krijgen. Jack had zachtjes verbitterd lopen vloeken, ze allerhande ellende toegewenst, maar was er op de een of andere manier toch in geslaagd zich in te houden, want hij wilde zijn straf zo snel mogelijk achter de rug hebben.

Hij was inmiddels tien keer heen en weer geweest, zijn handen zaten onder de blaren, zijn vingers waren ontveld, zijn voetzolen deden pijn en waren gevoelloos geworden, maar hij was bijna klaar. Dan zou George het toch wel genoeg vinden, een einde maken aan zijn vernedering en hem weer zijn rechtmatige plaats tussen de metselaars teruggeven? Daar putte Jack moed uit, en hij duwde de kruiwagen vooruit en legde de laatste meters naar de aangegroeide berg blokken bijna sprintend af. Hij gooide de laatste lading er met een zwierige beweging naast neer en liet zich toen uitgeput maar opgelucht op zijn knieën zakken.

Zo bleef hij even zitten om hijgend op adem te komen en zich mentaal voor te bereiden op wat hij tegen zijn voorman zou zeggen, hoe hij zijn oprechte spijt en hernieuwde toewijding zou inkleden. Maar voor hij de woorden paraat had, hoorde hij voetstappen aankomen. Hij keek op en zag George Simmons zijn kant op slenteren.

'Klaar is Kees, baas,' zei hij, en hij kwam vermoeid overeind. 'Allemaal verplaatst, zoals u wilde.'

'Goed zo, Jack. Ik ben onder de indruk.'

'Graag gedaan. Maar ik denk eerlijk gezegd dat u meer aan me hebt als ik...'

'Het punt is... ik heb me bedacht.'

Jack keek hem aan en hij schrok van zijn scheve glimlach en van de glinstering in zijn ogen.

'Bij nader inzien heb ik ze vanochtend nodig waar ze eerst lagen. Sorry.'

George draaide zich glimlachend om, maar dat pikte Jack niet. Hij pakte de arm van de voorman beet, zodat hij abrupt bleef staan.

'Wat zijn dit voor geintjes?'

'Blijf van me af, knul.'

Maar Jack was er klaar mee. Hij deed niets meer wat deze leugenaar hem zei.

'U hebt me gevraagd om ze te verplaatsen, dus ik heb ze verplaatst.'

'En nu ga je ze nog een keer verplaatsen, als je tenminste een beetje verstand hebt,' antwoordde de potige voorman, en hij trok Jacks hand van zijn arm.

'Want anders?'
Jack ziedde van woede, en dit was een regelrechte uitdaging. Maar zijn werkgever leek de vraag wel vermakelijk te vinden.
'Zal ik jou een geheimpje verklappen, Jack?' fluisterde hij. 'Ik krijg hier alleen mensen die wanhopig zijn, of misdadigers. Wat van die twee ben jij?'
Jack verbrak onmiddellijk het oogcontact, weg van George' kritische blik.
'Mijn jongens komen allemaal uit achterbuurten, hun leven is naar de kloten, en ze bidden en smeken om nog één laatste kans. Nou, die laatste kans ben ik – de enige kans die ze ooit zullen krijgen. Ze doen wat ik wil, wanneer ik dat wil, en daar zijn ze me dankbaar voor.'
Hij gniffelde en kwam nog dichter naar Jack toe, tot hij pal voor hem stond.
'Het zijn mijn slaven. Net als jij.'
Ze stonden nu bijna neus aan neus, de adem van de voorman rook duidelijk naar verschaalde whisky.
'Ben je er klaar voor, Jack? Ben je er klaar voor om mijn slaaf te worden?'
Hij glimlachte en ontblootte daarbij een afschuwelijke rij gele tanden. George genoot met volle teugen van zijn macht, van zijn overheersing... maar nu had hij toch de verkeerde voor zich. Jack ramde zijn knie een, twee, drie keer in George' kruis. Dat had de voorman niet zien aankomen, en hij zakte onder woedend gekreun op zijn knieën. Jack had zin om nog even door te gaan, hem neer te slaan, op de dikke kop van die klootzak in te rammen. Maar hij hield zich in, slaagde erin zich los te rukken, waarna hij zijn reflecterende jack uittrok en op de grond gooide. Toen beende hij kwaad in de richting van het toegangshek.
Jack zag hoe geschrokken de andere bouwvakkers keken, hij

hoorde de gevloerde voorman vloeken dat het een aard had, maar hij liep door, zonder ook maar één keer om te kijken. Hij had deze kans gekregen, een nieuw begin, en hij had 'm verpest. Het was einde verhaal.

53

Zijn benen deden pijn, zijn spieren brandden, maar hij durfde zich niet te bewegen en bleef roerloos staan. Toen Courtney de badkamer binnen was gekomen, had Mike in een fractie van een seconde een besluit genomen en was hij in de gebarsten badkuip gaan zitten en had het douchegordijn voor zich dichtgeschoven. Het was een dun goedkoop geval, in een heel lelijke abrikooskleur, maar toch net genoeg om hem aan het oog te onttrekken toen Courtney binnenkwam, de wc-bril omlaagdeed en ging zitten.

Elk moment kon de ramp zich nu voltrekken. Het dunne gordijn had voorkomen dat hij meteen was ontdekt, maar hij wist ook wel dat zijn forse silhouet onmiddellijk te zien zou zijn als – wannéér – Courtney zijn kant op keek. Dat wist hij zeker, doordat hij háár gestalte kon zien, zoals ze daar voor hem zat te plassen. Deze dag, die met een heel slecht besluit was begonnen, ontwikkelde zich razendsnel tot een regelrechte nachtmerrie. Mike had zich laten verrassen, kon geen kant op, had mee moeten luisteren hoe die twee beesten seks met elkaar hadden en nu zat hij verscholen in een groezelig bad te luisteren hoe Courtney zich afveegde. Opnieuw sloeg de misselijkheid over Mike heen, maar hij wist te voorkomen dat hij moest overgeven. Ook als hij erin slaagde om hier ongeschonden weg te komen, kon hem god weet wat allemaal in de schoenen worden geschoven: huisvredebreuk, inbraak, stalken. Je vroeg je af hoe hij in vredesnaam zo stom had kunnen zijn, maar er zat nu niets anders op dan te wachten tot het voorbij was, dus bleef hij doodstil achter zijn iele beschutting staan en rook hij de vreemde geur van parfum en marihuana waarmee het kleine vertrek zich vulde.

Courtney stond op, trok door en draaide zich om om haar handen te wassen. Een paar tellen later was ze weg, terug naar de slaapkamer. Mike slaakte langzaam een zucht van verlichting, zoog toen eindelijk de nodige zuurstof in zich op, ging een beetje anders staan en liet zijn pijnlijke schouders ronddraaien. Courtney liep ondertussen snel terug naar haar bed. Mike spitste zijn oren, hoorde haar op dringende toon fluisteren en dacht dat haar potige vriend elk moment de badkamer binnen kon stormen. Maar tot zijn enorme opluchting viel hun gesprek al snel stil, waarna het plaatsmaakte voor zacht gesnurk. Mike kon het bijna niet geloven; eindelijk leken zijn kansen te keren. Hij bleef nog wel even staan en liet een, twee, drie minuten verstrijken.

Nu hoorde hij twee snurkgeluiden, een laag en diep gesnurk en een licht en zacht gesnurk. Hij wist dat hij in actie moest komen, dat dit zijn enige kans was om hier weg te kunnen, en hij deed het gordijn voorzichtig opzij en stapte op het zeil. Het droeg zijn gewicht bijna zonder te protesteren, dus liep hij snel naar de deur. Daar bleef hij opnieuw even staan en gluurde door de kier, bang dat hij zich had vergist, dat hij zijn hand had overspeeld. Maar de geliefden lagen in elkaars armen en sliepen inderdaad als een roos. Dus het was nu of nooit. Hij moest maken dat hij wegkwam.

Mike pakte de weekendtas stevig beet, liep op zijn tenen de badkamer uit en rustig de kamer door. De vloer lag bezaaid met troep, maar al snel stond hij aan het hoofdeinde van het bed. Hij bevond zich nu hooguit een meter van de deur en als hij die wist te bereiken, wist hij zeker dat hij ongedeerd het huis zou kunnen verlaten, ook al zouden de bewoners merken dat hij hier was. De ontsnapping was nabij, en dan kon hij deze hele nachtmerrie achter zich laten... Maar toen bleef hij staan en draaide zich om naar het bed. Aanvankelijk wist hij niet waarom hij dat had gedaan, maar op de een of andere manier kón hij niet anders dan even blijven staan, en nu hij op het slapende tweetal neerkeek, begreep hij waarom. Daar lag ze. Courtney Turner, volledig aan hem overgeleverd.

Instinctief ging zijn hand naar de weekendtas. Hij had zijn hamer binnen handbereik. Die zou hij er zo uit kunnen halen, hem tot boven zijn hoofd brengen en dan keihard laten neerkomen. Hij had gedroomd, gefantasééŕd over dit moment, waarop hij al zijn woede, zijn verdriet en zijn pijn zou botvieren op het beest dat Jessica had afgeslacht. Waarom deed hij het niet? Hier en nu? Hij had het niet zo gepland, maar plotseling leek het hem vanzelfsprekend. Niemand had hem zien komen of gaan, dus wie zou kunnen zeggen dat hij hiervoor verantwoordelijk was? Courtney woonde in een achterbuurt, dus hij kon het eruit laten zien alsof het een beroving was geweest. Hij trok de rits open, stak zijn hand in de tas, vond de geruststellende vorm van de hamer. Hij nam hem eruit, woog hem op zijn hand en monsterde zijn slapende slachtoffers.

Wie zou hij als eerste nemen? Alles in hem spoorde hem aan de hamer op Courtneys schedel te laten neerkomen, maar stel dat hij haar alleen maar verwondde, of, erger nog, dat hij haar niet raakte? Dan was haar vriend wakker, en wat dan? Dan kon hij zelf gewond raken of gedood worden. Moest hij die vent dan eerst de hersens inslaan? Maar kon hij er wel van op aan dat hij hem met één klap zou uitschakelen? Of zou hij er meer klappen voor nodig hebben, waardoor Courtney wakker zou worden en tussenbeide zou komen? Kon hij hen echt allebei buiten westen slaan voordat ze hem zouden zien?

Het was natuurlijk gekkenwerk. Het zou hem niet lukken, en trouwens, misschien had iemand zijn auto wel in de straat zien staan en het kenteken genoteerd. Bovendien: hij had zijn telefoon bij zich, en de politie kon vast zien waar hij geweest was. Nee, het zou stom zijn om zoiets overhaasts te doen, maar toch... daar lag ze. Het spook uit zijn nachtmerries, slapend, onbewust, weerloos. Wat maakte het uit wat er met hem zou gebeuren, zolang zij maar niet meer kon leven, liefhebben, lachen. Dat was het enige wat ertoe deed. Echt het enige.

Hij moest stug doorzetten, zijn zenuwen in bedwang houden en doen wat hij moest doen. Mike wist diep in zijn hart dat hij stiekem precies op dit scenario had gehoopt toen hij hier had ingebroken. En nu werd het hem op een presenteerblaadje aangereikt. Onder duister gemompel hief Mike de hamer opnieuw tot boven zijn hoofd. Nu of nooit. Dit was het moment om de nagedachtenis aan Jessica te eren. Om rechtvaardigheid te doen geschieden. Hij keek strak naar Courtney, verzamelde moed en liet de hamer neerkomen.

Toen hij dat deed, klonk er een doordringende schreeuw, waardoor Mike zijn slag halverwege staakte en de hamer vlak voor het beoogde doelwit stil bleef hangen. Aanvankelijk wist hij totaal niet wat er was gebeurd. Courtney had zich niet bewogen, en haar vriend ook niet, dus wie...?

Mike draaide zich vliegensvlug om, want hij dacht dat er iemand in de deuropening zou staan, maar dat was niet zo. Nu klonk er weer een kreet, schril en hoog. Mike draaide zich weer om, nu meer gedesoriënteerd dan ooit, maar toen zag hij het: tussen alle rommel op de grond lag een babyfoon, waarop een rood lampje knipperde. Het was een baby, er huilde een baby. De baby van Courtney?

Het gehuil werd luider. Mike draaide zich om naar het bed om zijn aanval te hervatten, maar nu bewoog de gezette man zich. Courtney bewoog ook, haar oogleden fladderden, en ze draaide zich naar hem toe. Het was nu of nooit, het gevaar werd met de seconde groter, hij moest het nú doen.

Toen Courtneys ogen opengingen, draaide Mike zich om en vluchtte weg. Geluidloos rende hij de kamer uit. Hij liep heel zacht de trap af, deed voorzichtig de voordeur open, ging naar buiten en sloot hem zacht achter zich. Nu liep hij het paadje af en de straat op, eerst gewoon lopend, toen hollend, en op het laatst sprintte hij bang en buiten adem terug naar zijn auto.

Het was een vergissing geweest om hierheen te komen.

54

Het was tijd.
Caitlin Rose deed haar koffer open, pakte hele armen vol kleren en stopte die erin. Ze zag amper wat ze koos, maar was vastbesloten er zo veel mogelijk in te proppen, en zo snel mogelijk. Nu pakte ze haar toilettas, een telefoonlader, een pakje Nurofen en twee paar sneakers, en gooide die er ook in. Toen pakte ze het fotolijstje van de ladekast. Dit deed ze met iets meer beleid: ze wikkelde er een vestje omheen en legde het toen voorzichtig in de koffer. Het was de mooiste foto die ze van Alice, haar lieve kleine zusje, had, en ze was niet bereid die te beschadigen.
Ze trok de rits van de koffer dicht, liep naar het nachtkastje en trok de la met een ruk open. Ze wist dat haar paspoort daarin lag, maar toch was het een opluchting toen ze het ding zag liggen. Ze sloeg het open, controleerde nogmaals of het nog geldig was, dat alles in orde was. Heel even schoot haar blik naar de foto, genomen van haar natuurlijke, onopgesmukte gezicht en haar bekende korte kapsel. Wat zag ze er op die foto anders uit dan wie ze op dit moment was, met haar golvende blonde lokken en zware make-up. Vreemd, zoals dingen uitpakken. De waarheid was dat ze haar korte periode als 'Amber' eigenlijk wel leuk had gevonden: haar alter ego, dat zelfverzekerder en meedogenlozer was. Ze had genoten van de aandacht die ze van mannen had gekregen, van

de vele goedkeurende blikken die ze met haar goudblonde haar en slanke figuur had getrokken. Ze had ook van het bedrog genoten, zoals ze die sadistische hufter moeiteloos had weten wijs te maken dat zij zich tot hém aangetrokken voelde. En ze had genoten van de wraak, van hoe ze het keukenmes in Baynes' oog had gestoken. Ze kon zich nog precies zijn geschrokken blik herinneren, vol afgrijzen, met in een flits het besef, en de herinnering eraan bezorgde haar nog steeds tintelingen van genot.

Maar dat was verleden tijd. Nu moest ze naar luchthaven Luton zien te komen, voordat men erachter kwam dat zij bij de moord betrokken was. Ze wist zeker dat haar dat zou lukken, om de doodeenvoudige reden dat niemand op de hele wereld van haar plannen op de hoogte was geweest. Ze had het allemaal in haar eentje gepland, voorbereid en uitgevoerd, en ze zou allang gevlogen zijn wanneer – áls – men er ooit achter kwam wie de mooie 'Amber' in werkelijkheid was. Baynes had in elk geval geen echte vrienden en zijn familie had hem al lang geleden verstoten, dus met een beetje mazzel duurde het dagen voordat zijn lichaam werd ontdekt, en tegen die tijd zat zij in Zuid-Spanje, misschien zelfs in Noord-Afrika, waar ze onder een valse naam zou genieten van het feit dat ze van de vloek van Andrew Baynes was verlost.

Ze zette de zware koffer met een dreun op de grond en keek nog één keer de kamer rond. Ooit had ze hem met haar oudere zus gedeeld, tot Alice dertien was geworden en had besloten dat ze een eigen kamer wilde. Caitlin had dit een bruut verraad gevonden, maar dat was de enige smet op hun vriendschap, hun liefde. Ze was dol geweest op haar oudere zus, had haar aanbeden, tot aan het moment dat ze mee dat bos in was gelokt. Het hieropvolgende trauma, de hysterie van de media, dat afgrijselijke proces: het was hun niet in de koude kleren gaan zitten, vooral haar moeder niet, maar ze hadden het er allemaal zwaar mee gehad. Caitlin wist dat ze een moeilijk meisje was geworden – grillig, gewelddadig, een gemakkelijke prooi voor wie haar drugs wilde verkopen – maar één element van haar goedheid was overeind gebleven. Haar liefde voor en loyaliteit aan Alice. Die hadden haar gestimuleerd, hadden haar de kracht gegeven om dat onschuldige meisje, dat een verschrikkelijk kwaad was aangedaan, te wreken. Caitlin streek met haar vinger langs de muur en snoof de gelukkige herinneringen van deze kamer in zich op – de gesprekken tot laat op de avond, de schranspartijen midden in de nacht, en natuurlijk het wakker worden op kerstochtend – en sloeg ze op voor de toekomst.

Caitlin pakte haar koffer en sleepte hem de overloop op. Maar terwijl ze dat deed, hoorde ze iets. Het was eerst een vaag geluid, maar het werd allengs luider. Sirenes. Dat kon niet, ze konden haar niet zo snel al op het spoor zijn. Het moest een noodsituatie ergens in de buurt zijn, een brand of een verkeersongeluk. Maar het waren wel erg veel sirenes. Een waar pandemonium zelfs. Caitlin raakte in paniek, liet haar koffer voor wat die was en rende naar de voorkamer. Het geluid van de sirenes was bijna oorverdovend, en door de vitrage zag ze nu een politieauto pal voor het huis stilhouden. Toen nog een, en nog een. Ze hadden haar gevonden.

Caitlin stormde de kamer uit en rende de trap af. Het was uitgesloten dat ze aan de voorkant langs de agenten in uniform zou kunnen komen – ze hoorde al zware voetstappen naar de deur toe dreunen – dus zwaaide ze om de trapleuning heen en rende de keuken in. Ze rende slippend naar de achterdeur, griste de sleutel mee die boven op de magnetron lag, maar liet hem vallen, want ze schrok op van een harde klap achter zich. Ze raapte hem snel op, probeerde hem in het slot te wurmen, maar haar handen beefden.

'Schiet op, schiet op...' zei ze smekend, terwijl de paniek haar naar de keel vloog.

Het gebonk op de voordeur werd luider, maar nu pakte de sleutel eindelijk en gleed hij in het slot. Ze rende over het verwaarloosde gras, was bijna bij de poort aan de achterkant en hoorde toen de voordeur aan diggelen gaan, bezweken onder de politie-aanval. Ze sprintte weg, was binnen een paar tellen bij de poort, wurmde het cijferslot in de juiste stand, rukte het eraf en deed de poort open. Ze liep de steeg in, sloot de poort achter zich, en keek of ze iemand zag. Deze smalle steeg verbond alle huizen aan deze straat met elkaar en kwam uiteindelijk uit op Montgomery Road.

Gelukkig was hier geen politie te bekennen, dus Caitlin rende zo hard ze kon weg over het bestrate steegje, haar redding tegemoet.

Ze had haar kleren, haar toiletspullen en, het allerergst, de foto van Alice achter moeten laten, maar haar paspoort en creditcard had ze nog, en dat was meer dan genoeg. Ze moest nu alleen een plek zien te vinden waar ze zich kon verstoppen, waar ze plannen kon maken, waar ze kon kijken of ze iemand zover wist te krijgen dat hij haar voor een flink geldbedrag naar Ierland, Frankrijk, Noorwegen of waarheen dan ook wilde brengen. Het was gestoord, en beslist niet zoals ze het had gepland, maar beter dan levenslang achter de tralies, dus zette ze flink de pas erin om zo snel mogelijk bij het begin van de doorgang te komen. Ze voelde zich opgewonden, bang en opgetogen tegelijk. Het was kantje boord, maar ze zou weten te ontkomen. Eindelijk zou ze vrij zijn, en wat nog veel belangrijker was: rust hebben.

Maar nu de overwinning binnen handbereik was, gaf het leven haar wederom een klap in het gezicht. Er gleed een politieauto voor het begin van de doorgang, met blauw licht en gillende sirenes, die haar vluchtroute blokkeerde. Caitlin kwam slippend tot stilstand, draaide zich vliegensvlug om en rende naar de andere kant van de doorgang. Ze had echter nog geen vijf stappen gezet of ook die kant werd door een politieauto afgesloten. Aarzelend draaide ze zich naar de eerste auto om, vastbesloten om erop af te stormen en zich uit deze wanhopige situatie te bevrijden.

Maar nu stonden er drie gewapende agenten voor haar, met hun semiautomatische wapens recht op haar borst gericht.

'Politie! We zijn gewapend! Op de grond!'

Ze keek hen geschrokken aan.

'Liggen, nu!' brulde de agent. Zijn vinger jeukte.

Nu deed Caitlin wat haar gezegd werd; ze ging op haar buik op de grond liggen. Ze had haar klus geklaard, ze had gedaan wat ze wilde doen, maar op het allerlaatst was het toch misgegaan. Ze werd van de grond omhooggehesen, gefouilleerd en geboeid. Ze kneep haar ogen samen en riep een beeld op van het enige, de enige, voor wie ze dit alles overhad.

Haar mooie zusje, Alice.

55

'Toe maar, chic de friemel, hoor,' zei Olivia plagerig, terwijl ze haar blik langs het weelderige interieur liet gaan, met de honderden vintage boeken, keurig neergezet in smetteloze eikenhouten boekenkasten.

De Cinnamon Club was vroeger ooit de Westminster Library geweest en had veel van de oorspronkelijke kenmerken behouden, zodat er een verfijnde, beschaafde sfeer hing. Olivia had hier nog nooit eerder gegeten en was vastbesloten echt van de sfeer te genieten. Ze keek vluchtig langs de politici, assistenten en journalisten die hier stamgast waren. De zorgen van de dag leken voor even van haar af te glijden, en met een glimlach draaide ze zich weer om naar haar lunchafspraak.

'Een van de voordelen van dit werk,' antwoordde Guy Chambers met een knipoog.

'Zelfs voor een staatssecretaris,' antwoordde ze plagerig.

'Tja, ik stap nog steeds van de ene luizenbaan in de andere, al zou *The Telegraph* dat het liefst anders zien.'

'Ik geloof het graag.'

Ze zei het zogenaamd afkeurend, maar in werkelijkheid interesseerde het Olivia geen zier. Ze zou hetzelfde gedaan hebben als ze de kans had gekregen, en op de een of andere manier was het typisch iets voor Guy. Sinds ze elkaar aan Durham University hadden leren kennen, had hij zowel verfijning uitgestraald als een loepzuiver vermogen gehad om altijd op zijn pootjes terecht te komen. Dit gold zowel voor zijn leven als voor zijn loopbaan – ondanks verschillende blunders was hij enorm populair bij de conservatieve kiezers en leek hij voortdurend promotie te krijgen. Nu was hij dus staatssecretaris van Justitie geworden.

'Oké, wat gaan we drinken? Wijn of bier?' ging Guy verder, terwijl hij een zakdoek uit zijn zak haalde. 'Ik ben snipverkouden, maar je weet wat ze zeggen: *a drink a day keeps the doctor away...*'

'Kies jij maar.'

Guy snoot discreet zijn neus, bekeek de kaart en bestelde toen een fles riesling. Binnen een paar tellen waren hun glazen gevuld met frisse, aromatische wijn. Guy leunde achterover op zijn stoel en keek haar plagerig aan. Die blik kende Olivia maar al te goed – in de loop der jaren was Guy altijd de ondeugendste van al haar studievrienden gebleken.

'Oké, ter zake. Ik vertel wat ik weet, jij vertelt wat jij weet.'

'Voorlopig niet veel,' antwoordde Olivia lachend. 'Firth lijkt vastbesloten het uit te zitten en de vrouw die de leiding heeft over het begeleidingsteam van Bolton de schuld te willen geven. Ik denk dat hij hoopt dat hij, als hij dit binnen de perken weet te houden en zijn laatste dienstjaar uitzit, eervol met pensioen kan.'

'Ik help het hem hopen, vooral na dat stuk dat vandaag in de *Mail* stond,' antwoordde Chambers geringschattend. 'De minister vindt hem een oetlul aan wie je niets hebt, en misschien heeft hij daar wel gelijk in. Ik bedoel: wat bezielde Firth? Rome staat in brand en hij strompelt stomdronken over straat? Het zou me verbazen als hij er nog lang zit – iedereen kan met eigen ogen zien dat de verrotting aan de top begint.'

'Zelf kijkt hij er heel anders tegen aan. Hij praat over die gebeurtenis in Bolton alsof het een vervelend bureaucratisch probleem is. Hij heeft niet één keer zijn medeleven met het slachtoffer betuigd, ook al hebben we het hier wel over een mensenleven.'

'O, bespaar me dat sentimentele gedoe, Liv,' zei Chambers, terwijl hij minachtend snoof en vervolgens een slok wijn nam.

'Ik weet dat je dat uit hoofde van je vak moet zeggen, maar heb jij echt medelijden met Mark Willis? Zijn slachtoffer heeft erger geleden dan hij, hoor. Véél erger.'

'Maar dan nog: hij is achtervolgd en de dood in gejaagd.'

'Dat heeft toch goede tv opgeleverd?' zei Chambers snedig.

'Mij maak je niets wijs, Guy. Je bent echt niet zo hard als je wilt doen voorkomen.'

'O nee? Ik voel oprecht totaal geen wroeging of verdriet over de dood van Willis. En daarin ben ik niet de enige. Er stond vandaag een enquête in *The Sun*, waaruit bleek dat 63 procent van de mensen vond dat Willis zijn verdiende loon had gekregen.'

'O, dus jij volgt gewoon de publieke opinie? Nee, dan begrijp ik het.'

'Ga je gang, maak er maar een grapje van,' wierp Chambers tegen. 'Maar zo denken de mensen erover, en wie zijn wij om te zeggen dat ze ongelijk hebben?'

'En hoe kijken jullie ertegen aan?' antwoordde Olivia om hier niet in te blijven hangen.

'Nou, wij gaan hier niet al te veel drukte over maken, maar het onderzoek naar het lek zal wel het nodige in gang zetten,' antwoordde Chambers kalm. 'Als Martin Coates inderdaad als schuldige wordt aangewezen, als kan worden bewezen dat het maar om één rotte appel ging, dan vermoed ik dat dit vrij snel wegebt. Als het een lek was, een veel groter falen van de beveiliging, dan zou het voor iedereen wel eens ernstiger kunnen uitpakken. De minister zal dit hoe dan ook gebruiken om bij de reclassering veranderingen door te voeren. Er werken bij het ministerie heel wat mensen aan wie je niks hebt.'

'Gaat Christopher hier ook last van krijgen?' vroeg Olivia vlug. 'Ik weet dat Firth er waarschijnlijk uit vliegt, maar Christopher is de nieuwe ster. Die heeft echt goede ideeën over hoe de boel kan worden opgeschud...' Ze liet het hier verder bij, want ze merkte wel dat de man tegenover haar haar uitlachte. Olivia voelde de woede oplaaien, maar Chambers liet zich niet van de wijs brengen.

'Neem je het nog steeds voor die vent op? Na alles wat die ellendeling je heeft aangedaan?'

'Dat heeft er niets mee te maken. Ik denk echt dat hij het goed zou doen.'

'Typisch Olivia, toch?' antwoordde Chambers liefdevol. 'Jij probeert altijd in iedereen het beste te zien. Maar ja, dat geldt voor alle *Guardian*-lezers over de hele wereld, of niet soms?'

'Vertel eens,' zei Olivia geïrriteerd. 'Wat vind jij nou eigenlijk zo leuk aan de *Torygraph*? De cartoons of de foto's van de koninklijke familie?'

'Allebei,' zei Chambers lachend, waarna hij opnieuw zijn neus snoot. 'Soms is die krant het enige leuke wat ik op een dag meemaak. De minister is momenteel een regelrechte nachtmerrie.'

'Vertel,' zei Olivia kirrend. 'Ik wil er alles over horen.'

Ze bevonden zich weer op veilig terrein, want Olivia vond het altijd heerlijk om naar Guys roddeltjes over Westminster te luisteren. Haar oude vriend glimlachte en wilde net van wal steken, maar toen ging zijn telefoon, met tot gevolg dat verschillende hoofden zich omdraaiden. Hij keek wie er belde, en zijn gezicht betrok.

'Als je het over de duivel hebt. Ik moet deze even nemen.'

Hij stond op en liep snel naar een rustige hoek. Olivia keek hem na, terwijl hij druk in zijn telefoon pratend uit beeld verdween, en richtte haar aandacht toen op de andere gasten. Ze herkende de staatssecretaris van Gezondheidszorg van het schaduwkabinet, een voormalig minister van Financiën, en daarna zag ze aan een ander tafeltje Emily Maitlis, druk in gesprek. Olivia vond deze bezoekjes aan Westminster altijd erg leuk; ze had de indruk dat deze wereld mijlenver van de frontlinie verwijderd was, een gelukzalige afwisseling van de gevaarlijke buurten van Tottenham en Dagenham. Guy kwam inmiddels snel teruggelopen naar hun tafeltje, en Olivia richtte haar aandacht weer op hem, want ze wilde wel graag de roddels horen. Maar ze had meteen door dat dat niet doorging. Chambers zag er asgrauw en getergd uit. Hij was zichtbaar in shock.

'Ik zou maar snel teruggaan naar kantoor,' fluisterde hij hees. 'Er is weer iemand vermoord.'

56

Emily liep snel de lobby door, met Sam vlak achter zich aan. Hij zat boordevol vragen, vroeg waarom ze bij een hotel waren gestopt terwijl ze naar het ziekenhuis zouden gaan, maar Emily wuifde alle vragen weg. Aan dit gesprek was ze nog niet toe, en ze wílde dit gesprek ook niet voeren. Als ze eenmaal in veiligheid waren, kon ze het onderwerp voorzichtig met hem aansnijden, maar eerder niet.

Toen ze bij de receptie stonden, wachtte ze gespannen tot er iemand kwam en bekeek ondertussen het laatste appje van Marianne. Toen stortte ze zich op het eerste het beste personeelslid dat beschikbaar was.

'Hallo. Ik heb een tweepersoonskamer gereserveerd,' zei ze. Ze probeerde het zo ontspannen mogelijk te laten klinken.

'En de naam is?'

'Simpson. Louise Simpson.'

Ze noemde de naam die Marianne haar gegeven had, alsof die volkomen normaal was. Vanuit haar ooghoek zag ze Sam reageren, maar ze legde een hand op zijn arm om te zorgen dat hij zich gedeisd hield. Gelukkig deed hij dat ook, en de receptioniste leek niets te merken.

'Mooi. Ik zie dat alles al betaald is. Dan heb ik alleen een creditcard nodig voor bijkomstige uitgaven.'

'Dat gaan we niet doen, dus mag ik alstublieft de sleutel?'

'Het spijt me, dat zijn onze regels.'

'Dat weet ik, maar we hebben een heel lange reis achter de rug en we zijn bekaf, dus alstublieft...'

De jonge receptioniste keek naar haar en toen naar Sam, en besloot dat ze met hen te doen had.

'Vooruit dan maar. Alstublieft. Rust u maar goed uit.'

Emily moest haar best doen de vrouw niet de sleutel uit de hand te grissen. Ze nam hem van haar aan en draaide zich om naar de liften. Ze had echter nog geen drie stappen gezet of Sam pakte haar bij haar arm.

'Mam, wat heeft dit in godsnaam te betekenen?'

'Niet nu, Sam.'

'Waarom check je onder een valse naam in? Heb je problemen of zo?'

Hoe moest ze daar nu op antwoorden? Haar hele leven had uit niets anders dan problemen bestaan.

'Luister, ik leg het je zo allemaal uit, maar het voornaamste is dat er met papa in werkelijkheid niets aan de hand is.'

'Zoveel had ik zelf ook al wel begrepen,' antwoordde hij vernietigend.

'Het spijt me, ik moest je die school uit krijgen en ik kon geen andere manier bedenken.'

Ze kwamen bij de liften en Emily drukte driftig op de knop.

'Maar waaróm? Ik begrijp niet wat er zo dringend is...'

'Zoals ik al zei: er komt een moment dat je het begrijpt, maar vooralsnog zul je me moeten vertrouwen.'

De liftdeuren gingen met een pingeltje open, maar toen ze erin wilde stappen, ging Sam voor haar staan en versperde haar de doorgang. Ze probeerde om hem heen te lopen, maar deze keer pakte hij allebei haar armen beet en dwong hij haar hem aan te kijken.

'Nee, vergeet het maar,' zei hij ferm. 'Jij gaat mij vertellen wat er in godsnaam aan de hand is. En wel nu.'

57

Hij staarde naar het beeld en kon zijn ogen bijna niet geloven. Daar was ze, in levenden lijve. Janet Slater had in de community van verontruste burgers een bijna mythische status weten te bereiken door meer dan twintig jaar onder de radar te blijven, zonder dat iemand haar ooit, waar dan ook in het land, had gezien. Maar hier was ze dan toch. De foto kon niet alledaagser zijn, een kiekje van Slater voor een Tesco Metro, maar de impact was adembenemend. Deze kindermoordenaar, dit fantoom dat zich twee decennia lang voor haar wraakzuchtige familie verborgen had weten te houden, was eindelijk ontmaskerd, nota bene in Reading. Verstoppen kon ze verder wel vergeten.

Ian Blackwell keek schichtig om zich heen en begon de afbeelding te uploaden. Zijn hart klopte in zijn keel, er stond inmiddels zweet op zijn voorhoofd en toen hij typte, waren zijn vingers nat en glibberig. Hij verwachtte bijna dat de deur open zou vliegen, dat de politie binnen zou stormen en een einde zou maken aan zijn avontuur... maar aan de andere kant wist hij dat hij honderd procent veilig was. Hij was supervoorzichtig geweest en opereerde nu vanuit Willesden, in het noorden van de hoofdstad, waar hij elke avond een andere accommodatie koos en nooit twee keer van hetzelfde internetcafé gebruikmaakte, maar dat was niet de ware reden waarom hij zich zo gerust en zelfverzekerd voelde.

Nee, dat kwam meer door het gevoel dat zijn project – zijn missie – niet te stoppen was. Het was alsof de wereld plotseling was omgedraaid, alsof de weegschaal van Vrouwe Justitia was herijkt, alsof de tijd van het goede en het ware eindelijk was aangebroken.

Willis was dood. Baynes was dood. Janet Slater was ontmaskerd en op de vlucht. Het nieuws over deze successen bracht een schokgolf teweeg binnen de community van verontruste burgers, en al helemaal op de website van Immer Waakzaam. Die was die dag al twee keer gecrasht door de enorme aantallen bezoekers, nu verkrachters, pedofielen en terroristen in het hele land publiekelijk aan de schandpaal werden genageld. Blackwell deed zijn uiterste best om de site in de lucht te houden, om het kanaal open te houden voor iedereen die op rechtvaardigheid uit was.

Natuurlijk leidden de bezoeken aan de website niet altijd tot een afrekening, en spijtig genoeg was Janet Slater aan vergelding ontkomen. Met deze foto kon Blackwell er echter voor zorgen dat haar straf alleen maar werd uitgesteld, dat ze op een gegeven moment toch voor haar misdaden zou moeten boeten. De gewezen politieagent keek aandachtig naar de balk die aangaf hoe ver het bestand met uploaden was en zag die verheugd langzaam naar voren kruipen, waarmee Janet Slater pixel voor pixel haar ondergang tegemoet ging. Met een voldaan pingeltje liet de server weten dat de upload voltooid was, een bevestiging dat de foto nu online te zien was.

Het was tijd om te gaan, tijd om een andere anonieme B&B op te zoeken, om de wet één stap voor te blijven. Maar hoewel behoedzaamheid en snelheid van cruciaal belang waren, stond Ian Blackwell zichzelf toch even een moment toe om van zijn overwinning te genieten, en keek hij nog even naar de stiekem genomen foto.

Voor Janet Slater was het einde verhaal.

58

Ze drukte haar gezicht tegen het glas, zo benieuwd was ze wat Caitlin Rose zou zeggen. Zou ze alles ontkennen, beweren dat ze onschuldig was? Of zou ze genieten van haar misdrijf en vieren dat het recht eindelijk had gezegevierd?

Chandra keek aandachtig toe, de verdachte leunde achterover op haar stoel en pulkte aan haar nagels. Caitlin Rose maakte een vijandige, wrokkige indruk, en Chandra wenste dat ze in de ondervragingsruimte zat, dat ze haar op stang kon jagen, dat ze haar uit de tent kon lokken, dat ze haar aan de praat kon krijgen. Maar dit was het onderzoek van de recherche van Croydon, dus dat kon ze wel vergeten. De rechercheur, inspecteur Donna Parks, was echter veel hartelijker en behulpzamer geweest dan Bill Jones, dus Chandra en inspecteur Buckland mochten in elk geval via de spiegelruit met de ondervraging meekijken en van het drama meegenieten.

'Ontken je dat je hem hebt aangevallen?' vroeg inspecteur Parks.

'Nee, zeker niet,' antwoordde Caitlin kalm, terwijl ze zich theatraal naar voren boog om rechtstreeks tegen het opnameapparaat te praten. 'Ik heb hem gedood, zonder meer. En ik vond het nog leuk ook.'

Terwijl ze dat zei, keek ze naar de spiegelruit, alsof ze voelde dat zij daarachter zaten.

'Voor alle duidelijkheid: je geeft toe dat je Andrew Baynes gisteravond in zijn flat in Croydon hebt doodgestoken?'
'Inderdaad. U mag door naar de volgende ronde.'
'Volgens het eerste verslag van de patholoog heb je hem in totaal drieënveertig keer gestoken. Exact hetzelfde aantal verwondingen dat je zus Alice is toegebracht toen zíj werd vermoord.'
Caitlin glimlachte, en Chandra liepen daarbij de rillingen over haar rug. Zo op het eerste gezicht leek Caitlin Rose een aardige, gezagsgetrouwe jonge vrouw, die voor haar ziekelijke ouders had gezorgd en in algemene zin een goede burger was, maar vandaag zag ze er verward uit en was de geest van 'Amber' nog in haar aanwezig.
'Even voor de geluidsopname,' zei inspecteur Parks. 'De verdachte glimlacht en knikt.'
'Ja, ik heb het gedaan,' antwoordde Caitlin, terwijl ze aan haar nagels pulkte. 'Ik kan niet zeggen dat ik van dat onderdeel heb genoten, maar wat moet dat moet. Ik raak zijn smaak maar niet kwijt. Zijn vieze, zweterige huid. En ik voel zijn tong nog in mijn mond rondrazen, alsof hij een hond was, godbetert.'
Met een blik vol afkeer veegde ze haar mond af aan haar mouw, en toen zette ze haar boosaardig spottende glimlach weer op. Parks negeerde dit zijpad en ging kalm verder met haar ondervraging.
'En je hebt die aanval van tevoren gepland?'
'Jazeker. Ik zit al drie weken achter die vent aan.'
'En dat was naar aanleiding van een sms-bericht dat je had ontvangen?' ging Parks verder, terwijl ze haar aantekeningen raadpleegde.
'Met daarin grofweg de verblijfplaats van Andrew Baynes, en zijn nieuwe identiteit?'

'Ja,' zei Caitlin vinnig, want ze was geïrriteerd. 'Jullie hebben mijn telefoon, dus...'

'Weet je wie je het bericht met die vertrouwelijke informatie heeft gestuurd?'

'Dat doet er niet toe,' reageerde de verdachte snel. 'Het kwam erop neer dat ik nu wist waar dat ettertje zich verscholen hield. Meer had ik niet nodig. Ik heb hem geobserveerd, uitgedokterd hoe zijn dagindeling was, en toen heb ik plannen gemaakt. Meer niet. Niets geheimzinnigs aan, Sherlock...'

'Je hebt je met opzet bij zijn Narcotics Anonymous-groep aangesloten om vriendschap met hem te sluiten?' antwoordde Parks, die deed of ze de kwinkslag niet had gehoord.

'Ja, wat dacht u dan?' antwoordde Caitlin op vernietigende toon. 'Ik heb wel eens drugs gebruikt, maar lang niet zoals deze vent. Hij was een wrak, of dat is hij in elk geval geweest. Hij ging twee keer per week naar de groep en popelde altijd om zijn verhaal te doen.'

'Dus je hebt vriendschap met hem gesloten, je bent met hem naar Brighton geweest, je hebt hem verleid...'

'Nou, hij heeft míj verleid, hoor, maar dat vond ik prima. Ik had zo mijn grenzen – ik zou echt nooit van mijn leven met dat beest neuken – maar ik kon het spel meespelen om mijn doel te bereiken. Die stomme idioot zat op zijn knieën, met zijn ogen dicht, te wachten tot ik hem zou aanraken. Nou, en ik héb hem aangeraakt...'

Chandra reageerde ontdaan. Ze bevond zich op kleine afstand van het gesprek, maar het venijn van de jonge vrouw was slecht te verteren. Zo te zien dacht Gary Buckland er net zo over; misschien stelde hij zich wel voor dat het mes in zíjn gezicht werd geramd.

'En waarom, Caitlin?' vroeg Parks, die zich niet van de wijs liet brengen.

'Hoe bedoelt u?'
De verdachte klonk oprecht verbaasd, dus verklaarde de rechercheur zich nader.
'Waarom heb je hem gedood?'
'Dat meent u toch niet?' zei Caitlin lachend. 'Vraagt u mij nou echt waaróm?'
'Nou, ik neem aan dat het is vanwege wat er met je zus, Alice, is gebeurd.'
'En de rest,' onderbrak Caitlin hem afgemeten. 'Mijn vader is alcoholist geworden door wat Baynes heeft gedaan. En mijn moeder ligt onder de zoden, die heeft twee jaar geleden zelfmoord gepleegd, die kon het schuldgevoel niet aan. Dus ja, het gaat in elk opzicht om wat hij met Alice heeft gedaan. Zoals hij haar vertrouwen won, zoals hij haar dat bos in heeft gelokt, zoals hij ervan genoot om haar te martelen. Ik heb het gedaan vanwege dat gigagrote gat dat hij in ons leven heeft geslagen, de mooie mens die hij heeft vermoord, omwille van zijn eigen perverse verlangens. Dáárom moest hij dood, en ik daag u of wie dan ook uit om daar anders over te denken.'
Caitlin schoof achteruit op haar stoel, doodmoe maar opstandig. Parks keek haar aan.
'Goed, je bent tot nu toe heel duidelijk geweest,' ging ze verder. 'Maar over één belangrijk onderwerp wil ik graag nog iets meer horen.'
'Brand los,' zei de verdachte op spottende toon. 'Ik zit hier voorlopig nog wel even.'
'Wie heeft je de informatie over zijn verblijfplaats gestuurd? Wie heeft je zijn naam verteld?'
Chandra hield haar adem in en keek strak naar Caitlin Rose. Het leek een eeuwigheid te duren voor de verdachte reageerde, ze koos haar woorden zorgvuldig.
'Ik heb echt geen idee,' antwoordde ze toen. 'Het was een

anoniem bericht. Maar neem van mij aan...'
Ze draaide zich naar de spiegelwand toe en keek Chandra recht aan.
'... dat degene die het gedaan heeft, wat mij betreft een engel is.'

59

'Geloof jij haar?'
Chandra en Gary Buckland liepen in hoog tempo naar haar Mondeo. Ze moesten zo snel mogelijk terug naar het bureau om deze nieuwste ontwikkelingen te verwerken.
'Ik heb geen reden om haar niet te geloven,' antwoordde Chandra kalm, terwijl ze niets van haar opkomende bezorgdheid probeerde te laten merken. 'Op Caitlins telefoon is te zien dat ze drie weken geleden een anoniem bericht heeft gekregen, met alle info over Baynes. Dat is van dezelfde Samsung Galaxy-telefoon verstuurd die ook de informatie over Willis heeft verspreid, maar er is wel een andere sim gebruikt. Dus degene die dit doet, gaat heel omzichtig te werk.'
'Heeft Caitlin op het bericht gereageerd?'
'Eén keer, meteen nadat ze het had ontvangen. Toen heeft ze gevraagd van wie het afkomstig was. Maar daarop heeft ze nooit antwoord gekregen.'
Buckland liet dit even op zich inwerken.
'Weten we waarvandaan dat bericht is verstuurd?' vroeg hij toen.
'Ergens in de buurt van Oxford Circus.'
'En de datum, de tijd?'
'Vrijdag 28 november om 09.45 uur.'

Buckland zuchtte diep en blies daarbij zijn wangen bol.
'Dat maakt het wel heel lastig. Ik ben de verplaatsingen van Martin Coates met een stofkam nagegaan, tot weken geleden. Hij is de afgelopen maanden maar twee keer in Londen geweest. Op 8 november en op 11 december. Hij heeft om de dag een waterdicht alibi, met meerdere getuigen die zeggen dat hij in Bolton was. Ik zal de jongens vragen of ze zijn verplaatsingen van de achtentwintigste nog eens extra willen bekijken, maar ik denk dat dat niets zal opleveren.'

Chandra moest dit even verwerken, dacht na en gaf toen pas antwoord.

'We zeggen dus eigenlijk dat Coates níét bij het lek in Bolton betrokken was?'

'Daar ziet het wel naar uit. Hij ontkent het in alle toonaarden, en vooralsnog kunnen we hem niet linken aan de telefoon waarmee de informatie over Mark Willis is gelekt.'

'Bovendien zien we hier een patroon opdoemen dat er niet mee lijkt te stroken,' ging Chandra erop door. 'Een anoniem lek, misschien gevestigd in de hoofdstad, dat bewust geheime informatie vrijgeeft. Kijk, het kan natuurlijk zijn dat Coates een handlanger heeft, iemand die hier in de buurt zit…'

'Maar het is niet erg waarschijnlijk,' onderbrak Buckland haar, terwijl hij zo welwillend mogelijk probeerde te zijn.

Chandra incasseerde de kritiek en ze liepen door. Toen ze bij haar auto waren aangekomen, klikte ze hem van het slot.

'Hoe nu verder?' vroeg Buckland, terwijl ze allebei instapten.

'Nou, ze gaan Caitlin aanklagen voor moord met voorbedachten rade, en dat zal ongetwijfeld een storm van verontwaardiging uitlokken. In de tussentijd is het onze taak om een concrete link tussen de twee moorden aan het licht te brengen, en erachter te komen wie hier aan de touwtjes trekt.'

Chandra startte de motor en wilde al wegrijden, maar toen

ging haar telefoon. Ze legde hem voorzichtig in de houder en drukte op opnemen.

'Met inspecteur Dabral.'

'Sorry dat ik u moet lastigvallen, chef. Met rechercheur Cooke spreekt u.'

'Kan het niet wachten? We zijn over twintig minuten op het bureau.'

'Nee, niet echt.'

Chandra was meteen alert.

'We hebben net een telefoontje gekregen van de plaatsvervangend directeur van de reclassering, Chris Parkes.'

'Ja...'

'Er schijnt nog iemand ontmaskerd te zijn.'

Chandra keek verbijsterd naar de telefoon.

'Wie? Wanneer?'

'Emily Lawrence, echte naam Janet Slater. Ze woont al iets van twintig jaar onder een valse naam in Reading. Ze heeft haar leven goed op de rit, naar het schijnt, ze heeft een baan, een puberzoon. Maar goed, hoe dan ook, ze is voor haar huis opgewacht door haar oudere broer, Robert. Ze heeft weten te ontkomen en houdt zich nu met haar zoon schuil, maar het is wel duidelijk dat haar identiteit bekend is gemaakt en dat haar broer haar iets wilde aandoen. Ik vroeg me gewoon even af wat u vindt dat we moeten doen?'

De rechercheur klonk heel zenuwachtig, maar Chandra wist deze keer even niets te bedenken waarmee ze haar kon kalmeren. Dit was vele malen erger dan alles wat Chandra ooit had meegemaakt, en ze werd plotseling bang, voelde zich slecht voorbereid en tastte volkomen in het duister. Wat was hier gaande? In wat voor perverse nachtmerrie was ze terechtgekomen?

En waar moest dit in vredesnaam eindigen?

60

Dit was het gesprek waarvan ze had gehoopt dat ze het nooit zou hoeven voeren. Maar er was nu geen ontkomen aan. Sam keek haar aan en smeekte haar stilzwijgend om hem uit zijn lijden te verlossen. Als hij nou gewoon kwaad of in de war was geweest, had ze zichzelf er misschien van kunnen overtuigen dat ze hem nog iets langer in het ongewisse moest laten. Maar haar zoon, haar lieve, toegewijde zoon, keek bang en verdrietig, en dat kon ze niet aanzien.

'Je moet weten,' begon ze haperend, terwijl ze aan de deken op het smalle tweepersoonsbed plukte, 'dat alles wat ik heb gedaan bedoeld was om jou, om ons te beschermen. Dat is altijd mijn eerste en enige prioriteit geweest.'

Sam zei niets, maar knipperde nerveus met zijn ogen alsof hij het allerergste verwachtte. Emily slikte de misselijkheid weg die haar nu snel in haar greep kreeg, en ging hortend verder.

'En ik hoop dat je dat de komende dagen en weken goed voor ogen zult houden. Ik heb nooit tegen je willen liegen, dat vond ik vreselijk, maar ik had echt geen keus.'

'Liegen? Waarover? Mama, waar heb je het over?' vroeg Sam met bevende stem.

Er was nu geen ontkomen meer aan, vluchten kon niet meer. Emily sloot haar ogen.

'Ik heet niet Emily Lawrence,' antwoordde ze. 'Mijn... mijn echte naam is Janet Slater.'

Ze hoorde hem geschrokken inademen, maar ze zette door. 'Ik kom oorspronkelijk niet uit Cardiff, maar uit Bridgend. Daar heb ik ook nog familie wonen. Mijn vader, drie broers, een zus...'

'Maar je zei dat je ouders dood waren! Dat je enig kind was.'

'Ik weet dat ik dat heb gezegd, en ik probeer het je uit te leggen, oké?'

Ze deed haar ogen open en was onmiddellijk sprakeloos door wat ze zag. Sam keek haar lamgeslagen van de schrik en met tranen in zijn ogen aan. Ze had hem nog nooit zo angstig gezien, en het was alsof er een dolk in haar hart werd gestoken.

'Een van de redenen waarom ik je dit niet eerder heb verteld is omdat... omdat ik het als kind heel zwaar heb gehad. Mijn moeder is bij ons weggegaan toen ik zes jaar was, en mijn vader bleef achter met zeven kinderen. Ze heeft nooit meer naar ons omgekeken, ook al woonde ze twee straten verderop...'

Emily kreeg opeens een strak gevoel rond haar borst, emotie welde erin op, de scherpe pijn van de afwijzing was nog altijd vers.

'Het was... het was een heel nare tijd,' ging ze haperend verder. 'Mijn vader werkte de hele dag en 's avonds zette hij het op een zuipen. We moesten het zelf maar uitzoeken, we moesten voor de baby zorgen, die onafgebroken huilde. Het was... het was vreselijk, ja echt. We hadden nooit genoeg geld voor eten of de huur, we gingen bijna nooit naar school, en als we wel gingen, werden we gepest. We waren vies, we droegen afdankertjes, ons haar zat onder de luizen... het was weerzinwekkend, vernederend.'

Zonder erbij na te denken streek Emily haar lange donkere haar glad. Ze waste het tegenwoordig elke dag, zonder ooit een dag over te slaan, en dat deed ze inmiddels al meer dan twintig jaar. Maar ze had nog steeds last van de herinnering aan haar schrale, jeukende hoofdhuid.

'School was erg, maar thuis was het nog veel erger. We wisten nooit in wat voor bui onze vader zou zijn. Hij zat altijd in die stomme leunstoel, met in zijn ene hand een biertje en in zijn andere een peuk, tegen ons te schreeuwen, ons te commanderen dat we moesten zorgen dat de baby stil was. Als je deed wat hij zei, was het allemaal leuk en aardig. Maar als je dat niet deed…'

Sam keek vol afgrijzen naar haar, maar ze kon nu niet stoppen.

'Dan sloeg hij ons met wat hij maar te pakken kreeg: zijn riem, een tuinslang, de haardpook. De verpleegsters van de eerste hulp leerden ons aardig kennen, maar er werd nooit ingegrepen, dus hij deed gewoon waar hij zin in had. Hij betrapte me er een keer op dat ik sigaretten van hem pikte. Ik moest het hele pakje opeten terwijl hij toekeek, en ik moest kokhalzen van die gore tabak. Daarna trok hij me mijn kleren uit en zette me op straat. Ik moet daar uren hebben gestaan, bloot en vernederd, terwijl ik op de deur bonkte en smeekte om weer naar binnen te mogen…'

Haar stem haperde, het verdrietige kleine meisje van vroeger brak er weer doorheen. Sam huilde geluidloos en legde zijn hand op haar arm, maar die duwde ze zachtjes weg. Ze wilde geen medelijden van hem.

'Je moet begrijpen dat ik in een heel slechte omgeving zat. Ik was kwaad en verdrietig en ik had pijn. Mijn moeder wilde me niet, mijn vader wilde me pijn doen, mijn broers en zussen negeerden me. Ik had niemand, Sam, helemaal niemand. Als ik er de moed voor had gehad, had ik er een einde aan gemaakt, maar ik was een lafaard, een onderkruipsel…'

'Mam, alsjeblieft, hou op,' smeekte Sam snikkend.

'Ik kan niet ophouden, lieverd, je moet dit weten,' hield Emily

vol, terwijl haar eigen stem nu beefde. 'Dit is wie ik ben. Dit is wát ik ben.'
'Hoe bedoel je? Wat is er gebeurd?'
Emily wist dat ze nu moest doorzetten, want dat ze het anders nooit zou kunnen vertellen.
'Op een dag... op een dag was het zo erg... ik weet niet eens meer wat er toen is gebeurd dat ik zo kwaad werd... maar het was zo erg dat ik... dat ik iets heel slechts heb gedaan. Mijn vader was dronken, hij sliep, terwijl de baby boven lag te huilen. Ik was alleen in de woonkamer en ik keek naar hem, terwijl hij lag te slapen, met zijn biertje en zijn peuk nog in zijn hand. En... tot op de dag van vandaag weet ik niet waarom ik het heb gedaan, maar ik... ik pakte die sigaret en legde hem naast zijn stoel op de vloerbedekking. Het begon te smeulen, het vatte vlam, en de stoel vloog in brand, en de vloerbedekking erbij. Binnen een paar minuten had het vuur zich verspreid, en al die tijd... deed ik niets. Ik stond daar maar te kijken. Pas toen mijn broer Rhys me bij mijn arm pakte en zei dat ik naar buiten moest, dat er brand was, werd ik wakker...'
'Wat... wat is er toen gebeurd?' vroeg Sam, die lijkwit zag.
'Het hele huis vloog in brand, en dat was het.'
'Was je gewond?'
Emily schudde droevig haar hoofd. Ze voelde zich plotseling volledig verpletterd, alsof er iets heel zwaars op haar drukte.
'Met mij was niets aan de hand, en met de meeste van mijn broers en zussen ook niet. Maar mijn vader was wel gewond; hij had zelfs vrij ernstige verwondingen. En... en de baby heeft het niet gered.'
'Is de baby doodgegaan?' fluisterde Sam vol afgrijzen.
'Ja, Susan is doodgegaan.'
Vier eenvoudige woorden, maar gruwelijk om te moeten uitspreken.

'Je moet echt geloven dat het niet mijn bedoeling was om haar iets aan te doen. Ik dacht helemaal niet na, ik wilde gewoon iets doen, ik wilde iemand pijn doen.'

'Ben je… ben je toen gearresteerd?'

'Nee. Niemand wist het namelijk, snap je? Mijn broer dacht dat ik de brand had ontdekt en dat ik me niet meer had kunnen verroeren, en de politie dacht dat mijn vader in slaap was gevallen en zijn sigaret had laten vallen, dus…'

Sam knikte, maar hij keek erbij alsof hij net een klap in zijn gezicht had gekregen. Het was allemaal te veel voor hem, dat begreep Emily ook wel, maar nu ze was begonnen, kon ze niet meer stoppen en wilde ze het hele verhaal eruit kotsen.

'We zijn in pleeggezinnen ondergebracht, en Gwyneth en ik kwamen terecht bij een echtpaar, meneer en mevrouw Thomas. Ik vind het nu vreemd om te zeggen, maar… die eerste paar maanden behoorden tot de gelukkigste van mijn leven.'

Sam fronste zijn voorhoofd, dus ging ze snel verder.

'Ik weet dat het harteloos klinkt, en zelfs wreed, en ik was ook oprecht verdrietig over Susan… maar weet je, we kregen na de brand zo veel aandacht, zo veel medeleven. Iedereen wilde zich om ons bekommeren, we waren bijzonder, ze vielen over elkaar heen om ons maar te mogen helpen. Ik geloof dat ik nog nooit iets had meegemaakt wat zo veel op liefde leek, en ik kon er geen genoeg van krijgen.'

Ze aarzelde even, want ze wist dat de volgende stap het moeilijkst was.

'Het eerste half jaar verliep best goed voor ons, maar daarna gingen de mensen verder met hun leven. Meneer en mevrouw Thomas maakten lange werkdagen, dus Gwyneth en ik waren vaak alleen. We zaten qua leeftijd dicht bij elkaar, maar konden het toch nooit echt goed met elkaar vinden. Ze zeurde voortdurend en probeerde me altijd problemen te bezorgen…'

Ze was zich ervan bewust dat ze kwaadsprak over iemand die dood was en ze zag aan Sams gezicht dat hij al een vermoeden had waar dit verhaal naartoe ging, dus zette ze door.

'In alle eerlijkheid denk ik dat ik waarschijnlijk jaloers op haar was. Ze was schattig om te zien en kreeg altijd alle aandacht, die ik dus nooit kreeg, tot mijn grote verdriet, want van mij was nooit echt...'

'Wat is er gebeurd, mam?'

Ze schrok ervan dat hij haar onderbrak en dat zijn toon zo afgemeten en plechtig was. Ze wilde hem de rest niet vertellen, echt niet, maar ze had geen keus.

'Ik... ik heb weer brand gesticht. Ik weet niet waarom, ik was er heel slecht aan toe. Maar ik heb weer brand gesticht. Meneer en mevrouw Thomas hadden niks, en ik ook niet, maar...'

'Is Gwyneth ook doodgegaan?'

Hij klonk zo ontzet, zo geschrokken dat Emily eigenlijk alleen maar kon knikken. Als de aarde onder haar voeten nu open had kunnen gaan en haar had kunnen opslokken, had ze dat een hele bevrijding gevonden.

'Hoe oud was ze?'

Emily slikte moeizaam. 'Drieënhalf,' antwoordde ze toen.

Sam staarde haar vol afschuw aan.

'Sam, geloof me alsjeblieft als ik zeg dat ik er spijt van heb, dat ik sindsdien dag in dag uit de gevolgen heb gevoeld. De kranten hebben me aan het kruis genageld, mijn oudere broers hebben de afgelopen twintig jaar jacht op me gemaakt, maar het schuldgevoel is het ergst. Het is net alsof dat kleine meisje dat die branden heeft gesticht iemand anders is, een kind uit mijn ergste nachtmerries, maar ik weet dat ik het was. Ik weet dat ik die dingen heb gedaan en ik zal het tot mijn laatste snik proberen goed te maken.'

Ze hoopte dat haar woorden zouden aankomen, maar haar

boetvaardigheid had geen effect op haar zoon. Sam staarde haar asgrauw aan. Zijn hele wereld stortte in. Hij had misschien wel geweten dat het iets ergs was, dat hij dingen te horen zou krijgen die hij dan niet meer níét gehoord kon hebben, maar zijn geschrokken blik zei dat niets hem hierop had kunnen voorbereiden.

61

'We hebben hier te maken met de grootste crisis uit de geschiedenis van de reclassering.'

Olivia keek even schielijk naar Christopher, die aan de andere kant van het vertrek naar zijn voeten stond te staren, alsof hij afstand wilde scheppen tot de spreker. Olivia begreep wel waarom – Jeremy Firth zag er geschrokken uit, in paniek, als iemand die zich totaal geen raad wist. Hij bagatelliseerde de situatie in elk geval niet meer, maar ja, dat kon ook niet. Zijn karaktermoord in de *Daily Mail* leek nu klein bier vergeleken met de stortvloed aan slecht nieuws die net zowel op hem als de reclassering was afgekomen. Alleen al in de afgelopen achtenveertig uur waren twee beruchte ex-criminelen vermoord en was de identiteit van Emily Lawrence gelekt. Jeremy Firth was totaal van slag.

'We zullen ál onze veiligheidsprotocollen in allerijl moeten aanpassen,' ging hij verder. 'Om te beginnen moeten jullie contact zoeken met jullie cliënten, jullie ervan verzekeren dat zij veilig zijn en ze daarbij alle steun, troost en advies geven die ze nodig hebben. Er heerst veel angst, er wordt veel gespeculeerd, maar het is onze taak om de situatie tot rust te brengen.'

Veel succes ermee, dacht Olivia bij zichzelf. Op het ministerie van Justitie heerste chaos, iedereen was in de greep van woede en paranoia en gaf anderen de schuld. Ze zouden binnenkort ongetwijfeld de aanval openen en de reclassering de rol van slechterik toebedelen. De media hadden hun bivak al voor het gebouw aan Petty France opgeslagen en liepen er de deuren plat in hun jacht op nieuwe informatie. Zodra het bericht over de moord op Andrew Baynes bekend werd, zou de pleuris helemaal uitbreken. Er had zich nog nooit eerder een situatie voorgedaan die hier ook maar enigszins bij in de buurt kwam.

'Ik weet dat het kerst is en ik weet dat jullie allemaal familieverplichtingen hebben, maar ik heb nu jullie volledige inzet nodig. Jullie moeten vierentwintig uur per dag aan de slag om de mensen te beschermen die aan onze zorg zijn toevertrouwd. Er zal vanuit de samenleving natuurlijk een felle reactie komen, en er zal in de pers veel aandacht aan worden besteed, maar daar mogen we ons niet door laten afleiden. We moeten onze mensen beschermen, dat heeft nu de hoogste prioriteit, en we moeten samenwerken met het politieonderzoek naar de moord op Mark Willis en Andrew Baynes en, misschien nog wel het meest urgent, we moeten zorgen dat Emily Lawrence en haar zoon niets overkomt. Op dit moment zijn zij godzijdank in veiligheid. Ze zijn ondergedoken en er zijn mensen van de reclassering bij hen, maar we kunnen ons niet veroorloven onze aandacht te laten verslappen. Ik vind het niet leuk om het te moeten zeggen, maar nu ook de identiteit van Emily Lawrence bekend is geworden, is het wel duidelijk dat iemand op een hoge positie zeer vertrouwelijke informatie rechtstreeks naar de familie van de slachtoffers lekt.'

Er ging een golf van onrust en woede door het vertrek. Olivia keek naar Isaac, die heel even haar blik beantwoordde, maar zich toen omdraaide. Iedereen, zowel nieuwe als oude collega's, reageerde op zijn eigen manier op deze crisis: sommigen opstandig, maar de meesten waren ronduit in shock.

'Inspecteur Dabral, die het onderzoek naar deze gelekte gegevens leidt, heeft me laten weten dat iemand een week geleden een anoniem bericht heeft gestuurd met de nieuwe identiteit van Emily Lawrence en haar huidige woonplaats, aan haar oudere broer Robert, in Bridgend. Het bericht is verstuurd vanaf een telefoon die in het centrum van Reading, vlak bij het huis van Emily, actief was, dus de dader is dicht bij haar en haar gezin geweest, heeft haar gevolgd en misschien zelfs gestalkt. Een uur geleden heeft het internetforum Immer Waakzaam een recente foto van Emily gepost, voor een Tesco Metro in Reading, vermoedelijk genomen door dezelfde persoon die verantwoordelijk is voor deze gelekte gegevens. Dit maakt de situatie uiteraard nog veel ingewikkelder, aangezien nu iedereen in het land precies weet hoe Emily eruitziet. We kunnen hier natuurlijk maatregelen voor treffen, met name met betrekking tot haar uiterlijk, maar ik ben bang dat het alleen maar nog riskanter wordt. En dat is ook de reden waarom we extreem alert, extra discreet en uiterst professioneel te werk moeten gaan. Niet onnodig informatie met iemand delen, niet met vrienden en familie praten, zelfs niet met collega's, en absoluut geen woord tegen de pers.'

Deze laatste woorden sprak hij sissend uit. Zijn blik dwaalde door het vertrek naar Christopher Parkes, waarna hij zijn aandacht opnieuw op de verzamelde toehoorders richtte.

'Het is een afschuwelijke gedachte dat iemand die wij vertrouwen, misschien zelfs iemand die hier nu aanwezig is, met opzet onze cliënten verraadt en in gevaar brengt, maar tot we erachter zijn wie hiervoor verantwoordelijk is, moeten we een volledige informatielockdown in acht nemen. Er staan levens op het spel, want tot we deze mol hebben uitgerookt, kan ik er eerlijk gezegd niet voor instaan dat er niet nog meer bloed zal vloeien.'

Na afloop van de bijeenkomst bleef Firths ijzingwekkende voorspelling in de lucht hangen. Tientallen reclasseringsambtenaren liepen snel terug naar hun bureau, met hun telefoon tegen hun oor gedrukt. Olivia zag dat Christopher de directeur aan zijn lot overliet en snel terugliep naar zijn kantoor. Ze voegde zich bij hem en ze liepen samen in ongemakkelijk stilzwijgen verder, tot ze veilig buiten gehoorsafstand waren.

'Krachtige taal, al weet ik niet zeker of mensen er vertrouwen in hebben dat hij de situatie aankan,' zei Olivia zacht.

'Het was volkomen zinloos. Een klassiek geval van iemand die het hek dichtdoet nadat het paard ervandoor is gegaan. Maar voor een afscheidsspeech was het behoorlijk inspirerend.'

Olivia keek verbaasd naar hem op.

'Vliegt hij er dan uit? Definitief?'

'Dat heeft de minister van Justitie vanochtend met zoveel woorden in *Today* op de televisie gezegd. Hij schijnt zo ongeveer een beroerte te hebben gekregen toen hij het artikel in de *Daily Mail* zag. Maar goed, dan weet hij nu in elk geval waar wij mee te maken hebben. Dat onze geliefde directeur een hitsige, incompetente zuipschuit is.'

'Moet ik daaruit opmaken...' zei Olivia behoedzaam, '... dat het geen toeval was dat Madeleine Barker gisteravond voor de deur van Petty France stond, klaar om toe te slaan?'

'Toeval of geen toeval,' ontweek Christopher de vraag, 'het was heel nuttig dat ze daar was. Dat maakt de genadeslag sneller, met minder troep. Zo kunnen we vaart maken met hier orde op zaken stellen. Als we onze reputatie bij het publiek ooit willen herstellen, moet de hele dienst van onder tot boven op de schop, met grof geweld. Met een beetje investering zouden we weer een fatsoenlijke, goed functionerende instantie kunnen worden.'

'En heeft iemand het met jou al over die functie gehad? Over wat er gebeurt als Firth weg is?'

'Nog niet, maar ik heb later op de dag een telefoongesprek met de minister staan, dus...'

Ze waren bij zijn kantoor aangekomen en liepen naar binnen.

'Ik ben heel blij voor je,' zei Olivia hartelijk. 'Ik snap dat de omstandigheden niet ideaal zijn...'

'Zo zou je het kunnen zeggen, ja.'

'... maar dit kan voor jou heel goed uitpakken. Hou je gedeisd, ontwijk de kogels die op ons worden afgevuurd en als het moment daar is, presenteer je jezelf als de man die de reclassering komt redden.'

'Het lijkt wel of je mijn gedachten kunt lezen.'

Hij zei het liefdevol en draaide zich met een glimlachje om zijn mond naar haar toe.

'Maar het verbaast me eerlijk gezegd wel dat je zo ambitieus bent voor mij, aangezien je zelf altijd promotie hebt geweigerd – promoties die terecht waren en die je had moeten accepteren.'

'O, begin daar nou niet weer over. Je weet dat ik liever gewoon op de werkvloer ben. Ik wil geen leiding geven, ik wil niet aan het roer staan, maar jij kunt dit met je ogen dicht, en vele malen beter dan Firth.'

'Een kind van drie kan het nog beter dan Firth.'

Olivia pakte haar minnaar lachend bij zijn arm en kneep er even liefdevol in.

'Nou, ik ben blij voor je, Chris. Je verdient het.'

Zijn reactie was subtiel, maar duidelijk: hij beantwoordde haar glimlach, maar trok tegelijkertijd zijn arm los en liep naar het bureau. Zijn secretaresse zat pal achter de deur, en nu hij zijn langgekoesterde ambitie bijna in vervulling zag gaan, kon hij zich geen domme fouten permitteren. Deze afwijzing deed pijn, en Olivia werd opeens overspoeld door verdriet en spijt, maar ze wist het te maskeren en begon op kwieke toon over iets anders.

'Zeg, nu ik je toch spreek: ik wilde je iets over Jack vragen.'

Parkes had zijn e-mails zitten bekijken, maar keek nu naar haar op.

'Wat moet ik met hem?' ging Olivia verder. 'Het risico bestaat natuurlijk dat hij zich al heeft verraden, dus vind jij dat we hem moeten laten verhuizen? Hij begint net een beetje in zijn nieuwe woonplaats te wennen, al lukt dat nog niet erg goed, maar misschien moeten we hem voor de zekerheid toch ergens anders onderbrengen.'

Parkes dacht even na en woog de verschillende mogelijkheden tegen elkaar af.

'Nee, hou hem daar voorlopig maar,' antwoordde hij toen. 'Er wordt momenteel enorm gevochten om de beschikbare veilige adressen, waarvan we er veel te weinig hebben. Hou hem daar maar en zeg er niets over, tot we een goed plan B hebben. Alleen weet ik bij god niet wanneer dat zal zijn. Op dit moment lopen we hier rond als kippen zonder kop.'

Olivia liep nog steeds over deze aanpak na te denken toen ze door de groezelige gang terugliep naar de werkvloer. Ze haalde haar telefoon uit haar zak, tikte koortsachtig een nummer in en had een paar tellen later verbinding.

'Hé, met Jack. Spreek een bericht in.'

Olivia vloekte zachtjes en probeerde het nog een keer, maar kreeg ook nu meteen de voicemail. Deze keer wachtte ze op de piep en sprak in.

'Jack, met Olivia. Bel me zodra je dit hoort.'

Ze verbrak de verbinding en tikte een ander nummer in. Een paar seconden later werd er opgenomen.

'George Simmons.'

'George, met Olivia Campbell.'

'Ik vroeg me al af wanneer je zou bellen.'

Meteen trok er een huivering van schrik door Olivia heen.

'Hoezo? Is er een probleem dan?'
'En of er een probleem is. Die gast van jou heeft me een trap in mijn kruis gegeven, waar alle jongens bij waren.'
'O jezus, George, o, wat erg...'
'Vervolgens trekt hij zijn jas uit en loopt weg. Niet meer gezien. Op dat soort ellende zit ik niet te wachten, en ik laat me al helemaal niet zo behandelen, dus zeg maar dat hij niet meer...'
'Waar is hij naartoe?' onderbrak Olivia hem.
'Nou, heel lief dat je zo met me meeleeft.'
'Het spijt me, George, hij had dat niet mogen doen, maar ik moet hem echt zien te vinden.'
'Ik heb geen idee waar hij zit, en het interesseert me ook niet. Als ik die hufter nog één keer zie, echt, dan...'
Maar Olivia had al opgehangen en rende naar de lift.

62

'Kijk eens aan, wie hebben we daar?'
Jack schrok en keek met een schok op. De lage spottende stem was afkomstig van een gespierde jongeman die nu op hem afliep. Het duurde een paar seconden voordat Jack deze vreemde verschijning kon thuisbrengen, voordat hij begreep dat deze knappe vent zijn kleine broertje was.
'Zo, Danny.'
'Zo.'
Hij reageerde koel en afgemeten, waardoor Jack zich afvroeg of er eigenlijk nog wel iets van genegenheid over was. Ooit waren ze heel dik met elkaar geweest, maar de tijd en de gebeurtenissen hadden hun tol geëist. Hij had Danny al jaren niet gezien en kon hem beslist niet meer zo goed peilen als vroeger.
'Je ziet er goed uit, man,' zei Jack vol bewondering.
'Ik ga vier keer per week naar de sportschool. Ik kan wel zien dat jij niet veel doet. Je wordt dik, man.'
Danny lachte erbij, wat meteen een boze reactie bij Jack opriep. Zijn kleine broertje was altijd zijn schoothond, zijn boksbal geweest, maar nu leek hij het leuk te vinden om Jack op stang te jagen.
'Ik kan je nog steeds aan, hoor, met één hand op mijn rug.'
'Moet je proberen.'

Jack had ontzettende zin om de uitdaging aan te nemen en dat kleine ettertje tegen de grond te werken, maar ze stonden in een biertuin midden in Romford. Hun 'liefdevolle' confrontatie trok nu al de aandacht, dus loodste hij zijn broer mee naar een tafeltje.

'Kan ik iets te drinken voor je halen?'

'Nee, ik hoef niks. Ik ga zo weer,' antwoordde Danny.

'Nou, rot dan maar op. Ik heb je in jaren niet gezien, en dan heb je niet eens vijf minuten voor me?'

Jack zei het met een glimlach op zijn gezicht gebakken, maar zijn ogen glimlachten niet mee.

'Jij hebt míj gebeld, hoor,' beet Danny terug. 'Twee keer zelfs. Terwijl ik aan het werk was. Je mag van geluk spreken dat ik gekomen ben. Ik moest mijn bedrijfsleider smeken of ik iets langer met lunchpauze mocht.'

'Wat ben jij een braaf jongetje geworden. Trouwens, heb je hem bij je?'

Danny knikte en haalde een gehavende iPad en een lader uit een plastic tasje.

'Bedankt, man, tof van je,' zei Jack terwijl hij de apparaten van hem aannam. 'Wat moet je ervoor hebben?'

'Van het huis.'

'Doe niet zo raar!'

'Nee, echt, ik moet geen geld van je. Maar als je gepakt wordt, heb je ze niet van mij.'

'Snap ik,' zei Jack, en hij liet de iPad en de lader in zijn rugzak glijden. 'Ik sta bij je in het krijt.'

'Laat zitten. *For old times' sake*, zullen we maar zeggen.'

Danny zei het met een glimlach, maar Jack merkte wel dat hij elk soort relatie met hem beslist uit de weg wilde gaan, ook een relatie waarbij Jack bij hem in het krijt stond. Hij liet zijn irritatie hierover niet blijken.

'Daar heb je familie voor,' antwoordde hij opgewekt. 'Hoe is het verder met iedereen?'
'Goed wel, geloof ik.'
'Pa?'
'Hetzelfde.'
'Laat maar. En mama? Redt ze het een beetje?'
Deze keer kwam er wel een duidelijke reactie. Danny haalde zijn schouders op en wendde zijn blik af.
'Danny?'
'Op en af, je kent dat wel.'
'Nee, dat ken ik niet, daarom vraag ik ernaar,' antwoordde Jack volhardend, geïrriteerd. 'Ik heb haar al langer dan een jaar niet gezien, en jou al langer dan vijf jaar niet. Er is de laatste tijd niemand bij me op bezoek geweest, vandaar dat ik het vraag. Wat is er aan de hand?'
'Niks. Echt niet. Ik ga maar weer eens.'
Maar Jack was al op hem afgekomen en greep hem bij zijn mouw. Danny probeerde hem van zich af te schudden, maar Jack trok hem dichter naar zich toe en torende daarbij boven hem uit. Al sinds ze klein waren, had hij Danny altijd weten te intimideren, en ondanks het gespierde lichaam van zijn broer was daar nog niet veel aan veranderd.
'Jij gaat hier niet weg voordat je me hebt verteld wat er is.'
De jongere man probeerde nog steeds los te komen.
'Ik meen het, Danny,' fluisterde Jack, terwijl hij hem nog steviger beetpakte.
'Ze heeft kanker, oké?'
'Wat?'
'Longkanker, al een tijdje.'
Jack wist even niet wat hij moest zeggen. Soms hield hij van zijn moeder, soms haatte hij haar, maar dit nieuws kwam toch keihard aan.

'Hoe gaat het met haar? Ik bedoel, komt het goed?' vroeg hij.
Danny's sombere gezicht zei genoeg.
'Jezus christus, ligt ze dan in het ziekenhuis?'
'Nee, ze hebben haar naar huis laten gaan. Ze wilden haar naar een hospice sturen, maar dat wilde ze niet.'
'Hospice? Dus...'
Hij kreeg het niet over zijn lippen, dus Danny zei het maar voor hem.
'Het is stadium vier. Ze zeggen dat het een kwestie van weken is, maar het zou mij verbazen als ze nog zo lang leeft.'
Danny zag er volkomen verslagen uit, alsof hij elk moment zijn kompas, zijn rots in de branding kon kwijtraken. Jack voelde een golf van verdriet over zich heen spoelen. Waarom moest ze nou kanker hebben? Waarom uitgerekend zíj?
'Luister, ze wilde niet dat jij het zou weten,' ging Danny op zachte toon verder. 'Ze wilde eigenlijk dat niemand het wist. Maar ik vind wel dat jij er recht op hebt.'
'En zorg jij dan nu in je eentje voor haar?' vroeg Jack vol ongeloof.
'Er is verder niemand, hè? En ze wilde familie, dus...'
'Ik vind het heel erg, Danny.'
Dat meende hij ook. Hij vond alles heel erg.
'Niks aan te doen, man. Het leven is één grote bak ellende, en dan ga je dood, toch?'
Hij zei het zo verpletterend moedeloos dat Jack opnieuw overmand werd door schuldgevoel.
'Ik ga maar eens. Pas goed op jezelf, Jack.'
Danny draaide zich om en liep rustig weg, de biertuin uit, Jacks leven uit. Jack keek hem na, zijn keel dichtgesnoerd van emotie, met tranen in zijn ogen, somberder dan ooit. Hij was hiernaartoe gekomen in de hoop wat te kletsen, grapjes te maken, herinneringen op te halen, de goeie tijden te doen herleven.

Maar toen Jack zijn broer uit beeld zag verdwijnen, was hij zich plotseling pijnlijk bewust van alles waarvan hij hield en alles wat hij was kwijtgeraakt.

63

Hij vond het heel moeilijk dat de vrouw van wie hij ooit had gehouden hem nu streng toesprak, alsof hij een stout kind was.

'Wat is er aan de hand, Mike? Rachel was gisteravond in alle staten toen ze thuiskwam, en sindsdien niets. Geen telefoontje, geen berichtje, geen excuses. Ik snap niet waarom jij denkt dat je zomaar...'

Mike drukte op de rode knop om de voicemail uit te zetten. Alisons woedende bericht kwam pal na een paar berichten van Simon, en hij kon het even niet meer aan. Hij voelde zich bekritiseerd, slecht behandeld en volledig uitgeput. Hij had op de weg terug uit Colchester zijn ogen bijna niet open kunnen houden, want de ontgoocheling na het drama in het huis van Courtney had hem van al zijn energie beroofd, en hij legde zijn hoofd op het stuur en bad om vergetelheid, om een moment van rust.

Er werd hard op het raam getikt, en hij schrok op. Hij draaide zich gealarmeerd om en zag Graham Ellis door het raam kijken, die zich duidelijk zorgen om hem maakte. Met een gemaakte glimlach op zijn gezicht stapte Mike uit.

'Sorry, Graham, heb ik iets gemist? Hadden wij een afspraak vandaag?'

'Nee, nee,' antwoordde de voormalig inspecteur opgewekt, want hij probeerde zijn bezorgdheid zo goed mogelijk te verber-

gen. 'Ik was toevallig in de buurt en ik dacht: ik ga even bij hem langs.'
'Dat is heel aardig van je,' antwoordde Mike, die donders goed wist dat Graham waarschijnlijk al een uur bij hem voor de deur stond te wachten. 'Kom binnen.'
Mike zette thee. Tot zijn verbazing merkte hij dat zijn handen beefden. Kwam dat door de angst nadat hij door het oog van de naald was gekropen of was het de nawerking van zijn verblijf in de intieme nabijheid van Courtney Turner? Hij vermande zich, zette de twee kopjes op tafel en deed zijn uiterste best om geen hete thee te morsen. Graham maakte een sombere indruk en kwam na de bekende beleefdheden meteen ter zake.
'Er zijn weer een paar dingen gebeurd, Mike, en ik wilde dat je die van mij zou horen, en niet via het nieuws of op social media.'
Mike keek op. Ondanks het feit dat hij dodelijk vermoeid was, was hij toch benieuwd.
'Gisteravond is Andrew Baynes gedood, in zijn flat in Croydon. Hij woonde daar al een aantal jaar onder een aangenomen naam.'
'Andrew Baynes? Was dat die vent die...'
'In de bladen werd hij de Kannibaal genoemd.'
'Ja, dat herinner ik me.'
Mike hield zijn toon neutraal, maar zijn emoties kolkten inmiddels al.
'Weten ze wie het gedaan heeft?' vroeg hij aarzelend.
'Caitlin Rose, de jongere zus van zijn slachtoffer. Zij is in hechtenis genomen en heeft onomwonden verteld dat zij het gedaan heeft. Ze schijnt hem drie weken te hebben gestalkt, voor ze tot actie overging.'
'Jezus christus...'
'Het is natuurlijk een verschrikkelijke tragedie,' ging Graham verder, terwijl hij Mike strak aankeek. 'Maar dit, en de andere

gebeurtenissen van de laatste tijd, doen vermoeden dat iemand binnen de overheid of de reclassering, iemand die toegang heeft tot gevoelige informatie, bewust de identiteit en verblijfplaats van deze criminelen doorgeeft aan de familie van de slachtoffers, met als enig doel dat die mensen iets wordt aangedaan.'

Mike zei niets, maar keek hem recht aan.

'Je zult hier de komende dagen heel veel over te horen krijgen,' ging de voormalig agent kordaat verder. 'Het is één grote bende, een nationaal schandaal. Maar...'

Hij nam nu gas terug en sprak elk woord zorgvuldig uit.

'... ik wil dat je dat allemaal negeert, Mike. Ik wil dat je je ervoor afsluit, voor de gekte in de media, voor de eindeloze commentaren, voor de meningen van beide kampen. Een heleboel mensen zullen proberen om deze situatie uit te buiten, en ik wil niet dat jij daarin wordt meegezogen. Dus als een journalist of een blogger contact met je zoekt, je om je mening vraagt, dan stuur je die weg. En als je een bericht ontvangt met daarin informatie over Courtney Turner of Kaylee Jones, dan wil ik dat je dat bericht wist en me vervolgens direct belt. Zou je dat willen doen?'

Heel even kwam Mike in de verleiding om alles op te biechten. Maar hoe moest hij nu bekennen dat hij zich in de badkamer van Courtney Turner had verstopt en had staan luisteren terwijl zij seks had? Het was zielig en ontluisterend. Maar bovendien was Mike niet bereid om zijn geheime informatie prijs te geven. Deze keer, en waarschijnlijk voor het eerst sinds die afschuwelijke dag tien jaar geleden, wist hij meer dan de politie, de reclassering en de pers. Hij had inzicht, informatie die verder niemand had. En die ging hij niet zomaar opgeven.

'Natuurlijk,' hoorde hij zichzelf zeggen. 'Als jij dat wilt, Graham.'

De voormalig agent keek hem peilend aan en knikte bedachtzaam.

'Neem van mij aan dat dat echt het verstandigst is,' zei hij toen.

Mike reageerde er niet op en pulkte aan zijn nagels.

'Maar goed, ik heb al genoeg van je tijd in beslag genomen,' ging de voormalig agent verder. 'Heb je nog plannen voor vanavond of...'

Hij vroeg het duidelijk meer omdat hij het hoopte dan dat hij het echt verwachtte, en Mike vond het dan ook leuk om hem even versteld te doen staan.

'Nou, ik ga vanavond uit.'

'Kijk aan, dat is leuk...' antwoordde Graham, die op het verkeerde been was gezet.

'Ja, naar de kerstborrel van het werk. Ik wilde eerst niet gaan, want daar ben ik niet goed in, maar dit jaar ga ik maar eens. Een beetje vrolijkheid voor de kerst, waarom niet?'

Mike hield dit nog vijf minuten vol, een en al geforceerde jovialiteit en optimisme, en toen werkte hij zijn ongenode gast de deur uit. Hij gluurde door de kier in de gordijnen en zag Graham Ellis aarzelen, naar het huis omkijken, alsof hij benieuwd was wat Mike nu zou gaan doen, maar toen toch weglopen. Hij keek de voormalig politieagent na tot hij uit het zicht was verdwenen en liep toen snel naar boven, naar zijn slaapkamer, zijn toevluchtsoord. De kerstborrel van zijn werk zou zo beginnen, maar in plaats van naar de kledingkast te lopen, bleef Mike midden in de kamer staan en haalde zijn telefoon tevoorschijn. Hij scrolde door zijn inbox en had al snel het anonieme bericht gevonden.

Courtney Turner woont tegenwoordig onder de naam Sharon Wall op Meadow Lane 24, Colchester, CO1 1AP.

Mike aarzelde even, haalde toen kort adem en drukte op 'wissen'.

64

De zaak liep uit de hand, het onderzoek kon de gebeurtenissen niet bijbenen, maar Chandra wist dat ze ten overstaan van het team geen zwakte mocht tonen. Ze hadden nu haar leiding nodig, of ze het leuk vonden of niet. Dus zette ze met gezaghebbende en duidelijke stem de recente choquerende ontwikkelingen uiteen.

'Emily Lawrence, echte naam Janet Slater. Op 5 december zijn per sms haar identiteit en woonplaats bekendgemaakt, vanochtend stond haar broer plotseling bij haar voor de deur. Ze is voorlopig in veiligheid, maar het had niet veel gescheeld. Haar oudere broer, Robert Slater, heeft bij herhaling tegen iedereen van de pers die maar wilde luisteren gezegd dat hij niet zal rusten tot Janet dood is. In de documenten in jullie dossier kunnen jullie lezen dat de Slaters uit een slechte buurt van Bridgend komen, dat de familie al vóór die twee tragische branden bekend was bij de plaatselijke politie, en dat de familie over het algemeen dingen liever persoonlijk regelt dan dat ze die aan de autoriteiten overlaten. Alles bij elkaar betekent dat dus dat hier sprake is van een derde lek, een derde, heel schadelijk, heel gevaarlijk lek.'

Bezorgde gezichten keken haar aan. Het team moest de informatie met betrekking tot de moord op Andrew Baynes nog verwerken, maar kreeg nu met een heel nieuw onderzoek te maken.

'De informatie is naar Robert Slater toe gestuurd vanaf dezelfde Samsung Galaxy-telefoon als die hiervoor is gebruikt, maar ook nu met een nieuwe simkaart. We hebben hier dus duidelijk met een hardnekkige en georganiseerde dreiging te maken, met iemand die beslist onder de radar wil blijven. De persoon, of personen, die verantwoordelijk is voor deze gelekte gegevens gaat bovendien systematisch, secuur en meedogenloos te werk en heeft als doel om zo veel mogelijk bloed te vergieten op een manier die zo veel mogelijk publiciteit zal krijgen. Dat de identiteit van Janet Slater nu op straat ligt, is de zoveelste mokerslag voor de reclassering en het strafrecht, maar ons biedt het weer nieuwe onderzoeksmogelijkheden, die wellicht cruciale aanwijzingen kunnen opleveren. Hoe ver zijn we met het begeleidingsteam van Reading?'

Rechercheur Reeves reageerde snel, want hij zag wel in dat dit een heel urgente situatie was.

'Dat levert niets op, ben ik bang. Ik geloof niet dat er iemand van het team van Reading bij betrokken is. Niemand heeft de bijeenkomst bezocht vanwaar de info over Mark Willis is gelekt, en ze waren ook niet in Oxford Circus toen de identiteit en woonplaats van Andrew Baynes bekend zijn gemaakt. Bovendien heb ik hun hr-dossiers bekeken, en bij niemand is ooit sprake geweest van insubordinatie, er zijn geen klachten ingediend – het zijn toegewijde ambtenaren. Ik blijf natuurlijk zoeken, maar eerlijk gezegd heb ik daar nog niets gezien waarvan bij mij de alarmbellen gaan rinkelen.'

'Blijf zoeken. En het team in Londen dat Andrew Baynes begeleidde?'

'Ik zou me graag wat nader in Isaac Green willen verdiepen,' liet rechercheur Drummond weten. 'Hij was namelijk wél op de bijeenkomst waar rechercheur Cooke het net over had, en hij was zonder meer in Londen toen de gegevens over Baynes naar

Caitlin Rose werden gestuurd. Ik heb geen idee wat hij die dag verder heeft gedaan, maar dat wil ik wel graag uitzoeken.'
'Waarom uitgerekend hij?' vroeg Chandra scherp. 'Er zaten nog wel meer mensen in het begeleidingsteam van Baynes.'
'Nou, deels omdat hij de enige reclasseringsambtenaar in het team is, iemand die daar al heel lang werkt, die toegang heeft tot alle dossiers en die veel contacten heeft op het hoofdbureau van de reclassering, maar eigenlijk meer vanwege zijn verleden en zijn houding.'
'Ga door,' antwoordde Chandra geïntrigeerd.
'U zou zelf eens moeten kijken, maar uit zijn dossier krijg in de indruk dat hij op voet van oorlog verkeerde met de reclassering. Talloze klachten, beschuldigingen van racisme, duidelijk het gevoel dat hij door zijn huidskleur werd achtergesteld, dat anderen sneller promotie kregen en voor hogere functies. Diverse problemen over geld en pensioenen, maar het hete hangijzer is een verwonding uit het verleden – een steekwond, opgelopen tijdens het werk – waarvan hij het gevoel had dat hij er nooit afdoende voor was gecompenseerd.'
'Ik heb hem laatst ontmoet en toen viel me op dat hij mank liep. Wat is er precies gebeurd?'
'Een van zijn cliënten heeft hem met een mes in zijn buik gestoken,' antwoordde Cooke snel, wat haar op een blik van rechercheur Buckland kwam te staan. 'Een voormalig inbreker en dealer die op dat moment onder invloed van drugs was. Daarbij is een zenuw in Greens been doorgesneden, en sindsdien is hij nooit meer honderd procent mobiel geworden. Green heeft een bescheiden bedrag gekregen, maar heeft onophoudelijk verzoeken ingediend om herziening en extra geld.'
'Dus u denkt dat hij verbitterd is, opgebrand? Misschien dat hij zelfs actief vijandig tegenover de reclassering staat?'
'Dat zou kunnen,' antwoordde de jonge rechercheur. 'Hij ver-

schijnt nog steeds op zijn werk, hij maakt zijn uren, maar je vraagt je af of hij er wel echt bij betrokken is, gezien die voortdurende kritiek en al dat geklaag.'

Chandra knikte, ze moest dit even op zich laten inwerken. Tijdens haar gesprek met Green had ze het gevoel gehad dat er iets niet klopte.

'Goed werk, laat hem maar weer komen. Ik praat wel met hem. In de tussentijd nemen jullie contact op met de hr-afdeling van de reclassering en verzamelen jullie de belangrijkste feiten over het conflict dat hij met ze heeft. En zeg tegen het digitale team dat we een overzicht van minuut tot minuut nodig hebben van zijn verplaatsingen en contacten op 7 november, 28 november en 5 december.'

'Maar kan hij dan bij dat soort gegevens?' onderbrak rechercheur Buckland haar, die ook graag een punt wilde maken. 'Ja, Green was op de hoogte van de woonplaats en nieuwe identiteit van Baynes, maar kan hij ook over Mark Willis hebben geweten? En over Janet Slater? Voor zover ik kan overzien had hij geen enkel contact met het begeleidingsteam van Bolton of Reading, dus hoe moet hij die informatie dan in handen hebben gekregen?'

'Daar moeten we dus achter zien te komen,' antwoordde Chandra kalm. 'De verblijfplaats en identiteit van criminelen die levenslange anonimiteit toegezegd hebben gekregen, staan gecodeerd in het Delius-systeem van de reclassering, in dossiers met beperkte toegang. De lijst mensen die hierin kunnen kijken is bijzonder kort: Jeremy Firth, de directeur, zijn plaatsvervanger Chris Parkes, de minister van Justitie, zijn staatssecretaris Guy Chambers, en een kleine groep hooggeplaatste ambtenaren...'

'Dat bedoel ik dus,' onderbrak Buckland haar. 'Isaac Green hoort daar niet bij. Dat is een onderknuppel, meer niet.'

'Een onderknuppel met tientallen jaren ervaring als reclasseringsambtenaar. Misschien heeft hij banden met mensen die nu in Bolton of Reading werken, misschien heeft hij die contacten actief in stand gehouden, heeft hij wel eens een roddeltje doorverteld, of een keer iets indiscreets gezegd.'

'Of misschien heeft hij banden met iemand op het hoofdkantoor die wel toegang heeft tot de dossiers,' probeerde rechercheur Drummond. 'Ik weet dat je zou moeten kunnen nagaan wie de dossiers heeft ingezien, maar als je een beetje technisch bent, moet dat toch te omzeilen zijn?'

'Dat is zeker een mogelijkheid, en dat moeten we ook onderzoeken. Maar we moeten ons in de eerste plaats richten op Greens contacten met andere ambtenaren die de meest geruchtmakende criminelen onder zich hebben. Ik wil zo snel mogelijk een dossier over elke reclasseringsmedewerker die zo'n gevoelige casus behandelt.'

'Succes ermee,' zei Buckland. 'Dat soort informatie laat de reclassering zich niet snel ontfutselen.'

'Dan zullen we met heel goede argumenten moeten komen,' beet Chandra snoeihard terug. 'Het gaat hier wel om moord, hè?'

Ze bleef Buckland net lang genoeg aankijken om de lager geplaatste agent de ogen te laten neerslaan. Toen richtte ze zich weer tot het team.

'Terwijl we daarop wachten, wil ik de tijdstippen en de locaties van de lekken zelf onder de loep nemen. We weten dat alle drie de berichten met dezelfde telefoon zijn verstuurd, maar wel met verschillende simkaarten. We kunnen er daarom wel van uitgaan dat de verdachte iemand is die de huidige identiteit en verblijfplaats van Willis, Baynes en Lawrence heeft ontdekt en toen die informatie wereldkundig heeft gemaakt, twee keer toen diegene in Londen was en één keer toen diegene in Reading was.'

'Dat stukje snap ik dus niet,' onderbrak rechercheur Buckland haar. 'Stel dat die vent in Londen woont, zoals de eerste twee lekken doen vermoeden. Waarom zou hij dan helemaal naar Reading gaan, alleen maar om dat bericht te versturen?'

'Waarschijnlijk om deze foto te kunnen nemen,' antwoordde Chandra snel, en ze tikte op het kiekje van Emily Lawrence voor de Tesco Metro. 'Misschien wilde onze man bevestigen dat Emily Lawrence écht Janet Slater was, of misschien wilde hij de foto voor de zekerheid, voor het geval ze erin zou slagen aan de aandacht van haar broer te ontsnappen. Door die foto online te posten, kon onze verdachte ervoor zorgen dat Emily Lawrence geen kant op kon.'

'Dus de gedachte is nu dat deze foto op dezelfde dag is genomen als de info over Emily Lawrence naar buiten is gebracht?' vroeg rechercheur Reeves.

'Daar moeten we achter zien te komen,' antwoordde Chandra. 'Aan de kerstposters in de etalage van de Tesco kun je zien dat hij recent is genomen, dus het kán zijn dat hij op de vijfde is genomen, maar dat moeten we nog zien vast te stellen. Laten we deze foto naar buiten brengen, in de kranten, op social media, om te kijken of we een exacte datum en tijd kunnen achterhalen.'

'Is dat niet erg gevaarlijk?' vroeg rechercheur Drummond. 'Zo weet iedereen toch hoe Emily Lawrence eruitziet?'

'We zullen haar gezicht blurren, zodat ze onherkenbaar is. Het gaat erom dat het publiek de foto ziet, dat ze kunnen kijken of ze er zelf op staan. Er staat een oude dame op, maar ook een jonge moeder, misschien kunnen zij ons helpen vaststellen wanneer hij precies is genomen. Tot die tijd gaat het ons vooral om het tijdstip en de locatie van de lekken zelf. We moeten precies weten wie waar wanneer was. Dat willen we natuurlijk van Isaac Green weten, maar verder ook van iedereen op die lijst. Als we iemand kunnen plaatsen in het Excel Centre op 7 november, op Oxford Circus op 28 november én in Reading op 5 december, dan hebben we hem. Aan de slag dus maar...'

Iedereen ging helemaal opgeladen snel terug naar zijn bureau. Chandra keek hen opgelucht na, maar toen haar oog op de lijst viel die voor haar lag, zonk de moed haar in de schoenen. Ze had het onderzoek weer op de rails, maar er stond hun wel een heel lastige taak te wachten. Ze hoopte maar dat haar theorieën over de datalekken klopten, maar de meer voor de hand liggende verklaring luidde dat een hooggeplaatst persoon met toegang tot zeer vertrouwelijke informatie deze met opzet naar buiten bracht om ervoor te zorgen dat het recht zou zegevieren. Daarmee maakte diegene hun roeping te schande. Het druiste misschien tegen haar intuïtie in, maar zij waren allemaal verdachte en zouden allemaal onder de loep moeten worden genomen.

Ze liet haar blik langs de rij hooggeplaatste ambtenaren, directeuren, ministers en staatsecretarissen gaan, en Chandra voelde haar stemming tot het nulpunt dalen en haar stressniveau omhoogschieten. Dit handjevol namen was voor een eenvoudige inspecteur een heuse doos van Pandora die haar carrière wel eens om zeep zou kunnen helpen. Isaac Green was hoofdverdachte, maar al deze belangrijke figuren zouden ondervraagd moeten worden. Daar verheugde Chandra zich niet bepaald op, want ze wist dat ze daarmee haar hoofd op het hakblok legde, maar uitstellen was geen optie. Als het gedaan moest worden, dan maar liever zo snel mogelijk en op een persoonlijke manier – daarom maakte Chandra de afspraken zelf. Met een zucht draaide ze zich om, liep snel terug naar haar kantoor en deed de deur goed achter zich dicht.

65

Sam ging naar de badkamer, deed zijn ogen dicht en hoopte dat deze nachtmerrie snel voorbij zou zijn, dat hij thuis in zijn eigen bed wakker zou worden en dat deze hele verschrikking en deze pijn als sneeuw voor de zon zouden verdwijnen. Diep in zijn hart wist hij wel dat dit echt was, dat het echt gebeurde, en daarom verstopte hij zich op de badkamer van een hotel op Heathrow.

De afgelopen paar uur waren verschrikkelijk geweest. Hij vond het vreselijk om zijn moeder zo te moeten zien – doodsbenauwd, gebukt onder schuldgevoel en met fysieke pijn had ze haar macabere verhaal gedaan. Maar hij vond het ook vreselijk wat ze hem had verteld – die afschuwelijke opeenvolging van afwijzing, woede en geweld die haar jeugd had verziekt en twee onschuldige kinderen het leven had gekost. Maar het ergste van dat alles, als zoiets mogelijk was, was het feit dat alles wat hij voor waar had aangenomen een leugen bleek te zijn. Hij was jarenlang opgegroeid met het verhaal dat zijn moeder hem steeds had voorgeschoteld, over dat haar ouders, toen zij klein was, bij een auto-ongeluk om het leven waren gekomen, dat ze enig kind was en altijd naar een broertje of zusje had verlangd. Het waren leugens, allemaal leugens.

Sam voelde zijn maag opspelen, viel neer op zijn knieën en gaf hevig over in de wc-pot. Het ging snel en het deed pijn, drie fikse golven, en toen was het voorbij. Meteen hoorde hij dat er zachtjes op de deur werd geklopt, maar daar reageerde hij niet op. Hij wilde niet met haar praten, hij wilde haar nog niet onder ogen komen. Hij moest even alleen zijn.

Sam ging met zijn rug tegen het bad zitten en probeerde een beetje tot zichzelf te komen. Wat moest hij nou doen? Hoe moest hij in vredesnaam met zoiets omgaan? Moest hij het zijn moeder verwijten, moest hij haar vervloeken omdat ze zo wreed, gewelddadig en onbetrouwbaar was geweest? Of moest hij medelijden hebben met een vrouw die duidelijk helemaal kapot was van de bekentenissen die ze die dag had moeten doen? Moest hij haar in de steek laten en de benen nemen? Of moest hij haar proberen te steunen en zichzelf voor ogen houden dat ze hem vele jaren met liefde en toewijding had overladen? Zijn hoofd spatte er bijna van uit elkaar en hij wilde het liefst Gavin bellen om wat stoom af te blazen en zich te laten troosten, maar zou hij hem daarmee niet ook in gevaar brengen?

Het was een schokkende, verwoestende gedachte. Het was een verbijsterend idee dat er mensen rondliepen die zijn moeder iets wilden aandoen, en hemzelf misschien ook wel. Het idee dat hun woede zo groot was dat ze zelfs na al die jaren echt bloed wilden vergieten, ging je verstand te boven. Wie wáren die mensen? En hoe ernstig was de bedreiging die zij vormden? Sam haalde zijn telefoon uit zijn zak. Na een korte aarzeling googelde hij 'Janet Slater'. Hij was hier niet klaar voor, hij wist niet of hij het wel aankon, maar hij móést weten waar ze mee te maken hadden.

Het eerste wat er verscheen was een foto van Janet toen ze jong was, negen jaar. Die kwam keihard bij Sam aan – het lieve plaatje van het meisje met de scheve tanden in haar onverzorgde schooluniform. Hij had deze foto nog nooit eerder gezien, hij had zelfs nog nooit een foto van zijn moeder als kind gezien, en onder normale omstandigheden zou zijn hart een sprongetje hebben gemaakt. Maar deze foto was bedoeld om het gezicht van een misdadiger te tonen, een dubbele moordenaar die geraffineerd naar de camera glimlachte. Het sloeg nergens op, het kon niet waar zijn, maar de lappen tekst rond de foto maakten het wel duidelijk, net als de foto's van de verbrande huizen, van de kinderbegrafenissen en de rechtbanktekeningen van de kleine Janet in het beklaagdenbankje. Dit soort dingen had hij wel eens in documentaires gezien... maar nu ging het om zijn eigen moeder.

Hij scrolde snel door, las de choquerende details over de misdrijven, uit de mond van de brandweerlieden die erbij waren geweest en die over misselijkmakende beelden vertelden die hun hun hele leven zouden bijblijven. Daarna las hij bijzonderheden over het onderzoek en de rechtszaak, over dat Janet in de rechtbank had zitten giechelen, over haar verklaring, waarin ze zei dat ze 'het fijn vond om dingen pijn te doen die niks terug konden doen'.

Sam liet zijn telefoon vallen, en het toestel viel met een gemene klap op de tegels. Hij kon niet verder lezen, hij kon het niet meer aan, en hij liet zijn gezicht in zijn handen zakken. Hij dacht dat hij zijn moeder kende, dat hij van haar hield, dat hij haar begreep.

Maar wie wás deze vrouw in godsnaam?

66

Ze was net een magneet die hem naar huis trok. Jack had niet veel fijne herinneringen aan zijn moeder – ze had hem verwaarloosd en geen oog gehad voor zijn ellende – maar er waren wel degelijk vluchtige momenten van liefde geweest. De step die ze hem voor zijn vijfde verjaardag had gegeven, de glimlach die hij van haar kreeg als hij een boodschap voor haar ging doen, de aandacht waarmee ze hem overlaadde als hij in het park zijn knie aan glasscherven had opengehaald. Deze eenvoudige blijken van vriendelijkheid, deze korte flitsen van moederliefde oefenden sterke invloed op hem uit, vandaar dat hij nu op pelgrimstocht naar Southend was. Ze was immers zijn moeder, dus hij móést haar zien.

Tijdens de treinreis had hij al een bang voorgevoel gehad en naarmate hij dichter bij zijn vroegere woonplaats kwam, werd hij steeds zenuwachtiger. Hij reisde in zijn eentje, Danny wist niet dat hij deze onbezonnen trip maakte, en dat vond Jack prima zo. In zijn eentje kon hij zorgen dat hij geen aandacht trok, en bovendien wilde hij niet dat zijn broertje aan de familie zou vertellen dat hij kwam; hij wilde niet dat ze gewaarschuwd of op hun hoede waren. Hij had de situatie onder controle, maar voelde zich toch gespannen en angstig, alsof er om elke hoek gevaar dreigde.

Hij liep met gebogen hoofd en zijn pet diep over zijn ogen door de toegangspoortjes. Maar niemand was in hem geïnteresseerd, hij was gewoon iemand die erdoorheen ging. Toen Jack de straat op liep, voelde hij een hevige steek van emotie. Alleen al hoe het hier rook en het geluid van de krijsende meeuwen voerden hem terug naar zijn jeugd, een periode van turbulentie, geweld en zo nu en dan iets leuks. De winkelpuien waren veranderd, maar de straten waren nog hetzelfde, en met iets wat vaag op blijdschap leek liep hij er snel doorheen. Hij kénde het hier, deze stad was hem net zo vertrouwd als zijn eigen gezicht. Hij kende alle achterafstraatjes, alle snelle routes, waar je wel kon komen en waar beter niet. Hij voelde zich machtig, de situatie meester, en die gevoelens werden versterkt doordat dit bezoek geheim en verboden was. Hij voelde zich weer leven, niet langer op achterstand staan, opnieuw de baas over zijn eigen leven.

Jack liep snel door; hij vermeed de kade, ontweek de drukte en nam alleen de verlaten straten, weg van de toeristen. Dit was zíjn Southend, de straten en steegjes waarvan bezoekers het bestaan niet eens vermoedden. Hij hield van dit soort straten, want die waren echt en op een bepaalde manier eerlijk, maar naarmate hij Marlborough Road naderde, voelde hij zijn maag samenballen. Hij had heel intuïtief en impulsief besloten om hierheen te gaan en er niet echt over nagedacht wat hij zou zeggen of hoe hij zou worden ontvangen. Het was natuurlijk nog niet te laat om ervan af te zien; hij kon terug naar Londen en allemaal leugens en excuses verzinnen, maar zijn voeten liepen door, bijna alsof hij daar zelf niets over te zeggen had, en dreven hem naar huis.

Tien minuten later was hij er. Hij stond voor Marlborough Road 43, een verwaarloosd negentiende-eeuws rijtjeshuis dat betere tijden had gekend. Heel even was hij weer een kind, dat schreeuwend en ruziemakend, lachend en vechtend door die afbladderende deur het huis binnenging. Het was toch niet alleen maar ellende geweest? Boos zette hij die gedachte van zich af. Het was altijd klote geweest, maar het was wel waar hij vandaan kwam. Dit was wie hij was, dus liep hij het stoepje op en klopte venijnig aan.

Stilte. Toen hoorde hij binnen iemand hoesten, maar geen beweging. Hij klopte opnieuw aan. Weer gehoest, maar weer kwam er niemand. Dus bukte Jack zich en tilde de mat op. Zoals altijd lag daar een roestige loper. Jack glimlachte bij zichzelf, maakte de deur open en glipte naar binnen.

De voorkamer was donker en somber, en er hing een zware geur van sigaretten. Die geur associeerde hij altijd met zijn moeder, en hij werd overspoeld door emoties. Daar was ze, in levenden lijve. In het begin had ze hem nog wel bezocht in de jeugdgevangenis, wanneer tijd en geld dat toelieten, en leek ze dat ook wel fijn te vinden. Later werden deze bezoekjes echter steeds zeldzamer, met tot gevolg dat hij haar inmiddels al meer dan een jaar niet had gezien. Nu begreep hij waarom. Ooit was ze een brede en krachtige vrouw geweest, maar nu was er nog maar een schim van haar over: ze zat in elkaar gedoken, was verschrompeld en uitgehold door een kwaadaardige agressieve ziekte.

'Wie is daar?' vroeg Pam Peters schor en argwanend.

Jack aarzelde. Wat moest hij nou antwoorden op die vraag? Hij liep verder, tot in het licht. 'Ik ben het, mam,' zei hij toen.

Hij zag zijn moeder ervan schrikken dat hij zo plotseling in het ouderlijk huis stond. Ze keek hem uitdrukkingsloos aan, alsof ze haar eigen ogen niet geloofde.

'Sorry dat ik zomaar ineens langskom, maar ik móést je even zien. Ik hoorde van Danny dat je ziek was en...'

'Ben je het echt?'

Ze fluisterde het, want door zuurstofgebrek en opwellende emoties kreeg ze bijna geen adem.

Jack liep wat dichter naar haar toe en ging voor haar op zijn knieën zitten.

'Ja, ik ben het echt,' zei hij, en hij glimlachte door zijn tranen heen.

'Kyle toch,' fluisterde ze, terwijl ze hem met haar knokige hand over zijn wang aaide.

Toen brak hij, en snikkend legde hij zijn hoofd op haar knie. Al jaren had niemand hem zo genoemd, en het voelde zo heerlijk, zo goed, dat hij het even niet meer had en zijn tranen de vrije loop liet. Hij was bij zijn moeder. Hij was thuis.

Hij wist niet hoelang hij had gehuild, maar op een gegeven moment deed ze zijn hoofd omhoog en droogde zijn tranen af.

'Sta op, zoon,' zei ze schor. 'Dan kan ik je beter bekijken.'

Hij deed wat ze vroeg, veegde de tranen van zijn wangen en glimlachte verlegen terwijl zij hem eens goed bekeek.

'Een echte vent. Een echte knappe vent.'

Jack knikte, maar zei niets, want hij was te zeer geëmotioneerd.

'Hoe gaat het met je? Ik heb gehoord dat je bent vrijgelaten.'

Ondertussen viste ze een pakje Lambert and Butler uit de zak van haar kamerjas.

'Wel oké. Ik woon in...'

Hij hield het nog net voor zich.

'Ik heb tegenwoordig een woning, en een baan. Dus het gaat best goed.'

'Mooi zo,' antwoordde zijn moeder, terwijl ze de lange sigaret aanstak en een diepe teug nam.

'En jij? Die hebben je niet veel goed gedaan, hè?' zei Jack bij wijze van grapje, en ze glimlachte er sarcastisch om.

'Ach, ieder mens heeft recht op een pleziertje, toch?'

Jack glimlachte nog steeds, maar voelde woede de kop opsteken. Zijn moeder was altijd alleen maar in pleziertjes geïnteres-

seerd geweest – drank, mannen, drugs –, in alles wat haar afleidde van haar verantwoordelijkheden, haar kinderen, haar leven. Ze wist wat zich in dit huis had afgespeeld, ze wist over het afgrijselijke misbruik dat onder haar dak plaatsvond, maar ze had niets gedaan en de voorkeur gegeven aan verdoving. Jack onderdrukte de opkomende gal en ging verder.
'Wat zeggen de dokters? Word je behandeld?'
'Daar ben ik mee gestopt,' antwoordde ze geringschattend. 'Dat had toch geen zin meer, en ik voelde me er alleen maar beroerd door. Ik denk dat je net op tijd bent.'
Ze lachte verbitterd en kreeg toen een hoestbui, een gemene droge hoest die Jack door merg en been ging.
'Zeg dat nou niet, mam. Je kunt er toch tegen vechten?'
'Laat me niet lachen. Ik heb al jaren geen vechtlust meer.'
Ze staarde hem aan, en haar toon was veelbetekenend en scherp.
'Doe niet zo raar, je bent ijzersterk.'
'Vroeger misschien, maar nu niet meer. Nu heb ik deze alleen nog, en Jameson's. Maar dat is prima, daarmee zit ik de rit wel uit.'
'Zo mag je niet denken. Je hebt Danny nog. Je hebt mij nog. En de anderen. Nog genoeg om voor te leven.'
'Misschien, misschien...'
'Ik meen het,' ging Jack verder, en hij ging weer voor haar op zijn knieën zitten. 'Je hoeft het niet op te geven, nóg niet in elk geval. Probeer te genieten van de tijd die je nog hebt. Je moet proberen om naar buiten te gaan. Danny kan je wel helpen. En...'
Hij aarzelde even en werd plotseling nerveus.
'... en als je wilt, kan ik ook langskomen en met je naar buiten gaan,' voegde hij er toen aan toe. 'Ik weet dat het tegen de regels is, maar als we voorzichtig zijn...'

'Nee.'
Het klonk zo definitief dat hij ervan schrok.
'Ik bedoel niet regelmatig of zo,' krabbelde Jack terug. 'Maar ik wil graag helpen.'
'Nee, Kyle. Dit was je laatste bezoek.'
Hij keek haar met stomheid geslagen aan.
'Kijk me niet zo aan,' voer ze plotseling boos tegen hem uit. 'Je had hier helemaal niet mogen komen.'
'Maar ik wilde je zien.'
'Nou, je hebt me gezien. Dus nu kun je weer gaan.'
Jack wist niet hoe hij het had en was overrompeld door haar plotseling kille houding.
'Waarom doe je zo tegen me?' wierp hij tegen. 'Ik ben gekomen omdat ik me zorgen maakte over...'
'Waarom ik zo doe? Vraag je me dat nou echt?'
Ze beet het hem kortaf en duidelijk toe; woede maakte haar tong scherp.
'Heb jij enig idee wat je deze familie hebt aangedaan?'
'Natuurlijk weet ik dat. Ik weet dat ik de boel verkloot...'
'Nee, je hebt geen idee. Geen flauw idee. Want je bent alleen maar in jezelf geïnteresseerd. Altijd al...'
Jack was sprakeloos, zo onrechtvaardig vond hij deze beschuldiging, en het duurde even voor hij zijn tong weer terug had.
'Hoe kún je dat tegen me zeggen? Uitgerekend jij?'
'O, doe me een lol, zeg. Je bent een egoïstische rotzak en dat weet je donders goed.'
'Ach, rot toch op,' zei Jack schor, boos en overstuur.
'Nee, rot jíj op, Kyle. Omdat je hierheen gekomen bent, omdat je deze familie kapot hebt gemaakt, omdat je geboren bent.'
Hij staarde haar verbijsterd en ontdaan aan.
'Ik weet dat je vindt dat je het zwaar hebt gehad, nou, neem van mij aan dat jíj nog geluk hebt gehad. Jij kon hier weg. Wij

moesten hier blijven. Wij moesten het allemaal verduren: de beledigingen op straat, de bakstenen door het raam, de voordeur helemaal volgesmeerd met hondenpoep. Vroeger kende ik hier iedereen, de mensen mochten ons zelfs graag. Nu willen de mensen niets met me te maken hebben. Ik had vroeger vrienden, Kyle, ik had een gezin, ik had een leven. Nu ben ik die hoer, dat kutwijf, dat monster aan het eind van de straat. Ik ben bespuugd, mensen steken over als ze me tegenkomen, schelden me uit voor alles wat los en vast zit. Danny is al drie keer mishandeld, je zus twee keer... dus waag het niet om tegen mij te zeggen dat ik egoistisch ben. Dat ben jíj, Kyle. Jij met je geweld, je verknipte gedrag, je verdorven verlangens. Mijn zoon, de kinderlokker. Nou, ik hoop dat je ervan genoten hebt, jongen, want het heeft ons leven echt volledig om zeep geholpen.'

Jack wankelde geschrokken, misselijk naar achteren. Hij was duizelig, kreeg geen adem en stond te tollen op zijn benen van deze langdurige verbale aanval.

'Hou alsjeblieft op, mama. Hou op,' fluisterde hij.

'Ja, de waarheid valt niet mee, hè?' hitste ze hem op. 'Nou, het is hoog tijd dat je die eens te horen krijgt. Hoog tijd dat je je gaat realiseren wat je ons hebt aangedaan. Want het is jóúw schuld dat wij de deur niet meer uit kunnen, dat we niet iets kunnen gaan drinken, dat we niet kunnen gaan dansen, niks. We zijn verdomme paria's in onze eigen stad geworden, en dat komt allemaal door jou.'

Jack kwam overeind; hij wilde zich voor haar wreedheid afschermen, hij wilde hier weg. Maar ze was nog niet klaar.

'Ik hou nog steeds van je, denk ik, daar kom je als moeder niet onderuit. Maar je hebt mijn leven verpest, jongen. Je hebt van ons allemaal het leven verpest. Dus ga weg en laat je hier nooit meer zien.'

Ze keek hem giftig aan en besloot met: 'Je had hier nooit mogen komen.'

67

Hij liep moeizaam de kamer door, keek haar boos aan en plofte met een geërgerde zucht neer op de plastic stoel. Met zijn wandelstok sloeg hij hard op de tafel.
'Fijn u weer te zien, meneer Green,' zei Chandra Dabral vlak.
'Ik wou dat ik dat ook kon zeggen,' antwoordde de reclasseringsmedewerker kwaad. 'Ik hoor op kantoor te zitten en deze ellende te onderzoeken, in plaats van voor de derde keer mijn verklaring te moeten bespreken.'
'Dan zult u wel blij zijn dat ik een paar nieuwe vragen voor u heb. Want we willen natuurlijk geen ouwe koeien uit de sloot halen.'
'Hoe bedoelt u, nieuwe vragen?' vroeg Green bezorgd.
'Ik probeer een beeld te krijgen van uw gaan en staan van de afgelopen zes weken.'
'Hoezo?'
'Ik ben vooral benieuwd waar u op 7 november was,' ging Chandra verder, zonder op zijn vraag in te gaan. 'Klopt het dat u toen op een congres in het Excel Centre in Shepherd's Bush was?'
Een korte stilte. Toen knikte Green, die nu op zijn hoede was.
'Mooi. En 28 november? Was u die dag in Londen?'
'Als dat een doordeweekse dag was, ja. Waarschijnlijk op huisbezoek bij cliënten.'

'Iemand in de buurt van Oxford Circus?'
'Niet dat ik weet.'
'Hebt u de achtentwintigste de hele dag gewerkt?'
'Van vroeg tot laat.'
'Maar uw telefoon schijnt die ochtend te zijn uitgezet, want tussen acht en tien uur is er geen enkel signaal van opgevangen. Voor zover ik weet moeten reclasseringsmedewerkers van uw rang en met uw ervaring te allen tijde bereikbaar zijn, gezien uw speciale verantwoordelijkheden, toch?'
'Kan ik er iets aan doen als mijn telefoon zo nu en dan uitvalt? Ik zat waarschijnlijk in de metro...'
'Twee uur lang?'
'Of ergens waar geen bereik was. U weet hoe dat gaat in Londen.'
Hij zei het op vlakke toon, maar Green had nu onmiskenbaar een vijandige houding aangenomen.
'En 5 december dan? Was u toen in Londen?'
'Ik neem aan van wel.'
'Hoeft u nooit in andere steden te zijn? Of, om wat specifieker te zijn: bestaat er een kans dat u die dag tijdens uw werkzaamheden in Reading bent geweest?'
'Nee. Mijn cliënten zitten allemaal in Londen. Janet Slater valt onder de verantwoordelijkheid van iemand anders.'
Green zei het met een fonkeling in zijn ogen, alsof hij Chandra te slim af was geweest door te snappen waarom ze dit vroeg.
'Onder wiens verantwoordelijkheid dan?' vroeg de politieagent.
'Geen idee. Haar begeleidingsteam in Reading, neem ik aan. Daar bemoei ik me niet mee.'
'Tenzij u zich daar wel mee bemoeit.'
'Hoor eens, ik heb u al verteld dat ik die dag in Londen was...'
'De hele dag?'

'Ja.'
'Maar u schijnt die dag anders wel weer een tijdje geen bereik te hebben gehad. Geen berichten, geen telefoontjes, geen enkel signaal tussen elf uur 's ochtends en twee uur 's middags. Alle tijd om naar Reading te gaan en weer terug te komen, mocht dat nodig zijn...'
'Inspecteur, waar wilt u naartoe?' zei Green zacht, terwijl hij zich agressief naar voren boog. 'Ik heb niets verkeerds gedaan, maar toch blijft u me lastigvallen. Ik zou maar voorzichtig zijn als ik u was, want ik heb genoeg ervaring met dit soort dingen en ik laat niet over me heen lopen...'
'Ja, daar wilde ik het net over hebben,' antwoordde Chandra afgemeten. 'Uw vete met de reclassering...'
Terwijl ze dat zei, sloeg ze haar dossier open, waarin verschillende papieren bleken te liggen.
'Ik heb uw hr-dossier eens bekeken. Ik heb al zeven verschillende klachten tegen uw werkgever geteld, maar de voornaamste heeft te maken met uw in het verleden opgelopen verwonding. Zou u me daar iets meer over willen vertellen?'
Green aarzelde even en keek nu voor het eerst onzeker uit zijn ogen.
'Wat valt er te vertellen?' antwoordde hij toen maar, boos en verbitterd. 'Het staat allemaal in dat dossier. Die vent was niet eens mijn cliënt, ik viel gewoon in voor een collega. Hij was zo stoned als een garnaal, paranoïde, zei dat hij stemmen hoorde die hem vertelden dat hij mij moest aanvallen. Het duurde bijna een uur voor de ambulance er was, en tegen die tijd was mijn been naar de kloten. Ik heb een paar weken in het ziekenhuis gelegen, en in die tijd ben ik één keer door personeelszaken gebeld. Eén keer. Niemand is bij me langs geweest, niemand heeft met me gepraat. Ik moest zelf mijn taxi terug naar huis betalen.'
'Daar was u natuurlijk heel boos over...'

'Ik was woedend. Maar dat was niet het ergste. Dat kwam later: een brief met excuses en twintigduizend pond. Twintigduizend! Dat dekt bij lange na niet wat ik door die hufter ben kwijtgeraakt...'
'Wat bent u dan kwijtgeraakt?'
'Alles. Ik kon me maandenlang niet goed bewegen, ik kon niet slapen van de pijn. Van mijn zelfvertrouwen was niets over, ik was verbitterd, afgeleid. Mijn vrouw heeft het nog een jaar met me uitgehouden, maar toen is ze vertrokken, en ook al heb ik haar indertijd uitgemaakt voor van alles en nog wat, ik kan het haar niet kwalijk nemen, om wat ik geworden was, om wat ze van me gemaakt hadden.'
'Wat erg, Isaac, daar wist ik niets van.'
'Nou, daar heb je het al. U weet dus blijkbaar niet alles.'
Hij ging weer achteruitzitten, rood aangelopen, maar wel triomfantelijk.
'Zou u zeggen dat u een persoonlijke animositeit jegens de reclassering voelt?'
'Normale taal, graag...'
'Zou u zeggen dat u een actieve hekel aan de reclassering hebt? Dat u in een voortdurende vendetta tegen de dienst verwikkeld bent?'
'Totaal niet. Ik wil rechtvaardigheid. Ik wil waar ik recht op heb.'
'En als u het gevoel hebt dat dat niet gaat gebeuren? Dat ze u niet gaan geven waar u recht op hebt?'
Green keek even alsof hij hierop antwoord ging geven, maar plotseling deinsde hij ervoor terug.
'Ik heb er alle vertrouwen in dat ik krijg waar ik recht op heb. Het recht zal uiteindelijk altijd zegevieren,' besloot de reclasseringsmedewerker, en hij leunde achterover en sloeg zijn armen over elkaar.

Chandra keek hem aandachtig aan, want ze had het gevoel dat hij zich dreigde af te sluiten.

'Nog één ding. Hebt u ooit gebruikgemaakt van interne systemen of dossiers van de reclassering waarvoor u geen toestemming had?'

Green knipperde met zijn ogen, want deze plotselinge koerswijziging verbaasde hem.

'Pardon?'

'Het is een eenvoudige vraag. Hebt u ooit interne protocollen geschonden om toegang te krijgen tot vertrouwelijke informatie die niet voor u bestemd was?'

'Absoluut niet. Dat is reden voor ontslag.'

Hij zei het snel en vol overtuiging, maar Greens ogen vertelden een heel ander verhaal.

'Kan ik gaan? Er ligt een heleboel werk op me te wachten.'

68

Waar was hij in godsnaam?
Olivia keek zoekend de straten af in de hoop een glimp op te vangen van Jacks in elkaar gedoken gestalte, schuifelend op weg naar huis. Ze had al twee rondjes gemaakt door de straten rond de bouwplaats en was de tweede keer vaak blijven staan om te kijken of hij niet in een van de cafés zat. Maar dit had niets opgeleverd, dus was ze snel teruggereden naar Tottenham Hale. Ze had het huis van onder tot boven doorzocht, was toen weer op pad gegaan en tijdens haar vergeefse rondjes door de wijk een paar keer langs het huis gereden. Maar dat bleef donker en verlaten; het was een raadsel waar de enige bewoner uithing.

Ze toetste nog een keer zijn nummer in, maar het resultaat was voorspelbaar.

'Hallo, met Jack. Laat een boo...'

Ze hing op, een boodschap sprak ze niet in. Zijn voicemail stond toch al vol met haar woedende preken – nog meer had geen zin. Zette hij zijn telefoon nou maar aan, nam hij nou maar op, dan konden ze dit oplossen. Maar Olivia had sterk het gevoel dat Jack zijn telefoon niet zomaar had uitgezet, en dat maakte haar gespannen. Hij had waarschijnlijk, zoals het plan was, ergens in Londen met zijn broer afgesproken, maar die ontmoeting zou al uren geleden moeten hebben plaatsgevonden.

De avond viel, het werd al donker, dus waar was hij daarna dan naartoe gegaan? En met wie? Was hij nog bij Danny? En zo ja, wat deden ze dan? Ze waren ooit heel dik met elkaar geweest, maar Jack had zijn jongere broer beslist getreiterd, misschien zelfs misbruikt, dus misschien was hun ontmoeting wel verkeerd afgelopen, misschien zelfs met geweld. Wie zou het zeggen?

Olivia had tegen alle voorschriften in geprobeerd om Danny te bellen. Ze wist dat het onverstandig was, en ergens was ze blij toen zijn telefoon meteen doorschakelde naar de voicemail. Ze hing op zonder een bericht achter te laten en nam zich voor om verder de gebruikelijke route te volgen en niet de hele tijd het ergste te denken. Dat was echter gemakkelijker gezegd dan gedaan.

Ze moest vaart minderen voor rood licht, toetste een bekend nummer in, en een paar tellen later werd er opgenomen.

'Saul Behr.'

'Saul, weer met mij. Heeft iemand hem nog gezien?'

'Nee, ik heb niks concreets gehoord.'

De moed zonk Olivia in de schoenen. Ze had gehoopt dat ze door haar collega's te mobiliseren, vooral degenen die jong waren en er nog helemaal in geloofden, uit deze shitzooi kon komen. Maar ze had die dag geen geluk.

'We hadden een paar mensen in die buurt werken. Zij hebben rondgelopen. Jack is wellicht gezien in de Coach and Horses in Romford, maar dat was rond het middaguur, dus daar zit hij allang niet meer. Sorry...'

'Oké, dat is beter dan niets. We houden contact en als je iets hoort...'

'Ben jij de eerste die ik bel.'

Ze hing op, spoot weg van het verkeerslicht en voerde een volmaakte U-bocht uit. Ze zou naar Romford rijden, in de hoop dat Jack daar nog ergens rondliep. Op dit moment was ze al blij als hij ergens dronken in een kroeg zat, ook al was dat een grove schending van de regels. Maar terwijl ze er op hoge snelheid heen reed, wist ze dat dit ijdele hoop was. Jack was er die ochtend slecht aan toe geweest en zijn dag was er duidelijk niet beter op geworden – een gewelddadige confrontatie met zijn baas had ertoe geleid dat die hem al na twee dagen had weggestuurd. Vervolgens was hij vermoedelijk naar een afspraak met zijn broer gegaan, een concrete link met zijn gewelddadige verleden. Olivia vervloekte zichzelf omdat ze met die afspraak akkoord was gegaan, en overmand door zorgen reed ze verder. Ze wilde dat Jack veilig en wel terugkwam, terug in haar invloedssfeer, waar ze hem kon beschermen en zo nodig kon intomen. Maar haar intuïtie zei haar dat hij iets stoms ging doen, iets gevaarlijks, en misschien zelfs iets wat hem fataal zou worden.

69

Hij wankelde door de straten, zonder oog te hebben voor de mensen om hem heen, bijna zonder te merken waar hij heen ging. De tranen stonden hem in de ogen, zijn benen voelden aan als pap, maar hij liep door. Hij móést hier weg.

Jack botste tegen een voorbijganger op, slingerde naar opzij, viel tegen de muur en liep weer door. Hij kreeg een scheldkanonnade over zich heen, maar bleef niet staan en strompelde verder. Niets, helemaal niets deed er nog toe. Hij voelde zich echt doodongelukkig, niets kon hem nog raken. Wat stom, wat naïef van hem om hierheen te komen. Hij had naar gezelschap, naar familie gehunkerd, naar iets om deze kerst iets minder troosteloos te maken, en wat had hij gekregen? Afwijzing en vernedering. Danny wist niet hoe snel hij moest wegkomen en zijn moeder háátte hem. Kon hij de tijd maar terugdraaien, zodat hij die afschuwelijke, verbitterde beschuldigingen niet hoefde aan te horen. Hij had al zo veel te verduren gehad, was eindeloos belasterd en beledigd, maar zo ellendig als vandaag had hij zich nog nooit gevoeld.

Hij moest maken dat hij thuiskwam. Londen was erg, maar Southend zou voor altijd in zijn brein gebrand staan als iets uit een nachtmerrie. Hij wist nu dat hij zich niet veilig zou voelen, dat hij zich niet zou kunnen concentreren voordat hij in een trein zat die hem van dit afschuwelijke oord wegvoerde. Waarom was hij hier in vredesnaam naartoe gegaan? Hij wist toch wel dat hij veroordeeld was tot alleen zijn en verguisd worden? Waarom had hij gedacht dat iemand hem daadwerkelijk zou willen zien? Hij was een schandvlek, niet meer en niet minder.

Jack veegde zijn tranen af, probeerde zich te oriënteren en negeerde de geïntrigeerde blikken van voorbijgangers. Hij herkende de straten niet, maar langzaam kreeg hij door waar hij was en dreef zijn intuïtie hem een steegje in waarvan hij wist dat hij zo een paar minuten sneller bij het station aankwam. Hij zette er de pas in – angst en woede stuwden hem voort. Hij zou maken dat hij wegkwam uit dit ellendige oord en er nooit meer terugkomen. Hij zou er nooit meer aan denken, hij zou er nooit meer de naam van noemen – het zou zijn alsof de stad en iedereen die er woonde van de kaart waren geveegd.

Van deze gedachte klaarde Jack een beetje op, en hij begon te hollen. Hij was bijna bij het eind van de steeg en zou zo meteen de hoofdstraat in lopen. Vandaar was het nog maar twee minuten rennen en dan was hij in veiligheid. De tering kunnen ze krijgen, allemaal, dacht hij blij. Ik ben er helemaal klaar mee.

'Is er brand of zo?'

De scherpe, nasale stem verstoorde zijn overpeinzingen. Aan het eind van de steeg hing een magere puber in spijkerbroek en hoody rond, die hem nieuwsgierig opnam.

'Nee hoor, geen brand, ik heb gewoon haast.'

'Snap ik, man, snap ik.'

Jack hield wat in en keek de jongeman belangstellend aan. Hij kwam hem op de een of andere manier bekend voor. Hadden ze soms bij elkaar op school gezeten? Had hij bij hem in de buurt gewoond?

'Moet je iets hebben?'

Jack had op het punt gestaan om door te lopen, maar wachtte nu toch even.

'Dope, blow, speed?' ging de jongen verder, die voelde dat hij hem iets kon verkopen. 'Goed spul, man, zo van de boot.'

Jack keek hem geïntrigeerd aan, en de dealer haalde zijn koopwaar uit zijn zak en toonde die trots. Jack wist dat hij zich moest omdraaien en moest doorlopen, dat hij deze loser links moest laten liggen. Maar de drugs lagen hem op zijn handpalm te wenken.

'Oké dan,' zei hij snel.

'Oké wat?'

'Speed, blow, wiet,' antwoordde Jack gejaagd.

'Prima, maar dat kost wel geld. Honderd pond. Heb je dat?'

Jack trok een stapel briefjes uit zijn rugzak.

'Ja dus...' zei de dealer, die onder de indruk was. 'Geef me dat geld, dan krijg jij je spul.'

Jack telde de briefjes uit. Het was gevaarlijk om hier weer te zijn, maar het voelde wel goed. Hij trilde al van opwinding, het bloed pompte door zijn aderen. Hij gaf het geld en stak verwachtingsvol zijn hand uit. Maar tot zijn verbazing hield de jongen de drugs vast en keek naar hem op. Nu zag Jack dat de jonge dealer hem indringend aankeek.

'Hé man,' zei hij, terwijl hij zijn ogen nieuwsgierig tot spleetjes kneep. 'Ken ik jou niet ergens van?'

Zijn moeder had gelijk gehad. Hij had hier niet naartoe moeten gaan.

70

Waarom was hij hier in godsnaam naartoe gegaan? Om Graham Ellis af te schudden? Om Courtney Turner uit zijn gedachten te verdrijven? Of gewoon om zichzelf te bewijzen dat hij nog steeds een normaal leven kon leiden? Als het dat laatste was, een onbezonnen poging om het een beetje leuk te hebben met de kerst, dan was het een grove misrekening geweest. Mike keek de zaal van het Marriott in Maidstone rond en zag niets waar hij vrolijk van werd of wat hem opmonterde. Er liepen alleen maar talloze slechtgeklede verkoopmedewerkers rond, in meer of minder beschonken toestand, dansend, dollend en gierend van de lach. Het leek wel een tafereel uit de hel, schril, verontrustend en hem volkomen vreemd. Er had al iemand in een plantenbak overgegeven, vlak naast een stelletje dat heftig stond te tongen, maar iedereen leek te doen alsof dat de normaalste zaak van de wereld was. Alsof het léúk was. Mike had altijd een bloedhekel aan dit soort gelegenheden gehad, waarbij verkoopteams uit heel Zuidoost-Engeland samenkwamen in een griezelige schertsvertoning vol geforceerde vrolijkheid, maar deze avond was nog ondraaglijker dan anders. Wat hadden al deze mensen in vredesnaam te vieren? Wat was er zo geweldig aan hun leven dat ze zo tekeergingen? Het was wanhopig en overspannen en hij vond het van begin tot eind een verschrikking.

'Nog een dubbele, graag.'
De barkeeper schonk hem nog een flink glas Bell's in, en Mike zag Simon vanaf de andere kant van de zaal naar hem kijken. Hij had al even met zijn baas gepraat, want hij was opzettelijk naar hem toe gelopen toen hij in gezelschap van senior vertegenwoordigers was, in de hoop dat hij niet ten overstaan van collega's over zijn ziekmeldingen zou beginnen. Mike wist echter dat hij erop kon wachten dat zijn baas hem op het matje zou roepen over de keren dat hij onaangekondigd afwezig was geweest, over het feit dat hij bij herhaling zijn telefoon niet opnam. Hij hoopte alleen maar dat hij hem die avond een stap voor kon blijven.

Mike draaide zich om, nam een grote, langzame slok en genoot van het brandende gevoel in zijn keel. Zijn enige hoop om de avond door te komen was door het flink op een zuipen te zetten, zich dan te excuseren, naar huis te strompelen en de nacht in heerlijke, beschonken vergetelheid door te brengen. Ergens verheugde hij zich daar daadwerkelijk op, als hij maar kon slápen. Maar hoe groot was die kans nou helemaal? Zijn hoofd liep over van de choquerende gebeurtenissen van die dag; de ene helft van zijn brein vluchtte voor de afschuwelijke herinnering aan de seksuele vervoering van Courtney Turner, de andere helft keerde steeds terug naar het verrassingsbezoek van Graham Ellis.

Waarom was Graham opeens, uitgerekend die dag, bij hem langsgekomen? Een paar uur nadat Mike het huis van Courtney was binnengedrongen? Had hij dat gedaan, zoals de voormalig politieagent zelf beweerde, om Mike te waarschuwen dat hij zich niet moest laten meeslepen in de steeds luider wordende roep om wraak op degenen die onbeschrijflijke misdrijven hadden begaan? Of had Graham met zijn plotselinge bezoek een andere, onheilspellendere bedoeling? Hij had Mike specifiek op het hart gedrukt dat hij elk bericht met betrekking tot de huidige verblijfplaats van Courtney Turner moest verwijderen. Kon het zijn dat hij al wist dat Mike dit bericht had ontvangen, omdat hij het hem zélf had gestuurd? Probeerde Graham Ellis zijn sporen uit te wissen, omdat hij wist dat Mike al had toegehapt?

Hij kon het zich bijna niet voorstellen, want Graham was altijd zo'n verstandige man geweest, die een kalmerende invloed op hem had. En toch… hij was wel bij hem langs geweest, de dag voordat Mike het bericht ontving, en hij had zijn woede aangewakkerd, oude gevoelens opgerakeld. En nu had hij opeens weer bij hem voor de deur gestaan, alsof hij wist wat Mike in zijn schild voerde. Het stond buiten kijf dat Graham net zo verontwaardigd als Mike zelf was geweest over de schamele straf van de meisjes, dat hij woedend was geweest over hun verblijf van zeven jaar in een veredeld vakantieoord, wat hij er indertijd in het openbaar ook over mocht hebben gezegd. Zou hij hier dan iets mee te maken hebben? Zouden die gelekte gegevens soms van hém afkomstig kunnen zijn?

Graham had een oprechte indruk gemaakt toen hij er bij Mike op aandrong dat hij zijn woede de baas zou worden en een nieuw leven voor zichzelf zou inrichten. Toch moest hij hebben geweten dat dat een onmogelijke taak was, dat Mikes gedachten voortdurend afdwaalden naar die zwarte dag, tien jaar geleden. Of Mike er nu overdag over droomde of er 's nachts nachtmerries over had, in gedachten was hij voortdurend gefixeerd op die paar afgrijselijke uren waarin zijn hele leven was veranderd. Vaak, al te vaak, probeerde Mike die visioenen met drank te verdrijven, om de doodsangst te dempen, maar van alcohol werd het alleen maar erger. Mikes oververhitte brein speelde steeds opnieuw de verschrikkelijke beelden af, herhaalde voortdurend de gebeurtenissen van die dag, alsof ze in een herhaallus zaten. Mike voelde die herinneringen, die rapierstoten van schuldgevoel en zelfhaat, nu weer om zich heen cirkelen. Hij dronk zijn glas whisky leeg en kneep zijn ogen dicht in een radeloze poging om deze fantomen te verjagen, maar terwijl hij dat deed, zag hij zichzelf weer door de verlaten gangen van dat recreatiecentrum rennen, op zoek naar zijn vermiste dochter, en hoorde hij zichzelf haar naam schreeuwen. 'Jessica, Jessica, Jessica...' Maar hij was al te laat. Hij was vijf minuten te laat, en die monsters hadden al toegeslagen, zijn dochter meegelokt, haar beloofd dat ze haar naar huis zouden brengen.

Er kwam een snik in hem omhoog, en Mikes ogen vlogen open. Hij klampte zich dronken en overstuur aan de bar vast, en de barkeeper wierp hem een bezorgde blik toe. Mike zette het lege glas met een klap neer, draaide zich om en liep snel naar de uitgang. Zijn benen voelden wankel en beverig, maar hij liep door en baande zich klauwend een weg door de drukte, want hij moest en zou hier weg. Stom van hem om hierheen te komen; het kabaal van het dronken feestgewoel kwam hem steeds meer voor als iets obsceens. Zwetende lichamen, gemorste drank, dronken geflirt, slingers, hij moest er niets van hebben. Hij had zin om de hele boel te slopen, de muziek stop te zetten, te brullen van ellende, maar in plaats daarvan denderde hij verder en kwam de redding langzaam dichterbij. Hij was nu bijna bij de uitgang, een klein stukje nog...

Plotseling helde hij naar opzij, doordat hij tegen een andere feestganger aan was gebotst. Mike wist zich wankel staande te houden en zag toen dat de man met een biertje in zijn hand naar hem stond te kijken – vragend, maar niet vijandig.

'Rustig aan, gast. Te veel babybubbels gedronken?'

Hij glimlachte, een vreselijke grijns waarbij hij zijn hele gebit toonde, want hij vond zijn onreddering blijkbaar wel vermakelijk. Mike had geen idee wie de man was, waarschijnlijk een vertegenwoordiger van een andere vestiging, maar hij moest hem meteen al niet. Hij kon zijn ogen niet afhouden van het sproetengezicht, de losse das en de donkere zweetplekken onder zijn armen.

'Lekker in kerststemming?' ging de feestganger verder, en hij lachte er hard bij.

Waarom ging die man niet weg? Waarom keek hij zo naar Mike, alsof ze kroegvrienden waren? Wat móést die man van hem?

'Weet je wat, gast, we geven elkaar een hand en dan krijg je een drankje van me. *I'm in the mood to party...*'

Hij schokte er obsceen met zijn heupen bij, nam een slok van zijn Budweiser en grijnsde wolfachtig naar hem. Mike werd er misselijk van en draaide zich om, maar de man greep hem vast en trok hem terug.

'Doe niet zo. Het was aardig bedoeld...'

'Laat me los,' beet Mike hem toe, en hij trok zijn arm los.

'Oké dan,' reageerde de feestganger verongelijkt. 'Maar vrolijk een beetje op, man. Het is kerst, hoor.'

Mike draaide zich om, al had hij zin om deze hersenloze idioot eens flink uit te schelden. Hij wilde alleen zijn, hij wilde hier weg, maar hij had nog geen twee stappen gezet of zijn belager voegde eraan toe: 'Kom op, een beetje vrolijker, gast. Zo erg is het leven toch niet?'

Voor Mike wist wat hij deed, had hij zich omgedraaid, liep hij op de man af en sloeg hij hem met één klap neer. De vertegenwoordiger viel op de grond, zijn flesje bier viel uit zijn hand, zijn hoofd kwam hard neer op de geboende parketvloer. De man was verbijsterd en duizelig, zodat amper tot hem doordrong wat Mike zei toen die hem bij de kraag greep.

'Jawel, zo erg is het leven wel, *gast*.'

71

Chandra Dabral liep diep in gedachten verzonken terug naar haar kantoor. Haar twist met Isaac Green had geen definitief resultaat opgeleverd – de reclasseringsmedewerker hield duidelijk iets verborgen, maar had zijn kaarten niettemin zorgvuldig gespeeld en niets belastends prijsgegeven. Green zou een harde noot blijken, listig, ervaren, sluw, maar Chandra deinsde voor geen enkele uitdaging terug. Ze zouden echter doelgericht, secuur en systematisch te werk moeten gaan, met name met betrekking tot Greens gangen. Hij was de afgelopen paar weken duidelijk een paar keer van de radar verdwenen, en dat was intrigerend, en zonder meer ook een ernstige schending van de regels van zijn werk. Waarom zou hij een strafmaatregel riskeren, en misschien zelfs ontslag? Dan moest het toch om iets belangrijks gaan? Wat had Green te verbergen?

Chandra was in gedachten al bezig met een actieplan en dacht na over hoe de komende vierentwintig uur eruit moesten zien. Toen stond rechercheur Cooke opeens op van haar bureau en wenkte haar. De agent had een rode kleur van opwinding, dus Chandra hield geïntrigeerd haar pas in.

'Ik denk dat ik nog een naam voor u heb,' zei Cooke ademloos. 'Guy Chambers. Hij is staatssecretaris van…'

'Ik weet wie Chambers is.'

'Ja, natuurlijk, sorry. Maar goed, ik denk dat ik hem op de betreffende data zowel aan Londen als aan Reading kan linken.'

Chandra kon van verbazing even geen woord uitbrengen. Haar gedachten waren volledig naar Isaac Green uitgegaan, maar als rechercheur Cooke het bij het juiste eind had, was dat beslist reden voor nader onderzoek.

'Hoe zeker ben je daarvan?' vroeg ze.

'Honderd procent,' antwoordde rechercheur Cooke. 'Ik heb vanochtend met de BBC-producent gesproken en zij heeft me het schema van hun gasten gemaild. Guy Chambers zat op de ochtend van 28 november in elk geval in *Today*, dus hij zóú in de buurt van Oxford Circus hebben kunnen zijn toen Caitlin Rose het bericht met de informatie over Andrew Baynes ontving.'

'En we weten ook dat hij op 7 november op het congres in Shepherd's Bush was, waar hij inviel voor zijn baas.'

'Precies. Bovendien is hij parlementslid voor…'

'Reading South,' onderbrak Chandra haar, waarmee ze haar collega voor was. 'Hebben we al gekeken wat hij op 5 december voor programma had?'

'Daar ben ik nu mee bezig, maar het parlement had op die dag geen zitting, en meestal is hij op vrijdag in het kiesdistrict, dus…'

Chandra tintelde onwillekeurig van opwinding.

'Kan hij hebben geweten dat Emily Lawrence in zijn kiesdistrict woonde?' vroeg Cooke.

'Absoluut,' antwoordde Chandra. 'De begeleidingsteams moeten de lokale parlementsleden daarover informeren en soms zijn die zelfs bij de vergaderingen aanwezig, als een bepaalde zaak ze aan het hart gaat.'

Cooke knikte bedenkelijk, maar zei niets.

'Waar denk je aan?' vroeg Chandra.

'Nee, niks. Ik moet het even verwerken, meer niet,' antwoordde de jonge agent. 'Zien we Chambers dan nu echt als verdachte?

Ik bedoel, hij is parlementslid, hij is staatssecretaris van Justitie...'

'Ik weet dat het vergezocht lijkt,' antwoordde Chandra zorgvuldig, 'maar het is te toevallig, dat kunnen we niet zomaar negeren. Guy Chambers was op het juiste moment op de juiste plek toen de informatie over Mark Willis, Andrew Baynes én Janet Slater naar buiten werd gebracht. Bovendien heeft hij de reputatie. Je hebt hem op de radio, de tv gehoord. Hij doet zich graag voor als de stem van het volk, beweert voortdurend dat misdadigers niet genoeg gestraft worden, dat de familie van slachtoffers door een falend systeem in de steek wordt gelaten. Elke keer dat er iets misgaat, zit hij bij *Newsnight* om de politie en de reclassering af te kraken. Ik dacht vroeger altijd dat hij dat deed om de achterban van de Tory's te plezieren, maar inmiddels denk ik dat hij er oprecht zo over denkt. Hij is een populist die echt in die bizarre ideeën gelooft, en dat maakt hem heel gevaarlijk.'

Rechercheur Cooke knikte, maar keek nog steeds gespannen, want ze besefte wel degelijk wat dit gesprek voor implicaties had.

'Neem van mij aan dat ik geen zin heb om me in een wespennest te wagen, maar ik zal toch echt met hem moeten praten. Als we dat niet doen, verzaken we onze plicht. Zet jij dat voor me in gang, maar doe het alsjeblieft wel discreet.'

Cooke knikte ernstig en liep weg om te doen wat haar was gevraagd. Chandra dacht even na, haar hoofd tolde plotseling van alle mogelijke wijzigingen en valkuilen die dit zich snel ontwikkelende onderzoek met zich mee kon brengen, en toen liep ze achter haar collega aan naar het crisiscentrum. Ze keek de zee van gezichten langs, zag rechercheur Reeves van haar bureau opstaan en wenkte haar naar haar toe te komen.

'Ik heb nieuws, chef,' zei Reeves, terwijl ze snel naar haar toe liep.

'Ik eerst,' onderbrak Chandra haar. 'Ik wil dat we contact leggen met de familie Burnham en ook met de familie Armstrong.'

Haar ondergeschikte keek verbaasd, dus Chandra legde het verder uit.

'Dat zijn de voor de hand liggende doelwitten voor onze belager, mochten er nog meer gegevens op straat komen te liggen, aangezien de misdadigers die verantwoordelijk zijn voor de moord op Jessica Burnham en op Billy Armstrong van het hof levenslange anonimiteit toegekend hebben gekregen. Ik hoop dat ik ernaast zit, dat het paranoïde van me is, maar als het kan, wil ik graag dat wij contact met hen zoeken om zeker te weten dat zij geen ongevraagde berichten hebben ontvangen, mede om mezelf gerust te stellen.'

Reeves knikte, maar keek nog bezorgder dan voorheen. Het was niet Chandra's bedoeling om haar collega schrik aan te jagen, en ze hoopte oprecht dat ze het bij het verkeerde eind had, maar er leek geen eind aan die lekken te komen, dus ze mochten geen enkel risico nemen.

'Sorry, je had iets voor me, zei je?' ging Chandra verder, terwijl ze haar aandacht terug leidde naar het hier en nu.

'Ja, ik hoor net uit Hartlepool dat de drie broers die ervan worden verdacht dat ze Willis hebben achtervolgd en de dood in hebben gejaagd, zonder telastlegging zijn vrijgelaten.'

'Wat?!' riep Chandra uit. Ze geloofde haar oren niet.

'Ontoereikend bewijs, naar het schijnt. Dertig inwoners hebben hun een waterdicht alibi verschaft.'

'Dus met dank aan die leugens komen die drie kerels weg met moord met voorbedachten rade?' reageerde Chandra verbijsterd.

'Daar ziet het wel naar uit. Ze zijn heel zorgvuldig te werk gegaan, ze wisten wat ze deden en hebben de klus geklaard.'

'Jeetje, wat weerzinwekkend,' antwoordde Chandra hoofdschuddend. 'En het schept een ongelooflijk gevaarlijk precedent. Maar dat kan hun blijkbaar niets schelen.'

De foto van het toegetakelde lichaam van Mark Willis trok haar blik.

'Ze lachen ons regelrecht uit,' besloot ze toen.

72

Olivia ramde op de claxon, maar kreeg alleen een opgestoken vinger van de koerier, die met opzet op zijn dooie akkertje terugslenterde naar zijn bestelbus.

'Godverdegodver...' mompelde Olivia in zichzelf, en ze trakteerde de man op hetzelfde gebaar.

De chauffeur hees zich met een zelfgenoegzaam lachje in zijn bus en reed toen langzaam weg. Olivia reed achter hem aan en vervloekte Londen meer dan ooit. Ze kwam hier niet vandaan, verdwaalde zo nu en dan nog steeds in de hoofdstad, en dat was haar die avond ook gebeurd: in haar wanhopige pogingen om Jack te vinden wist ze op een gegeven moment niet meer waar ze was. Google Maps had haar uiteindelijk gered, maar terwijl ze vanuit Romford de weg terug naar Tottenham Hale probeerde te vinden, was ze deze strijdlustige koerier tegen het lijf gelopen, die vastbesloten leek haar oponthoud te bezorgen. God, wat haatte ze deze veel te dichtgeslibde, veel te dure stad vandaag.

Ze wist dat ze overdreven heftig reageerde, dat haar angst en bezorgdheid over Jacks verdwijning haar emoties opstookten, maar hoe ze haar best ook deed, het lukte haar niet haar opspelende zenuwen in bedwang te krijgen. Jack was inmiddels al uren vermist. Was hij in Southend, in Londen, of verder weg? Was hij veilig, was hij dronken en hulpeloos, of werd hij op dit moment

al door een woedende menigte achternagezeten? Ze wist dat er op het ministerie van Justitie al grote bezorgdheid over zijn verdwijning heerste, maar die was niets vergeleken met de angst die zíj voelde. Dit was echt een enorme shitzooi, en dat terwijl die jongen pas twee dagen vrij was. Wat er nu ook gebeurde, zij zou er niet ongeschonden uit komen. Olivia sloeg op Tottenham High Street rechts af en toetste nog een keer Jacks mobiele nummer in.
'Hé, met Jack. Spreek een bericht in.'
'Jack, nog een keer met Olivia. Bel me zodra je dit hoort.'
Wie nam ze nou in de maling? Ze wist donders goed dat haar berichten niet waren beluisterd, dat Jacks telefoon de hele middag uit had gestaan. Was dat zijn eigen keuze? Wilde hij even van de radar verdwijnen? Of had iemand anders zijn telefoon voor hem uitgezet? Ze werd er gek van dat ze het niet wist; in haar fantasie bedacht ze alle mogelijke scenario's en ze vervloekte zichzelf nogmaals dat ze zo stom was geweest. Ze had met Jack veel te grote stappen genomen, ze had hem te veel op de huid gezeten en daarmee maanden, jaren van geduldige rehabilitatie tenietgedaan. Gezien haar ervaring had ze beter moeten weten, had ze niet zo ongeduldig moeten zijn, want daarmee had ze haar voornaamste taak, namelijk om voor hem te zorgen, verzaakt. Tenzij hij altijd al van plan was geweest om de benen te nemen. Dat was beslist niet uitgesloten, en door die gedachte voelde Olivia zich ietsje beter, maar in werkelijkheid was het resultaat hetzelfde, namelijk dat er een kwetsbare, voorwaardelijk vrijgelaten jongeman vermist was, of op de vlucht, terwijl er een heel reëel en groot gevaar dreigde.

Olivia reed Exeter Road weer op en gaf gas. Ze was die avond al zes of zeven keer langs Jacks huis gereden, en elke keer boorde de sombere duisternis daarbinnen haar hoop de grond in. Ze wist niet eens goed waarom ze die moeite nog nam, behalve dan dat ze geen ander geloofwaardig plan had, maar nu ze op het bescheiden rijtjeshuis afreed, zag ze dat er binnen licht brandde. Ze zwenkte haar auto de eerste de beste parkeerplek op, stapte uit en holde naar de voordeur. Ze had er wel op willen bonken en een scène willen trappen, maar dat deed ze niet; ze haalde haar sleutel tevoorschijn en stak hem in het slot. Ze duwde de deur open, liep snel naar binnen en daar stond Jack met waterige ogen, onvast ter been, haar aan te kijken.

'Waarom, Jack? Waarom heb je dat gedaan?'
Olivia was in alle staten, verbijsterd over wat ze net had gehoord.
'Ik heb toch al gezegd waarom,' kreunde Jack. 'Danny zei dat mijn moeder ziek was, dus ben ik naar haar toe gegaan.'
'Terug naar Southend, echt?' zei ze vol ongeloof.
'Ja, al had ik het misschien beter niet kunnen doen. Dat mens háát me...'
'Wat had je dan verwacht? Ze heeft zich vroeger al nooit om je bekommerd, en na wat je haar hebt aangedaan, wat je de familie hebt aangedaan, is het toch niet zo vreemd dat je daar niet meer welkom bent? Je had er niet naartoe moeten gaan.'
'Dat is wel duidelijk, ja,' reageerde de jongen verbitterd.
'Ik meen het, Jack. Het is op dit moment te gevaarlijk, om nog maar te zwijgen van het feit dat je werkelijk in alle mogelijke opzichten de voorwaarden van je vrijlating hebt geschonden. Ik zou je nu eigenlijk naar de gevangenis moeten sturen, vanavond nog...'
'Eén stom uitstapje, meer niet.'
'En de rest. Wat heb je gebruikt?'
'Niks.'
'Wat heb je gebruikt? Je pupillen zijn zo groot als schoteltjes.'
'Een beetje wiet, een beetje speed. Gewoon om de scherpe kantjes eraf te halen.'

'Hoe kom je daaraan?'
'Van een dealer in Southend.'
'Iemand die je kende?'
'Nee, gewoon iemand die ik vroeger wel eens zag.'
'Heeft hij je herkend?' vroeg Olivia op dringende toon.
'Ik weet niet, misschien…'
'Jezus christus, Jack!'
Olivia stak wanhopig haar handen in de lucht en liep met een paar grote stappen naar de andere kant van de kamer.
'Twee dagen met proefverlof en je slaat je baas, loopt weg van je werk, gaat terug naar Southend, maakt ruzie met je familie, koopt illegale drugs en wordt op de koop toe misschien nog herkend ook.'
'Oké, oké, zo kan-ie wel weer,' protesteerde Jack, terwijl hij haar blik ontweek.
'Nee, je hebt het blijkbaar nog niet begrepen, dus ik zal het je even heel duidelijk vertellen. Kijk me aan, Jack.'
De jongen bleef naar de grond kijken.
'Kijk me aan!' schreeuwde ze. Ze schrok er zelf van, en hij ook.
Langzaam keek Jack op, schuldbewust en van zijn stuk gebracht.
'Het is op dit moment heel gevaarlijk buiten,' ging Olivia verder, terwijl ze hem indringend aankeek. 'Echt heel gevaarlijk. En ik ben het enige wat er tussen jou en een honkbalknuppel in staat. Begrijp je dat?'
Jack schokschouderde, maar het was duidelijk dat haar boodschap was aangekomen.
'Er lopen mensen rond die jou met alle plezier aan stukken willen scheuren. Het is mijn taak om te zorgen dat dat niet gebeurt, maar dat kan ik alleen maar als ik te allen tijde weet waar je bent, dat je nooit onbereikbaar bent en dat je daar bent waar je moet zijn en wanneer je daar moet zijn. Geen "als" of "maar" of

"misschien". Elke misser, elke vergissing brengt dat in gevaar, brengt jóú in gevaar. Snap je dat?'
'Ja.'
Hij zei het zacht, met tegenzin, maar meer viel ook niet van hem te verwachten, wist Olivia.
'We zullen rekening moeten houden met het feit dat iemand je misschien in Southend gezien heeft, en herkend. Dan zul je waarschijnlijk moeten verhuizen en moeten we nieuw werk voor je zien te vinden – en dat is dan nog het gunstigste scenario. Als van hogerhand wordt besloten dat je vanwege je gedrag een tijdje achter de tralies moet, zal ik dat niet kunnen tegenhouden. Misschien is dat nu zelfs wel de veiligste optie voor je.'
'Nee, alstublieft niet. Ik heb al gezegd dat ik niet naar een gevangenis voor volwassenen wil.'
Tot Olivia's verbazing zag ze echte angst in zijn ogen.
'Ik zal doen wat u zegt, ik zal me aan de regels houden. Maar stuur me alstublieft niet naar de gevangenis.'
'Ik kan je niets beloven, Jack, niet na wat er vandaag...'
'Het spijt me, oké?' zei hij huilerig en met klem. 'Ik weet dat ik het heb verkloot. Maar ik zal alles doen wat u zegt, eerlijk. Ik wilde u niet bang maken, ik wilde het niet nog ingewikkelder maken... ik wilde alleen mijn moeder even zien. Ze is ziek, ik heb haar al bijna twee jaar niet gezien, en misschien krijg ik die kans nooit meer. Zij is de enige die ik nog heb, zij en Danny, dus ik wilde zeggen dat het me spijt, dat ik van haar hou...'
Verbaasd over zijn openheid, zijn kwetsbaarheid, deed Olivia er het zwijgen toe. Ze vermoedde dat Jack niet de kans had gekregen om zijn moeder dit allemaal te vertellen, uit het lood geslagen door haar onversneden woede en vijandigheid.
'Het was stom, ontzettend stom. Ze moet me niet, Danny moet me niet...'

Hij werd overmand door emoties, en de tranen liepen over zijn wangen.

'Ik ben gevaarlijk. Niemand wil iets met me te maken hebben, en dat is... heel moeilijk. Echt verschrikkelijk moeilijk.'

Hij sloeg zijn handen voor zijn gezicht en snikte het uit. Olivia keek koeltjes naar hem, want ze was nog steeds boos en geïrriteerd, maar het verbaasde haar wel dat de jongen er nu zo klein en gebroken uitzag. Ze voelde onwillekeurig een steek van medelijden, van medeleven, voor het ellendige, liefdeloze leven dat Jack had gekend. Weinig dingen zijn zo pijnlijk als afwijzing, en daar kon Olivia over meepraten.

'Oké, we laten het verder rusten,' antwoordde ze kalm. 'Ik ga even koffie voor je zetten en iets te eten regelen, en dan zien we morgen verder. Ik denk dat we er ongeveer een dag voor nodig hebben om een nieuw plan op te stellen, dus...'

'Kunt u hier blijven?'

Olivia dacht even dat ze hem niet goed had verstaan.

'Pardon?'

'Ik weet dat het tegen de regels is en zo, maar kunt u vannacht hier blijven slapen? Ik wil niet alleen zijn.'

Dat was uitgesloten; het zou een grove schending van het protocol betekenen. Maar de blik waarmee Jack Olivia aankeek, deed sterk vermoeden dat hij, als zij hier niet bleef, iets wanhopigs zou doen. Dus ondanks de bal van angst in haar maag, ondanks de zeurende stresshoofdpijn die al kwam opzetten, knikte Olivia onwillekeurig. Jack viel haar ogenblikkelijk in de armen, huilend als een pasgeboren baby, en klampte zich aan haar vast alsof ze zijn laatste reddingsboei was.

73

Hij had zichzelf in slaap gehuild. Elke snik had als een mes door Emily heen gesneden, en de tranen hadden, tegelijk met die van Sam, over haar wangen gestroomd, maar elke poging om haar zoon te troosten was bruusk afgewezen. Hij kon nergens naartoe, want Marianne had erop gestaan dat moeder en zoon uit veiligheidsoverwegingen bij elkaar bleven, maar dat betekende nog niet dat Sam ook met haar moest communiceren. Emily had hem uit de badkamer weten te krijgen, want het vooruitzicht op een lekker bed had hij niet kunnen weerstaan, maar Sam had haar niet aangekeken toen hij door de kamer liep, en was gewoon zo, met al zijn kleren aan en zachtjes snikkend, tussen de lakens gekropen en met zijn gezicht naar de muur gaan liggen.

Emily had zich nog nooit zo ellendig gevoeld als die avond. In die vreselijke tijd, nu bijna dertig jaar geleden, toen ze bespuugd, mishandeld en vernederd werd, toen de woedende menigte tegen de zijkanten van het busje bonkte waarin ze naar de rechtbank werd vervoerd, had ze naast haar schuldgevoel en verdriet ook een ingehouden, verontwaardigde woede gevoeld. Nu was die uitdaging, die woede er niet om haar op de been te houden. Nu voelde ze alleen een intense droefenis. Haar jongen, haar mooie jongen, het enige wat ze in haar ongelukkige leven goed had gedaan, wilde haar niet meer aankijken.

Hij sliep nu gelukkig, doodmoe van alles wat er die dag was gebeurd, maar dat was eerlijk gezegd een schrale troost voor Emily. Want het zou niet lang meer duren voor hij wakker werd en dan begon de evaluatie. Het was vreemd om te moeten zeggen, maar wat er vandaag was gebeurd was het gemakkelijke deel, waarbij hij vooral schrik en verdriet had gevoeld. Vanaf de volgende ochtend zouden moeder en zoon aan een nieuwe relatie moeten bouwen, een relatie waarbij Sam precies wist wie zijn moeder was en waar ze toe in staat was. In Emily's eigen beleving leek ze totaal niet meer op Janet, lichamelijk niet, emotioneel niet en moreel niet, maar hoe moest ze Sam daar ooit van overtuigen? Ze wist donders goed dat hij Janet Slater had gegoogeld, dat hij gretig de sensatiebeluste artikelen en roddels had gelezen die de spanningen in Bridgend bleven voeden, die de gewijde herinnering aan haar kleine zusjes in leven hield. Rationeel gezien wist ze dat ze deze straf, deze slechte naam nog steeds verdiende, maar ze wás die persoon niet meer. Ze was een toegewijde, liefhebbende moeder, volstrekt ongevaarlijk, met maar één verlangen, namelijk om goed te doen. Wat voor kans had ze daar nu nog op? Als ze haar gekozen beroep moest opgeven, haar huis moest verlaten en misschien zelfs haar zoon zou kwijtraken?

Emily onderdrukte een kreun van ellende en beet hard op haar vinger, want ze wilde Sam niet wakker maken. Misschien dat hij, terwijl hij sliep, vredig was, geen weet had van zijn ongeluk, van zijn tragische afstamming. Maar als hij wakker werd, zou hij het zich herinneren en zou alles beginnen – het leed, het verdriet, de beschuldigingen. En dat kon ze hem niet kwalijk nemen. Ze had haar zusjes gedood, maar ook zíjn tantes. En ze had, wat net zo erg was, zijn hele leven tegen hem gelogen, dit duistere geheim voor hem verborgen gehouden, hem een verzinsel laten herhalen waarvan veel mensen, en zeker de reclasseringsmedewerkers die vaak langskwamen en deden alsof ze vrienden van haar waren, heel goed wisten dat het onzin was. Dat vond ze die avond nog wel de ergste misleiding, de bitterste pil.

Zouden ze hun hechte band ooit kunnen herstellen? Zou het vertrouwen tussen hen ooit terugkomen? Ze had veertien jaar de tijd gehad om haar zoon de waarheid over haar werkelijke identiteit, over haar werkelijke verleden te vertellen, en dat had ze nagelaten. Ze had uit puur lijfsbehoud haar mond gehouden, uit een verlangen om zich aan de voorwaarden voor haar vrijlating te houden, om een nieuw leven te omarmen en te kijken of ze de lei kon schoonvegen, of ze de zonden uit het verleden kon wissen. En dat had haar hier gebracht, in deze doodse hotelkamer, waar ze nu naast een veertienjarige jongen lag die van haar walgde.

De afgelopen vijftien jaar leken nu wel een droom. Ondanks het feit dat haar huwelijk was mislukt, waren het gelukkige jaren geweest, en Emily had zich al die tijd nooit, maar dan ook nooit alleen gevoeld, want Sam was altijd dicht bij haar en ze had zijn gezelschap heerlijk gevonden. Zou ze dat nu kwijtraken? Zou ze haar reddingsboei kwijtraken? Vroeger, toen ze een verwaarloosd meisje was, met versleten kleren en een hoofd vol luis, had ze geweten hoe het was om eenzaam te zijn, over het hoofd te worden gezien, verwaarloosd te zijn. Ze had de felle pijn van haar vaders riem gevoeld, zijn scherpe tong, maar zelfs zijn aanwezigheid voelde als een gunst vergeleken met de gapende leegte die haar moeder met haar vertrek had achtergelaten. Emily kreeg nog steeds tranen in haar ogen als ze eraan dacht hoe achteloos zij haar kinderen in de steek had gelaten. De doffe pijn van haar onbegrip verergerde de vreselijke scheuten van wanhoop. Deze emoties had ze al jaren niet meer in al hun hevigheid gevoeld, maar die avond waren ze er weer. Voor eenzaamheid was ze altijd het bangst geweest, en ze had zich nog nooit zo alleen gevoeld als vanavond, ondanks het feit dat haar puberzoon een meter bij haar vandaan vredig lag te slapen.

74

Toen hij in bed stapte, keek ze verwachtingsvol naar hem op.
'Toe maar, wat een onverwachte verwennerij,' kirde Penny.
'Mocht je eerder naar huis vanwege goed gedrag?'
Christopher Parkes keek zijn vrouw aan en luisterde of hij woede of argwaan in haar woorden hoorde, maar nee. Ze was net zo warm, liefdevol en uitnodigend als altijd.
'Niet echt,' zei Christopher snuivend. 'We stevenen op een regelrechte catastrofe af, maar vanavond valt er verder toch niets te doen, dus ik dacht, laat ik er maar op een fatsoenlijk tijdstip mee stoppen.'
'Goed gedaan,' antwoordde Penny opgewekt, terwijl ze door het bed naar hem toe schoof. 'Hoe is de sfeer daar?'
'Verschrikkelijk,' verzuchtte Christopher. 'Firth verdenkt iedereen ervan, en mij dus ook, dat we kwaad over hem spreken. Bovendien wil hij coûte que coûte een heksenjacht beginnen om erachter te komen wie er voor deze gelekte gegevens verantwoordelijk is...'
'Dat is toch ook wel gerechtvaardigd?'
'Ik denk niet dat hij zal vinden wat hij zoekt. Maar vind je het erg om het even níét over mijn werk te hebben?'
'Tuurlijk niet. Ik maak me gewoon zorgen om je, meer niet. Je brengt veel te veel tijd van je leven in die tent door...'

Ze gaf hem een kus, kroop lekker tegen hem aan en legde haar hoofd op zijn borst. Geen van beiden zei nog iets, en Penny zuchtte tevreden terwijl ze naar het geruststellende kloppen van zijn hart luisterde. Christopher staarde ondertussen ellendig naar het plafond en volgde elk minuscuul scheurtje dat hij daar zag. Hij had heel wat nachten in precies deze houding wakker gelegen, piekerend, zichzelf kwellend. In zijn werk was hij heel zelfverzekerd, maar op persoonlijk vlak was hij de afgelopen drie jaar, sinds Olivia Campbell in zijn leven was gekomen, erg in verwarring geweest. Hij had haar aanvankelijk heel voorzichtig het hof gemaakt, maar had zich ogenblikkelijk tot haar aangetrokken gevoeld, en dat ging ook niet over. Ze had alles: ze was mooi, geestig, intelligent en ze had een seksueel zelfvertrouwen waar hij niet van terug had. Hij had dingen met haar gedaan die hij met een andere vrouw nooit voor mogelijk had gehouden. En dat was ook de reden waarom hij het zo moeilijk had gevonden om hun relatie te beëindigen, ondanks alle tranen en bitterheid.

Ze hadden het allemaal meegemaakt: de eerste euforie, de vurige opwinding, de gouden periode waarin alles heel gemakkelijk leek te gaan. In die tijd had Christopher er wel over nagedacht om bij Penny weg te gaan, en dat had hij Olivia ook verteld – iets waar hij later spijt van had gekregen. Nu leek hem dat volkomen gestoord, en haar reactie toen ze had ontdekt dat ze zwanger was, had hem laten zien dat ze eigenlijk totaal niet bij elkaar pasten.

'Waar denk je aan, liefje?'

Christopher schrok op uit zijn overpeinzingen en zag dat Penny hem liefdevol aankeek.

'Aan mijn werk,' loog hij, en hij grijnsde gemaakt.

'Nou, dan ga ik proberen of ik je een beetje kan afleiden...'

Onder het dekbed voelde Christopher haar hand in zijn pyjamabroek wroeten.

'Het is een poosje geleden, maar ik geloof dat ik nog wel weet hoe het moet,' zei Penny plagerig.

Christopher voelde dat zijn lichaam onwillekeurig op haar aanraking reageerde. Hij had hier eigenlijk geen zin in, maar Penny leek vastbesloten. Ze trok het dekbed al weg, schoof omlaag en nam hem in haar mond. Christopher sloot zijn ogen en gaf zich gewonnen. Hij vond zijn vrouw niet meer aantrekkelijk en probeerde intimiteit over het algemeen uit de weg te gaan, maar vanavond was er geen ontkomen aan, dus kon hij zich er maar beter aan overgeven. Het bood even afleiding en misschien kreeg hij wel een orgasme, zolang hij maar geconcentreerd aan Olivia Campbell bleef denken.

75

Ze zat in de verduisterde kamer naar het kleine schermpje te kijken. Jack had minutenlang in Olivia's armen liggen snikken en zich kermend van ellende aan haar vastgeklampt, waarbij hij zijn magere lichaam tegen het hare aan drukte. Dat was totaal ongepast en eerst wilde ze hem het liefst van zich afduwen en zeggen dat ze geen zin had in zijn nergens op gebaseerde zelfmedelijden. Maar naarmate de minuten verstreken, had ze zich ontspannen en op het lichamelijke contact kunnen reageren, waarmee ze misschien wel toegaf dat het heel lang geleden was sinds iemand oprechte genegenheid jegens haar had getoond. Jack ontspande op een gegeven moment ook, zijn gejammer verstomde langzaam en hij herpakte zich, maar toen hij zijn gezicht van haar schouder haalde en zijn neus en lippen in haar zachte hals duwde, had Olivia er genoeg van. Ze duwde hem abrupt van zich af, waarmee hun intieme onderonsje ten einde was.

Jack had niet geprobeerd het te rekken, maar was snel weggelopen om zijn tranen te drogen, want hij schaamde zich dat hij zich zo openlijk kwetsbaar had getoond. Olivia had alleen in de kamer gezeten, in een ijzige stilte, en zich afgevraagd wat deze vreemde omgang te betekenen had. Ze verwachtte dat hij elk moment kon terugkomen om zijn excuses aan te bieden, of misschien zou doen alsof het helemaal niet was gebeurd. Maar de minuten verstreken en Jack bleef weg, dus ging ze maar op haar telefoon zitten kijken en verwerkte ze de explosie van gal en blijdschap die in de plaats was gekomen van het nieuws.

Het was ongelooflijk. Alle belangrijke nieuwszenders en roddelsites berichtten vooral over de recente moorden, waarbij ze uitgebreid op alle akelige details ingingen en in sommige gevallen zelfs openlijk speculeerden over wat er hierna zou gebeuren. De meeste sites openden met het nieuws dat Caitlin Rose werd verdacht van de moord op Andrew Baynes, een besluit dat in de rioolpers en daarbuiten tot voorspelbare woede had geleid. Het grote publiek stond duidelijk aan Caitlins kant – er was online al een petitie gestart waarin werd geëist dat ze onmiddellijk werd vrijgelaten en dat alle aanklachten werden geseponeerd. Er waren al vijftigduizend handtekeningen verzameld, en het aantal steeg gestaag. Op social media heerste een vergelijkbaar sentiment, waar enorme trollenlegers en toetsenbordterroristen zich in de wrede dood van Willis en Baynes verheugden en op de moeders van deze jongens afgaven omdat ze hen slecht hadden opgevoed. Vreemd dat het hierbij nooit over vaders ging.

Er ging op social media nog een draadje rond waar Olivia erg in geïnteresseerd was, waarin vooral de reclassering het moest ontgelden. Deze instelling, waar zij de afgelopen vijftien jaar voor had gewerkt, was nu de risee van het land en het doelwit van eindeloze memes en grappen over hoe slecht het daar georganiseerd was. De dienst, de leiding, de medewerkers werden in een stortvloed van spot en woede aan stukken gescheurd. Vroeger zou Olivia daar kwaad om zijn geworden en zou ze online waarschijnlijk van zich hebben afgebeten, wat haar nog meer kritiek van haar meerderen zou hebben opgeleverd, maar daar was ze inmiddels aan gewend. Zelf was ze van mening dat de reclassering hetzelfde aanzien hoorde te genieten als de NHS, ook een heel belangrijke voorziening waar men goed voor mensen

probeerde te zorgen, waar men beschaafde dienstverlening in stand probeerde te houden, maar voor reclasseringsmedewerkers werd niet geapplaudisseerd, toch?
'Dank u wel.'
Olivia keek geschrokken op. Daar stond Jack, in de deuropening; hij zag er schaapachtig, maar vastberaden uit. Olivia wenkte hem met een gespannen glimlachje en de jongeman ging gegeneerd op het voetenbankje tegenover haar zitten.
'Waarvoor? Omdat ik je op je flikker heb gegeven?' antwoordde ze om het vooral luchtig te houden.
Een vluchtig glimlachje kwam en ging. 'Nee, omdat u op me let,' antwoordde hij. 'Dat heeft nog nooit iemand gedaan.'
Het klonk echt oprecht, en dat verbaasde Olivia opnieuw.
'Dat hebben ze in de rechtbank ook vaak gezegd, snapt u. Ze zeiden dat ik nooit door iemand was beschermd, en daar hadden ze groot gelijk in. Het enige wat dat mens interesseerde was waar ze de volgende fles vandaan moest halen, waar ze haar volgende fles kon scoren. En reken maar dat het haar niets interesseerde hóé ze eraan kwam...'
Olivia schoof deze macabere beelden ter zijde. 'Jack, ik weet niet of je hier veel mee opschiet,' zei ze vriendelijk. 'Ik weet dat je moeder moeilijk was, dat ze je heeft verwaar...'
'U weet nog niet de helft.'
'Dat hoeft ook niet. Zoals ik al zei: je moet Kyle Peters en al dat verdriet en die ellende achter je laten. Je moet het laten verdwijnen en je moet Jack Walker worden, die een normale jeugd heeft gehad, liefdevolle ouders...'
'Maar hoe moet ik dat doen als het híér vanbinnen zit?'
Hij sloeg met zijn vuist tegen zijn borst. Zijn stem beefde weer.
'Ik probeer me ervoor af te sluiten, maar ik kan het niet vergeten. Hoe ze me heeft laten lijden, hoe zíj me hebben laten lijden.'

Olivia wilde niets liever dan dit gesprek beëindigen, want ze voelde de draaikolk van verbittering naderbij komen, maar Jack had iets over zich waardoor ze haar mond hield. Het was alsof hij móést praten, alsof hij zijn gevoelens misschien nog nooit eerder zo eerlijk tegen iemand had verwoord.
'Soms... verdween ze gewoon. Dan bleef ze dagen achter elkaar weg. We hadden geen idee wanneer ze terugkwam, óf ze terugkwam. Dan zat ik te wachten, naar buiten te kijken en te bidden dat ze zou terugkomen. Op een gegeven moment kwam ze dan natuurlijk. De vent bij wie ze had gezeten kreeg dan genoeg van haar, zette haar de deur uit, en dan kwam ze terug. Er werd nooit iets over gezegd, ze zei nooit dat het haar speet, we kregen alleen op onze lazer omdat we er een bende van hadden gemaakt. Het interesseerde haar niet...'
Jack kreeg het te kwaad en zijn stem haperde.
'... het interesseerde haar niet dat wij bang waren, de schade die ze had aangericht. We kwamen bij haar nooit, maar dan ook nooit op de eerste plaats.'
'Dat moet heel moeilijk voor je zijn geweest,' zei Olivia invoelend. 'Je zult je wel heel eenzaam hebben gevoeld, en heel bang zijn geweest.'
'Een huis vol en ik heb me nergens zo alleen gevoeld,' antwoordde Jack kwaad. 'De enige door wie ik gezien wilde worden, keek niet naar me om, en de anderen... die lieten me niet met rust. Vooral niet als zíj er niet was.'
'Jack...'
'Ze wachtten altijd tot ik sliep. Ik probeerde zo lang mogelijk op te blijven, maar dan vonden ze me slapend voor de tv, of ik verstopte me onder mijn moeders bed. En dan begon het.'
'Ik vind echt dat je hier niet over moet beginnen,' zei Olivia smekend. 'Daarmee rakel je alleen maar moeilijke emoties op, en wordt het voor jou lastiger om de draad weer op te pakken.'

Jack sloeg haar waarschuwing in de wind. 'Colin kwam altijd als eerste,' ging hij verbitterd verder. 'Hij was groter, en bovendien zei hij dat hij niet in Phils "kwakkie" wilde zitten.'
'Jack, alsjeblieft...'
'Ik haatte hem, die rotzak, echt, ik haatte hem. Maar Phil was nog erger. Die stond gewoon toe te kijken tot hij aan de beurt was. Het kwam echt niet in hem op om Colin weg te trekken, om me te beschermen...'
Jack zag nu asgrauw en zijn bleke gezicht was bevangen door terechte woede.
'Dat heeft maanden geduurd. En er heeft nooit iemand iets over gezegd. Zij niet, mijn moeder niet, maatschappelijk werk niet. Ze wist er trouwens wel van. Mijn moeder, ze wist het, maar het interesseerde haar geen zak. Ze nam me soms mee naar de badkamer om het bloed en de troep weg te wassen, maar ze heeft me nooit geholpen. Ze zei gewoon dat ik beter voor mezelf moest zorgen, dat ik een "viespeuk" was. God, ik had haar wel kunnen vermoorden toen ze dat zei.'
Dat geloofde Olivia graag, de woede spoot bij Jack uit al zijn poriën tevoorschijn.
'Als ik niet gedaan had wat ik heb gedaan, zat ik daar nu nog. Nog steeds in die ellende. Ze hebben... ze hebben mijn leven volkomen vergald. Ze vonden het leuk om me pijn te doen, om me te vernederen...'
'Maar maakt dat het niet nog erger wat jíj hebt gedaan?'
Dat was een riskante vraag, maar Olivia kon hem niet met dit flagrante zelfmedelijden laten wegkomen zonder ook maar íéts te zeggen.
'Wat jij Billy Armstrong hebt aangedaan was precies hetzelfde als je broers jou hebben aangedaan.'
Jack schudde boos zijn hoofd, maar Olivia hield vol.
'Al die emoties die jij hebt gevoeld, de angst, de pijn – die moet

Billy ook hebben gevoeld. En daarom vind ik het ook vreemd dat je nooit hebt erkend dat hij heeft geleden, of dat je nooit je excuses hebt gemaakt aan zijn familie. Ik weet dat het niet gemakkelijk is om onder ogen te zien wat je hebt gedaan, maar het zou zijn ouders enorm hebben geholpen als ze hadden geweten dat je er spijt van had en dat je oprecht begreep wat een verschrikkelijk leed je Billy, en zijn hele familie, hebt aangedaan.'

'Ik heb het niet over hem, ik heb het over mijn broers,' antwoordde Jack kortaf. 'Ik ben gestraft voor wat ik heb gedaan, en zíj nooit. Ja, ze hebben voor andere dingen gezeten, maar nooit voor wat ze met míj hebben gedaan.'

'En dat was heel erg. Ze hadden ervoor de gevangenis in moeten gaan, en misschien gebeurt dat ooit nog wel, maar dat doet niets af aan wat jij Billy hebt aangedaan.'

'Luister, ik probeer u te bedanken, ja?'

Hij schreeuwde het bijna, woedend en smekend tegelijkertijd.

'Verpest het nou in godsnaam niet.'

Het was gestoord, gekmakend, choquerend. Jacks verlangen om het lijden van zijn slachtoffer te negeren, om over zijn misdaad te zwijgen, was verbijsterend. Olivia wilde hem hier streng over toespreken, hem een spiegel voorhouden, zodat hij zichzelf voor het eerst eens goed kon zien, maar als ze dat nu deed, bestond het gevaar dat het op een grote ruzie zou uitlopen, en misschien zelfs op een volledige ineenstorting. En dus beet ze op haar tong en zei niets.

'Ik wil u bedanken, Olivia,' ging hij verder – voor het eerst sprak hij haar naam uit. 'Omdat u probeert te zorgen dat mij niets overkomt, omdat u naar me omkijkt. Dat betekent heel veel voor me.'

Hij had het nog niet gezegd, met bevende stem, of hij pakte haar hand vast. Dat gebaar verraste haar, en ergens wilde ze haar hand wegtrekken, maar Jack was vanavond zo radeloos, stond zo dicht bij de afgrond dat ze haar hand in de zijne liet liggen en hem zo zo veel mogelijk steun gaf, meer een moeder voor deze kindermoordenaar dan zijn eigen moeder ooit voor hem was geweest.

DAG 4

76

De man bleef maar tieren.
Mike had veel zin gehad om die dag niet naar zijn werk te gaan. Hij was doodmoe, had een kater en schaamde zich, en hij wist dat hij, zodra hij een voet over de drempel van de showroom had gezet, de wind van voren zou krijgen. Maar daar viel toch niet aan te ontkomen, dus was hij onder de douche gegaan, had zich aangekleed en drie koppen koffie door zijn protesterende keel naar binnen gegoten om zich te wapenen tegen wat komen ging.

'Ik ben de rest van de avond bezig geweest om die vent ervan te weerhouden aangifte te doen,' liet Simon weten. Hij had tien volle minuten tegen hem staan schreeuwen, en zijn gezicht was paars aangelopen. 'En je kunt je wel voorstellen wat de regiomanager ervan vond. Die avond was verdomme bedoeld om de onderlinge samenhang te verbeteren.'

Als je er met een bepaalde blik naar keek, was het op een duistere manier grappig. Maar voor Simon was dit duidelijk ernst.

'Maar jij besluit in al je wijsheid om aan de feestelijkheden bij te dragen door een van onze veelbelovende werknemers een kaakslag te verkopen.'

'Die vent? Die is veelbelovend?'

'Niet doen, Mike. Gewoon niet doen.'

Simon zwaaide dreigend met een vinger voor zijn gezicht, alsof hij elk moment zijn geduld kon verliezen en Mike misschien zelf wel een kaakslag zou kunnen verkopen. Maar zijn chef kwam bij zijn positieven en onderdrukte deze emotie.

'Ik ben voor je opgekomen, Mike,' ging hij kwaad verder. 'Anderen wilden van je af, maar ik heb je verdedigd, omdat ik weet wat je hebt doorgemaakt, wat je nog steeds doormaakt... maar deze keer ben je te ver gegaan.'

In een poging zijn besluit te rechtvaardigen werkte hij langzaam toe naar wat er onvermijdelijk aan zat te komen.

'Je verschijnt niet op je werk, je liegt over waar je hebt uitgehangen. Als je wel komt, ben je lusteloos en ongeïnteresseerd en ruik je naar drank. Het deugt niet, het is niet professioneel.'

Dat laatste woord kwam er echt overtuigend uit, alsof hij Gods eigen wet verwoordde.

'Maar een collega slaan? Ten overstaan van iedereen een lid van onze grote familie te lijf gaan?'

Mike vermoedde dat dit de voornaamste reden was waarom zijn bedrijfsleider zo kwaad was, dat hij door Mikes stomme en roekeloze gedrag een slecht figuur had geslagen. Mike mocht dan boos zijn over deze terechtwijzing, hij begreep de reactie wel. Het was stom wat hij gedaan had, onvoorstelbaar eigenlijk.

'Ik zou mijn werk niet goed doen als ik nu niet optrad. Dus...'

Hij zuchtte zwaar, er kwam een vleugje wroeging door zijn woede heen.

'... ik moet je ontslaan, Mike. Bedankt voor alles wat je gedaan hebt, maar het lijkt me het best als je meteen vertrekt. Ik stuur je je ontslagbrief wel per post.'

Hij zei het ernstig, bedroefd, maar wel heel vastbesloten. Misschien was Simon bang dat Mike op zijn knieën zou vallen, zou smeken om zijn baan te mogen behouden, en wilde hij zo'n scène voor zijn. Zo ja, dan vergiste hij zich lelijk. Mike had de energie noch de overtuiging om tegen zijn ontslag op staande voet protest aan te tekenen. Hij had hier jarenlang gewerkt, was bij het meubilair gaan horen, maar daar had hij nu niet veel aan. De afgelopen paar dagen hadden zijn evenwicht verstoord, zijn hart gebroken en hem van zijn gezonde verstand beroofd. Terugkeren naar de geruststellende monotonie van zijn oude leven kon hij wel vergeten, niet zolang Courtney Turner vrij rondliep en het er lekker van nam. Hier had niemand iets aan hem, je kon erop wachten tot het verkeerd ging, en dat was ook de reden waarom Mike nu niet tegen zijn ontslag inging, maar gewoon opstond en zonder ook maar één keer om te kijken het magazijn uit liep dat jarenlang zijn veilige haven was geweest. Wat viel er nog te zeggen? Hoe moest hij zijn daden in vredesnaam rechtvaardigen? Hij had zichzelf teleurgesteld, hij had zijn collega's teleurgesteld en hij wist dat hij het verdiende hiervoor te worden gestraft, en dat had Mike sinds de dood van zijn geliefde Jessica dag in dag uit al zo gevoeld.

77

'Ik wil dat dit goed gedaan wordt, maar wel snel.'
Olivia fluisterde het, en maakte haar opdracht daardoor extra dringend. Ze stond in de voortuin, samen met een van hun goedgekeurde veiligheidsexperts, hield één oog op de man gericht en hield met het andere nauwlettend de voorbijgangers in de gaten.

'Er moeten camera's komen, aan de voor- en achterkant, en binnen bewegingssensoren die in verbinding staan met een digitaal alarmsysteem en twee noodknoppen, een in de slaapkamer en een in de woonkamer. Het liefst moeten die vanmiddag geïnstalleerd zijn en functioneren. Denk je dat dat lukt?'

'Nou, het is niet onmogelijk,' antwoordde de technische man, terwijl hij een beetje bleek werd. 'Maar dan zal ik wel extra hulp moeten inschakelen.'

'Nee, alleen jij. Zo snel mogelijk. Begrepen?'

De man hoorde aan haar toon dat ze geen tegenspraak duldde, dus knikte hij gedwee, pakte zijn gereedschapstas en ging aan het werk. Olivia ging tevredengesteld het huis weer binnen en trok de deur achter zich dicht. Ze liep de gang door en glipte de keuken binnen om haar bezorgde pupil snel gerust te stellen. Maar toen ze de keuken binnenliep, bleef ze meteen staan. Jack stond midden in de keuken en was koortsachtig op haar telefoon aan het scrollen.

'Waar ben jij in godsnaam mee bezig?' vroeg ze streng, en ze beende naar hem toe en griste hem haar telefoon uit handen. 'Je weet best dat je niet zonder toezicht op een apparaat mag dat toegang heeft tot internet. Waar ben je mee bezig?'

'Dat zou ik u ook kunnen vragen.'

Olivia keek niet-begrijpend op haar scherm. Ze had het ergste verwacht, maar nu drong tot haar door dat Jack op de website van Immer Waakzaam had gekeken, waar men nog steeds jubelde over de dood van Mark Willis en Andrew Baynes, en over de ontmaskering van Emily Lawrence.

'U zegt dat ik u moet vertrouwen, maar hoe moet ik dat doen als u me de waarheid niet vertelt?'

Hij was woedend, maar duidelijk ook bang.

'Luister, ik wilde je vertellen wat er allemaal speelt, maar ik wilde er even het juiste moment voor afwachten.'

'Onzin, u wilde het gewoon voor me verborgen houden. Want daar gaat dit allemaal om, toch?'

Hij wees naar de voorkant van het huis, waar ze de technische man met veel kabaal in het baksteen hoorden boren.

'U denkt dat ze achter míj aankomen, toch?'

'Nee, dat denk ik niet. Echt niet. Maar met wat er nu allemaal speelt kunnen we geen enkel risico nemen.'

'Met wat er nu allemaal speelt! U moest uzelf eens horen. Ze lekken álles. Namen, locaties, zelfs foto's van mensen die boodschappen doen. In dit tempo mag ik van geluk spreken als ik het einde van de dag haal. Voor hetzelfde geld is de vader van Billy Armstrong op dit moment al onderweg hiernaartoe…'

'Er is geen enkele aanwijzing dat je gevaar loopt, Jack, dat je nieuwe identiteit op wat voor manier ook bekend is gemaakt. Ik ben hier om je te beschermen, zoals je gisteravond zelf al zei, en dat doe ik dan ook. Zoals je ziet laat ik extra beveiliging installeren, en zodra er een nieuw safehouse beschikbaar is…'

'Ik wil hier vandáág weg,' onderbrak Jack haar. 'Ik wil een nieuwe locatie, een nieuwe naam, een nieuw verleden, waar alleen u en uw directe baas van op de hoogte zijn.'

Olivia staarde hem aan, het leek wel alsof de technicus met zijn boor de spot met haar dreef.

'Ik meen het, ik blijf hier geen nacht langer,' drong hij aan, terwijl hij goed keek hoe ze hierop reageerde.

'Met alle respect, Jack, maar daar ga jij niet over. Wij hebben veel meer ervaring met dit soort dingen dan jij.'

'En moet je zien wat dat heeft opgeleverd!' antwoordde Jack vernietigend, met een agressief knikje naar de telefoon. 'Jullie hebben meer lekken dan de Titanic, en met alle respect, míjn hoofd ligt hier op het hakblok, hè, niet het uwe. Dus zorg maar dat het geregeld wordt. Ik wil hier weg.'

Hij beende boos langs haar heen, de keuken uit en de trap op. Olivia wilde hem tot rede brengen, wilde verstandig met hem praten, maar ze wist dat het geen zin had. Hij was geagiteerd, overstuur, kwaad, en eerlijk gezegd had hij daar alle reden toe. Het beeld op haar telefoon haalde al haar tegenwerpingen onderuit, al haar ijdele pogingen hem gerust te stellen. De website Immer Waakzaam was die dag in feeststemming, actueel en uitzonderlijk verontrustend. Boven de politiefoto's van Emily Lawrence, Andrew Baynes en Mark Willis stond in chocoladeletters een bloedstollend eenvoudige boodschap.

WIE VOLGT?

78

De volgende paar minuten zouden van cruciaal belang zijn. Emily wist dat wat ze nu zei en hoe Sam daarop zou reageren, hun beider lot zou bepalen. Sam zou zijn moeder trouw blijven, zou proberen het verleden, het heden en hopelijk de toekomst te begrijpen, of haar zonder meer verwerpen, walgend van haar oneerlijkheid, haar onbetrouwbaarheid, haar misdaden. Haar geestelijke gezondheid stond op het spel, dus Emily moest het nú proberen.

'Sam, lieverd, ik weet dat je vast nog niet bent bekomen van wat er gisteren allemaal is gebeurd en dat je waarschijnlijk nog wel duizend dingen aan me wilt vragen. En dat is prima. Ik ben er voor je, en we kunnen het overal over hebben, waarover je maar wilt, wanneer je maar wilt.'

Ze sprak op gedempte toon, want ze was zich ervan bewust dat er ook nog andere gasten zaten te ontbijten. Moeder en zoon zaten alleen aan een tafel in een hoek, aten met lange tanden van hun toast en waren zo een toonbeeld van stil verdriet. Marianne en een paar andere reclasseringsmedewerkers zaten even verderop te eten, hoewel je ze in hun nette pak gemakkelijk voor zakenmensen kon aanzien – ze vielen niet op tussen de andere reizigers.

'Jij hebt het vandaag voor het zeggen,' ging ze behoedzaam

verder. 'Jij bent de baas. Misschien dat we straks nog even met mijn contactpersoon van de reclassering moeten praten, dat we moeten nadenken of we niet beter naar een minder openbare omgeving kunnen verkassen, maar voorlopig zijn we hier veilig, dus we hebben alle tijd om het er rustig over te hebben. Ik wil graag weten wat je denkt, wat je voelt. Ik wil je graag helpen.'

Sam deed er het zwijgen toe en zat gespannen met zijn telefoon te spelen. Emily wilde die hem het liefst afpakken, hem wegtrekken bij de stortvloed aan bitterheid en vergelding die op social media de ronde deed, bij de vele vernietigende, kwetsende opmerkingen onder die bespottelijke foto van haar voor de Tesco Metro, maar ze durfde die dag geen enkel ouderlijk gezag uit te oefenen. Dus pakte ze hulpeloos en hol het toastrekje maar op en schoof het over de tafel naar hem toe.

'Kom, lieverd, eet iets. Dan praten we daarna, oké? Met jezelf uithongeren schiet niemand iets op.'

'Ik heb geen trek.'

'Dat kan niet, normaal gesproken eet je 's ochtends vroeg al als een paard. Kom, ik smeer een stuk toast voor je.'

Ze pakte een snee toast en smeerde er boter op.

'Wil je jam of marmelade?'

Hij schoof zijn stoel naar achteren, en bij dat geluid hield ze abrupt op. Sam stond snel op. Emily schrok en stond ook op.

'Ik kan dit niet,' fluisterde Sam doodongelukkig. Toen draaide hij zich om en liep weg.

Hij was al bijna bij de uitgang, terwijl hij ondertussen agressief op zijn telefoon toetste. Emily draaide zich ontzet om naar Marianne, die ook opstond, en liep toen snel achter haar zoon aan. Tegen de tijd dat ze in de lobby was aangekomen, was Sam al door de hoofdingang naar buiten gegaan en liep snel weg over het plein voor het hotel.

Emily liet uit wanhoop alle voorzichtigheid varen en rende

door de open deuren naar buiten. De reclasseringsmedewerkers volgden haar op de voet.

'Sam!' Onder het rennen riep ze zijn naam, maar hij draaide zich niet om en zette zijn vertrek, weg van het hotel, vastbesloten voort.

Emily was doodsbang dat ze hem, als ze hem nu kwijtraakte, nooit meer zou zien, en ze rende zo hard ze kon naar haar zoon toe en haalde hem net voordat hij bij de hoofdweg aankwam in. Maar toen ze naar zijn vrije arm griste, trok hij die woest weg.

'Sam, blijf alsjeblieft hier,' smeekte Emily in tranen. 'Blijf hier, dan kunnen we dit...'

'Nee,' zei hij kortaf. 'Jij hebt niets meer over mij te zeggen.'

'Ik wil het alleen maar uitleggen, lieverd...'

'Al die onzin over dat ik een goede burger moet zijn,' ging hij verder, verbitterd, woedend. 'Over dat ik de goede keuzes moet maken... en jij doet dát?'

Emily deinsde voor hem terug; zijn minachting was haar te veel.

'Je bent een hypocriet en een leugenaar, *Janet*.'

Weer een mokerslag. Zo had al bijna dertig jaar niemand haar meer genoemd. Maar Sam hield niet op, zijn tirade was niet te stuiten.

'Je hebt mijn hele leven tegen me gelogen. Over jou en papa, over je familie, over je "vrienden" die op bezoek kwamen. Was er ooit wel iets wáár van wat je me hebt verteld?'

Emily kon hem niet aankijken.

'Die littekens op je rug. Waren die echt van een auto-ongeluk?'

Hij hitste haar op, hij draaide het mes bewust rond, maar ze verdiende het.

'Nee,' bekende ze zacht. 'Die waren van mijn vader.'

'Zie je nou wel!' riep Sam triomfantelijk uit, alsof deze mishandeling iets was om te vieren. 'Alles wat je me ooit hebt verteld is een leugen, toch?'

Hij stond nu te schreeuwen. Emily draaide zich bezorgd om naar Marianne, die hen inmiddels had ingehaald. Achter haar zag Emily hotelmedewerkers staan, die de ruzie belangstellend gadesloegen, maar om hen ging het haar nu niet. De enige om wie het haar ging, was haar zoon.

'Sam, je hebt gelijk. Alles waarvan je me beschuldigt, heb ik gedaan. En nog veel meer. Maar ik wil het goedmaken, ik wil dat je het begríjpt. Geef me die kans en dan beloof ik je dat we hier doorheen komen, dat we weer gelukkig zullen zijn.'

'O ja? En hoe stel je je dat voor? Want als je het mij vraagt blijven we óf hier, met dag en nacht gewapende bewaking, óf we verstoppen ons in een of ander klotestadje, weg van vrienden, van familie, en dan zitten we gevangen in een leugen. Dat zijn onze enige opties, nee, dat zijn jóúw enige opties. Ik doe hier niet meer aan mee.'

'Sam, zeg dat nou niet, alsjeblieft...'

'Laat me los.'

Hij duwde Emily ruw weg, en zij probeerde hem wanhopig vast te pakken.

'Ik wil hier niet zijn, bij jou. Ik wil je niet eens meer kennen.'

Deze wrede afwijzing was Emily te veel, en ze viel op haar knieën.

'Ik ga naar papa. En je hoeft me niet te bellen, want ik neem toch niet op.'

Terwijl Sam dat zei, hield er een Uber stil, en hij liep er snel naartoe.

'Sam...'

Maar het was vergeefs. De auto reed al weg, met Sam erin.

'Kunnen jullie hem niet tegenhouden?' vroeg Emily smekend aan Marianne, maar haar contactpersoon schudde haar hoofd.

'Hij is vrij om te gaan en staan waar hij wil, maar wíj moeten nu echt naar binnen, Emily. We trekken kijkers.'

Ze zei het op dringende toon, met gezag, maar Emily besteedde geen aandacht aan haar en draaide zich weer om en keek de auto na, die langzaam wegreed. Haar zoon verdween voor altijd uit haar leven.

79

'Gecondoleerd met Andrew. Zijn dood moet een afschuwelijke schok voor u zijn geweest.'

Diane Baynes keek als gestoken op, alsof ze schrok van de meelevende woorden van Isaac Green. Ze had al meer dan een minuut in absolute stilte naar het lichaam van haar zoon staan kijken, met een bewegingsloos gezicht en droge ogen. Nu keek ze naar de reclasseringsmedewerker, alsof ze een andere betekenis achter zijn woorden probeerde te vinden. Langzaam ontspande haar gezicht zich echter en gaf ze toch antwoord.

'Ik ben altijd bang geweest dat hij ellendig aan zijn eind zou komen, maar…'

Ze maakte haar zin niet af, en haar ogen dwaalden terug naar het lichaam. De medewerkers van het mortuarium hadden hun best gedaan, maar de vele verwondingen waren niet te verdoezelen geweest.

'Ik weet dat het moeilijk voor u is en ik vind het heel erg dat u Andrew zo moet zien, maar we zullen toch de formaliteiten moeten afhandelen, vrees ik.'

'De gedachte dat iemand een ander mens zo erg kan haten dat hij dít doet,' antwoordde ze afwezig, alsof ze hem niet had gehoord. 'Hoe moet dat zijn, om zo veel haat in je te dragen?'

Isaac knikte, maar zei niets.

'Om zo boos te zijn? Zo wreed. Dat moet je vanbinnen wel opvreten…'

De vrouw huiverde, en haar stem sloeg over – het eerste teken dat verdriet door haar pantser heen brak.

'Mijn zoon was geen lieverdje. Wat hij met dat meisje heeft gedaan, dat was onvergeeflijk. Maar het was al zo lang geleden en hij had zijn leven gebeterd, toch?'

Ze draaide zich met een smekend gezicht om naar Isaac.

'Hij had een goede baan, een flat, wat vrienden,' ging ze verder. 'Hij deed iets nuttigs, iets productiefs, toch?'

'Hij deed in elk geval zijn best,' beaamde Isaac.

Diane knikte afwezig.

'Denkt u… denkt u dat hij toch wel íéts goeds in zich had?' vroeg ze toen.

Isaac wist even niet hoe hij hierop moest antwoorden. De vraag overviel hem.

'Afgezien van zijn familie, kende u hem het best,' drong ze verder aan. 'Zag u iets goeds in hem? Al was het maar een klein beetje?'

Haar verlangen was evident en oprecht, maar toch aarzelde Isaac met antwoord geven en koos hij zijn woorden uiteindelijk zorgvuldig.

'Ik weet niet of u in zo'n geval veel hebt aan woorden als goed en kwaad. Ik denk dat Andrew zich graag nuttig had gemaakt in zijn leven, dat hij zijn problemen achter zich wilde laten… maar toch sprak hij nooit over zijn slachtoffer en leek hij niet in staat te erkennen wat voor verdriet hij de familie van Rose had aangedaan, en daardoor vonden sommige mensen het moeilijk om hem te vergeven.'

Diane Baynes knikte, maar zei niets; ze zag in dat deze beschuldiging waar was – haar zoon, de moordenaar die geen berouw kende, het monster uit de bladen. Isaac keek aandachtig naar haar en wachtte op een reactie, maar de rouwende moeder zei niets en verroerde zich niet. Ze zag er nog net zo geschrokken en getraumatiseerd uit als indertijd.

'Maar goed, ik laat u even alleen,' voegde Isaac er tactvol aan toe, en hij liep weg. 'Komt u maar naar me toe als u klaar bent, dan bespreken we waar u het lichaam naartoe wilt laten brengen.'

'O, maar wij willen het lichaam niet.'

Isaac draaide zich verbaasd weer naar haar om.

'Ik bedoel, we gaan geen begrafenis of iets regelen.'

'Aha.'

'We hoopten eigenlijk dat jullie dat verder allemaal konden regelen.'

'Nou, dan kan natuurlijk,' antwoordde Isaac verbaasd. 'Maar dan komt hij in een anoniem graf te liggen, zonder details over wie…'

'Dat lijkt me maar het beste, denkt u niet?'

Ze zei het ferm, vastbesloten, met hooguit een heel licht zweempje emotie – een moeder die deed wat nodig was om haar gezin te beschermen. En wie was Isaac om haar tegen te spreken? Voor zo iemand was er toch geen ander einde denkbaar?

'Ja, dat denk ik ook,' hoorde hij zichzelf dan ook zeggen.

80

Hij keek naar de fijn geciseleerde letters, liet de vertrouwde woorden tot zich doordringen, maar voelde alleen een verpletterende leegte.

> JESSICA BURNHAM, GEBOREN 14 MEI 2002,
> OVERLEDEN 2 AUGUSTUS 2012
> ONS LIEVE ZUSJE,
> ONZE LIEVE DOCHTER EN KLEINDOCHTER

Mike wist dat voor veel vrienden en familieleden dit eenvoudige grafschrift nodeloos kort en kaal was. Zeker Alison had dat gevonden en had hevig gepleit voor een uitgebreider eerbetoon, maar Mike had alle smeekbeden naast zich neergelegd. Wat konden ze in vredesnaam zeggen om Jessica recht te doen? En hoe konden ze over haar afgrijselijke dood spreken zonder hun toevlucht te nemen tot leugens, eufemismen en holle clichés? Hier was 'te vroeg overleden' of 'in vrede bij God' niet gepast. Mike geloofde niet in het hiernamaals, en geen enkele zalvende uitspraak over dat Jessica dit leven gewoonweg vroeg had verlaten deed iets af aan het feit dat ze door twee meisjes die iets spannends wilden beleven, was ontvoerd en vermoord. Als ze iets wilden schrijven, dan moest het dát zijn, dan moesten ze de hele wereld luid en duidelijk vertellen wat voor misdaad zij hadden begaan.

Huilend trok Mike een verschoten bos bloemen uit de urn en verving die door de bloemen die hij zelf had meegebracht. Hij probeerde wekelijks bij Jessica langs te gaan en was hier nadat hij op zijn werk was ontslagen in een opwelling naartoe gegaan, in de hoop om in het gezelschap van zijn dochter enige verlichting te vinden. Soms vond hij hier ook inderdaad wat troost, wanneer hij met zijn vinger over de vergulde letters van haar naam ging en haar weer dicht bij zich voelde, maar die dag was die verlichting ver te zoeken.

'Het spijt me,' fluisterde hij, terwijl hij boos aan wat onkruid trok. 'Het spijt me zo...'

In werkelijkheid schaamde hij zich. Bij eerdere bezoekjes aan het graf had hij gehuild als een kind, getierd als een gek, beschonken liefdesbetuigingen geuit, maar hij had zich nog nooit zo slecht, zo pathetisch gevoeld als die dag. Hij had het op zijn werk laten afweten, hij had het in zijn huwelijk laten afweten, maar het allerergst was dat hij het tegenover Jessica had laten afweten. Hij was er niet voor haar geweest op het moment dat ze hem het hardst nodig had. Hij zag zichzelf nog dat reisbureau uit rennen, terug naar zijn auto, om Jessica snel te kunnen vertellen over het gezinsuitstapje naar Disneyland dat hij voor die zomer had geboekt, om vervolgens vijf minuten te laat bij haar lesje rolstoelaerobics aan te komen. Vijf kostbare minuten die hun leven voor altijd hadden verwoest. In een poging de vakantie van hun leven te boeken had Mike zonder het te weten zijn dochter tot een verschrikkelijke, gewelddadige dood veroordeeld.

'O god, Jessica...'

Mike klampte zich snikkend vast aan het koude marmer. Hij wist dat hij niks waard was, dat hij het had verkloot, maar die dag had hij het gevoel dat hij echt niet dieper kon zinken. Als Jessica's graf open had kunnen gaan om ook hem op te slokken, had hij zijn lot met liefde aanvaard.

'Mike?'

Mike draaide zich geschrokken om en zag Alison aan komen lopen.

'Wat is er aan de hand?'

Ze klonk bezorgd, maar ook beschuldigend. Alsof Mike Jessica's graf bezoedelde met al dat zelfmedelijden en verdriet. Mike wist niet wat hij moest zeggen, stond op en veegde de tranen van zijn gezicht.

'Hoor jij niet op je werk te zijn?' ging Alison verder.

De moed zonk Mike nog verder in de schoenen. Moest hij hier echt alles opbiechten?

'Ik... ik heb ontslag genomen,' mompelde hij. 'Of liever gezegd: ik ben ontslagen...'

'O, Mike. Je was zo goed in je werk. Ze mochten je toch graag?'

'Niet graag genoeg, blijkbaar. Volgens Simon ben ik onbetrouwbaar, er met mijn hoofd niet bij, een blok aan hun been...'

Hij probeerde kwaad te klinken, maar het ging niet van harte. Hij wist dat hij fout zat.

'En dan besluit je maar hierheen te gaan? Uitgerekend hierheen?'

Haar oordeel was vernietigend, maar ze had wel gelijk.

Een paar jaar geleden zou Mike háár hebben gebeld. Alison was zijn beste vriendin, zijn zielzorger en mentor geweest, maar nu stond er een onneembare barrière tussen hen in, een dikke muur van leed en verwijten. Alison had haar leven weer op de rails gekregen, had inmiddels een enorm netwerk om zich heen, terwijl Mike niemand had. Maar dat ging hij nu niet toegeven, dus liet hij zijn hoofd hangen.

'Wat heeft het voor zin? Wat gebeurd is, is gebeurd,' antwoordde hij afgemeten.

'Bestaat er echt geen kans om hen nog op andere gedachten te brengen? Een manier om hen ervan te overtuigen dat ze zich vergissen?'

'Vergissen ze zich dan? Voor zover ik het kan beoordelen, hebben ze groot gelijk.'

Hij wist dat hij verbitterd klonk, maar hij kon er niets aan doen.

'Kom op, Mike, met dat soort teksten schiet je niets op...'

Ze zei het op meelevende toon, waarin nog een sprankje te bespeuren viel van haar vroegere liefde voor hem, maar daardoor voelde Mike zich alleen maar nóg slechter.

'Maar het is wel waar, toch? Alles waar ik aan begin, loopt op niets uit.'

'Dat is niet waar. Ook nooit zo geweest.'

'O nee? Ben je dan vergeten wat je tegen me hebt gezegd, Alison?'

Nu was Alison degene die haar blik moest afwenden.

'Mike, alsjeblieft, ik heb hier echt geen zin in...'

'Je hebt mij ronduit de schuld gegeven van wat er is gebeurd.'

'Ik was overstuur en boos, ik wist niet wat ik...'

'O, je wist precíes wat je zei. "Als jij niet zo afgeleid was geweest, zo vastbesloten om die stomme vakantie te boeken, zou onze dochter nog leven." Dat heb je gezegd, Alison. Exact die woorden.'

Alison deed er het zwijgen toe en weigerde hem aan te kijken.

'Wou je het soms ontkennen? Wou je ontkennen dat je mij er de schuld van geeft dat je leven verwoest is, dat je kapot bent van verdriet, dat je dag in dag uit lijdt?'

Hij slingerde haar de woorden vijandig en woedend in het gezicht, maar tot zijn schrik zag hij haar schouders nu schokken: zijn ex-vrouw begon te huilen. Dat geluid was hem altijd al door merg en been gegaan, en nu ook weer. Wat een ellendeling was hij om haar zo aan te vallen. Wat gaf hem het recht om háár te beschuldigen?

'Alison, het spijt me, het was niet mijn bedoeling om...' zei hij stuntelend, en hij zette aarzelend een stap naar haar toe.

'Ik kwam hier alleen om wat bloemen neer te zetten, Mike,' fluisterde Alison tussen haar snikken door, terwijl ze strak naar de grond bleef kijken. 'Om wat bloemen op het graf van onze dochter neer te zetten...'

Ze was opnieuw kapot van verdriet en kon bijna niet praten.

'Waarom moet je me zo aanvallen? Wat heb ik misdaan?'

Ze had gelijk. Ze had niets verkeerd gedaan, behalve dan dat ze met een man was getrouwd die haar niet waard was.

'Alison, alsjeblieft, ik bedoelde het niet zo. Ik heb gewoon een paar vreselijke dagen achter de rug en...'

Hij maakte zijn zin niet af, want ze maakte een handgebaar naar hem dat hij zijn mond moest houden. Elk woord deed haar nu pijn, leek het wel. De beide ouders bleven even zo staan, en de loden stilte werd alleen door Alisons zachte gesnik doorbroken. Toen liep ze snel langs hem heen, legde haar bloemen neer, bleef even staan om de grafsteen van haar dochter te kussen, kwam toen overeind en liep snel het pad af.

'Alison...'

Hij wilde haar tegenhouden, haar vasthouden, haar om vergeving smeken, maar hij wist dat het geen zin had. Ze had geen behoefte aan hem, ze had geen zin om te worden meegesleurd in zijn zelfmedelijden en pijn. Hij was hier alleen, alleen met zijn schuldgevoel, zijn wanhoop en zijn diepe, diepe schaamte.

81

'Wilt u nu echt beweren dat u het erg zou vinden als er iets met Emily Lawrence gebeurde?'

Het was schaamteloos en provocerend, en dat was precies zoals Guy Chambers zich had opgesteld vanaf het moment dat Chandra Dabral zijn kantoor was binnengekomen. Haar tactiek was al net zo agressief: ondervraging op het ministerie van Justitie, openlijk en zonder zich daarvoor te verontschuldigen, en zonder dat er een advocaat of assistent bij aanwezig was. Chandra wist niet goed of dit de gewiekste list was van iemand die schuldig was of het zelfverzekerde gedrag van iemand die onschuldig was. Het was hoe dan ook twee tegen een, want rechercheur Buckland was ook bij het gesprek aanwezig, maar de staatssecretaris maakte niettemin een uitermate ontspannen indruk.

'Ik weet dat we voor de buitenwereld allemaal een bedroefd gezicht moeten opzetten, dat we heel serieus en bezorgd moeten doen, maar ik ben niet rouwig om de dood van Andrew Baynes of Mark Willis, en ik zou ook geen traan laten om Emily Lawrence, sorry, Janet Slater, mocht haar eindelijk recht worden gedaan.'

'Noemt u dat recht doen, wat er met Baynes en Willis is gebeurd?'

'Sommige mensen wel, ja,' antwoordde hij, luidruchtig snuivend.

'En dat mag wat u betreft ook met Emily Lawrence gebeuren? Ook al is ze iemands echtgenote en is ze moeder?' vroeg Buckland.

'Ze was in de eerste plaats een kindermoordenaar. En ze is waarschijnlijk gescheiden. Niet dat ik daarover mag oordelen, want ik ben zelf ook drie keer gescheiden.'

Hij glimlachte naar Chandra, zodat zijn smetteloze gebit zichtbaar werd. Dat was symbolisch voor zijn hele persoon: smetteloos, verzorgd en onbezorgd.

'Vindt u dit grappig?' vroeg Chandra, die haar groeiende minachting probeerde te verbloemen.

'Ik vind ú grappig, dat ú mij hier op mijn kantoor komt lastigvallen met uw halfbakken beschuldigingen.'

Chandra wilde hem onderbreken, maar Chambers praatte gewoon door haar heen.

'Luister, van mij is bekend dat ik talloze keren heb gezegd dat we in dit land te laks, te toegeeflijk zijn. Straf is tegenwoordig een vies woord geworden, de nadruk ligt eeuwig en altijd op het welzijn van doorgewinterde criminelen, en niet op dat van de slachtoffers en hun familie. Ik ben er absoluut van overtuigd dat het overheidsbeleid ingrijpend moet veranderen, dat we moeten uitdragen wat echte mensen denken en voelen. Misdadigers moeten goed doordrongen zijn van wat ze met hun misdrijven hebben aangericht, moeten boeten voor wat ze hebben gedaan, maar dat betekent niet dat ik mijn carrière, mijn vrijheid, de hele reutemeteut op het spel ga zetten door die beesten aan de woedende meute uit te leveren. Dacht u nou echt dat ik zo stom was?'

Chandra had zin om daarop te antwoorden, maar hield zich in.

'Heel fraaie toespraak,' zei ze, 'maar we zitten nu niet in het parlement, staatssecretaris, dus misschien zou u antwoord willen geven op mijn vraag. Hebt u, of iemand die namens u optrad, vertrouwelijke informatie gelekt met betrekking tot de schuilnaam en verblijfplaats van Mark Willis, Andrew Baynes of Janet Slater?'

'Absoluut niet.'

'Maar u ontkent niet dat u blíj was dat iemand dat wel heeft gedaan, dat u blij was dat deze drie misdadigers zijn ontmaskerd?'

'Welk verstandig mens zou daar niet blij mee zijn?'

'Iemand met een geweten misschien?'

Chandra ging haar boekje te buiten, maar wilde een reactie uitlokken. Gelukkig hapte Chambers.

'Ach, wat interessant,' antwoordde hij veelbetekenend. 'U hebt meer met de misdadiger te doen dan met het slachtoffer. Ironisch, gezien uw beroep. Ik heb hónderden agenten ontmoet die er net zo over denken als ik.'

'En hoe denkt u er dan precies over?'

'Ik ben van mening dat wezens als Baynes, Willis en Slater slecht zijn, niet meer en niet minder. Ze zijn slecht geboren, slecht opgegroeid, hebben onvoorstelbare misdaden gepleegd en zijn niet in staat tot wroeging of herstel. Vroeger bestond het idee dat deze wezens beschermd door anonimiteit weer in de samenleving moesten terugkeren, begeleid en gefaciliteerd door een incompetente reclassering, en dat is niet alleen een onverantwoordelijk en gevaarlijk idee, nee, het is ook immoreel.'

Dat laatste woord sprak hij met een oudtestamentische overtuiging uit.

'Daar zult u het toch wel mee eens zijn, inspecteur? Hebt u niet het gevoel dat sommige mensen gewoonweg te ver heen zijn? Dat voor sommige misdaden nooit vergeving kan bestaan?'

'En wat zou u dan met die "wezens" doen?' vroeg Chandra, die niet op zijn vraag inging. 'Ze opknopen?'

'Als ik daar in het Lagerhuis de meerderheid voor wist te krijgen wel, ja,' antwoordde Chambers met een glimlach. 'Maar u weet best hoe centrumlinks is. Die durven tegenwoordig nergens meer een mening over te hebben...'

'Dus u geeft toe dat u deze misdadigers het liefst dood ziet?'

'Dat heb ik niet gezegd.'

'Een prima manier om dat te bewerkstelligen,' ging Chandra verder, 'is hun identiteit en verblijfplaats aan de familie van de slachtoffers bekend te maken, en Immer Waakzaam olie op het vuur te laten gooien door foto's van hun lichamen te laten publiceren, plus foto's van misdadigers als Emily Lawrence, die nu op de vlucht zijn. Op die manier kunt u anderen al het vuile werk laten opknappen, terwijl u zelf uw handen brandschoon houdt.'

'Nou, ik moet zeggen dat dat een aardige theorie is,' antwoordde Chambers met een opgewekte glimlach.

'Ik ben benieuwd of u nog steeds lacht als we Ian Blackwell oppakken,' antwoordde Chandra koeltjes. 'We hebben zijn gegevens aan alle agenten in de hoofdstad doorgegeven, dus het kan niet lang meer duren voor hij wordt gearresteerd. Misschien dat híj ons kan vertellen wie er voor deze gelekte gegevens verantwoordelijk is?'

'Wie weet. Maar aangezien jullie niets concreets hebben om deze bizarre ideeën te staven, zou ik willen voorstellen dat jullie in de tussentijd...'

'Was u op vrijdag 5 december op de bijeenkomst van het kiesdistrict in Reading?' onderbrak Chandra hem, vastbesloten om de leiding van dit gesprek weer over te nemen.

Chambers glimlach betrok, en de man keek Chandra met overduidelijke afkeer aan.

Met een theatraal gebaar plukte hij een tissue uit de doos op zijn bureau en snoot zijn neus.

'Als 5 december een vrijdag was, dan waarschijnlijk wel, ja.'

'Waarschijnlijk is niet goed genoeg, vrees ik.'
'Ja, daar was ik.'
'Hoe laat was u op die bijeenkomst?'
'Nou, dat zou u bij mijn secretaresse moeten navragen, maar meestal ben ik er van tien tot een.'
'En daarna?'
'Geen idee. Meestal doe ik dan wat papierwerk, en dan neem ik de laatste trein terug naar Londen. Maar daarvoor zou ik mijn treinkaartjes moeten opzoeken...'
'Dus u was de hele dag in Reading?' mengde rechercheur Buckland zich in het gesprek.
'Ja.'
'Hebt u Robert Slater een bericht gestuurd terwijl u in Reading was, waarin u de huidige identiteit en verblijfplaats van zijn zus bekendmaakte?'
'Doe niet zo idioot.'
'Hebt u Emily Lawrence die dag gezien? Of, om precies te zijn, hebt u deze foto van haar genomen, voor de Tesco Metro in het centrum?'
Buckland schoof de stiekem genomen foto van Emily over de tafel naar hem toe.
'U bent zich er ongetwijfeld van bewust,' zei Chandra, die het stokje overnam, 'dat deze foto gisteravond door de website Immer Waakzaam is gelekt, een paar uur nadat Emily Lawrence ternauwernood aan een gewelddadige confrontatie met haar broer had weten te ontkomen.'
'Nee, met die foto had ik ook niets te maken. Zijn we klaar?'
'Nog niet. Ik wil namelijk heel graag weten waarom u er elke keer bij was wanneer deze uiterst schadelijke lekken plaatsvonden. U was wel degelijk op 7 november aanwezig op het congres van het ministerie van Justitie in het Excel Centre...'
'Daar waren een heleboel mensen.'

'U was wel degelijk op 28 november bij de BBC, in de buurt van Oxford Circus, toen de informatie over Andrew Baynes bekend werd gemaakt...'
'Hebt u enige idee hoeveel mensen er elke dag over Oxford Circus gaan?'
'En u was wel degelijk op 5 december in Reading toen iemand een bericht stuurde aan Robert Slater, waarin de anonimiteit van Emily Lawrence teniet werd gedaan en haar huidige adres bekend werd gemaakt.'
Chambers keek haar aan, maar zei niets.
'U moet hebben geweten dat Lawrence in uw kiesdistrict woonde, u moet hebben geweten waar haar huis was, waar ze werkte en waar ze boodschappen deed. Bovendien was u een van de weinige zeer ervaren medewerkers die toegang hadden tot de gegevens inzake de identiteit en verblijfplaats van Willis en Baynes. Dus u mag verontwaardigd doen, meneer Chambers, maar laat mij u één ding heel duidelijk vertellen: u bent verdachte, u bent onze voornaamste verdachte, en in die hoedanigheid hebt u een paar heel serieuze vragen te beantwoorden.'
Chambers keek haar verbitterd aan; waarschijnlijk besefte hij nu pas hoe ernstig haar beschuldigingen waren. Toen leunde hij achterover op zijn stoel.
'Weet u wanneer die foto van Emily Lawrence is genomen?' vroeg hij. 'Preciés, bedoel ik. Dag, tijdstip...'
De moed zonk Chandra in de schoenen. Chambers had de vinger op een zere plek in hun onderzoek weten te leggen.
'Nog niet,' zei ze snel. 'Maar dat kan niet lang meer duren. Mijn mensen zijn...'
'En kunt u mij, mijn e-mail- of telefoonaccount linken aan wat voor zeer vertrouwelijke informatie ook, die volgens u naar de familieleden van de slachtoffers is gelekt?'
'Nee, maar we weten dat alle berichten vanaf dezelfde telefoon

met beltegoed zijn verstuurd, een Samsung Galaxy, en zodra we die in ons bezit...'

'Dus in feite hebt u geen enkel concreet bewijs dat mij met een van deze misdrijven in verband brengt?'

Chandra deed er broedend het zwijgen toe, zodat Chambers munt uit zijn voorsprong kon slaan.

'Mag ik dan voorstellen, inspecteur, dat jullie even heel snel oprotten?'

82

Chandra beende het ministerie uit, en rechercheur Buckland kon haar maar met moeite bijhouden.
'Arrogante klootzak.'
'Zeg dat wel,' antwoordde haar plaatsvervanger buiten adem.
'Maar hij heeft wel een punt. Ik zei toch al dat het een beetje overmoedig was om er met gestrekt been in te gaan terwijl we hem nog helemaal niets concreets te bieden hebben?'
'Zonder moed kom je nergens, Buckland,' antwoordde Chandra, geïrriteerd over dit aperte gebrek aan steun. 'Ik wilde het besef bij hem zien dagen. Ik wilde zien hoe hij op de beschuldigingen zou reageren.'
'Ja, dat is allemaal goed en wel, maar hij heeft wel macht. Hij zou u, mij en de rest van het team het leven behoorlijk zuur kunnen maken. Er kunnen carrières door geschaad worden, dus we moeten voorzichtig te werk gaan.'
'Ga vooral voorzichtig te werk, als je dat wilt. Ik ben meer geïnteresseerd in levens redden dan in politieke spelletjes spelen.'
Eindelijk begreep haar plaatsvervanger de hint, en hij slikte zijn tegenwerpingen in.
'Oké, hoe nu verder?' vroeg hij buiten adem.
'Nu halen we de onderste steen boven. Ik wil een volledige specificatie van Chambers' digitale voetafdruk van de afgelopen

paar maanden, zijn doen en laten, zijn communicatie tot in de kleinste details, en bovendien wil ik een huiszoekingsbevel voor zijn kantoor op het ministerie, voor zijn flat in Londen, voor zijn kantoor in het kiesdistrict in Reading.'

'Als u zeker weet...'

Echt iets voor Buckland: er iets tegen in willen brengen, maar daar niet het lef voor hebben.

'Honderd procent. In het beste geval vinden we die Samsung, of ander concreet bewijs dat hem in verband brengt met de gelekte gegevens. In het slechtste geval vinden we niets, maar maken we die arrogante, losgeslagen... reactionair het leven behoorlijk zuur.'

'Hij staat vast niet op uw lijstje van mensen die een kerstkaart van u krijgen.'

Het was een armzalige poging tot humor, bedoeld om te verhullen dat ze hem met haar vurigheid een ongemakkelijk gevoel bezorgde. Het klopte dat ze waarschijnlijk te ver ging, dat ze Chambers niet moest, maar als er zo veel op het spel stond kon ze zich niet veroorloven al te voorzichtig te werk te gaan. Ze zou de verwaande staatssecretaris het leven maar al te graag zuur maken.

Dit was nu een persoonlijke kwestie geworden.

83

Hij beende over het terrein en onder zijn laarzen knerpte het berijpte gras. Hier en daar werd hij door een andere tuinier begroet, maar Graham Ellis reageerde niet en bleef gestaag doorlopen tot hij bij zijn eigen stukje grond was aangekomen. Toen haalde hij de sleutels uit zijn zak, maakte het hangslot open, keek snel om zich heen en glipte naar binnen.

Hij deed de deur dicht, draaide zijn campinglamp aan en liet de rolgordijnen zakken. Het waren allemaal nieuwsgierige mensen hier, verveeld en bemoeizuchtig, en ze gingen ervan uit dat elke pensionado tijd had om te kletsen. Ze hadden al eerder geprobeerd zich met zijn zaken te bemoeien en hadden hun neus tegen het vuile raam gedrukt. Nou, ze deden hun best maar. Vandaag kon hij geen pottenkijkers gebruiken.

Graham haalde voorzichtig de onderste plank van de voorraadruimte leeg, die over de hele lengte van de achterwand liep. Hij schoof een doos met oude tijdschriften opzij, verplaatste een tonnetje met onkruidverdelger, haalde een hark en een schepje tevoorschijn en trok op het laatst een grote plastic doos tevoorschijn met een stoflaken erover. Hij trok de gescheurde doek eraf, schoof de doos naar het midden van de vloer en zeeg toen met een plof neer op een stoel ernaast.

Graham moest even op adem komen en veegde het zweet van

zijn voorhoofd. Hij voelde zich licht in het hoofd en lichamelijk en geestelijk doodmoe, maar hij vermande zich en maakte de doos voorzichtig open, zodat je zag wat erin zat. Vanaf de voorpagina van een sensatiekrant keek een foto van de tienjarige Jessica Burnham hem aan, wat meteen een reactie bij hem teweegbracht. Dit beeld was in de ogen van de meeste mensen een schattige tragische foto van een meisje dat aan het wisselen was, maar zelf zag hij er niet zoiets onschuldigs in. Graham Ellis vond haar beschuldigend en verbitterd kijken.

Langzaam zocht hij de inhoud van de doos door; hij haalde krantenartikelen en correspondentie tevoorschijn, tot hij de map vond, verstopt in een gewone bruine envelop. Terwijl hij die openmaakte, liepen de rillingen van spanning en onrust al over zijn rug. Hij wist donders goed dat hij deze doos jaren geleden al weg had moeten doen. Hij had tegen zijn vrouw gezegd dat hij dat ook had gedaan en op dezelfde dag dat zij had gedreigd voorgoed bij hem weg te gaan, had hij gezworen dat hij de hele zwik had verbrand. Hoe moest hij uitleggen, mocht zij de doos toevallig vinden, dat het hier allemaal nog lag, elk misdaadverslag, elk krantenartikel of stukje papier dat betrekking had op het moordonderzoek? Hoe moest hij de politie, zijn oude collega's uitleggen dat hij nog steeds alle oorspronkelijke dossiers in zijn bezit had, terwijl die eigenlijk veilig opgeborgen in het politiearchief hoorden te liggen? Dit was zijn geheim, een geheim waarover hij nooit iets aan iemand kon vertellen.

Hij bladerde het dossier verder door, nam de vele stapels materiaal over Jessica tot zich en nam even de tijd om het stapeltje post-mortemfoto's te bekijken. Het was inmiddels jaren geleden, maar hij werd er nog steeds kotsmisselijk van – haar kleine bleke lichaam, bijna onherkenbaar verminkt. Deze vreselijke beelden maakten hem ziek, van streek, verdrietig, maar ook kwaad, dus legde hij ze terug en ging verder met de stukken die betrekking hadden op de daders. De voormalig agent bekeek nu op zijn gemak de politiefoto van Courtney Turner, las vluchtig het rapport van haar maatschappelijk werker en las toen haar voorbereide verklaring.

Dit was de echte schat, het enige stuk in deze geheime schatkist dat steevast een lichamelijke reactie bij hem opriep. Graham had nog niet eens een hele zin gelezen of hij voelde al een doffe woede opkomen. Turners web van leugens was bijna net zo obsceen als de terloopse manier waarop ze die had opgedist. Jessica Burnham kwam amper in haar verklaring voor. Er was in het geheel geen sprake van bezorgdheid om haar welzijn, maar eerder een verwoede poging om zowel Courtney als Kaylee verre van de gebeurtenissen in de groeve van Highworth te plaatsen.

Courtney Turner was een geboren verhalenverteller en een ervaren leugenaar, die haar verhaal opsierde met alle mogelijke spitsvondige uitweidingen, in een poging haar ontkenningen als de waarheid te presenteren. Kaylee had er tijdens háár ondervraging stilzwijgend en kermend bij gezeten, maar Courtney had zich op haar beurt flink uitgesloofd en haar verbeelding de vrije loop gelaten. Sommige van zijn agenten hadden zich door deze vertoning bijna om de tuin laten leiden, zo inventief en overtuigend was Courtney te werk gegaan, maar híj had zich nog geen seconde laten bedotten. Hij wist dat in deze zaak het venijn in de details school.

Het was inmiddels jaren geleden sinds ze de aperte leugens van Courtney hadden opgeschreven, maar ze hadden nog hetzelfde effect op hem als indertijd – verontwaardiging en woede streden om voorrang. Had Courtney ook maar één keer gedacht aan wat Jessica had moeten doorstaan? Was het ooit in haar hoofd opgekomen dat haar speeltje die dag een levend, ademend mens was, met ouders, een zusje, vriendjes en vriendinnetjes? Graham wist het antwoord op die vraag, en dat was ook de reden waarom zijn woede, zijn verlangen naar rechtvaardigheid zo hevig waren. Courtney, het brein achter de afschuwelijke moord op Jessica, had nooit, maar dan ook nooit bekend dat ze het misdrijf had gepleegd, had nooit onder ogen willen zien hoeveel leed ze had veroorzaakt. Ze trok in feite nog steeds een lange neus naar justitie en bekommerde zich geen moment om het spoor van vernieling dat ze had achtergelaten.

Graham Ellis keek naar de foto van Courtney, naar het brutale meisje van tien dat met een ondeugend gezicht in de camera keek, en hij lachte verbitterd. Als Mike Burnham hem nu kon zien, wat zou hij dan zeggen? Zou hij tieren, vloeken, tegen hem tekeergaan? Mike zou er alle recht toe hebben, want de ironie van de situatie was zo duidelijk als wat. Grahams bedrog en zijn hypocrisie kenden geen grenzen – een volledig verraad van hun vriendschap. Hij had er de afgelopen jaren talloze malen bij Mike op aangedrongen dat hij verder moest gaan met zijn leven, maar had hij daar wel het recht toe? Want wie was er nou het meest door Courtney Turner geobsedeerd? De bedroefde, gebroken vader of de politieagent die als gevolg van deze traumatische zaak met vervroegd pensioen was gegaan? Graham wist dat Mike regelmatig last had van nachtmerries, en hijzelf ook: in zijn dromen verscheen regelmatig het gehavende lichaam van Jessica, wat zijn zogenaamde herstel nog verder vertraagde, tot overduidelijke wanhoop van zijn vrouw. Mike mocht allerlei tekortkomingen hebben, maar beschikte in elk geval over gezond verstand. Graham keek naar de foto van Courtney, zijn handen beefden, de tranen sprongen hem in de ogen, en hij vroeg zich serieus af of hij zelf nog wel over gezond verstand beschikte.

84

Hij leek haar schaduw wel, volgde haar op de voet, altijd aanwezig, maar nooit zichtbaar.

Na zijn confrontatie met Alison was Mike boos geweest en had hij zich stuurloos gevoeld. Hij was van de begraafplaats linea recta naar Courtneys huis in Colchester gereden. Waar moest hij nu anders naartoe, als verder niemand meer een beroep deed op zijn tijd, als verder niemand hem nodig had? Dit was de enige plek waar hij nu moest zijn. De enige plek waar hij iets nuttigs kon doen.

Zijn doelwit was al vrij snel naar buiten gekomen en achter haar kinderwagen de straat op gelopen, terwijl ze met iemand aan het bellen was. Mike was meteen uit zijn auto gestapt en achter haar aan gegaan. Zijn prooi was zich niet van hem bewust; ze liep doelloos en zorgeloos als altijd, en dat kwam Mike heel goed uit. Ondanks zijn broeiende angst en schaamte, vrolijkte het hem op dat Courtney zich van geen gevaar bewust was en dat hij deze keer achter háár aan zat.

Ze sloeg de hoek om, stak haar telefoon in haar zak, bleef even staan om het dekentje van de baby beter in te stoppen en liep toen verder. Courtney had een zelfverzekerde houding, kreeg in het voorbijgaan warme glimlachjes van oude dames en zag er op-en-top uit als een trotse moeder. Die aanblik zorgde er nog steeds voor dat Mike niet meer goed kon nadenken en deed hem pijn in zijn hart – hij had er nooit bij stilgestaan dat Courtney Turner misschien wel een jonge moeder was. Ze was iemand die kinderen vermoordde, niet iemand die kinderen maakte.

Toch liep het bewijs voor hem: moeder en kind stopten bij de bushalte, en ze sprak even met een andere jonge moeder. Het zag er allemaal heel moeiteloos uit, alsof Courtney er daadwerkelijk van genoot moeder te zijn. Daardoor werd het voor hem moeilijker om haar te haten, want het deed vermoeden dat ze in staat was tot liefde, tot mededogen, om nog maar te zwijgen van het feit dat er nu een onschuldig kind bij was dat misschien wel afhankelijk van haar was. Of kon hij haar hierdoor juist nog meer minachten: Courtney die al die dingen had – volwassenheid, moederschap, een relatie – die Jessica waren ontnomen?

Mike bleef op afstand en deed alsof hij bij een kiosk de krantenkoppen las, maar inmiddels was er een bus gestopt. Courtney manoeuvreerde de kinderwagen erin, wisselde even een opgewekt woord met de buschauffeur en liep toen verder het gangpad in. Mike had een fractie van een seconde de tijd om een beslissing te nemen. Moest hij haar blijven volgen of kon hij het hele plan maar beter laten varen? Als hij haar in de bus zou volgen, liep hij het risico ontdekt te worden, want het was niet uitgesloten dat ze nog wist hoe hij eruitzag, hoewel hij in de loop der jaren natuurlijk erg was veranderd. Het was dom en ondoordacht, maar iets dreef hem, iets zei hem dat hij het risico moest nemen. Hij vond haar onbeduidende leven vreemd genoeg fascinerend; alleen al haar aanblik rakelde oude emoties bij hem op, zorgde ervoor dat hij zich kwaad en wraakzuchtig voelde, gaf hem het gevoel dat hij lééfde. Trouwens, als hij het nu opgaf, wat moest hij verder dan doen? Waarvoor leefde hij eigenlijk nu hij geen baan meer had – zijn enige reden om 's ochtends zijn bed uit te komen?

De deuren sisten en begonnen zich te sluiten. Mike schoot snel toe en stapte in de bus, draaide de passagiers zijn rug toe en betaalde bij de chauffeur. Mike keek omhoog in de spiegel van de chauffeur en zag daarin de passagiers. Hij zag Courtney naast de plek voor kinderwagens zitten, verdiept in haar telefoon. Mike maakte van deze gelegenheid gebruik door snel het gangpad door te lopen, vlak langs haar heen zonder haar belangstelling te wekken, en ging helemaal achterin zitten. Toen de bus log van de halte wegreed, staarde Mike naar buiten, deed alsof de wereld buiten hem interesseerde, en richtte zijn aandacht toen weer langzaam op Courtney.

Ze bleef met haar telefoon spelen, was druk bezig iets in te typen en drukte dan op 'verzenden', en dat keer op keer. Hij wist dat dat tegenwoordig zo ging, dat je je vrienden met een stortvloed van tientallen korte berichtjes overlaadde in plaats van één bericht te schrijven waar alles in stond, maar toch ergerde het hem. Hij vond het overspannen, slecht doordacht, reactief, eerder een verslaving dan een communicatiemiddel, maar misschien was dat zijn probleem en niet dat van de jongere generatie – het zoveelste teken dat hij ouder werd en zich niet meer in Rachels wereld kon verplaatsen.

Mike ergerde zich aan zichzelf en zette deze gedachte van zich af. Courtney behoorde niet tot hetzelfde universum als Rachel en haar vrienden. Zij was een totaal ander verhaal, zij was iets boosaardigs en onnatuurlijks. Mike ging wat gemakkelijker zitten, bekeek haar nog eens en monsterde elke beweging die ze maakte. Als hij geduld had, zou hij het op een gegeven moment vast zien: een teken dat Courtney niets om het kind gaf, of het misschien zelfs wel haatte. Een boze blik, een bits woord, misschien zelfs een tik? Ja, daar zou hij van genieten, om te zien dat Courtney door een terloopse, gedachteloze uiting van geweld haar ware aard liet zien. Dan zou de wereld – of in elk geval de reizigers in deze logge bus – de jonge moordenaar zien die zich in hun midden bevond. Dan zouden ze het in elk geval wéten.

Hij bleef naar haar kijken, ook toen de stad overging in de buitenwijken, maar nog steeds verried Courtney zich niet. Ze leek ontspannen en tevreden, ze borg haar telefoon op om kiekeboe te spelen met haar baby, en na elke keer blies ze het kind kusjes toe. Het kind pruttelde tevreden, keek naar haar moeder op met oogjes die glommen van liefde. En Courtney reageerde door het kindje in het gezicht te blazen, over haar wangen te aaien, met haar te giechelen. Mike werd er woedend van, hij wist zéker dat het een act was, een vertoning om anderen om de tuin te leiden, maar het leek heel natuurlijk, heel vanzelfsprekend. Ergens wilde hij het uitschreeuwen, brullen van frustratie, verwarring, woede, maar hij mocht zichzelf absoluut niet kenbaar maken, hij mocht het spel niet opbreken. Terwijl de bus de reis voortzette, de stad uit en het platteland van Essex op, bleef Mike dus maar roerloos stil achterin zitten, terwijl hij strak naar het gelukkige tweetal keek en wanhopig zocht naar een teken: één duidelijk teken van het kwaad dat Courtney Turner belichaamde.

85

'Hij is gek aan het worden. Ik denk dat er niets anders op zit, dat we hem echt ergens anders moeten onderbrengen.'

Christopher Parkes keek op van zijn bureau, duidelijk geïrriteerd over Olivia's inschatting.

'We kunnen ons met de beste wil van de wereld niet door hem de wet laten voorschrijven. Wij zijn de volwassenen in deze relatie, Olivia. Wij zeggen tegen hém wat er gebeurt.'

'Normaal gesproken, ja, maar dit is een unieke situatie. Van drie geruchtmakende misdadigers is de identiteit bekendgemaakt, twee met verschrikkelijke gevolgen, en Immer Waakzaam en de rest van die vuilspuiters zeggen dat er nog meer onthullingen aan zitten te komen. Die arme jongen wordt helemaal gek, hij is ervan overtuigd dat de meute elk moment met brandende fakkels voor zijn deur kan staan, en weet je wat het is, Chris? Ik kan hem niet beloven dat dat niet zal gebeuren.'

'Dat is ook niet zo vreemd, hè, als hij doodleuk naar Southend gaat, vrienden, familie, dealers van vroeger opzoekt? Jezus, ik denk wel eens dat die mensen gepakt wíllen worden.'

'Maar dan nog heeft hij een punt,' hield Olivia vol. 'En wij moeten daar iets mee.'

Christopher wendde zijn blik af, draaide zich om en tikte een paar toetsen op zijn computer in – iets wat hij altijd deed als hij in een discussie het onderspit moest delven of geen antwoord paraat had. Olivia had hem dit al talloze keren zien doen, maar was niet bereid het nu voor lief te nemen.

'Nou? Wat moet ik tegen hem zeggen?'

Haar voormalige geliefde aarzelde nog steeds en keek haar niet aan. Waarom deed hij in godsnaam zo ontwijkend?

'Luister, de kans is groot dat zijn identiteit en zijn verblijfplaats al gelekt zíjn,' drong ze aan. 'Voor hetzelfde geld zijn die mensen nu al iets aan het organiseren, dus ik vind echt dat we moeten ingrijpen. Ik weet dat het veel gedoe is, veel bureaucratie, maar het gaat hier wel om iemands leven, dus we moeten ingrijpen.'

'Duidelijk,' antwoordde Parkes, en hij stond op van zijn bureau. 'Ik ga eerst even met Firth praten, en dan hoor je van me.'

'Dat is alles?' antwoordde Olivia, geërgerd dat hij haar zo afwimpelde.

'Wat wil je dan nog meer van me horen?'

'Ik wil dat je erkent dat we hier met een heel ernstige situatie te maken hebben. Ik wil dat je iets dóét. Tenzij er een reden is waarom je wilt dat hij daar blijft. Waarom je wilt dat hij daar als een kwetsbare prooi blijft wonen.'

'Doe niet zo idioot.'

'Wat ga je er dan aan doen?'

'Ik heb al gezegd dat ik het met hem zal bespreken en dat ga ik ook doen. Ik kan dit soort dingen niet zelf bepalen, dat weet je best, dus je zult even geduld moeten hebben. Goed, als je me dan nu wilt excuseren, want ik moet ervandoor.'

Olivia keek hem boos en vol wrok aan. Rende hij nu de kamer uit omdat ze midden in een crisis zaten of omdat hij het niet prettig vond om met haar alleen te zijn?

'Vanwaar die haast?' vroeg ze.

'Nou, vanwege een aantal dingen, eerlijk gezegd, maar als je het per se wilt weten: het team van Chandra Dabral wil me spreken.'

Dat had Olivia niet zien aankomen, en ze keek hem aan. Dát had ze niet verwacht. Parkes merkte hoe ze reageerde, en haastte zich het verder uit te leggen.

'Niets ernstigs, hoor, ze praten met iedereen die toegang heeft tot de zeer vertrouwelijke dossiers, maar onder ons gezegd en gezwegen zijn ze volgens mij vooral geïnteresseerd in Guy Chambers. Dat neemt niet weg dat ik goed voorbereid moet zijn, gewoon om te zorgen dat er geen dingen verkeerd begrepen worden,' zei hij, met één hand al op de deurknop.

'Nu we het daar toch over hebben...' begon Olivia.

Ze klonk zo ernstig dat hij zich weer omdraaide.

'Het is waarschijnlijk overdreven, maar als ze jou gaan ondervragen, vind je dan niet dat ik moet vragen of ze mij ook willen ondervragen?'

Haar minnaar keek haar aan alsof ze hem net had meegedeeld dat ze een buitenaardse levensvorm was.

'Waarom zou je dat in vredesnaam vragen?'

'Nou, dat lijkt me wel duidelijk, toch?' antwoordde Olivia, die steigerde van zijn vijandige houding. 'Wat gebeurt er als Dabral erachter komt dat wij iets met elkaar hebben... hadden? Als het erop lijkt dat we dat bewust voor haar verborgen hebben gehouden, zal ze een paar lastige vragen gaan stellen.'

'Zoals?'

'Zoals of jij mij dingen hebt verteld die je me niet had mogen vertellen.'

'Ach, doe niet zo stom.'

'Ik zeg niet dat ik het moet vragen, ik zeg alleen dat we erover moeten nadenken – om niet alleen jou, maar ook mij in te dekken. Als we volstrekt eerlijk tegen haar zijn, kan ze geen verkeerde con...'

'Ben jij niet helemaal goed bij je hoofd?'
Hij beet het haar toe, afgemeten en onvriendelijk.
'Als je dat doet, weet de hele afdeling het binnen een uur. Dat risico kunnen we ons niet permitteren, we zijn zo voorzichtig geweest...'
'Niet voorzichtig genoeg,' beet Olivia terug, terwijl ze naar haar buik keek.
'O, dus dit is jouw manier om mij te straffen? Mijn carrière saboteren, me tot het doelwit van roddels en insinuaties maken? Alleen maar omdat je boos en verbitterd bent?'
'Ach, rot toch op, Christopher.'
'Nee, rot jíj op, Olivia. Ik heb schoon genoeg van dit soort gesprekken. Je bent een volwassen vrouw, je wist waar je aan begon. Nu zul je met de gevolgen moeten leven.'
Christopher zei dit laatste op heel felle toon, en daarna pakte hij zijn telefoon en vertrok. Olivia bleef als aan de grond genageld staan, woedend, maar vooral verbijsterd. De situatie was zo verpletterend oneerlijk: Christopher had alles en zij had niets. Dit feit werd nog eens onderstreept door de ingelijste foto die pontificaal op zijn bureau stond: Christopher, Penny en de twee jongens keken haar stralend aan, zelfingenomen, zelfverzekerd en triomfantelijk. Hun arrogantie, hun superioriteit, hun geluk – Olivia had zin om het uit te schreeuwen, te brullen van ellende en van woede, maar dat was hier uitgesloten, ten overstaan van haar degelijke, veroordelende collega's, en dus draaide ze zich maar op haar hakken om, beende zijn kantoor uit en sloeg de deur hard achter zich dicht.

86

Hij trok hard aan de deur, maar kreeg er geen beweging in. Bezorgd controleerde Jack de nieuwe sloten nog een keer, zowel het Yale-slot als de grendel, om te kijken of die wel goed dichtzaten. Gerustgesteld liep hij weg om de achterdeur, de ramen in de keuken en de woonkamer te controleren, en daarna ging hij snel naar boven. Zijn hart klopte in zijn keel, hij zag allerlei spoken, en dus liep hij systematisch de kamers langs, controleerde veersloten en grendels, sloot overgordijnen en trok rolgordijnen omlaag, tot hij zeker wist dat hij niet te zien was, en, nog veel belangrijker, dat hij veilig was.

Hij plofte neer op het bed, haalde zijn telefoon tevoorschijn en opende de beveiligingsapp die Olivia hem eerder die dag had helpen installeren. Hij keek ernaar, het gezichtsherkenningssysteem keurde hem goed, en toen kon hij erin. Op het scherm verscheen nu een somber zwart-witbeeld, waarop de voortuin te zien was. Gelukkig was het daar rustig, geen mens te zien, dus ging hij door naar de camera aan de achterkant van het huis, maar hoe goed hij ook keek, hij kon geen gevaar ontdekken. Opgelucht sloot hij de app en toen liet hij zich in de kussens zakken.

Vooralsnog was Jack gerustgesteld, maar hij wist dat hij toch niet zou slapen. De nieuwe hightech beveiligingsapparatuur was een nuttige aanwinst voor het huis, maar dat die er nu hing, zorgde er alleen maar voor dat hij méér gespannen was, en niet minder. Die installeerden ze toch alleen maar omdat ze dachten dat zijn veiligheid in gevaar was? Hij wilde verhuizen, een nieuwe naam, zich een nieuw leven aanmeten, en hij wist maar al te goed dat hij zich pas veilig zou voelen als hij ver hiervandaan was. Maar Olivia had nog steeds niet gebeld – hij had werkelijk geen idee wat er gaande was – en hij wist dat hij de hele nacht wakker zou liggen en steeds minutieus de beveiliging van het huis zou controleren.

Zijn hoofd bonkte inmiddels, zijn lichaam was op van de spanning, en in een vergeefse poging een eind aan die ellende te maken, sloot hij zijn ogen. Kon hij nou maar slapen, al was het maar een uur, dan zou hij zich iets beter, iets minder opgedraaid voelen. Maar dat was moeilijk als je zelfs van het geringste geluid opschrok. Door de site Immer Waakzaam wist Jack inmiddels heel goed wat er met Mark Willis en Andrew Baynes was gebeurd; de eerste was achternagezeten tot de dood erop volgde, de ander was met een mes in zijn gezicht naar de andere wereld geholpen. Vooral de gedachte aan dat laatste vond hij bloedstollend, het idee dat dat koude mes door huid en spieren sneed. Onderging Emily Lawrence op dit moment soms een vergelijkbaar lot, door toedoen van haar broers? En als de wereld met háár klaar was, wie was dan de volgende?

Hoe Jack ook zijn best deed om het niet te doen, hij bedacht toch het ene scenario na het andere, waar honkbalknuppels, hamers en messen aan te pas kwamen, waar de woedende vader en wraakzuchtige ooms van Billy Armstrong hem te lijf gingen, aan zijn haar trokken, zijn ogen uitstaken, zijn tanden kapotsloegen, zijn geslacht verminkten, en hem ondertussen met hun zware Southend-accent voor de verschrikkelijkste dingen uitmaakten. Elke keer dat hij dit soort visioenen zag, overdag of gedurende de lange nachten, voelde hij het. Pure angst, van een soort zoals hij al jaren niet meer had gekend. Het was een emotie, een sensatie die hem keihard terugvoerde in de tijd, naar een plek die hij had geprobeerd te vergeten. Naar die gore slaapkamer. Naar zijn oudere broers die hem gewelddadig en meedogenloos misbruikten. Hij wist altijd wanneer het ging gebeuren – gedempte stemmen op de gang voor hun gezamenlijke slaapkamer, daarna het afschuwelijke gepiep van de scharnieren als de deur openging. Zodra de broers binnen waren, werd er niets meer gezegd. Dan duwden ze hem snel in de hoek, smoorden ruw zijn geschreeuw met een hand voor zijn mond, trokken hem aan zijn haar neer op het smerige bed. Vaak piste hij al voordat ze hem hadden overmeesterd van angst in zijn broek, want alleen al hun aanblik was genoeg om een intense angst in zijn hart te doen oplaaien, maar daar trokken ze zich nooit iets van aan. Ze trokken zijn pyjamabroek omlaag en duwden ruw zijn benen uit elkaar. Daarna kwam de pijn, de ondraaglijke pijn, wanneer ze hem gewelddadig en langdurig verkrachtten. Tijdens deze beproeving bleef hij door de vreselijke pijn bij bewustzijn, maar probeerde hij de rest te blokkeren – de vernedering, de schending, de schaamte. Ze hadden geen enkele genade, geen medelijden, alleen een zinnelijk verlangen zichzelf met zijn ellende te bevredigen. Hij haatte ze met heel zijn hart, hij haatte hun macht, hun dwang, hun sadistische plezier in zijn onderwerping, maar hij haatte ze nog meer om hoe ze hem hadden veranderd. Want terwijl hij tranen van verachtelijke radeloosheid huilde, terwijl hij het uitschreeuwde van de pijn, voelde hij ook een andere emotie in zich opkomen. Het verlangen om zélf iemand pijn te doen, om diegene te overheersen, vernederen en vernietigen, om alle pijn en woede die hij had meegemaakt iemand aan te doen die zwakker was dan hijzelf. Hij had dit al jaren niet meer gevoeld, had die duisternis tot ver in zijn verleden weggeduwd. Maar nu angst zich van hem meester maakte, nu hij opnieuw werd overmand door vrees, voelde hij het weer.

87

Ze vergisten zich. Vergeving, verlossing, een happy end – het bestond allemaal niet.

Emily zat alleen in haar hotelkamer en keek naar het onopgemaakte bed, waar Sam een paar uur geleden nog had liggen slapen. Hoewel ze niet wist waar ze het zoeken moest van schuldgevoel en wroeging, en ze bang was voor de toekomst, had ze niettemin de goede hoop gehad dat Sams oordeel over haar misschien door de jaren van toewijding, zorg en liefde wat milder zou uitvallen. Dat hij zou zien dat ze was veranderd, dat ze boete had gedaan, dat Janet Slater iemand anders was. Hoe had ze zich zo kunnen vergissen? Ze was bezoedeld, een smet op de samenleving, voor altijd mismaakt door het teken van Kaïn.

Schrikbarend, zo snel als haar leven overhoop was gegooid. Gisteren was ze nog een normale moeder geweest, met een baan, een hypotheek, rekeningen die betaald moesten worden en een kind dat moest worden opgevoed. Uitdagingen en dagelijkse verplichtingen die nu als iets gelukzaligs op haar overkwamen. Ze zou er alles voor overhebben om terug te kunnen naar haar huisje in Reading, met de slecht sluitende ramen en de gerafelde kleden, naar haar vredige, onbeduidende bestaan. Maar die kans was verkeken. Marianne had haar gewaarschuwd niet op social media te gaan, geen nieuwsberichten of websites te bekijken, maar ze had de verleiding met geen mogelijkheid kunnen weerstaan. Ze had gehoopt, gebeden dat haar gelekte identiteit geen groot nieuws zou zijn, na de recente moord op Mark Willis en Andrew Baynes, maar de verontwaardiging, de woede en het schandaal rond haar bekend geworden identiteit was zo mogelijk nog groter dan wat die moorden teweeg hadden gebracht. Was dat omdat ze een vrouw was? Omdat haar slachtoffers zo jong waren geweest? Het was moeilijk te zeggen, maar het was wel duidelijk dat de hele wereld haar haatte, en dat veel mensen een langzame, pijnlijke dood nog een te milde straf vonden, gezien haar gruwelijke misdaden.

Het ene commentaar was nog gemener dan het andere, maar op de een of andere manier móést Emily door de tweets en posts blijven scrollen, alsof ze deze lading gal had verdiend. Om de een of andere reden moest ze alles lezen, moest ze elk afschuwelijk commentaar tot zich nemen, moest ze weten hoe diep ze in ongenade was gevallen. Ze kon zich voorstellen dat haar collega's en vrienden dit ook deden en dat ze op geschokte toon spraken over de duivel in hun midden. Hadden ze nog iets van barmhartigheid of medelijden voor haar, hadden ze nog oog voor haar inzet voor het bedrijf, voor de gemeenschap? Of waren ze net zo wreed als haar familie en de meute uit Bridgend, van wier tweets ze fysiek onpasselijk werd?

Op een gegeven moment was de collectieve aanval haar te veel geworden en was ze overgeschakeld naar de nieuwsapp van de BBC. Tot haar grote schrik was het daar nóg erger. Behalve een kort relaas over de elkaar snel opvolgende gebeurtenissen waren daarop namelijk ook met een mobiele telefoon gemaakte beelden van haar straat in Reading te zien. Aanvankelijk geloofde ze haar ogen niet: een menigte boze bewoners, van wie ze sommigen ook herkende, samengedromd rond haar huis. Ze bonkten op de deur, schreeuwden beledigingen, en toen begon het... Iemand spoot met een bus knalblauwe verf ROTWIJF op haar voordeur. Emily voelde een golf van verontwaardiging, want ze had die deur afgelopen jaar nog geschilderd, maar dit was nog maar het begin. Er werden nog meer gemene kreten op de gevel gespoten, en toen ging er onder luid gejuich een vuilnisbak door het raam. De politie arriveerde vlak daarna, en toen die de menigte naar achteren drong, kon Emily haar huis, haar mooie huisje, wat beter zien: dat was nu beklad, beschadigd en onteerd.

Dat was haar leven geweest, maar daar kon ze nu nooit meer naar terug. Ze kon nu ook nooit meer Emily Lawrence zijn. Die vrouw, haar wederopstanding, haar vleesgeworden boetedoening, haar tweede kans, was verdwenen en iemand geworden die door iedereen werd gehaat. Dankzij de social media en die afschuwelijke website voor mensen die aan eigenrichting deden, wist nu iedereen hoe deze misdadiger eruitzag, en dat betekende dat iedereen een potentiële bedreiging vormde, dat iedereen een moordenaar kon zijn. Dat was te veel voor haar, een zo grote nachtmerrie dat ze er niet eens over na kon denken, maar het was wel waar. Ze zou haar naam en haar uiterlijk moeten veranderen, misschien wel een crashdieet moeten volgen, maar zou dat genoeg zijn? Ze was nu een getekende vrouw.

Precies op dat moment diende Marianne zich aan. Ze klopte zachtjes op de deur en kwam binnen.

'We moeten weg.'

'Nog vijf minuten, alsjeblieft,' smeekte Emily dodelijk vermoeid en radeloos.

'Nee, sorry, we kunnen niet langer wachten. Sam heeft je echte naam ten overstaan van het hotelpersoneel gebruikt, dus ik weet zeker dat ze al op Twitter kijken en hun conclusies trekken. Nee, sorry, we moeten nú weg.'

Er zat niets anders op dan te doen wat haar werd gezegd. Emily had erg haar best gedaan om een nieuwe identiteit voor zichzelf te creëren, en een nieuw bestaan waarin ze zonder angst, haat en gevaar haar leven kon leiden, waarin ze een normaal mens kon zijn. Maar dat was allemaal verleden tijd: de identiteit van de fictieve persoon Emily Lawrence was bekendgemaakt, de aangename anonimiteit waaraan ze jaren had gewerkt was met één druk op de knop tenietgedaan.

88

De bus kwam met een schok tot stilstand, de bestuurder drukte op de knop en de deuren gingen met een zucht open. Mike was meteen alert, zag dat Courtney opstond en de kinderwagen voorzichtig uit de bus manoeuvreerde en op de stoep zette. Ze liep er nu mee weg, en Mike kwam snel overeind en liep het gangpad in, vastbesloten om haar niet uit het oog te verliezen.

Toen hij uitstapte, keek hij om zich heen en was niet blij met wat hij zag. Ze bevonden zich nu echt op het platteland van Essex, maar hij wist niet waar precies. Bovendien was hier bijzonder weinig waarachter hij dekking kon zoeken; de huizen lagen ver uit elkaar en de straten waren zo ongeveer uitgestorven. Wat moest hij doen? Haar blijven schaduwen? Of er maar even mee stoppen en hopen dat Courtney zou terugkeren bij de bushalte? Hij zette zijn capuchon op en liep verder, maar zorgde wel dat hij op veilige afstand van haar bleef. Hij wist dat het gevaarlijk was, maar iets zei hem dat hij haar misschien wel nooit meer zou zien als hij nu niet dicht bij haar bleef.

Courtney liep een lange weg in die buiten langs dit vrij kleine dorp liep, maar toen draaide ze zich opeens om en keek zijn kant op. Mike aarzelde even. Had ze hem gezien? Draaide ze zich om om hem aan te spreken? Tot zijn grote opluchting zag hij dat ze alleen maar keek of er geen verkeer aan kwam. Nu stak ze over, tilde de kinderwagen op de tegenoverliggende stoep en liep toen over een smal voetpad snel het dorp uit. Mike begreep het niet goed, maar wachtte even en ging toen achter haar aan, waarna ook hij op een gegeven moment uit het zicht was verdwenen.

Het voetpad was steil en hobbelig, en het kostte Courtney moeite om met de kinderwagen vaart te houden. Bij elke gemene hobbel zei ze sorry tegen haar kind. Mike hield afstand en was nu op zijn hoede, want als ze zich nu omdraaide, wist ze dat ze werd gevolgd. Gelukkig bereikte het pad toen zijn hoogste punt, waarna het niet meer te zien was, en Mike volgde haar verder een wijd open veld in. Nu werd duidelijk waarnaar ze op weg was: een speeltuin, midden in het weidse groen. Courtney liep er snel naartoe, reed de kinderwagen door het hek naar binnen en toen meteen naar de schommels toe. Daar zat een vriendin op haar te wachten; die draaide zich nu om om haar gedag te zeggen. Er zat voor Mike niets anders op dan maar met gebogen hoofd door te lopen, langs de speeltuin, en daarna het dichte bos erachter in, alsof hij een ochtendwandeling aan het maken was. Hij hoopte maar dat zijn aanwezigheid geen argwaan had gewekt, want nu keerde hij om en posteerde zich aan de bosrand, vanwaar hij zicht had op de speeltuin.

Mike installeerde zich en hervatte zijn surveillance. Hij begreep ook wel dat het een absurde situatie was, zoals hij daar in een willekeurig dorp op zijn hurken in de struiken naar twee vriendinnen zat te kijken die zich kirrend over Courtneys baby bogen. Wat bezielde hem om deze moeder met haar kind te bespioneren? Wat hoopte hij te zien? Hij wist dat hij wilde dat Courtney haar duistere kant toonde, dat ze wraakzuchtige woede bij hem wakker riep, maar ze leek een volstrekt onopvallend, zelfs saai leven te leiden. Ze was een jonge moeder die boodschappen deed, haar uitkering ophaalde, met vrienden afsprak. Wat zou hij in vredesnaam moeten ontdekken waar hij iets aan had? Dacht hij nou echt dat ze een kind kwaad zou doen waar ze zo te zien met hart en ziel van hield? Of was dit soms het eerste stadium van zijn ondergang, verloor hij door zijn obsessie met de moordenaar van Jessica nu dan toch zijn gezonde verstand? Mike zuchtte en zette zijn eenzame wacht voort. Hij was moe, had honger en ging steeds meer aan zichzelf twijfelen, maar het was uitgesloten dat hij nu al langs de speeltuin terug kon lopen zonder gezien te worden, dus bleef hij zitten waar hij zat. Maar toen viel hem toch iets op. Courtney en haar vriendin zaten zachtjes met elkaar te praten en ondanks hun ogenschijnlijk ontspannen houding maakten ze een schrikkerige indruk, alsof ze niet op hun gemak waren. Ze hadden allebei hun hoofd gebogen en hun capuchon op, wisselden korte woorden met elkaar en namen trekjes van hun sigaret. Maar wat hem nog meer intrigeerde, was dat elke keer dat er een andere moeder of een kind langskwam, ze zich afwendden, alsof ze bang waren dat diegene zou verstaan wat ze zeiden. Maar wat zeiden ze dan tegen elkaar dat zo belangrijk en zo geheim was? En waarom maakten ze zo'n ongeruste indruk, alsof ze bang waren dat ze werden ontdekt?

Er kwam plotseling iets in hem op, een misselijkmakende, desoriënterende gedachte. Het zou toch niet waar zijn, of wel? Plotseling wilde Mike zich een weg door het struikgewas banen en naar de speeltuin rennen om zijn brandende nieuwsgierigheid te bevredigen. Maar stel nou dat hij het bij het verkeerde eind had? Hij zou een stom figuur slaan, alsof hij gestoord was, en op de koop toe zou hij zich ermee verraden. Nee, er zat niets anders op dan hier in het bos te blijven wachten. Hij hield het bijna niet uit, zijn frustratie vrat aan hem, zijn emoties kolkten, en ondertussen zag hij andere jonge gezinnetjes komen en gaan, bij de glijbaan, de schommel en de draaimolen hangen. Maar toen kreeg Mike toch even rust, want de andere moeders trokken hun kinderen mee, en het geheimzinnige tweetal bleef alleen achter. Intuïtief deed Mike een stap naar voren. Hij kon natuurlijk niet uit zijn schuilplaats tevoorschijn komen, maar hij wilde echt zien wat ze aan het doen waren, en misschien zelfs een flard van hun gesprek opvangen. En toen gebeurde het. De twee jonge vrouwen voelden zich eindelijk op hun gemak en zetten allebei hun capuchon af, waarna Courtneys vriendin zich voor het eerst naar haar toe draaide om haar echt te kunnen aankijken.

Mike keek vol ongeloof toe, en woede en verontwaardiging maakten zich van hem meester. Ze was het. Het was Courtneys handlanger, Kaylee Jones, het meisje dat had staan toekijken toen haar beste vriendin Jessica doodstenigde. De enige persoon met wie Courtney absoluut geen contact meer mocht hebben. Maar hier zaten ze dan toch, gezellig kletsend, net als vroeger, geheimzinnig en samenzweerderig, volkomen bij elkaar op hun gemak. Betekende dit dat ze elkaar ook al eerder hadden gezien? En zo ja, hoe vaak dan?

Mike stond te tollen op zijn benen en voelde zich licht in zijn hoofd. Hij dacht koortsachtig na. Wanneer hadden ze weer contact met elkaar gezocht? En met welk doel? Uit loyaliteit en genegenheid jegens elkaar? Was het een opstandig opgestoken middelvinger naar de strenge voorwaarden voor hun vrijlating? Of begaven ze zich soms opnieuw in die draaikolk van woede, sadisme en geweld?

Zou het kunnen dat ze opnieuw een moord wilden plegen?

89

'Veel mensen schrijven ex-misdadigers af. Ze beschouwen hen als beschadigd, onbetrouwbaar, zelfs als slechte mensen. Dat is nooit het standpunt van de King's Trust geweest. Wij zijn van mening dat misdadigers beter gemotiveerd zijn dan de meeste mensen om de kansen die ze krijgen goed te benutten.'

Guy Chambers draaide zich om; de spreker verveelde hem, hij vond zijn vroomheid irritant. Het was het lot van staatssecretarissen om talloze bijeenkomsten van fondsenwervers bij te wonen en hun inspanningen te zalven met de steun van het ministerie van Justitie. Maar hij vond ze zelden interessant of verhelderend: altijd dezelfde ernstige gezichten die dezelfde ernstige dingen zeiden. Hij keek even op zijn horloge, zag dat het tijd was om te gaan en stond dus stilletjes op en glipte weg, met een verontschuldigende glimlach naar de andere gasten aan tafel. Hopelijk gingen ze ervan uit dat hij voor iets dringends naar het ministerie moest, en geen idee hadden van de ware reden voor zijn vertrek.

Hij verliet de balzaal en liep terug naar de grote trap. Hij wachtte glimlachend tot een ober hem gepasseerd was, zag dat de kust veilig was en stak snel de gang over. Hij ging door de nooduitgang naar buiten en stond toen op de brandtrap, waar de koude winterlucht hem in het gezicht sloeg. Hij trok zijn schouders op tegen de kou en liep op zijn tenen, zo geluidloos mogelijk, de trap af. Een trap, twee trappen, drie, en toen was hij eindelijk op de begane grond, waar hij zich een weg baande tussen de reusachtige afvalcontainers door die naar rotte vis en vuilnis stonken.

Het was geen fijne omgeving, maar geschikt voor wat hij die avond moest doen. Het was er donker, met veel schaduw, niet te zien vanuit de hotelkamers, en er kwam zelden iemand. Deze kant van het Park Lane Hyatt kregen de gasten nooit te zien, en de enige mensen die op deze troosteloze plek kwamen, waren de keukenhulpjes met zakken afval, en die spraken bijna nooit Engels, waardoor dit de ideale locatie was voor een geheime ontmoeting.

Hij keek schichtig de steeg in die op Park Lane uitkwam, maar daar was niemand te bekennen. Bezorgd keek hij nog een keer snel op zijn horloge. Niets voor Blackwell om te laat te komen. Chambers wipte tegen de kou van de ene voet op de andere, maar zijn zinloze dans kon zijn zenuwen niet tot bedaren brengen. Niet dat er nu zo veel op het spel stond. Hij was heel voorzichtig en heel discreet geweest, maar toch had Chandra Dabral hem in de smiezen en leek ze vastbesloten hem rekenschap te laten afleggen. Hij was bang dat ze daar persoonlijk plezier aan beleefde.

Hij hoorde zachte voetstappen, keek op en zag Ian Blackwell aan komen lopen, dicht langs de muur, opgaand in de schaduw. Chambers keek snel of de gore binnenplaats veilig was en kwam toen uit zijn schuilplaats tevoorschijn en liep snel naar de man toe.

'Jezus, wat ben je laat,' siste hij.

'Ik ben voorzichtig, meer niet. Ik moest zeker weten dat ik niet gevolgd werd.'

'Meen je dat nou? Word je gevolgd?'

'Nee, ik geloof van niet. Maar ik kan geen onnodig risico nemen.'
'Helemaal mijn idee, en daarom wilde ik je ook zien.'
'Ja, ik vroeg me al af...' reageerde Blackwell droogjes. 'Meestal kan een persoonlijke ontmoeting er niet af.'
'Nou, wen er maar niet aan. Dit is de laatste keer dat we elkaar zien.'
Nu betrok het gezicht van de ex-politieagent. 'Waar heb je het over?' vroeg hij, en zijn zware Manchester-accent was nu hoorbaar. 'Heb je me nou opeens niet meer nodig?'
'Het is voor onze eigen bestwil. Op dit moment zijn het risico en de druk te groot om onze samenwerking voort te zetten.'
'Wat bedoel je daarmee?'
'Ik bedoel dat jij uit Londen weg moet en dat je je een tijdje gedeisd moet houden.'
'Dat meen je niet!'
'Zie ik eruit alsof ik een geintje maak?' beet Chambers terug. 'Ik had vandaag de politie bij me op kantoor – op mijn kantóór, godbetert – die mij officieel kwam ondervragen over de moord op Willis en Baynes, om nog maar te zwijgen van de gelekte identiteit en verblijfplaats van Janet Slater. Ze wilden vooral graag weten of ik iets met Immer Waakzaam te maken had, en in het bijzonder met jou.'
'Ik snap het,' zei de voormalig agent geschrokken.
'Mooi zo. En dat is ook de reden waarom ik wil, voor ons beider bestwil, dat jij een tijdje verdwijnt, dat je uit beeld verdwijnt tot het stof is neergedaald.'
'Maar dit is ons moment. Hier hebben we al die tijd naartoe gewerkt.'
'Dat kan zijn, maar we moeten ons richten op de situatie in het veld. Want neem van mij aan dat jij de volgende bent op wie Dabral haar pijlen richt, en zodra ze een vermoeden heeft waar jij je schuilhoudt...'

'Nee.'
Blackwell zei het zacht en dreigend.
'Vergeet het maar.'
'Je hebt geen keus,' fluisterde Chambers terug. 'Tenzij je graag achter de tralies wilt belanden met hetzelfde uitschot waar je zo'n hekel aan beweert te hebben.'
'Ja, ik heb wél keus. Net als jij. En ik ben niet van plan te vluchten. Ik heb hier de afgelopen twee jaar naartoe gewerkt. Ik heb mijn baan en mijn huwelijk ervoor opgeofferd, en alles wat me dierbaar is, om te zorgen dat de mensen beschermd worden, dat ze weten wat voor monsters er gewoon vrij rondlopen, die het op zwakke en kwetsbare mensen gemunt hebben. En nu we eindelijk succes boeken, nu gewone mensen opstaan en de straat op gaan, wil jij het opgeven? Wil jij ertussenuit knijpen?'
'Daar gaat dit niet over. Dit is een kwestie van onze tijd afwachten, zorgen dat het goed gedaan wordt en we niet de rest van ons leven in de gevangenis hoeven door te brengen.'
'Praat het vooral goed, maar ik blijf erbij,' antwoordde Blackwell woest. 'Dit is ons moment, Guy, onze kans om een echt verschil te maken, zoals je zelf al zei. Dit is het moment om toe te slaan, niet om ons terug te trekken, zodat…'
Blackwell hapte naar adem en kreeg niet de kans zijn zin af te maken, want Chambers klemde zijn vingers hard om zijn scrotum. Blackwell had dit niet zien aankomen en probeerde te reageren, maar zijn belager was de ex-agent te snel af, ramde zijn onderarm onder zijn kin en duwde hem hard tegen de smerige muur, terwijl hij zijn greep onder de gordel steeds verder verstrakte.
'Wat doe je? Je doet me pijn!'
'Fijn dat ik eindelijk je aandacht heb.'
'Laat mc los, alsjeblieft…'
Maar Chambers verhoogde de druk, kneep zijn vingers samen

en ontlokte zijn slachtoffer een zacht gekerm. Toen boog hij zich dicht naar hem toe en fluisterde: 'Dit is de laatste keer dat wij elkaar spreken, dus luister goed. Jij doet wat ik zeg, je gaat weg uit Londen, je houdt je gedeisd en je neemt nooit, maar dan ook nooit meer contact met me op. Als je probéért contact met me te zoeken, zorg ik dat je ex-collega's in Manchester, die maar al te graag even alleen met je willen zijn in een politiecel, je een bezoekje komen brengen. Geen geintjes, Blackwell, of ik maak je kapot. Begrepen?'

De agent kronkelde van de pijn en knikte dus maar gedwee. Toen Chambers eindelijk losliet, hapte hij opgelucht naar adem.

'Ik ben blij dat we elkaar eindelijk begrijpen,' voegde Chambers er bars aan toe. 'En nou wegwezen, voor ik iets doe waar jíj spijt van krijgt.'

90

Ze keek door het voorname erkerraam naar de fonkelende lichtjes op straat. Warwick Square was met zijn fraaie herenhuizen en perfect onderhouden tuin een totaal andere wereld dan wat Chandra uit haar eigen leven kende, en heel even had ze zin de weelde, de bevoorrechting, het aanzien in zich op te zuigen. Dichterbij zou ze nooit komen.

Chandra draaide zich van het raam om en liet de indrukwekkende inrichting van het appartement van Guy Chambers in Pimlico op zich inwerken. Veel politici hadden hier een huis, aangezien het zo dicht bij Westminster lag, maar weinig huizen waren zo mooi ingericht en deftig als de woonruimte van de staatssecretaris. Chambers kwam uit een rijke familie en had de brutale zelfverzekerdheid van iemand die op een dure kostschool had gezeten en gewend was zijn zin te krijgen. Dat hij haar de vorige dag zo nonchalant de deur had gewezen, had haar meer geërgerd dan ze wilde toegeven, maar nu ze hier tussen de chippendale-meubels, prints van William Morris en portretten van Joshua Reynolds stond, had ze er bijna begrip voor. Vanuit zijn hoge positie bekeken moest alles er groezelig en alledaags uitzien en waren andere mensen vermoeiend en lastig.

Alles hier was precies zoals het hoorde: het smaakvol ingerichte appartement met de hoge plafonds zag er die avond wel heel fraai uit, opgevrolijkt door een veelheid aan speciaal vervaardigde kerstdecoratie. Zelfs de reusachtige kerstboom in de hoek van de kamer leek speciaal voor dit vertrek te zijn gemaakt, met precies de juiste hoogte en breedte, en de fonkelende lichtjes pasten prachtig bij de glinsterende verlichting in de gemeenschappelijke privétuin op het plein beneden. Het enige wat dit fraaie kersttafereel verstoorde was de slagorde van huiszoekingsagenten in burger die op dit moment de kasten, het bureau en het dressoir doorzochten.

Alle huizen waar Guy Chambers iets mee te maken had werden op dat moment doorzocht, en het technische team onderzocht zijn digitale communicatie. Vooralsnog hadden ze niets belastends gevonden, en aangezien de teams die de woonruimte in zijn kiesdistrict en zijn kantoor op het ministerie hadden doorzocht al hadden laten weten dat ze niets hadden gevonden, vormde dit chique appartement misschien wel hun laatste kans om concreet bewijsmateriaal aan het licht te brengen waarmee de staatssecretaris in verband kon worden gebracht met de uitgelekte gegevens van de laatste tijd.

De agent die het dichtst bij Chandra stond, een knappe jonge Spanjaard luisterend naar de naam Pablo, keek op toen ze over de geboende vloer naar hem toe liep.

'Al iets gevonden?'

Hij schudde zijn hoofd en draaide zich toen om naar zijn collega's. Maar ook hun inspanningen hadden niets opgeleverd.

'Nou, blijven zoeken. Degene die iets vindt, krijgt een biertje – wel meer biertjes zelfs.'

Met een gespannen glimlach verliet Chandra de kamer en liep snel de trap af. Ze stond strak van de zenuwen, ze was onrustig en snakte echt naar iets van een doorbraak in deze zaak. Had ze er onverstandig aan gedaan om haar aandacht van Isaac Green af te halen om zich extra op Guy Chambers te kunnen concentreren? Was dit een overdreven reactie, veroorzaakt door haar intuïtieve afkeer van de arrogante staatssecretaris? De radeloze gok van een politieagent die zich aan een strohalm vastklampte? Zo vóélde het niet; iets zei haar dat Chambers iets met de gelekte gegevens te maken had, maar waar was het bewijs? Voorlopig hadden ze nog niets gevonden.

Toen Chandra op de begane grond was aanbeland, liep ze naar de keuken, waar twee agenten de wasmachine uit elkaar haalden.

'Iets gevonden?'

'Twee haarklemmen, een knoop en een muntje van vijftig pence,' antwoordde de vrouwelijke agent. 'Maar verder...'

Chandra liep langs hen heen naar de studeerkamer, maar daar was het hetzelfde verhaal. Hoe meer ze zochten, hoe minder ze vonden. Chandra moest nu onder ogen zien dat deze huiszoeking, met alle inbreuk van dien, wel eens niets zou kunnen opleveren, en ze vroeg zich af hoe ze deze actie dan tegenover haar chef moest verantwoorden. Maar op dat moment kwam rechercheur Reeves naar haar toe. Haar deemoedige gezicht zei Chandra genoeg.

'Ik heb de vuilnisbakken doorzocht, de recyclecontainer, maar niks. Dus hij is óf heel voorzichtig... óf hij is onschuldig.'

Haar poging om een grapje te maken kwam niet aan bij haar chef, die zich steeds gestresster begon te voelen.

'Hebben we niet iets over het hoofd gezien?' vroeg Chandra met klem. 'Heeft hij nog contact met een van zijn exen?'

'Nee, absoluut niet.'

'En vrienden?'

'Die heeft hij niet echt, geloof ik. Die man leeft voor zijn werk. Als hij in Londen is, is hij hier of op Westminster. Ik heb de buren gesproken, en het is elke dag hetzelfde: hij jogt van hier naar het ministerie, en 's avonds weer terug.'

Chandra liet het even op zich inwerken. 'Dus dat is zijn vaste routine?' vroeg ze toen.

'Je schijnt er de klok op gelijk te kunnen zetten.'

'En weten we elke route hij neemt?'

'Volgens de buren rent hij door de gemeenschappelijke tuin op het plein, en dan gaat hij Vauxhall Bridge Road in. Vanaf daar is het één rechte lijn, tot je linksaf Millbank op gaat.'

Chandra zweeg even en nam toen een besluit. 'Oké, haal een paar agenten en kom mee.'

Zonder op antwoord te wachten beende Chandra door de open deur naar buiten, naar de gemeenschappelijke tuin.

91

Ze bleef doodstil zitten, met haar kin op haar knieën, en ze had niet eens de energie of de wilskracht om een sigaret op te steken. Na haar onaangename gesprek met Christopher was Olivia linea recta naar het rokerspleintje gegaan, de enige plek op het hele bureau waar je een beetje privacy had. De hoge piefen kwamen nooit in deze leprozenkolonie, en ook de streberige jeugd niet, want die rookte niet en dronk niet. Nee, deze plek was uitsluitend voor de lui die hun beste jaren achter zich hadden liggen, de oude garde die zijn belofte van vroeger nooit helemaal had waargemaakt.

Olivia had het tot op zekere hoogte uitsluitend zichzelf te verwijten. Dat ze uit het district North West was weggegaan om in Londen te gaan werken, had haar een paar jaar achterstand opgeleverd, want ze moest opnieuw het vertrouwen van haar managers zien te winnen, en door meer dan eens promotie af te slaan had ze de naam gekregen recalcitrant en vreemd te zijn, waardoor haar vooruitzichten om tot het heilige der heiligen toe te kunnen treden er ook niet op vooruit waren gegaan. Dat had ze deels uit eigenwijsheid gedaan, door haar afkeer van het management in algemene zin, met hun kantoortaaltje, groepsdenken en blinde loyaliteit, maar ook omdat ze het fijn vond om een beetje onopgemerkt te blijven, want dat kwam goed uit als je er een handje van had om het met getrouwde collega's aan te leggen. Maar als ze heel eerlijk was, kwam het deels ook door haar natuurlijke neiging tot zelfdestructie, door haar vermogen om elke kans die zich aandiende te verpesten. Haar moeder had altijd gezegd dat ze het gelukkigst was als ze de boel voor zichzelf en voor anderen kon bederven.

Olivia ging helemaal op in deze verbitterde gedachten, maar toen ging de deur naar het plaatsje open. De moed zonk haar in de schoenen, ze zat hier net zo lekker even alleen, maar toen ze zich omdraaide, zag ze dat het gelukkig Isaac Green maar was. Hij rookte normaal gesproken niet, dus dat betekende óf dat hij nodig even aan de herrie wilde ontsnappen óf dat hij echt haar moest hebben.

'Ik dacht wel dat je hier zat,' zei hij, waarmee de vraag meteen beantwoord was.

'Waar zou ik anders moeten zijn? Kom erbij, gezellig, net als vroeger,' antwoordde Olivia, en ze wees op de gebarsten stoelen waarmee het plaatsje vol stond.

Isaac glimlachte en ging zitten; de stokoude stoel kraakte onheilspellend onder zijn gewicht.

'Alles goed?' vroeg hij, terwijl hij zich installeerde. 'Wat ging je er snel vandoor. En zoals je die deur achter je dichtsloeg...'

'Ach ja. Nieuwe dag, nieuwe ellende, maar net zo erg.'

'Amen.'

'Ik zou het niet erg vinden, maar het vreet aan me, Isaac. Ik keek laatst in de spiegel en toen zag ik een vrouw van vijftig.'

'Doe niet zo raar, je bent nog steeds een mooie jonge meid.'

'En mijn haar valt uit.'

'Niet waar,' zei Isaac grinnikend, en hij schudde zijn hoofd.

'Jawel. Ik zat er laatst aan te frunniken en toen had ik opeens een hele dot in mijn hand. Ik weet dat het gewoon door de stress komt, maar dan nog...'

Olivia maakte haar zin maar niet af.

'Sorry, Isaac, ik weet niet waarom ik nou tegenover jou over stress begin. Jij moet het de afgelopen dagen ook zwaar hebben gehad, na wat er met Andrew Baynes is gebeurd.'

'Ik heb wel ergere dingen meegemaakt. Bovendien zijn we hier niet om het over mij te hebben. Ik wil weten wat jóú zo dwarszit.'

'Waar zal ik beginnen?' antwoordde ze klaaglijk. 'Mijn cliënt is aan het doordraaien, hij is ervan overtuigd dat hij gelyncht zal worden. Ik kan hem niet geruststellen door te zeggen dat hij echt veilig is, want het hele systeem staat op instorten, met dank aan een incompetente leiding en een eindeloze stroom gelekte gegevens. Verder ben ik zwanger van een man die geen zak om me geeft, die liever doet alsof ik niet besta…'

Ze keek even naar hem opzij, maar Isaac reageerde totaal niet, wat alleen maar haar indruk versterkte dat hij altijd al had geweten wat de stand van zaken tussen Christopher en haar was.

'… en ik ben vroegoud, ik woon in een armoedig flatje dat ik eigenlijk niet kan betalen en waarschijnlijk ben ik tegen Nieuwjaar al kaal.'

'Is dat alles?' antwoordde Isaac, wat hem op een goedbedoelde stomp van zijn collega kwam te staan.

'Ik weet het niet, Isaac. Vraag jij je nooit af waar het allemaal goed voor is? Kijk jij nooit naar je leven, naar wat we doen, en denk je dan nooit dat het allemaal volkomen zinloos is?'

'Voortdurend.'

Olivia draaide zich naar haar collega om. Isaac was nooit de vrolijkste geweest, maar niettemin verbaasde het haar hoe snel en oprecht dit er bij hem uit kwam.

'Toen ik met dit werk begon, was ik heel toegewijd, heel idealistisch,' ging Isaac verder. Hij koos zijn woorden zorgvuldig. 'Maar bij elke kleine vergissing, elke mislukking, elke recidive ging er iets verloren. Ze zeggen de hele tijd dat je je werk zo goed mogelijk doet, gezien de omstandigheden, maar ze geloven het niet echt, en je gelooft het zelf ook niet. Ik denk dat Grayling als minister ons met al zijn flaters de das heeft omgedaan. Ik bedoel, wat zijn we nu nog? Een stelletje overwerkte, onderbetaalde brandweerlieden, die babysitten voor een stel misdadigers die vastbesloten lijken te zijn om opnieuw de fout in te gaan. Het heeft geen zin, je boekt geen resultaat, het loopt nooit goed af. Je werkt hard, je houdt je aan de regels, en wat krijg je ervoor terug? Een mes tussen je ribben. Een mes waarmee je hoop en je dromen aan flarden worden gesneden...'

Olivia keek bezorgd naar hem op, want ze wist dat haar collega nog steeds getraumatiseerd was door de brute aanval die hij had meegemaakt. Ze legde een troostende hand op zijn arm.

'Ik bedoel, je probeert erin te blijven geloven,' ging hij verder, 'maar het is moeilijk, echt heel moeilijk...'

Isaac speelde in gedachten verzonken met het kruisje om zijn hals. Olivia dacht even dat hij verder zou praten, dat hij zijn hart helemaal zou luchten, maar toen begon hij abrupt over iets anders.

'Jeetje, moet je mij nou horen ratelen, terwijl ik jou zou moeten opvrolijken.'

'Dat heb je ook min of meer wel gedaan.'

'Nou, vergeet dan maar wat ik net heb gezegd. Dan ben ik dus blijkbaar toch nog ergens goed voor.'

Hij deed zijn best om joviaal over te komen en stond met een glimlach op. Maar zijn opgewektheid had die avond iets geforceerds, iets getergds, zelfs.

'Ik moest maar weer eens aan de slag,' voegde hij er quasizielig aan toe. 'Blijf hier nou niet te lang in je eentje zitten, dat is niet goed voor je. En niet meer roken...'

Isaac gaf haar een knipoog, vertrok en deed de deur achter zich dicht. Olivia wachtte tot het geluid van zijn voetstappen was weggestorven en haalde toen een sigaret uit haar zak.

92

Sam zat geschrokken naar zijn telefoon te staren en probeerde nog steeds de beelden te verwerken van zijn huis dat besmeurd en vernield was en waar jongens vervolgens brandbommen tegenaan hadden gegooid. Toen werd er zachtjes aangeklopt. Hij keek op en zag zijn vader binnenkomen met twee bekers warme chocolademelk. Die van Paul zonder topping, maar op zijn beker zat een hele berg slagroom en marshmallows.

'Hoe gaat-ie, jongen?'

Sam haalde zijn schouders op. Wat viel er te zeggen?

'Ik weet dat het moeilijk is, dat het je vast duizelt van alles wat er aan de hand is, maar ik weet niet of het verstandig is om het op Twitter allemaal te volgen, dus ik geef jou deze, dan geef je mij die, oké?'

Hij hield de beker warme chocolademelk omhoog en knikte naar Sams telefoon. Sam gaf hier maar al te graag gehoor aan, want hij was toch al misselijk van alle beelden van rellend gepeupel en oprukkende burgerwachten.

'Die les heb ik lang geleden geleerd,' ging Paul op zachte toon verder. 'Als iets buiten je invloedssfeer ligt, als je verstrikt raakt in iets waar je niets aan kunt veranderen, kun je er maar beter wat afstand van nemen.'

'We hoeven het er nu niet over te hebben, pap,' antwoordde

Sam, die al aanvoelde waar dit naartoe ging.

'Nee, het is heel belangrijk,' hield hij vol. 'Ik heb je nooit echt mijn kant van het verhaal kunnen vertellen, vanwege... nou ja, vanwege de geheimhouding waarmee je moeder te maken had.'

Sam wilde het niet horen. Hij hield van zijn vader, maar kon die avond niet ook nog de pijn van iemand anders erbij hebben. Maar zijn vader was vastbesloten; jaren van frustratie dwongen hem zijn verhaal te doen.

'Het kon gewoon niet anders,' zei hij klaaglijk. 'De nieuwe identiteit van je moeder was wettelijk beschermd. Iedereen die die in twijfel trok, of die haar fictieve verleden in twijfel trok, kon worden vervolgd, dus ik mocht er niets over zeggen. Ik heb tegen je gelogen, jongen, ik zal het niet mooier maken dan het is. Ik heb gelogen over de reden waarom je moeder en ik uit elkaar zijn gegaan, maar ik hoop dat je nu begrijpt dat ik geen keus had.'

'Natuurlijk begrijp ik dat. Ik ben ook niet kwaad op je.'

Paul keek zo opgelucht, zo blij over deze geruststellende woorden dat het Sam iets milder stemde. De situatie moest voor zijn vader ondraaglijk geweest zijn.

'Hoelang wist jij het? Over haar verleden, bedoel ik,' vroeg Sam zacht.

'Vanaf het moment dat ze zei dat ze met me wilde trouwen,' antwoordde Paul met een berouwvolle glimlach. 'Ik heb je moeder ontmoet op een feestje bij iemand thuis, ik viel als een blok voor haar. Ze wilde eerst niets van me weten, dus ik heb erg mijn best moeten doen om een afspraakje met haar te krijgen. We gingen een avondje uit, dat leidde tot nog een avondje uit, en tot nog een – ik zal niet ontkennen dat we echt een klik hadden – en een half jaar later vroeg ik haar ten huwelijk. Ik had nog nooit zo iemand als zij ontmoet en was vastbesloten om het te laten slagen. Ze zei eerst natuurlijk nee, en drie maanden later ook, toen ik haar weer vroeg. Maar toen ik het voor de derde keer vroeg, besefte ze wel dat ik het echt meende...'

Hij zweeg even en keek op naar zijn zoon.

'... en toen heeft ze het me verteld. Over wie ze in werkelijkheid was, over haar verleden.'

Ze deden er allebei even het zwijgen toe, en het gewicht van hun gezamenlijke verleden hing zwaar en meedogenloos tussen hen in.

'Hoe ging dat toen?' vroeg Sam aarzelend. Aan de ene kant wilde hij het weten, aan de andere kant wilde hij het hele gesprek meteen afkappen.

'Nou, ik was natuurlijk geschrokken. Maar... op een bepaalde manier hield ik daardoor alleen nog maar méér van haar. Ik had medelijden met haar, ik was kwaad over hoe ze was behandeld. Ik schaam me om het te moeten zeggen, maar ik dacht meer aan háár dan aan die arme meisjes.'

Hij sloeg zijn ogen neer en wiebelde ongemakkelijk heen en weer op de ballen van zijn voeten.

'Wat moet ik zeggen? Ik was verliefd. Ik wilde het voor haar allemaal goed maken, ik wilde het verleden vergeten, mezelf voor de gek houden...'

De stem van zijn vader had nu een verbitterde toon gekregen, waardoor Sam onmiddellijk zijn blik afwendde. Hij kon die avond niet met de pijn van iemand anders omgaan.

'Begrijp me niet verkeerd, we hebben ook goede tijden gekend. En ze was echt een heel lieve moeder voor je, dat staat buiten kijf. Maar ik vond het moeilijk. Met haar... verleden vond ik het moeilijk haar met jou te vertrouwen. Ik denk dat ik een beetje bemoeizuchtig was, dat ik haar op de lip zat, haar in de gaten hield, maar het was allemaal met de beste bedoelingen. Dat maakte haar kwaad, god, wat werd ze daar kwaad om, ik kreeg het voortdurend te horen. "Waarom ben je met me getrouwd als je denkt dat ik nog steeds die persoon ben?" En eerlijk gezegd had ik daar geen antwoord op. Afgezien van haar contactpersoon bij de reclassering was ik de enige die de waarheid kende, snap je, en ik dacht dat ik die wel aankon. Maar blijkbaar niet dus. Het lag er niet alleen aan dat ik me zorgen om jou maakte, ik was ook bezorgd om haar, om mezelf, om ons allemaal, en ik vroeg me af wat er zou gebeuren als de waarheid ooit aan het licht kwam. Het voelde alsof we op drijfzand een kasteel aan het bouwen waren, alsof we aan een leven voor ons gezin bouwden dat elk moment in elkaar kon storten. Als we ruzie hadden, nam ik dat mezelf kwalijk en hield ik mezelf voor dat ik vroeger een grotere man, een betere man was. Ik dwong mezelf vergevingsgezinder, optimistischer, hoopvoller te zijn. Maar misschien begrijp je nu dat als je dat over iemand weet, je het niet meer níét kunt weten.'

Sam knikte nog een keer, maar maakte geen oogcontact – zijn emoties waren nog te rauw.

'Ik vond het moeilijk om haar echt alleen als Emily te zien, als dit nieuwe, gelukkige, productieve mens, want Janet was altijd op de achtergrond aanwezig. Het hielp ook niet dat haar broers voortdurend in de sensatiepers opdoken en zwoeren dat ze wraak op haar zouden nemen. Vreselijk om dat de hele tijd boven je hoofd te hebben hangen.'

Sam keek op naar zijn vader en zag opeens hoe moe hij eruitzag. Hij voelde een golf van medeleven voor deze man, die hij maar half kende, en besefte hoe erg hij onder de zonden uit het verleden had geleden.

'Maar goed, al snel werd duidelijk dat het tussen ons niet ging lukken. Je moeder hakte de knoop door; ze zei dat ik haar niet genoeg steunde, dat ik haar niet probeerde te begrijpen. Dat was voor mij de druppel, en daarna is het heel naar verlopen, met advocaten en alles. Je was te jong om het allemaal te kunnen begrijpen, maar het was niet fraai. Ik wilde jou meenemen, ik wilde de volledige voogdij, maar je was zo jong dat de rechter bij voorbaat al de kant van de moeder koos. Bovendien had zij in die tijd een goede baan en ik niet, dus het was eigenlijk al meteen beklonken. De rechter wist natuurlijk niets van haar verleden, en ik mocht er niets over zeggen.'

Hij zuchtte diep; die onrechtvaardigheid zat hem duidelijk nog steeds niet lekker.

'Dat was de ergste dag van mijn leven toen ik erachter kwam dat zij in haar eentje de voogdij kreeg. Ik was erg verbitterd, zat vol wroeging en vroeg me af of ik er wel verstandig aan had gedaan het huwelijk op te breken. Maar weet je, ondanks mijn eenzaamheid, ondanks mijn intense verdriet over dat ik jou kwijtraakte, was het nog steeds het beste zo. Ik geloof niet dat iemand met die wetenschap, met dat geheim had kunnen leven. Ik ging er langzaam aan onderdoor, het ondermijnde mijn zelfvertrouwen, mijn geluk en mijn besluitvaardigheid. En het mag dan na de scheiding heel moeilijk zijn geweest, het was wel mijn redding. Ik ben verhuisd, kreeg een nieuwe baan, vond een nieuwe liefde en kon uiteindelijk mijn relatie met jou weer opbouwen. Uiteindelijk heeft de scheiding me alleen maar goedgedaan.'

En nu keek hij op naar zijn zoon; het belang van deze geschiedenisles was wel duidelijk.

'Misschien moet jij overwegen hetzelfde te doen. Het is niets om je voor te schamen. Je bent al die jaren een trouwe liefhebbende zoon geweest, maar onder valse voorwendsels. Janet heeft tegen je gelogen over wie ze was, over wat ze heeft gedaan, en zie dat maar eens te verwerken. Je houdt vast nog van haar, en dat begrijp ik ook. Het is allemaal erg rauw, erg vers. Maar vroeg of laat zul je over je toekomst moeten nadenken, over wat voor jou het beste is. Ik weet dat het moeilijk is, dat je op dit moment in de war en kwaad bent, maar het lijkt mij eerlijk gezegd het beste als…'

Hij zweeg even en waagde toen de sprong: '… als je definitief de navelstreng doorknipt.'

93

Emily zette de telefoon uit en gooide hem de kamer door. Hij viel met een doffe klap op het afgeleefde zeil. Ze kon het niet aanzien: de brandweerploegen die hun uiterste best deden om de brand die in haar huis woedde te doven. Er stond nog steeds een menigte voor het huis te juichen en te applaudisseren. Ze genoten van de verwoesting, ondanks de wanhopige pogingen van de brandweer om de vuurzee in te dammen. Wat mankeerde die mensen? Zagen ze dan niet hoe gevaarlijk de situatie was, dat haar buren acuut gevaar liepen?

Emily werd misselijk van de gedachte dat die lieve mensen – de aardige mevrouw Singh en de overdreven beleefde familie Fraser – echt gevaar liepen, dat hun huis op het punt stond te worden geofferd, terwijl de buurtbewoners de vernietiging stonden toe te juichen. Wat moesten haar buren wel niet denken? Ze zouden wel erg in de war, boos en verbitterd zijn nu ze hoorden dat ze al die jaren naast een monster hadden gewoond. Dat zíj de oorzaak van dit slagveld was.

Emily begroef haar gezicht in het polyester laken, maar kon de intense droefenis die haar bekroop niet tegenhouden. Alles leek met de minuut erger te worden, en terwijl zij steeds dieper afdaalde in deze bodemloze nachtmerrie, liep de situatie volkomen uit de hand. Gisteren was ze nog veilig en wel in haar eigen huis aan de dag begonnen, vervolgens was ze gevlucht naar een forenzenhotel in Heathrow en nu hield ze zich schuil in een caravanpark in Hertfordshire. Marianne had Emily's verzet uiteindelijk weten te breken, had haar zover gekregen dat ze zichzelf na Sams vertrek bijeen had geraapt en dat ze voor het gevaar was gevlucht. Emily had niet willen gaan, haar eerste ingeving was dat ze achter haar zoon aan moest, en vervolgens had ze zich in de badkamer opgesloten en had ze haar ogen uit haar kop gejankt. Maar de dreiging was reëel, het gevaar ophanden, dus had ze zich in een auto laten proppen en waren ze met hoge snelheid weggereden. Het was een verbijsterende reis geweest; de auto was voortdurend omgekeerd en teruggereden om eventuele achtervolgers in de war te brengen, en toen waren ze plotseling aangekomen bij het vakantiepark in Colne Valley. Het was er praktisch uitgestorven; in de koude wintermaanden kwamen hier maar weinig mensen, in slechts een paar van de vele stacaravans brandde een zwak licht. Die aanblik vond Emily meteen verschrikkelijk. Ze was haar zoon kwijt, haar huis, haar baan, haar gemoedsrust, en dit was haar beloning: een voor het seizoen gesloten caravanpark, doods en deprimerend.

Marianne had haar best gedaan om Emily op te vrolijken, maar ze had de deur in het gezicht van haar contactpersoon dichtgeslagen en was op het aftandse bed neergevallen. Marianne had zich schoorvoetend in een naburige caravan teruggetrokken en Emily alleen gelaten met haar wanhoop. Ze had met steeds groter wordende verbijstering haar nieuwe verblijfplaats rondgekeken: zeil vol vlekken, gordijnen met schimmelplekken, een formicatafel waar stukjes af waren. Toen had ze zich vol walging afgekeerd en haar telefoon er weer bij gepakt. Daar was ze echter alleen maar nog depressiever van geworden, want daarop zag ze met loepzuivere, verwoestende helderheid hoe haar vroegere leven de nek om was gedraaid. De brand in haar huis was al vreselijk genoeg, maar net zo erg waren de publiciteitszoekers en overlopers die zich al op de radio en social media lieten horen – buurtbewoners, collega's, zelfs vrienden die hun kans grepen om even in de schijnwerpers te mogen staan en zwolgen in hun korte kennismaking – of dat nog niet eens – met Janet Slater. Wat waren mensen toch kort van memorie, en wat hadden de jaren dat ze haar steentje aan de maatschappij had bijgedragen en ze een trouwe vriendin was geweest toch weinig uitgehaald.

Nu was ze alleen, moederziel alleen in deze wegrottende, levenloze doos. Hoelang zou ze hier moeten blijven? Hoeveel dagen, weken of zelfs maanden zou déze straf duren? Marianne had het haar niet kunnen vertellen; net als iedereen van haar afdeling handelde zij op basis van de actuele gebeurtenissen, deed ze haar uiterste best om haar cliënten veiligheid te bieden, terwijl de situatie verder uit de hand bleef lopen. Nieuwe identiteiten, nieuwe verledens, nieuwe documenten – het duurde dagen, zo niet weken, om die te fabriceren. Betekende dat dat zij al die tijd hier zou moeten blijven, uitsluitend gezelschap gehouden door haar wanhoop, haar smart en de allesoverheersende geur van schimmel?

Plotseling kwam Emily overeind en stormde naar de deur. Ze moest naar buiten, hier weg, want als ze hier nog een seconde langer bleef, werd ze gek. Ze maakte de deur voorzichtig open en liep naar buiten, het donker in, waar het zo gemeen koud was dat ze ervan rilde. Ze keek om zich heen, probeerde haar nieuwe omgeving in zich op te nemen en zag Marianne, in ernstig gesprek verwikkeld met een collega. Gelukkig leek ze niet te merken dat Emily naar buiten was gekomen, dus sloot ze de deur zachtjes achter zich, liep snel het pad op en dook weg achter een andere caravan. Ze had geen idee waar ze naartoe ging, maar wist wel dat ze zo ver mogelijk bij deze wegrottende gevangenis uit de buurt moest zien te komen, dus hield ze de pas er flink in en beende ze het modderige pad af. Ze wist dat haar afwezigheid commotie zou veroorzaken, dat Marianne door het lint zou gaan, maar op dit moment interesseerde haar dat niets. Eerlijk gezegd interesseerde helemaal niets haar nog iets. Het pad was donker en lag in de schaduw, de lichten van het kampeerterrein waren zwak en brandden met onderbrekingen. Ze verliet het park en kwam uit in een bos, waar ze haar richting bepaalde aan de hand van de maan. De ondergrond was ongelijkmatig, en Emily struikelde dan ook een paar keer. Ze viel twee keer en bezeerde gemeen haar schouder. Maar ze krabbelde overeind, ging verder en baande zich een weg tussen takken en struiken door, tot ze uiteindelijk de begroeiing verliet en op een grote open plek uitkwam. Toen bleef ze staan, nam even een moment de tijd om op adem te komen en nam haar omgeving in zich op.

Dit was duidelijk het midden van het hele vakantiepark – een groot meer met aanlegsteigers en pontons. In de zomer hielden badmeesters hier de poedelende gezinnen in de gaten. Het was er dan waarschijnlijk een vrolijke bedoening. Maar vanavond was het er sinister, doodstil, maar ook sereen, met de maan die zich in het roerloze wateroppervlak weerspiegelde. Emily bleef er even gebiologeerd naar staan kijken. Het was verontrustend, mooi, maar ook meer dan dat: het was van háár. Niemand wist dat zij hier was, niemand kon haar vinden – het was alsof ze eindelijk was afgesneden van een wereld die haar nu haatte. Die gedachte vrolijkte haar enorm op. Stel nou dat ze hier voor altijd moest blijven, verscholen voor hun haat, het oordeel, de woede? Zou dat niet heerlijk zijn? Veilig, onaantastbaar. En zou dat niet haar wraak zijn, dat ze hun de wraak ontzegde waar ze zo naar hunkerden?

Emily glimlachte en liep onwillekeurig naar het meer. Ja, dit was de oplossing, de voor de hand liggende manier om zichzelf te beschermen en hen kwaad te maken. Waarom had ze daar niet eerder aan gedacht? Ze kon zich hier niet de hele nacht verstoppen, laat staan de hele week, want de temperatuur daalde nu snel, maar er was wel degelijk een uitweg. Ze liep van de oever het water in, en toen het ijskoude water om haar enkels spoelde, voelde ze eerst een schok, maar daarna daalde een vreemde kalmte over haar neer, werkte het water als een rustgevende balsem. Ze zette nog een stap, en toen nog een, en het water klotste om haar kuiten. Ze struikelde, maar zette door – het water kwam nu tot aan haar bovenbenen, haar kleren raakten doordrenkt en trokken haar omlaag. Toen het water langs haar buik omhoog kroop en tegen haar borst stroomde, rilde ze. Toen het eindelijk tegen haar kin kwam, bleef ze even staan en fluisterde in het donker: 'Het spijt me.'

Toen dook ze onder, zwom snel naar de diepte en omarmde de duistere vergetelheid. Het was overweldigend, het was opbeurend, het was angstaanjagend.

Maar het voelde góéd.

94

Het was tijd om knopen door te hakken.
Mike had gebiologeerd, vol verbazing en verbijstering naar Kaylee en Courtney staan kijken: ze zaten dicht tegen elkaar aan, zogen aan hun oplichtende sigaretten, fluisterden, konkelden, lachten. Zijn eerste reactie was tevoorschijn komen, het veld over rennen en zich op hen storten, ze afranselen tot ze zich gewonnen gaven, ze het volle gewicht van zijn pijn en woede laten voelen. Daarna had hij willen vluchten om zo ver mogelijk bij het moordzuchtige tweetal vandaan te geraken, aangezien hij het niet langer verdroeg ze te zien lachen en geiten, zoals ze tien jaar geleden ook in het beklaagdenbankje hadden gedaan. Kaylee hing zo te zien nog steeds aan Courtneys lippen, en terwijl Mike naar hen bleef kijken, was het net alsof er niets was veranderd. Ze waren natuurlijk groter geworden, en het waren nu allebei statige, krachtige jonge vrouwen. Hun manier van doen – geheimzinnig, gewiekst, samenzweerderig – was nog precies hetzelfde. Het maakte dat hij zin kreeg om het uit te schreeuwen, om te kotsen, om te tieren, maar nog veel meer dat hij hier weg wilde.
Gelukkig was het tweetal uiteindelijk vertrokken, en Mike had van de gelegenheid gebruikgemaakt om half rennend, half glijdend over het modderige pad terug te gaan naar het dorp. Hij had een bus zien stilhouden en was gaan rennen om hem te ha-

len. Een half uur later was hij weer in Colchester en een paar minuten daarna scheurde hij terug over de A56 naar Maidstone. Hij vluchtte, hij scheurde zo hard hij kon weg van die vreselijke wezens, maar toch lieten ze hem niet met rust en kolkten er opruiende, strijdige gedachten door zijn hoofd. Hij wist dat hij nog steeds in shock was, maar zijn brein verwerkte ook wat hij net had gezien en vroeg zich af wat hun verzoening betekende – voor hen, voor hem, voor de buitenwereld. Wat voerden ze in hun schild? En waarom hadden ze zo ver weg, op zo'n afgelegen plek afgesproken?

Een duistere angst stak bij hem de kop op en hij werd bestookt door beelden van nieuwe wreedheid, van nieuw bloed. Mike parkeerde zijn auto en liep snel naar binnen; de vriendelijke begroeting van de postbode drong amper tot hem door, want hij bleef maar malen. Hij had die dag iets heel schrikbarends, iets heel belangrijks ontdekt. De vraag was nu alleen wat hij ermee moest doen.

De politie bellen, dat sprak voor zich. Vreemd genoeg had die hém gebeld toen hij in allerijl terugreed naar Maidstone, maar Mike had niet opgenomen, omdat hij het nummer niet herkende. Toen hij het voicemailbericht beluisterde, bleek het tot zijn verbazing ene rechercheur Cooke van Scotland Yard te zijn geweest, die graag even met Mike wilde praten 'met het oog op de recente gebeurtenissen'. Dat was een vreemd toeval: dat de politie hem belde toen hij op de terugweg was van deze schrikbarende ontmoeting, en dat zette hem aan het denken. Belden ze uit beleefdheid, gezien zijn geschiedenis? Of wisten ze misschien dat iemand hem de informatie over Courtney Turner had gestuurd?

Van die gedachte werd Mike heel zenuwachtig. Hij kon Cooke terugbellen, bekennen dat hij van een anonieme bron vertrouwelijke informatie had ontvangen, eraan toevoegen dat hij nieuws over Courtney Turner en Kaylee Jones had, waar zij misschien wel in geïnteresseerd waren. Maar hoe moest hij dat doen zonder erbij te vertellen dat hij deze informatie twee dagen geleden had ontvangen? En dat hij in die tijd zijn baan had opgegeven om Courtney te kunnen stalken, haar komen en gaan nauwgezet in de gaten te houden en zelfs bij haar in te breken? Hij zag al voor zich hoe ze zouden reageren, vol afgrijzen en afkeuring, en hij vroeg zich af of hij hier misschien zelf voor zou kunnen worden aangeklaagd. Dat zou wel de omgekeerde wereld zijn, dat Courtney Turner hém in het beklaagdenbankje zou zien staan, waar hij beoordeeld, vernederd en veroordeeld werd.

Nee, het was uitgesloten dat hij dat zou ondergaan. Hij zou beslist niet open en eerlijk zijn tegen de politie. En de reclassering? Er was duidelijk bewijs dat Courtney en Kaylee de voorwaarden van hun vrijlating hadden geschonden. Dat sprak hem meer aan. Hij had met zijn telefoon snel een foto van die twee gemaakt, hij kon bewijzen dat ze de regels hadden overtreden, ze konden er misschien zelfs weer voor naar de gevangenis worden gestuurd, waar ze thuishoorden. Maar hoe waarschijnlijk was dat? De reclassering bevond zich duidelijk in een vrije val, en bovendien koos men daar, zelfs als die instantie maar matig functioneerde, standaard partij voor de misdadiger. Als hij hun vertelde wat hij had gezien – dat hij Courtneys nieuwe identiteit en nieuwe adres kende – zouden ze haar een tik op de vingers geven en dan snel in een nieuwe stad onderbrengen en een nieuw fictieve identiteit meegeven. En wat schoot hij daarmee op? Dan verdween ze voorgoed uit beeld en kon ze gewoon weer verdergaan met haar wangedrag, zonder dat er straf op volgde en zonder dat iemand haar in de gaten hield.

Nee, hij zou het de reclassering niet vertellen. Wat moest hij dan doen? Hij kon niet afwachten en niets doen, niet als er onschuldige levens op het spel stonden. Kon hij niet met iemand praten? Met Alison? Die gedachte zette Mike van zich af; zij vond toch al dat hij ontspoord was. Graham Ellis dan? Dat was logischer, vooral aangezien Mike nog steeds het vermoeden had dat de voormalig politieagent hier op de een of andere manier iets mee te maken had. Maar stel nou dat hij zich vergiste? Dan zou Graham Mike de les lezen over zijn acties en erop staan dat hij linea recta naar de politie ging... en dan was Mike weer terug bij af. Het leek hopeloos, maar hoe meer Mike erover nadacht, hoe logischer hem deze oplossing leek. Hij had verder niemand die hem kon helpen, maar niets doen was geen optie, niet als er zo veel op het spel stond. Courtney Turner moest ter verantwoording worden geroepen, zeker als het weer dikke mik was met haar handlanger van vroeger. Ze moest worden gestopt, en als verder niemand daartoe bereid was, was het wel duidelijk hoe het verder moest.

Dan zou hij het zelf doen.

95

Als je iets wilt, moet je het zelf doen. Die les had Olivia tijdens haar vele dienstjaren bij de politie op de harde manier geleerd, maar die avond had hij zich uitbetaald. Ze was zo geïrriteerd geweest over de manier waarop Christopher haar verzoek had afgewimpeld dat ze linea recta naar de hoogste baas was gegaan. Jeremy Firth had er geen zin in gehad, zoals ze al wel had verwacht, maar hij was ook bang en had gesteigerd toen Olivia hem een duidelijk beeld had geschetst van de consequenties als Jacks huidige verblijfplaats al was gelekt. Opgemonterd was ze snel teruggereden naar Jacks huis om hem het goede nieuws te vertellen.

'Ze zijn akkoord: je gaat verhuizen. Nieuwe locatie, nieuwe naam, de hele rataplan.'

Jack begreep het niet goed en keek haar verbaasd aan.

'Oké... Vanavond nog?'

'Nee, niet vanavond. Maar wel morgen, meteen. Ik kan je er nog geen bijzonderheden over vertellen, de puntjes worden nog op de i gezet, en bovendien is het beter als ik die voor me houd, met oog op wat er momenteel gaande is. Hou het nog één nachtje vol, en dan moet alles geregeld zijn.'

Jack bleef haar aanstaren, maar zei niets.

'Jack, dit is goed nieuws. Dit wilde je.'

'Ja, sorry, dat weet ik,' antwoordde hij met een schaapachtige glimlach. 'Ik... ik had alleen niet gedacht dat het zo snel zou gaan.'

'Als dit jouw manier is om dank je wel te zeggen: graag gedaan.'

'Ja, sorry, dank je wel,' antwoordde hij met een rood hoofd.

'Oké, we gaan het als volgt doen. Ik haal je rond half elf op, dan vertrekken we samen. We gaan waarschijnlijk achterom naar de plek waar het vervoer op ons wacht, een paar straten hiervandaan. Mocht iemand de voorkant van het huis in de gaten houden, dan kan diegene maar beter denken dat we er nog zijn, tot we al lang en breed vertrokken zijn. We hebben geen tijd te verliezen, het gaat er vooral om dat we het snel doen, dus je moet vanavond al je spullen pakken. Lukt dat, denk je?'

Jack knikte, maar keek opeens onzeker.

'Denk je dat dat gaat lukken? Kun je dat, denk je?'

Hij zei nog steeds niets.

Olivia aarzelde even. 'Als je wilt, kan ik wel bij je blijven,' ging ze toen verder. 'Je weet dat het eigenlijk verboden is, maar als je wilt dat ik hier vannacht blijf...'

'Nee, dat hoeft niet.'

'Ik meen het. Als je dat graag wilt, oké. Ik hoef verder toch nergens heen.'

'Nee, echt, ik voel me al stukken beter. Nu ik weet dat ik hier weg kan en zo...'

Hij glimlachte nadrukkelijk naar haar; zijn enthousiasme was oprecht, maar op de een of andere manier ook geforceerd.

'Gaat het wel, Jack?'

'Ja hoor, best. Ik ben gewoon moe. Het spijt me dat ik zo doordraaide, dat ik zo'n last ben. Het is gewoon niet makkelijk allemaal, maar nu gaat het wel.'

'Oké, als je het zeker weet,' antwoordde Olivia op haar hoede,

een beetje ongerust over het feit dat hij opeens zo opgewekt deed.
'Ik heb wat dingen meegebracht waar je je tot morgen mee kunt vermaken. Een paar voetbaltijdschriften, een paar Alex Rider-boeken. Die vond je leuk, toch?'
Jack knikte, maar werd een beetje rood, want hij schaamde zich blijkbaar voor zijn leesniveau.
'En ik heb zelfs tien sigaretten voor je meegenomen, omdat ik weet dat je graag rookt. Maar niet de tent hier afbranden, oké?'
Jack nam de goede gaven in ontvangst en bedankte er met een verlegen knikje voor.
'Oké, dan ga ik maar. Probeer vannacht goed te slapen, oké? Morgen de grote dag.'
Jack stelde haar gerust door alleen maar dingen te zeggen die hij moest zeggen, en liet haar toen uit. Olivia wenste hem een fijne avond en liep in gedachten verzonken terug naar haar auto. Wat hád die jongen? Laatst was hij nog doorgedraaid, was ervan overtuigd geweest dat zijn leven in gevaar was en dat hij ogenblikkelijk naar een ander adres moest, maar nu maakte hij een vreemd afwezige indruk. Was hij nu eenmaal zo? Was hij niet in staat dankbaarheid of blijdschap te uiten, doordat hem in zijn leven zelden iets leuks ten deel was gevallen? Of speelde er iets? Iets wat zij over het hoofd zag?
Olivia plofte met een ongemakkelijk gevoel neer achter het stuur en haalde haar telefoon tevoorschijn. Moest ze iemand bellen, haar bezorgdheid met iemand delen? Isaac? Firth? Nee, degene die ze in dit soort situaties altijd belde, haar klankbord, was Christopher. En hoewel ze hun laatste gesprek heel akelig hadden afgesloten, kon ze de kloof hiermee misschien overbruggen. Door hem te laten zien dat ze een normale professionele relatie met elkaar konden onderhouden, kon ze laten zien dat ze er niet op uit was om zijn geluk, zijn evenwicht, zijn leven te verwoesten.

Haar handen beefden toen ze zijn nummer opzocht en op 'bellen' drukte. Ze schraapte haar keel en was er klaar voor om haar beste beentje voor te zetten, om kalm, meelevend en verstandig te zijn. De telefoon ging twee keer over en werd toen abrupt weggedrukt.

Onmiddellijk voelde ze de woede in zich oplaaien. Dit zei toch alles? Dit was toch een volmaakte samenvatting van hun affaire? Ze had van Christopher gehouden, ze had hem alles gegeven, en dan kreeg ze dít?

Ze was verleid, bezwangerd en toen wreed verstoten.

96

Christopher beende door de verlaten gang. Zijn emoties gingen alle kanten op. Typisch Olivia om hem uitgerekend nu te bellen, nu zijn hoofd tolde na de ondervraging door rechercheur Cooke. Probeerde zijn voormalige geliefde hem nu met opzet een mes tussen de ribben te steken? Wilde ze nu per se haar verbale aanval op hem voortzetten, terwijl ze wist dat hij zich ernstig zorgen maakte over het feit dat de politie hem in het vizier had? Stom dat hij dit niet had zien aankomen. Ja, Olivia was scherp, uitdagend en geweldig in bed, maar ze was een hopeloos geval, dat zag je zo. Waarom had hij niet meteen bij de eerste de beste gelegenheid haar toenadering afgewimpeld en zijn pleziertjes elders gezocht, met iemand die discreter en minder riskant was?

Het was stil op de afdeling, de meeste vermoeide reclasseringsmedewerkers hadden het voor die dag voor gezien gehouden om nog even een paar uurtjes slaap te pakken voordat het circus weer begon. Christopher was blij dat het zo stil was, want hij wilde echt even een rustig plekje vinden om zijn gesprek met Cooke in gedachten nog eens na te lopen. Hij wilde analyseren of hij iets had gezegd waarmee hij wellicht argwaan had kunnen wekken. Het gesprek léék goed te zijn verlopen, voor zover hij zelf kon beoordelen. Cooke was beleefd, open en rechtdoorzee geweest, had een heleboel vragen gesteld over de hiërarchie binnen de reclassering, de structuur van de dienst, de toegang tot de IT-systemen, enzovoort. Hij had niet de indruk dat haar vragen een dubbele bodem hadden, maar ja, misschien was dat wel haar techniek. Ze had in elk geval erg veel opgeschreven, terwijl ze naar hem bleef glimlachen. Aantekeningen die hij dolgraag zou lezen.

Op een gegeven moment had hij even gehaperd, toen ze hem naar zijn relatie met de pers vroeg. Cooke had hem op de man af gevraagd of hij ooit gevoelige informatie had besproken met iemand van búíten de reclassering, of hij een langdurige relatie onderhield met een journalist of een blogger. Dat hij even was stilgevallen was genoeg om haar interesse te wekken, en terwijl hij zijn best deed om deze kleine misser goed te maken en met klem verkondigde dat vertrouwelijkheid in zijn positie van het allergrootste belang was, wist hij niet of de jonge rechercheur hem wel echt had geloofd. Christopher gaf het niet graag toe, maar hij wist zeker dat hij hier nog last mee zou krijgen, dat hij zich op een later tijdstip nog over nadere aantijgingen zou moeten verantwoorden.

Precies op dat moment ging Christophers telefoon. De blikkerige ringtoon galmde door de verlaten afdeling en hij bracht ontzet zijn duim omhoog om de oproep weg te drukken. Jezus, die Olivia ook... Alleen was het deze keer niet zijn voormalige minnares, maar Madeleine Barnes. Ze kenden elkaar nog maar kort, maar de journalist had daar al eerder gebruik van gemaakt en wilde nu ongetwijfeld nog meer horen, was vast op zoek naar nog meer belastende informatie over Firth. Nou, ze moest maar even wachten, want hij was die avond niet in de stemming om zich het vuur na aan de schenen te laten leggen. De ringtoon stopte, maar een paar seconden later begon hij weer, waarop Christopher verschrikkelijk begon te vloeken. Dit zei verdomme toch genoeg over vrouwen? Die wilden altijd meer dan je kon geven. Boos en geagiteerd zette Christopher zijn telefoon uit en stak hem in zijn zak.

Hij liep verder de sombere, bedompte ruimte in, tussen de bureaus door. Hij wilde naar zijn kantoor en daar proberen zijn gedachten op een rijtje te krijgen. Maar toen hij zijn heiligdom op de zesde verdieping naderde, zag hij iets waardoor hij stokstijf bleef staan. Er was iemand in zijn kantoor. Naast zijn bureau stond iemand die in het halfduister door zijn post bladerde. Christopher verstijfde, doodsbang dat dit iets te maken had met het onderzoek van Dabral, dat een van haar slippendragers op zoek was naar belastend bewijsmateriaal, maar deze idiote gedachte zette hij snel van zich af. Als de politie zijn kantoor wilde doorzoeken, waren ze hier wel met meer man, met een huiszoekingsbevel, en liepen ze hier niet stiekem 's avonds laat rond te neuzen. Olivia was het ook niet, want die was bij Jack, en Penny zat veilig thuis, dus wie...?

Christopher liep met grote passen naar zijn kantoor, smeet de deur open en knipte het grote licht aan. De indringer keek geschrokken op.

'Isaac? Waar ben je in godsnaam mee bezig?' vroeg Christopher streng. Hij was perplex.

De ervaren reclasseringsambtenaar had een dossier in zijn hand en hield zijn zaklamp erop gericht, maar probeerde het nu snel terug te schuiven in Christophers bak voor inkomende post.

'Ik zocht het laatste rapport over Yusuf Bedlin, meer niet. Hij wordt binnenkort beoordeeld en...'

'Op mijn kantoor? In het donker?' wierp Christopher minachtend tegen, en hij liep snel naar de man toe.

'Maar goed,' ging Isaac kwiek verder, 'je hebt het vast druk, dus...'

'Hier blijven, jij,' zei zijn chef streng, en hij rukte hem het dossier uit zijn hand.

Hij sloeg het open en was niet verbaasd dat het in werkelijkheid om het rapport met de officiële maatregelen tegen Isaac ging, waarvan een definitieve versie in zijn bakje was gelegd om door hem te worden ondertekend.
'Ik had het kunnen weten...' zei Christopher boos, en hij sloeg de map dicht. 'Je wilde zeker weten hoe het vonnis luidde, hè? Je wilde weten wat je te wachten staat?'
'Nou en? Wat zou dat?' antwoordde Green zonder enige wroeging. 'Dit hele proces duurt al maanden. Maanden van stress en kwaad bloed en insinuaties...'
'En dat geeft jou het recht om stiekem op míjn kantoor in vertrouwelijke personeelsdossiers te gaan kijken? Ik zou je op staande voet moeten ontslaan.'
'Dat zou je wel willen, hè?'
'En of ik dat zou willen. Jij bent vanaf dag één al een lastpak geweest, je ziet beledigingen die er niet zijn, je verzint voorvallen waarin sprake zou zijn van bevooroordeling, en dat allemaal om te verklaren waarom je zelf zo ondermaats presteert.'
'Spreek vrijuit, plaatsvervangend directeur.' Isaac lachte bitter. 'Spreek vrijuit.'
'Jezus christus, Isaac. Waar haal je het gore lef vandaan om hier zomaar binnen te komen en vervolgens te doen alsof dat helemaal niet ernstig is?'
'Luister, als ik na al die jaren trouwe dienst bij het grofvuil word gezet, dan heb ik het recht dat te weten. Je kunt iemand niet eindeloos aan het lijntje houden, hem zo kwellen, zo vernederen...'
'Je hebt het allemaal over jezelf afgeroepen, Isaac. Dit is jouw schuld, niet de onze. Maar laat me je dit vertellen: het einde van de weg is bijna bereikt, vriend. Je zit te drinken in de saloon van de laatste kans...'
Christopher zei het op vrolijke toon en verwachtte een vijan-

dige reactie, hóópte er zelfs op, maar tot zijn verbazing zette Isaac een verbitterde glimlach op, als iemand die levensmoe is. Hij keek zijn chef even aan, liep toen vlak langs hem heen en fluisterde onheilspellend: 'Je moest eens weten...'

En toen was hij weg. Christopher bleef kwaad, gekrenkt en intens verward achter. Wat had Isaac dan nog meer gevonden toen hij zijn kantoor doorzocht?

97

Ze zochten, zochten, zochten... maar de doorbraak ontglipte hun nog steeds. Chandra draaide zich om van haar vermoeide medewerkers, sprak discreet kirrend in haar telefoon en probeerde niets van haar frustratie en teleurstelling te laten blijken.
'Mama houdt ook van jou... maar mama moet werken. Misschien kan papa je vanavond instoppen en een liedje voor je zingen tot je slaapt. Je weet hoe goed papa kan zingen...'
Haar voorstel werd met luidkeelse afkeuring beantwoord, en de moed zonk haar in de schoenen. Chandra voelde zich schuldig omdat ze niet thuis was om haar kinderen in te stoppen en nog schuldiger omdat er zo vaak laatdunkend werd gedaan over de liefdevolle zorg van Nimesh voor hun dochters. Als hij niet zo geduldig en resoluut was, was de boel al maanden geleden ontspoord, en wat kreeg hij als dank? Het was onterecht en kwetsend, en ook al hield hij altijd vol dat hij het niet erg vond, zij wist wel beter. Chandra wilde dat ze thuis was, dat ze hem kon geruststellen en haar dochters in haar armen kon nemen, maar dat was uitgesloten. Niet zolang hun onderzoek bleef steken.
Ze hadden praktisch elke vierkante centimeter van de keurig onderhouden gemeenschappelijke tuin uitgekamd, maar vooralsnog niets gevonden. Hoe nu verder? Moesten ze doorgaan met Vauxhall Bridge Road, misschien zelfs tot Millbank, en daar

vuilnisbakken doorzoeken en putten leeghalen, allemaal op basis van een vermoeden? Het leek zinloos, nergens op gebaseerd, een duidelijk teken van hun toenemende radeloosheid, maar Chandra was er zo van overtuigd dat Chambers er iets mee te maken had, dat hij iets voor hen verborgen hield, dat ze het op de een of andere manier niet kon loslaten. Maar stel nou dat de zoektocht niets opleverde? Zou het team haar nog wel vertrouwen als deze zoektocht onzinnig bleek te zijn geweest? Of zouden ze haar leiderschap dan ter discussie stellen? Ze wist zeker dat Gary Buckland in dat geval al in de startblokken stond.

Chandra merkte dat ze niet meer echt naar het gemopper en geklaag van haar dochters luisterde, dus wenste ze hun welterusten, zei dat ze van hen hield en hing op. Ze voelde zich opeens helemaal uitgewrongen, moe en ontroostbaar, en ze had veel zin om het bijltje er maar bij neer te gooien. Maar omdat ze wist dat haar mensen naar haar keken, omdat ze zich ervan bewust was dat nog niet élke centimeter van het park was uitgekamd, voegde ze zich weer bij de groep, trok snel latex handschoenen aan en liep met grote passen naar een vuilnisbak.

Dit kon niet beter, toch? Moest je haar zien: inspecteur bij het meest complexe, geruchtmakende onderzoek van haar loopbaan, en wat deed ze? Ze stond na werktijd in een schemerige tuin een vuilnisbak te doorzoeken, haalde er lege koffiebekers, chipszakjes en de verplichte zakjes hondenpoep uit. Chandra ging boos verder, keek amper naar het afval dat ze eruit trok en was ervan overtuigd dat ze zowel zichzelf als haar team belachelijk maakte. Ze wilde dit zo snel mogelijk achter de rug hebben, zodat ze deze nederlaag achter zich kon laten, dus deed ze er nog een schepje bovenop en trok een stel lege bierblikjes en een halve fles wodka tevoorschijn. Met een boze blik gooide ze die op de steeds hoger wordende berg naast zich en dook toen weer de vuilnisbak in. Maar nu aarzelde ze toch even. Want helemaal op de bodem zag ze iets wat haar intrigeerde. Iets kleins en langwerpigs, met een tasje van Boots er stevig omheen gewikkeld. Chandra maakte het nieuwsgierig open en zag tot haar verbazing dat er een mobiele telefoon in zat.

Plotseling klopte haar hart in haar keel. Het scherm van de Samsung Galaxy was niet gebarsten of beschadigd, en de telefoon zelf leek het nog prima te doen en ging meteen aan. Dus waarom zou iemand hem weggooien, verstopt onder in een vuilnisbak, tenzij...

Chandra wrikte de achterkant eraf en hield hem omhoog tegen het licht. Er verscheen een glimlach op haar gezicht. De telefoon had een lang en ingewikkeld serienummer, maar ze herkende het meteen. Dit was de telefoon die was gebruikt om compromitterende informatie over Mark Willis, Andrew Baynes en Emily Lawrence wereldkundig te maken.

Eindelijk had ze Guy Chambers precies waar ze hem hebben wilde.

98

Meestal werd hij bang als hij alleen was. Die avond was hij er juist blij mee.
Jack drentelde door het lege huis en voelde zich high van de adrenaline. Hij had zich wekenlang in het nauw gedreven gevoeld, doodsbang voor zijn vrijlating, geschrokken van de reactie in de buitenwereld, gedesoriënteerd door zijn nieuwe leven, maar vanavond voelde hij zich goed. Heel goed zelfs.
Hij keek of de voordeur wel op slot zat, maakte nog een laatste rondje door het huis en ging toen terug naar de keuken. Hij trok de gordijnen goed dicht, liep naar de koelkast en ging op zijn knieën op de plakkerige vloer zitten. Hij ging met zijn vingers langs de plint en trok de rand van het zeil omhoog, zodat de planken eronder zichtbaar werden. Hij zocht de plank naast de koelkast en drukte erop, zodat het uiteinde iets omhoogkwam. Hij stak zijn vingers eronder en wrikte de plank omhoog: in de ruimte eronder lag zijn rugzak. Hij trok hem eruit en legde de losse plank zorgvuldig terug.
Nu ging hij snel te werk. Hij ging aan de keukentafel zitten en haalde zijn nieuwe iPad tevoorschijn. Jack plaatste hem rechtop, zette hem aan en wachtte ongeduldig tot het icoontje van Apple hem passief, roerloos en uitdagend aankeek. Zijn opwinding nam toe, zijn ongeduld ook, maar nu kwam het apparaat toch tot

leven en begon hij snel te typen. Het was niet eenvoudig – je toegang verschaffen tot het darkweb was een moeilijke en riskante onderneming, waarbij voor de niet-ingewijden allerlei soorten valstrikken waren gelegd. Eén verkeerde zet en de politie had hem meteen in de smiezen, dus nam hij de tijd en werkte hij geduldig alle verschillende protocollen af en vermeed hij de bekende rode vlaggen. Plotseling zat hij er dan toch in, en de versleutelde chatroom opende zich als een bloem. Jack giechelde gespannen. Hij wist niet zeker of de chatroom nog actief was, of hij nog zou worden toegelaten, maar jawel hoor. Zijn ademhaling werd oppervlakkig, zijn lichaam tintelde, maar haast was niet aan de orde. Dit moest hij goed doen.

Allereerst had hij een naam nodig. Daisy? Debby? Dawn? Ja, Dawn was goed. Zijn handen waren zweterig, dus veegde hij die eerst af aan zijn spijkerbroek en legde ze toen pas op de toetsen. Hij wist wat hij deed, hij wist wat hij wilde zeggen, en terwijl hij zijn eerste bericht typte, bleef hij strak naar het scherm kijken.

'Hallo. Ik heet Dawn. Ik heb een dochtertje van drie dat klaar is om geneukt te worden. Stuur me foto's, dan stuur ik je wat foto's van haar.'

Hij leunde achterover op zijn stoel, met één hand in zijn kruis, en drukte op 'verzenden'.

99

Olivia's borst voelde zo strak dat ze dacht dat hij uit elkaar zou springen. Ze was op van de zenuwen, ze was kortademig, maar ze liep door en zette moedig de ene voet voor de andere, het keurige pad naar de voordeur over. Ze had bijna een uur op het gore rokerspleintje zitten dubben wat ze zou doen, maar was toen plotseling opgestaan en had de knoop doorgehakt. Onderweg hierheen was ze heel vastberaden, heel boos, heel overtuigd geweest, maar bij de aanblik van het indrukwekkende herenhuis met twee bovenverdiepingen, discreet weggestopt in een stille hoek van St John's Wood, leek haar overtuiging te wankelen. In deze wereld hoorde zij niet, en ze was er ook niet welkom, ondanks de dure krans op de deur en de kaarsen die zo helder achter de ramen brandden. Toch was ze hier met een duidelijk doel naartoe gegaan, en ze was vast van plan dat ook uit te voeren. Waarom zou Christopher alle genoegens van een gelukkig, succesvol leven mogen smaken en moest zij in de kou blijven staan? Hij had haar op een wrede, harteloze en volstrekt onvergeeflijke manier verraden, en dat ging ze hem nu betaald zetten.

Er was geen bel, daar was dit huis te verfijnd voor, dus pakte ze de gepoetste koperen klopper vast en klopte er zacht mee op de deur. Christopher had maar geboft met Penny: toegewijd, ondersteunend en, heel belangrijk, rijk. Zij had de middelen die het voor hen mogelijk maakten om in een van de meest exclusieve buurten van Londen te wonen, en ondertussen had Christopher zijn carrière bij de reclassering zorgvuldig uitgestippeld. Geen wonder dat hij vastbesloten was om koste wat kost bij Penny te blijven, ondanks het feit dat hij haar een saaie gesprekspartner en een nog veel saaiere bedpartner vond.

De deur ging open en daar stond de vrouw des huizes. Penny was zoals gewoonlijk onberispelijk gekleed en straalde welvaart en goede smaak uit. Mocht ze verbaasd zijn dat Olivia onaangekondigd bij haar voor de deur stond, dan liet ze er niets van merken; ze zette onmiddellijk een brede glimlach op.

'Olivia, wat leuk. Christopher is nog niet terug... maar kom even binnen.'

Met een gespannen glimlach liep Olivia naar binnen.

Waarom was ze niet eerder gegaan? Als ze dat had gedaan, had ze geweten dat Christopher hier nooit zou weggaan. Dit huis, waar Chris voor de grap altijd over zei dat het er een verslonsde boel was, was echt beeldschoon – het leek wel iets uit een film. Met name in deze tijd van het jaar was het echt indrukwekkend: het hele huis dróóp van de kerstversieringen. Het indrukwekkendst van alles was de torenhoge kerstboom – wat moest dat ding niet gekost hebben? – geflankeerd door de imposante marmeren open haard waarin een pittig vuur brandde, dat met feestelijk enthousiasme knetterde en knapperde. Olivia nam even een moment de tijd om zich eraan te warmen, want haar handen waren opeens ijskoud.

'Chris kan elk moment terugkomen, dus kom, laten we gezellig even wat drinken en bijkletsen.'

Penny dribbelde met twee volle champagneflûtes naar haar toe.

'Goed plan,' antwoordde Olivia. Ze nam er blij een van haar

aan en dronk het met haar eerste slok meteen voor de helft leeg.
'Ik heb niet veel hoop dat we een rustige kerst zullen hebben, met alles wat er speelt,' zei Penny, en ze trok een lelijk gezicht.
'Dus we zullen het zelf gezellig moeten maken, niet?'
Ze glimlachte naar Olivia en toen ze met elkaar klonken, kneep ze haar ogen zusterlijk en goedmoedig samen.
'Gelukkig kerstfeest.'
Olivia voelde zich echt heel onbeleefd, want ze besefte opeens dat ze een heel grote slok had genomen nog voordat ze elkaar gelukkig kerstfeest hadden gewenst, maar ze had de moed die de gekoelde alcohol haar gaf hard nodig.
'Jij ook,' antwoordde ze kwiek, terwijl ze Penny bleef aankijken.
'Ga je nog iets doen met kerst? Naar familie, of...?'
'Nee, niet echt. Mijn moeder woont in het noorden, en we zijn niet heel dik met elkaar. En jullie, Penny?'
'O, het bekende werk. Er komen een heleboel familieleden naar Londen, totale chaos, maar al met al is het meestal wel leuk en gezellig.'
Olivia liet zich niets wijsmaken. Ze wist zeker dat kerst voor haar een magische tijd was.
'Het is altijd een enorme operatie, maar de jongens vinden het leuk, en daar gaat het maar om.'
Penny zuchtte gelukzalig en nam toen een slokje champagne. Olivia glimlachte terug, liet haar blik door de kamer dwalen en nam de kleinere details van de kostbare styling in zich op. De twee vrouwen zwegen even, en toen Olivia zich weer tot haar gastvrouw wendde en daarbij haar glas leegdronk, zag ze dat Penny haar nieuwsgierig bekeek, alsof ze haar aanwezigheid in haar huis opeens een beetje vreemd vond, een beetje verontrustend zelfs.
'Ik kan Chris wel even bellen, als je wilt,' bood ze aan. 'Dan

vraag ik hoelang het duurt voor hij er is. Of misschien kan ík iets voor je doen? Kom je hem iets brengen, dossiers of...?'

Penny keek haar smekend aan, en Olivia voelde haar zenuwen weer opspelen. Ze kon nu liegen, zich omdraaien en vertrekken, ze kon net doen alsof er niets aan de hand was. Of ze hield zich aan haar plan en deed wat ze zich had voorgenomen. De gedachte dat ze deze betoverend mooie ruimte verliet en terugging naar haar tochtige eenkamerflatje gaf echter de doorslag, en ze zette door.

'Nou, eigenlijk kom ik voor jou, Penny.'

'O ja?' antwoordde haar gastvrouw enigszins haperend.

'Ja, ik wilde jou graag mijn goede nieuws vertellen.'

Penny bleef haar geïntrigeerd aankijken, maar vertrouwde Olivia's geforceerde opgewektheid ook niet helemaal.

'Nou, vertel, hou me niet langer in spanning,' drong Penny aan.

'Ik ben zwanger,' antwoordde Olivia luchtig.

Een heel korte reactie, maar toen herpakte Penny zich en zette weer een brede glimlach op.

'O, wat geweldig, Olivia. Ik wist helemaal niet dat je een vriend had.'

'Nee, we zijn er ook niet echt mee naar buiten getreden...'

Olivia wendde zich met een glimlach af van haar gastvrouw en keek bewonderend de prachtig ingerichte kamer rond.

'En?' ging Penny sportief verder. 'Wie is de gelukkige? Iemand die ik ken?'

Olivia gaf hier geen antwoord op, maar draaide zich weer naar Penny toe en keek haar indringend aan. Heel even was de vrouw in verwarring, en toen snapte ze het. Het moment van besef, van verpulverde dromen en van haar grootste angst die werkelijkheid werd. Langzaam bestierf de glimlach van haar gastvrouw en het bloed trok weg uit haar gezicht.

100

Hij trok de bankbiljetten uit de geldautomaat en stak ze ruw in zijn jaszak. Isaac Green draaide zich om, zette zijn capuchon op en liep weg, de drukke hoofdstraat over. Hij ging op in het winkelpubliek, hinkte zwijgend door de menigte, veranderde toen plotseling van richting en verdween in een smal zijsteegje.

Nu ging de reclasseringsambtenaar langzamer lopen, waarbij hij zwaar op zijn wandelstok leunde. Zijn been deed pijn, maar dit oponthoud gaf hem ook de kans om te controleren of hij niet werd gevolgd. Hij achtte Dabral ertoe in staat om hem onder toezicht te stellen, vandaar dat hij zo op zijn hoede was. Bij de bedevaart die hij vandaag ondernam, kon hij geen getuigen gebruiken.

Gelukkig leek hij alleen te zijn, dus vervolgde hij moeizaam zijn weg. Ondertussen haalde Isaac zijn mobiele telefoon uit zijn zak en zette hem uit. Dat was waarschijnlijk niet nodig, maar dat deed hij tegenwoordig altijd, want hij wilde absoluut niet dat zijn bezoekjes aan de minder frisse straten van Lambeth traceerbaar waren. Elk vermoeden van criminaliteit zou tot ontslag op staande voet leiden, en daar zou Christopher Parkes maar al te graag zijn medewerking aan verlenen. Nee, gezien de omstandigheden kon hij beter het zekere voor het onzekere nemen.

Isaac strompelde verder en vervloekte zijn nutteloze been, vervloekte zijn tegenslag, vervloekte alles en iedereen die hem maar te binnen schoot. Hij moest natuurlijk vooral aan zijn trouweloze vrouw denken, maar ook aan andere mensen: familieleden, collega's en kennissen van vroeger die mooiweervrienden waren gebleken, die niet bereid of niet in staat waren met zijn verwondingen, zijn stemmingswisselingen en zijn brandende gevoel van onrechtvaardigheid om te gaan. Met hun verraad en hun egoïsme hadden ze zout in zijn wonden gestrooid en ervoor gezorgd dat de verbittering na verloop van tijd tot in zijn hart en ziel was doorgedrongen. Als hij zich zo voelde, als het was alsof het niemand iets interesseerde of hij leefde of dood was, kwam hij hierheen, om weer het gevoel te hebben dat hij leefde, ook al was het maar voor heel even.

Hij belde aan en werd snel binnengelaten. Binnen voerde de sombere trap naar een flat op de eerste verdieping. Die liep hij zwoegend op, waarbij hij hard aan de leuning moest trekken om te voorkomen dat hij achteroverviel. Uitgeput en zwetend kwam hij aan op de overloop, net op het moment dat de voordeur van de woning openging en er een slanke jonge vrouw in een kamerjas van imitatiezijde verscheen. Isaac bleef even staan om op adem te komen en bewonderde haar lange bruine benen, die zijn verlangen deden oplaaien.

'Daar ben je. Ik had je al bijna afgeschreven.'

'Werk,' bromde Isaac.

'Snap ik, maar laten we een beetje opschieten, ja? Ik heb om tien uur nog een klant, en neem van mij aan dat die vent altijd stipt op tijd komt.'

Het was niet leuk om te moeten horen dat Isaac er één was in een hele rij klanten, maar hij dwong zichzelf door te lopen en hield zijn ogen gericht op de contouren van haar soepele lichaam. Hij had vanavond behoefte aan haar genegenheid, aan de troost die ze te bieden had, en hij had er behoefte aan om te doen alsof er iemand van hem hield, al was het maar voor een uur.

101

'Waarom kunnen we hem niet vinden?'
Rechercheur Buckland leek beledigd door Chandra's bruuske toon. 'Dat komt niet omdat we het niet hebben geprobeerd,' antwoordde hij stekelig. 'Rechercheur Reeves is bij Mike Burnham langs geweest en ik heb daarna nog een bericht bij hem ingesproken, maar vooralsnog heeft dat niets opgeleverd.'
'Heb je geprobeerd hem op zijn werk te bereiken?'
'Natuurlijk. Hij blijkt gisterochtend te zijn ontslagen. Zijn baas wilde niet vertellen waarom, maar hij was er zo te horen behoorlijk pissig over.'
'En dat vond je niet belangrijk genoeg om er nader onderzoek naar te doen?' antwoordde Chandra verbijsterd.
'Chef, we hebben onze handen eerlijk gezegd al vol genoeg aan de misdrijven die écht gepleegd zijn om nu ook nog...'
'Dit hadden jullie me eerder moeten vertellen,' onderbrak Chandra hem. 'Het ligt in de lijn der verwachting dat deze crimineel contact zoekt met Mike Burnham. Misschien heeft hij zelfs al contact gelegd.'
'Daar is geen enkel bewijs van,' wierp Buckland tegen.
'Dus jij vindt het niet vreemd, of toevallig, dat Burnham opeens is ontslagen?'
'Dat kan tal van redenen hebben.'

'Maar het kan ook rechtstreeks te maken hebben met de huidige situatie. Ik laat rechercheur Cooke Burnham wel opsporen, en ik wil dat jij naar zijn showroom gaat, dat je met zijn baas praat en uitzoekt wat er is gebeurd. Als je ook maar enig vermoeden hebt dat het iets met de gelekte gegevens te maken heeft, moet je me dat direct laten weten.'
'Oké, oké.' Buckland stak geërgerd en beledigd zijn handen omhoog.
'Ik meen het, Gary. Als we onze mol voor kunnen zijn, kunnen we hem misschien op heterdaad betrappen.'
'Ik zei toch dat ik al ga...'
Chandra keek haar plaatsvervanger na, die door het crisiscentrum wegslenterde. Het ergerde haar dat hij niet voelde hoe dringend het was en geen initiatief toonde. Als de dader, de bron van deze gelekte gegevens, de klus echt wilde klaren, dan waren de Burnhams en de Armstrongs, de familieleden van Billy, het slachtoffer van Kyle Peters, natuurlijk de volgenden die vertrouwelijke informatie toegespeeld zouden krijgen. Rechercheur Cooke had al contact gelegd met de familie Armstrong, die haar in alle toonaarden hadden verzekerd dat ze geen ongevraagde berichten hadden ontvangen. Alison Burnham idem dito, maar haar ex-man Mike kregen ze niet te pakken, en dat baarde Chandra zorgen, vooral nu ze had gehoord dat hij opeens was ontslagen. Wat was er aan de hand? Werd ook hij in deze maalstroom van bloedvergieten meegezogen?
Chandra draaide zich om en liep in gedachten verzonken terug naar haar kantoor. Toen ze naar binnen liep, werd haar blik getrokken door de stapel dossiers op haar bureau. Die waren net door een veilige koeriersdienst gebracht, van het hoofdbureau van de reclassering aan Petty France, en bevatten de personeelsdossiers van iedereen die betrokken was bij de begeleiding van en supervisie op de beruchtste misdadigers. Ze liep naar de sta-

pel toe, pakte het dossier van Isaac Green, dat bovenop lag, en zag dat dat van Christopher Parkes er vlak onder lag. Moest ze daar nu mee aan de slag? Of moest ze wachten tot ze meer wisten over Guy Chambers? Het besluit werd voor haar genomen door rechercheur Drummond, die op dat moment aanklopte en binnenkwam.

'Ik ben net gebeld door het technische team, chef. De telefoon die u hebt gevonden is zonder enige twijfel de telefoon waarmee de foto van Emily Lawrence naar Immer Waakzaam is verstuurd.'

Chandra werd overspoeld door een gevoel van triomf. Door het serienummer hadden ze geweten dat de Samsung Galaxy was gebruikt om de identiteit en verblijfplaats van de voormalige misdadigers aan de familie van de slachtoffers door te brieven. Nu konden ze dezelfde telefoon expliciet in verband brengen met de Immer Waakzaam-groep.

'Hoe zeker weten we het?'

'Honderd procent. De foto is van de telefoon verwijderd, maar het technische team kon hem zo terugvinden.'

Chandra voelde dat haar hele lichaam zich ontspande.

'Oké, breng Chambers zo snel mogelijk naar het bureau,' zei ze vastbesloten. 'Laat hem eerst maar een nacht in de cel zitten, om zijn weerstand een beetje te breken. Dan gaan we morgenochtend meteen met hem aan de slag.'

'Ja, chef.'

Rechercheur Drummond was al weg en maande rechercheur Meacher met haar mee te komen. Chandra slaakte een lange, diepe zucht en moest een glimlach onderdrukken. Dit onderzoek was heel ingewikkeld, heel verwarrend en heel verontrustend geweest, maar nu had ze het gevoel dat ze eindelijk de kans kregen om het tot een goed einde te brengen, om deze lugubere cyclus van geweld en vergelding te beëindigen.

102

Hij moest opschieten.

Ian Blackwell liep in hoog tempo over het voorplein, zich van alles en iedereen bewust, en wist nu zeker dat iedere voorbijganger gevaar vertegenwoordigde. Sinds zijn vervelende ontmoeting met Guy Chambers, had de voormalig politieagent in een staat van verwarring verkeerd; hij wist niet of hij het ultimatum van het parlementslid nu moest negeren of dat hij zijn advies ter harte moest nemen en moest vluchten. Blackwell was vastbesloten zich niet zomaar de hoofdstad uit te laten pesten, en al helemaal niet door zo'n adder als Chambers, maar het net was zich wel degelijk aan het sluiten, zoveel was zeker. In hun zoektocht naar hem had de politie van Manchester in zijn stad al diverse huizen bezocht en familie en vrienden aan een verhoor onderworpen. Blackwell wist van een trouwe bron bij de Metropolitan Police dat zijn gegevens aan alle bureaus in Londen waren doorgegeven. De druk werd opgevoerd, maar toch aarzelde hij nog. Het leek hem onwaarschijnlijk dat hij in Londen onder de radar kon blijven, aangezien zijn gegevens en zijn gezicht steeds wijder bekend raakten. Maar stel nou dat hij de aandacht trok als hij probeerde te vluchten? Hij had geen auto tot zijn beschikking, kon er nu ook geen huren, dus hij zou naar een trein- of busstation moeten. Stel nou dat ze hem daar stonden op te wachten?

Toen hoorde hij dat Chambers was gearresteerd. Deze keer aarzelde Blackwell niet, want nu was hij echt geschrokken. Wie weet wat Chambers zou zeggen als ze hem eenmaal in de ondervragingsruimte hadden? Wat voor verhalen hij uit zijn duim zou zuigen? Blackwell had nog een kleine kans, en die moest hij grijpen. Hij zou naar Glasgow gaan, daar een oude vriend opzoeken bij wie hij zich wel een paar dagen schuil kon houden, en dat zou hem de broodnodige tijd geven om na te denken.

Met zijn kaartje stevig in zijn hand geklemd beende hij door station King's Cross naar perron 14. De trein naar Glasgow vertrok over vijf minuten, en als hij daarin kon stappen, wist hij zeker dat hij veilig was. Hij liep stevig door, zijn passen leken bij elke stap groter te worden, en hij haastte zich om zo snel mogelijk bij het perron te komen. Hij zag gezichten op zich afkomen, lichamen liepen vlak langs hem heen – het was heel druk op het station, zo vlak voor kerst. Verbeeldde hij het zich of staarden de mensen hem aan, namen ze zijn gezicht in zich op? Hij sloeg zijn ogen neer, liep door, verhoogde zijn tempo, maar botste bijna onmiddellijk tegen een andere reiziger op en wankelde naar opzij.

'Kijk uit waar je loopt, man…'

Blackwell reageerde niet, maar stak verontschuldigend zijn hand op en liep snel door. Hij passeerde perron 11, perron 12, hij was er bijna. Met een zucht van verlichting zag hij het toegangspoortje voor perron 14, en daarachter de trein, die al stond te wachten. Hij stak zijn kaartje in het apparaat, ging het poortje door en begon voorzichtig te hollen. Achter hem hoorde hij het poortje weer ratelend opengaan, maar hij negeerde het geluid, want de redding was nu nabij.

'Meneer?'

De stem klonk vlak achter hem, maar Blackwell liep door naar de treindeur.

'Ian Blackwell?'
De voortvluchtige bleef stokstijf staan en draaide zich toen dodelijk geschrokken om. Dezelfde 'reiziger' tegen wie hij zojuist aan was gebotst, kwam nu naar hem toe gelopen. De man, in burger, hield een insigne van de Metropolitan Police omhoog.

Blackwell draaide zich om, liet zijn tas vallen en rende weg over het perron, maar hij had amper vijf meter afgelegd toen twee leden van de British Transport Police vanaf de andere kant van het perron op hem afgerend kwamen. Blackwell had maar een seconde de tijd om te beslissen wat hij nu ging doen: zich omdraaien en de agent in burger te lijf gaan, in de trein springen of op het lege spoor naast hem. Deze aarzeling deed hem de das om. De agent in burger was binnen een tel bij hem, greep hem bij zijn jasje, draaide hem om en drukte hem met zijn gezicht tegen het vuile pantser van de trein.

Binnen een seconde was het voorbij. Blackwells grote missie, zijn geheime leven was in een oogwenk tenietgedaan. Hij was regelrecht in zijn kraag gevat en zou de consequenties onder ogen moeten zien. Ze zouden hem zo streng mogelijk straffen – agenten hadden nergens zo'n hekel aan als aan een foute collega – maar een gevangenisstraf was ondenkbaar. Die zou hij niet overleven, want de gedetineerden zouden in de rij staan om een zelfbenoemde eigenrechter te grazen te mogen nemen. Nee, als Blackwell het er levend af wilde brengen, zou hij het slim moeten spelen, met de enige kaart die hij nog in handen had.

Hij zou Chambers aan hen moeten uitleveren.

103

Hij liep met gebogen hoofd en zijn ogen op de grond gericht door het verlaten gangpad. Mike wist waar hij naartoe ging, want hij was al heel vaak in deze winkel geweest, en daar was hij die avond blij om. Hij wilde niet dralen, niet onnodig de aandacht op zich vestigen; hij wilde gewoon doen wat hij moest doen en dan zo snel mogelijk weer weg. Dus liep hij linea recta naar de afdeling met gereedschap en probeerde zich daarbij zo onopvallend mogelijk te gedragen.

Uitgerekend op dat moment ging zijn telefoon, en het irritante elektronische melodietje galmde door het verlaten gangpad. Hij haalde hem tevoorschijn en nam snel op, om het deuntje te beëindigen.

'Mike Burnham.'
'Met mij.'
Echt iets voor Alison. Meteen ter zake.
'Alison, luister, het komt nu niet goed uit. Ik zit midden in...'
'Hoe bedoel je, "het komt niet goed uit"? Je had hier moeten zijn.'
'Hoezo?'
'O, Mike, alsjeblieft. Je gaat me toch niet vertellen dat je het vergeten bent, hè?'
Mike was meteen gespannen en pijnigde zijn hersens, maar

herinnerde zich niets. Waar had ze het over?
'Jij zou vanavond op Rachel passen. Dat hebben we al weken geleden afgesproken, want ik heb vanavond de kerstborrel van mijn werk.'
Toen drong er vaag een herinnering aan deze afspraak tot hem door en voelde hij een steek van schuldgevoel.
'Ik heb een taxi besteld. Wat moet ik?'
'Kan Dave niet op haar passen?' hitste Mike haar geërgerd op.
'Dat is toch zo'n modelvader?'
'Die gaat toevallig mee.'
'O, lekker pronken met je nieuwe vriend?'
'Doe niet zo kinderachtig, man. Wanneer kun je hier zijn?'
Een moment van aarzeling. Mike wist dat hij fout zat, wist dat hij haar uit de brand moest helpen, maar hoe in vredesnaam?
'Het spijt me, Alison, ik moet ophangen.'
Hij hing op en zette vlug zijn telefoon uit. Hij wist dat Alison door het lint zou gaan, dat ze berichten zou inspreken, hem voor alles en nog wat zou uitmaken, maar hij kon het zich niet permitteren om zich te laten afleiden; hij mocht zijn concentratie geen moment laten verslappen. Aan het eind van het gangpad bleef hij staan, bukte zich om een grote klauwhamer te pakken en voelde bedachtzaam hoe zwaar het ding was. Zwaar genoeg, dus legde hij hem in het wagentje, naast de kettingzaag en de extra stevige vuilniszakken. Toen liep hij snel in de richting van de kassa's.

104

Pas toen zijn vader weg was, zette Sam zijn glimlach af. Paul en Sandra hadden hun uiterste best gedaan om hem op te vrolijken en hij had zijn best gedaan om te laten merken dat hij hun dankbaar was. Maar in werkelijkheid vond hij hun meedogenloze positiviteit benauwend en hun voortdurende gevit op zijn moeder moeilijk te verteren. Ja, ze verdiende het, maar het enthousiasme waarmee ze een wig tussen Sam en haar probeerden te drijven, bezorgde hem een bittere smaak in zijn mond.

Hij had schoon genoeg van hun gestage stroom beschuldigingen en toen er iets te eten gehaald moest worden, had hij meteen aangeboden dat te doen, maar daar had Paul een stokje voor gestoken, want het was volgens hem veel te gevaarlijk. Hij zei dat hij zelf wel even zou gaan, en Sandra besloot snel om mee te gaan, want die moest er blijkbaar niet aan denken om in de tussentijd met Sam een beleefd gesprek te moeten voeren. Sam had dat prima gevonden, deels omdat hij Sandra saai vond, maar vooral omdat hij alleen wilde zijn.

Sam had het gevoel alsof hij sinds gisterochtend het contact met de realiteit was kwijtgeraakt. Het leek hooguit vijf minuten geleden dat zijn moeder hem van school had gehaald, en toch had hij sindsdien genoeg vervelende dingen en akelige verrassingen voor een heel leven meegemaakt. Hij was niet meer wie hij was, ze waren niet meer dezelfde familie. Zijn hele wereld leek om zijn as te zijn gedraaid, maar hij had nog geen tijd gehad om dit te verwerken of om zich zelfs maar af te vragen hoe hij zich voelde. Hij had sindsdien alleen maar op dingen gereageerd: hij had de bekentenis van zijn moeder aangehoord, hij had de waarheid over die verschrikkelijke tijd ontdekt, hij was tegen haar tekeergegaan, hij was naar zijn vader vlucht – en hij wist nog steeds niet wat het allemaal betekende. Was zijn moeder wel in veiligheid? Zou hij haar nog wel zien? Zou hij het kunnen opbrengen haar te vergeven? En zo niet, was dit dan nu zijn toekomst, in een vreemd dorp met een stiefmoeder die hij amper kende? Of was dit gewoon de zoveelste noodoplossing? Moest hij straks wéér verhuizen, zijn naam, zijn verhaal, zijn verleden veranderen?

Sam voelde zich uit het lood geslagen – de hele toestand werd hem te veel. Het liefst wilde hij zo snel mogelijk terug naar Reading, bij Gavin zitten en de ogen uit zijn kop janken. Maar dat zou voorlopig niet gebeuren, niet zolang er mensen waren die actief jacht op hen maakten en op wraak uit waren. Misschien was een beetje alleen-zijn het beste waar hij op kon hopen, even een moment om weer een beetje tot zichzelf te komen. Hij liep de woonkamer door en pakte de afstandsbediening. Een beetje dom tv-kijken bood misschien wat afleiding van zijn eigen ellendige situatie, zolang hij de nieuwszenders maar vermeed. Een biertje hielp misschien ook. Ja, dat had hij nodig, iets kouds en krachtigs om de scherpe randjes eraf te halen.

Hij zette de tv aan, gooide de afstandsbediening op de bank en liep naar de keuken. Hij aarzelde niet, de gedachte aan een koud biertje dreef hem voort, maar toen hij het verduisterde vertrek binnenkwam, bleef hij even staan. Er klopte iets niet. Eerst kon hij er de vinger niet op leggen, maar wist hij alleen dat de donkere ruimte hem op de een of andere manier bang maakte. Toen realiseerde hij zich wat het was. Het was ijskoud in de keuken.

Sandra kon niet goed tegen kou, dus het huis was altijd goed verwarmd, vooral de keuken, die aan de achterkant lag en waar ze veel van haar tijd doorbracht. Maar het was hier nu echt koud. Sam keek de keuken rond en begreep hoe dat kwam. De achterdeur stond op een kier en bewoog zachtjes in de wind. De zenuwen vlogen Sam meteen naar de keel, want een paar minuten geleden had hij nog gehoord dat Sandra hem dichtdeed, nadat ze buiten etensresten in de vuilnisbak had gegooid. Maar als Paul of Sandra de deur niet had opengemaakt, wie dan wel?

Sam draaide zich vliegensvlug om en liep snel terug naar de woonkamer, maar toen hij bij de deur aankwam, hoorde hij achter zich een stem.

'Sam, ik ben het.'

Hij bleef als aan de grond genageld staan en kon zijn oren niet geloven. Langzaam draaide hij zich om en zag tot zijn grote schrik en verwarring zijn moeder uit de schaduw tevoorschijn komen, onverzorgd, vies en vochtig.

'Wat doe jíj hier?' vroeg hij.

'Sam, alsjeblieft. Het was niet mijn bedoeling je bang te maken en ik wil ook geen ellende veroorzaken. Ik moest je gewoon even zien.'

'Je mag hier niet komen. Dat weet je best. Waar zijn je contactpersonen van de reclassering?'

'Die weten niet dat ik hier ben. Maar er is niets aan de hand, ik ben niet gevolgd, je loopt geen gevaar.'

Sam deed boos en van zijn stuk gebracht een stap achteruit, maar zijn moeder stak een hand op en smeekte hem te blijven staan.

'Sam, alsjeblieft, vijf minuutjes maar, dan ben ik weer weg. Ik zweer het.'

Ze zag er zo wanhopig, zo verloren uit dat Sam geen nee kon zeggen. Opgelucht deed zijn moeder een aarzelende stap naar hem toe, zodat ze in het licht kwam te staan dat uit de woonkamer naar buiten viel. En toen zag Sam hoe modderig en nat ze was, en dat ze over haar hele lichaam rilde van de kou.

'Jezus christus, mam, gaat het wel?'

'Jawel hoor, het gaat. Dankzij jou.'

'Hoe bedoel je?'

Zijn moeder keek naar hem op en tot zijn verbazing zag Sam dat ze... beschaamd keek.

'Ik... ik heb vanavond iets heel raars gedaan. Iets wat ik nooit van mezelf had gedacht.'

'Mam, waar heb je het over? Je maakt me bang.'

'Ik draaide helemaal door, ik kon niet meer goed nadenken,' flapte zijn moeder eruit. Ze was bijna in tranen. 'Ik was jou kwijt, mijn baan, mijn huis, alles. Ik wilde gewoon dat het zou ophouden, ik wilde de pijn die ik had veroorzaakt weghalen, de pijn die ik nog steeds veroorzaak...'

Sam keek haar verstomd van schrik aan en het drong langzaam tot hem door waar ze naartoe werkte.

'Ik had op dat moment het gevoel dat het mijn enige mogelijkheid was, dat dit het enige was wat ik kon doen om te zorgen dat alles weer goed komt.'

Ze haperde; het was zo duidelijk hoe erg Sam leed dat elk woord haar moeite kostte.

'Ik ben een meer in gelopen, ben meteen ondergegaan en heb gezwommen zo ver ik kon. Ik dacht dat ik voor altijd onder water wilde blijven, dat ik gewoon... wilde verdwijnen. Maar toen zag ik je gezicht. Ik zag jou voor me. En toen wist ik dat ik het niet kon. Dat ik je moest zien, al was het voor de laatste keer.'

'Zeg dat nou niet, mam, zeg dat alsjeblieft niet.'

Nu huilde hij, helemaal kapot van de gedachte dat zijn moeder zich zo ellendig, zo alleen voelde dat ze een eind aan haar leven had willen maken. Hij wilde niets liever dan haar vasthouden, tegen haar zeggen dat alles goed zou komen, ook al wist hij dat dat niet waar was. Maar toen hij een stap naar zijn moeder toe zette, stak zij haar hand op, zodat hij meteen bleef staan.

'Sam, alsjeblieft, laat me even mijn verhaal doen. En ik beloof je dat ik daarna wegga. Je zult niets meer van me horen, je hoeft me nooit meer te zien.'

Ze ademde zwaar en was onbeschrijflijk moe, maar vastbesloten om te zeggen wat ze wilde zeggen, zonder daarbij onderbroken te worden. Sam vond het vreselijk om zijn moeder niet te kunnen troosten, maar hij bleef staan, versteend door haar betraande, smekende gezicht.

'Ik... ik wil niet dat je het me vergeeft, Sam. Dat kan ik niet van je verwachten en dat verdien ik niet. Maar ik wil wel... ik wil wel dat je me probeert te begrijpen. In de krant stond dat ik het voor de aandacht heb gedaan. Omdat ik eenzaam was, me verveelde, een slecht kind was. En dat dacht ik aanvankelijk zelf ook. Reken maar dat ik dat heb gedacht en dat ik mezelf erom heb gehaat. Maar nu weet ik dat ik geen aandacht wilde, maar liefde. Het enige wat ik nooit had gehad.'

Sam wilde niets liever dan dat ze zou ophouden – het was te veel, te erg – maar ze ging meedogenloos door, ook al sprongen de tranen haar in de ogen en sloeg haar stem over.

'Wat ik die arme, onschuldige meisjes, mijn éígen zusjes, heb aangedaan, heeft me natuurlijk alleen maar haat opgeleverd. En woede. Precies het tegenovergestelde van wat ik zocht. Ik dacht dat het afgelopen was, dat ik had gekregen wat ik verdiende. Dat mensen me de rest van mijn leven zouden verachten. Dat ik nooit een vriendelijk woord of een liefdevolle aanraking zou...'

Overmand door schuldgevoel en zelfhaat sloeg Emily haar ogen neer. Sam zag een traan langs haar neus biggelen. Hij wilde niets liever dan haar verdriet dempen, een einde maken aan haar smart, maar tot zijn verbazing keek zijn moeder nu op en straalde er liefde uit haar betraande ogen.

'... maar door jóú is dat allemaal veranderd, Sam.'

Sam wist even niet hoe hij het had en kon haar niet aankijken.

'Jaren na al die gekte en ellende, nadat ik mijn naam, mijn adres, mijn hele leven had veranderd, kreeg ik waar ik altijd al zo naar had verlangd. Jíj gaf me liefde, dubbel en dwars. Je bent de enige die dat ooit echt heeft gedaan.'

Sam keek naar haar, en elk woord doorboorde zijn hart.

'Ik weet dat ik het allemaal heb verpest, dat ik jouw leven heb verpest, terwijl dat wel het laatste was wat ik wilde. Maar ik wil dat je weet dat ik níét ben wat die mensen beweren. Ik ben géén... monster. Ik ben veranderd, ik heb goede dingen in mijn leven kunnen doen, door de liefde die ik van jóú heb gekregen.'

Hoe lukte het haar om door te praten? Sam was totaal van de kaart en de tranen stroomden over zijn wangen, maar op de een of andere manier wist zijn moeder de kracht te vinden om door te gaan.

'Dus ik wilde je bedanken, Sam. Omdat je me hebt geholpen, omdat je me hebt gered. Je hebt meer voor mij gedaan dan je ooit kunt beseffen... en daarom wens ik je nu het allerbeste. Ik zal er misschien geen getuige van kunnen zijn, maar ik wens je een gelukkig leven. Ik heb je niets meer te bieden, ik heb al zo veel kapotgemaakt, maar ik kan je in elk geval wel mijn dank en mijn liefde bieden. Dank je wel, Sammy...'

Ze deed een stap naar voren, boog zich naar hem toe, gaf hem zacht een kus op het voorhoofd en hield hem nog één keer stevig vast. Toen vertrok ze, net zo stil als ze was gekomen, en ging stilletjes door de achterdeur naar buiten. Sam bleef alleen achter in het donker en huilde hartverscheurend.

105

Verblind door tranen strompelde ze de straat weer op. Alles was precies zo gegaan als Emily had gehoopt, maar toch voelde ze zich nu nog ongelukkiger dan toen ze dat ijskoude meer in was gelopen. Op dat moment had ze uitsluitend aan zichzelf gedacht, aan dat ze voor eens en voor altijd een einde aan haar verdriet wilde maken, maar nu wist ze dat ze zou blijven leven en, wat nog veel erger was, dat ze zonder Sam zou moeten leven. Hij was haar grootste vreugde geweest, het enige wat ze goed had gedaan, maar nu zou zijn bestaan haar dag en nacht kwellen, doordat ze het zonder zijn aanwezigheid moest stellen. Misschien was het haar verdiende loon, maar het was wel een wrede straf.

Vreemd dat die pil nu zo bitter smaakte. Ze was verteerd geweest door zelfhaat en haar verlangen om Sam nog één keer te zien had haar vervuld met energie en adrenaline. Ze was van het caravanpark naar een naburig dorp gestrompeld en had in de pub een taxi laten bellen. De bestuurder vond het vooral belangrijk dat er niets met het smetteloze interieur van zijn auto gebeurde, en had zich geen moment afgevraagd waaróm ze onder de modder zat of waaróm ze hem niet aankeek. De rit naar Maidenhead had amper een half uur geduurd en ze was net op tijd bij het huis van Paul aangekomen om haar ex de stad in te zien lopen, hand in hand met zijn wezenloze echtgenote. Ze kreeg plotseling het gevoel alsof het lot haar gunstig gezind was, en Emily had die kans met beide handen aangegrepen. Ze was ongelooflijk opgelucht dat Sam zich niet meteen had omgedraaid en was weggevlucht toen hij haar zag. Hij had haar niet afgewezen, hij had haar niet de les gelezen, maar dat maakte het slotstuk van hun samenzijn nog veel erger: het laatste beeld dat ze van haar zoon zou hebben was dat van een jongen met betraande wangen, kapot van verdriet. Was dit dan wat ze de wereld naliet? Zou dit beeld van Sam haar tot haar dood blijven achtervolgen?

Zachtjes snikkend wankelde Emily naar de dichtstbijzijnde taxistandplaats. Al snel reed ze weer op de M40, deze keer met een chauffeur die wat meer met haar begaan was en zich duidelijk zorgen maakte dat er iets ergs met haar was gebeurd. Maar Emily zei niets, probeerde niet te huilen en beloofde hem een dikke fooi als hij flink gas gaf. Dat deed de man braaf, en het sloeg net twaalf uur toen ze de ingang van het caravanpark in Colne Valley naderden.

'Stopt u hier maar,' zei Emily, en ze liet hem vlak voor de ingang stilhouden.

Ze wachtte tot de man was weggereden en liep toen naar 'huis'. Ze ging door het struikgewas om de hoofdweg te vermijden. Ze liep flink door en was snel weer op het pad dat tussen de stacaravans door liep. Hier bleef ze even staan, bang dat men had gemerkt dat ze er niet was, dat Marianne en de anderen nu woedend, gekwetst over haar heen zouden vallen en om uitleg zouden vragen. Maar tot haar immense opluchting was het net zo stil en verlaten op het caravanpark als bij haar vertrek. Emily zei in stilte een gebedje uit dank dat er die dag in elk geval één ding goed was gegaan – ze had geen zin om de les gelezen te krijgen. De laatste paar meter naar de caravan legde ze opgelucht af, waarna ze heel stil het trapje op liep en dankbaar de deur voorzichtig opentrok.

Maar toen ze de caravan betrad, werd ze zich plotseling bewust van een ongewenste aanwezigheid, van iemand die in de deuropening boven haar uittorende. Ze probeerde te gillen, te schreeuwen, maar nog voor ze dat kon doen voelde ze een keiharde dreun tegen haar achterhoofd. Ze schoot naar voren, kwam hard tegen de deurpost aan, registreerde amper wat er gebeurde en werd toen door ruwe handen beetgepakt en naar binnen geduwd.

Bloed. Ze proefde het in haar mond, ze voelde het aan haar gezicht plakken. Ze deed één oog open en zag alles draaien, maar wist tegenover zich toch een bekende gestalte te onderscheiden. Toen haar ogen aan het donker gewend raakten en het gebonk in haar hoofd iets afnam, zag ze hem duidelijk, op de stoel tegenover haar: haar oudere broer Robert.

'Zo zus, dat is lang geleden.'

Ze kromp ineen op haar stoel, doodsbang van zijn stem, zijn houding, de glinstering in zijn ogen. Robert zat zo dicht bij haar dat hij haar, als hij zich naar voren boog, een kus had kunnen geven, maar hij had heel andere plannen dan een liefdevolle hereniging.

'Voordat je één kik geeft heb ik je strottenhoofd al fijngeknepen, dus schreeuwen kun je wel vergeten. Begrepen?'

Emily knikte, sprakeloos van angst.

'Mooi zo. Dat maakt het een stuk eenvoudiger.'

Hij glimlachte terwijl hij sprak, zodat ze zijn rottende gele tanden zag. Plotseling werd Emily teruggeworpen in een tijd van haar leven die ze uit alle macht had proberen te vergeten, waarin aan eten, comfort en zelfs aan de meest basale hygiëne gebrek was.

'Je bent zeker wel blij om me te zien,' fluisterde hij. 'En ik ben heel blij om jou te zien. Het heeft me een eeuwigheid gekost voor ik je had gevonden. Het was me misschien niet eens gelukt als die jongen niet...'

Op dat moment drong de omvang van haar vergissing tot Emily door. Ze was er zo op gebrand geweest om Sam te zien, om zichzelf tegenover hem te rechtvaardigen en om echt afscheid van hem te nemen, dat ze er niet bij had stilgestaan dat Robert hém misschien wel in de gaten hield, dat hij ervan uitging dat Emily op een gegeven moment ook daarnaartoe zou gaan waar Sam zich bevond. Ze werd misselijk van de gedachte dat ze hem met haar gedrag misschien in gevaar had gebracht. Hoe had ze zo stom kunnen zijn? Maar gelukkig leek Robert meer in haar geïnteresseerd te zijn, en ze bad maar dat het na zijn wraak van vanavond voorbij zou zijn.

'Nou, je bent wel veranderd, zeg. Je bent heel wat geworden, hè?' zei haar broer spottend.

'Jij blijkbaar niet,' beet ze terug. 'Nog steeds een zuipschuit, hè?'

'Ach, dat bevalt al jaren, dus waarom zou ik daar iets aan veranderen? Je krijgt trouwens de groeten van de anderen. Ze hadden ook graag willen komen, maar dit is míjn taak. Daar kunnen zij zich beter niet mee inlaten.'

'Wat een held, zeg,' zei Emily minachtend. 'Echt hart voor zijn familie.'

Ze sloeg achteruit. Zijn hand raakte haar wang nog voordat ze hem had zien aankomen. Ze zag sterretjes, maar hij kwam met zijn woeste en woedende gezicht dicht bij het hare.

'Waag het niet iets over familie te zeggen, vuil kreng. Wat weet jíj over familie? Jij hebt je altijd alleen maar voor jezelf geïnteresseerd, jij moest krijgen wat je wilde, zelfs als dat betekende... zelfs als dat betekende dat je er weerloze meisjes voor moest doden. Je hebt ze verbrand terwijl ze in hun bedje lagen te slapen.'

Emily schrok van het oprechte verdriet achter zijn woede – dat was nog steeds vers. Dat kwam aan, en ze vermande zich, spuugde wat bloed uit en wist dat ze zou moeten smeken om in leven te mogen blijven.

'Robert, luister, je hebt alle reden om me te haten. Wat ik heb gedaan was intens slecht. Er gaat geen dag voorbij dat ik niet aan die meisjes denk, dat ik mezelf niet haat om wat ik heb gedaan en dat ik wilde dat ik de klok kon terugdraaien. Ik ga elk jaar op hun verjaardag naar hun graf en ik bid voor hen, ik vraag of ze me willen vergeven…'

'Doe niet zo obsceen, mens.'

'Ik weet wat ik gedaan heb. En ik weet wat daar de prijs van was. Niet alleen voor mij, maar voor ons allemaal. En dat spijt me echt verschrikkelijk. Maar Robert, je moet me geloven als ik zeg dat het allemaal nooit mijn bedoeling is geweest. Ik haatte hen niet, ik haatte jou niet, het kwam gewoon door hoe verschrikkelijk het thuis was. Ik kon er niet meer tegen, ik kon niet tegen die man, ik kon er niet tegen dat mama er niet was…'

'Laat haar erbuiten,' antwoordde Robert met een woedende blik.

'O, ga haar nou niet verdedigen, zeg. Zij was de oorzaak van dit alles, als zij niet bij ons was weggegaan…'

Deze keer zag ze hem aankomen, maar ze kon niet snel genoeg bewegen, dus sloeg zijn hand hard tegen haar neus aan, zodat haar hoofd naar achteren vloog en zij op de grond viel. Emily kwam duizelig overeind en deinsde achteruit het keukentje in. Robert liep op haar af.

'Waag het niet nog één woord over onze moeder te zeggen, of over iemand anders van ons. Jij hebt het recht niet iets over ons te zeggen, jij hebt het recht niet waar dan ook iets over te zeggen…'

In zijn ogen laaide vuur, een duister, wraakzuchtig vuur. Haar broer was hier niet gekomen om haar biecht aan te horen. Hij was gekomen om te doden.

'Grappig dat je opeens zo veel te zeggen hebt. Want tot nog toe hebben we je niet gehoord, hè? Je hebt je verstopt, je bent verdergegaan met je leven, je had het maar wat gezellig, terwijl wij moesten leven met wat jij gedaan hebt. Wij moesten zien hoe ma en pa uit elkaar werden gerukt, wij moesten zien hoe de anderen zopen, kermden, ruziemaakten. Wij waren het mikpunt, we werden bespuugd en uitgescholden voor iets wat jíj gedaan hebt, jij en niemand anders.'

Hij had gelijk. Ze had niet willen weten hoe het hun was vergaan, ze durfde er niet aan te denken wat ze in Bridgend over haar zouden zeggen, hoe de achterblijvers hadden geleden.

'Niemand van ons is normaal, niemand van ons heeft een leuk leven, en allemaal door wat jij hebt gedaan. Omdat jij eenzaam was. Omdat jij je verveelde. Omdat jij aandacht wilde…'

'Zo is het helemaal niet gegaan.'

'Nou, je hebt de aandacht gekregen die je wilde, toch? De hele wereld is van je bestaan op de hoogte, de hele wereld is naar je op zoek, maar ík heb je gevonden. En nu ik je heb gevonden, ga ik mezelf eens lekker vermaken. Je verdient het om te lijden, Janet, en ik zal zorgen dat je…'

Ze deed haar mond open om te schreeuwen, want ze wist dat nu alles verloren was, maar hij was haar te snel af en sloeg zijn behaarde hand tegen haar mond. Hij was nu heel dicht bij haar, ze werd misselijk van zijn slechte adem, maar doordat hij nu zo dichtbij was, diende zich wel een kans aan. Hij boog zich naar haar toe, drukte met zijn gewicht op haar, dus ramde ze haar knie zo hard ze kon omhoog, recht in zijn kruis. Robert kermde, geschrokken van de pijn, en zij draaide zich snel van hem af. Hij graaide naar haar, maar ze slaagde erin zich uit zijn greep los te wurmen en het messenblok te bereiken voordat hij haar kon tegenhouden. Ze trok het langste mes eruit en draaide zich naar hem om. Tot haar verbazing zette hij een lugubere glimlach op, kwam moeizaam overeind en liep naar haar toe.

'Denk je nou echt dat je daartoe in staat bent, meissie? Denk je echt dat je me kunt afmaken?'

'Het is niet voor mij.'

Ze nam het mes nu vast bij het lemmet en strekte haar arm om het hem te geven.

Robert glimlachte weer, verbaasd en geamuseerd over haar gebaar.

'Godverdomme, Robert,' ging ze boos verder. 'Je krijgt het op een schaaltje aangereikt. Durf je soms niet?'

Hij maakte nog steeds geen aanstalten om aan haar verzoek gehoor te geven.

'O, zo gemakkelijk gaat dat niet, Janet...' zei hij, terwijl hij aan zijn tanden zoog.

En met die woorden zette hij een stap naar voren en gaf haar een harde kopstoot, recht in haar gezicht.

106

Zo'n pijn had ze nog nooit eerder meegemaakt. Allesverzengende pijn die haar hoofd in tweeën spleet, terwijl de ene golf misselijkheid na de andere door haar heen sloeg. Emily voelde dat er een tand loszat, ze wist dat haar neus gebroken was en ze zag amper iets door het bloed dat in haar ogen sijpelde. Het verbaasde haar dat ze nog leefde, maar ze lag wel op haar buik op de vieze vloer, in een plas van haar eigen bloed. Ze probeerde overeind te komen, om wat verse zuurstof te kunnen inademen, maar ze kon haar handen of voeten niet bewegen. Ze draaide haar hoofd, deed één oog open en toen realiseerde ze zich dat ze stevig was vastgebonden met een soort koord. Ze begreep het niet en draaide nog een keer haar hoofd om, en toen zag ze dat Robert naast haar stond en boven haar uittorende. Terwijl ze zich omdraaide, drong het tot haar door: die scherpe, metaalachtige geur. Benzine.

'Robert, alsjeblieft…'

Ze had de kracht niet om te smeken, maar ze moest het proberen.

Hij negeerde haar gewoon, goot de laatste druppels uit zijn jerrycan over haar heen en haalde toen een aansteker tevoorschijn.

'Robert, ik smeek je.'

'Jammer maar helaas,' zei hij schor, en hij glimlachte erbij. 'Tot in het volgende leven, rotwijf.'

Hij liet de aansteker vallen en zodra die de doorweekte vloer raakte, laaiden er enorme vlammen op. Door de vuurzee heen zag Emily Robert vertrekken, en ze hoorde de deur achter hem in het slot vallen. Op dat moment wist ze dat hij gewonnen had. Zo zou haar verhaal dus eindigen, deze vlammen waren de vergelding voor haar misdaden uit het verleden. Dichterlijke gerechtigheid in de dood.

Emily lag hulpeloos en gedesoriënteerd op de vloer en de vlammen dansten wild om haar heen. De pijn was afgrijselijk, en terwijl ze op het uit elkaar vallende tapijt lag te kokhalzen van de zure geur van de brandende benzine, moest ze ook heftig braken. De intense hitte omringde haar, viel haar aan. Ze voelde dat er op haar huid blaren ontstonden, dat haar haar eerst knisperde en toen het vlam vatte, begon te knetteren. Ze had nog maar een paar tellen – over een paar seconden zou ze door de vuurzee zijn verslonden. Tegen de tijd dat Marianne bij haar aankwam, was ze een verschroeid lijk, een afgrijselijke, smeulende schim van de levende, liefdevolle vrouw die ze ooit was geweest.

Brullend van de pijn trok Emily wanhopig aan haar knevels, maar daar zat geen beweging in, en haar handen zaten heel dicht tegen elkaar aan gedrukt. Terwijl ze vocht om los te komen, sloeg er nog een golf hitte over haar heen, die haar oogbollen en haar huid schroeide. Emily kneep haar ogen dicht om te voorkomen dat ze blind werd, maar ze wist dat haar strijd bijna gestreden was. Ze ging nu blindelings te werk, zich amper bewust van welke richting ze op moest, niet in staat de gruwelijke pijn te beheersen die elk deel van haar lichaam in zijn greep had, maar toch wist ze dat ze íéts moest doen. Nog een paar seconden en dan was ze dood.

Emily trok haar knieën omhoog naar haar borst en duwde

haar lichaam naar voren. De vlammen laaiden rond haar op, maar de pijn drong amper tot haar door, en opnieuw stuwde ze zich naar voren. Haar kapotte knieën gleden over het rokende tapijt, waardoor de stof van haar benen scheurde, zodat de kwetsbare huid eronder bloot kwam te liggen, maar ze zette door, sneller en sneller, en toen kwam ze plotseling tot stilstand doordat ze tegen iets hards aan botste dat niet meegaf. Emily wilde het liefst even een oog opendoen om te kijken of ze de deur had gevonden of dat ze zichzelf gewoon in een hoek had gedreven, maar dat durfde ze niet, doodsbang dat ze op slag blind zou worden. Ze legde haar hoofd tegen de wand, duwde hard met haar tenen omlaag en bewoog haar lichaam langzaam omhoog tot ze stond. Het putte haar uit, het was een marteling, maar eindelijk stond ze dan toch. Toen draaide ze haar lichaam, liet zich langs de wand glijden en hield met behulp van haar rug contact met haar enige kans op redding. Opnieuw kwam ze abrupt tot stilstand. Er stak iets hards pijnlijk in haar linkerheup. Ze graaide onmiddellijk met haar handen naar het obstakel, maar trok ze ook meteen weer terug, want de metalen deurklink was gloeiend heet.

Haar handen schroeiden, en Emily kreunde van de pijn, maar toch voelde ze een sprankje hoop. Ze wist nu waar ze was, en dat bood haar een heel kleine kans op ontsnapping, ondanks de vuurzee die om haar heen bleef woeden. Ze deed een stap achteruit, terug de vlammen in, zette zich schrap en smeet zich toen tegen de deur aan. Die huiverde en kreunde, maar er kwam geen beweging in en hij joeg haar terug het vuur in. Heel even verloor ze haar evenwicht, zodat ze achterwaarts in de vuurzee viel. Ze kwam overeind, stormde naar voren en sloeg opnieuw tegen de brandende deur aan. Deze keer gaf hij mee en boog hij door, maar het slot hield nog stand, zodat haar redding uitbleef. Emily strompelde nog een keer naar achteren en voelde de kracht uit zich wegvloeien en haar wil om te overleven vervagen. Ze kon het niet meer, ze kon geen stap meer zetten, was overweldigd door de rook, de hitte, de afgrijselijke pijn. Ze stond te zwaaien op haar benen, haar hoofd tolde, haar keel voelde dik, ze was totaal van de wereld, maar in één laatste wanhopige opwelling schreeuwde ze Sams naam en gooide ze zich tegen de deur aan.

Emily knalde ertegenaan, haar schouder explodeerde van de pijn, haar hoofd kwam hard tegen de deurpost aan, maar de smeulende deur gaf eindelijk mee. Heel even voelde Emily dat ze viel, en een tel later kwam ze hard tegen de grond. Met sissende en knetterende kleren rolde ze zich om en om door het knisperende berijpte gras.

DAG 5

107

Wat gebeurde er in godsnaam? Wat was dat voor afschuwelijk geluid?

Olivia schrok wakker, gedesoriënteerd en verontrust. Ze had het gevoel alsof er iemand in haar hoofd zat en zich stompend een weg naar buiten probeerde te banen, maar toen ze zich moeizaam overeind werkte, na de zoveelste slechte nacht, besefte ze dat het geluid van haar voordeur afkomstig was. Ze pakte haar ochtendjas en liep snel naar de intercom. Toen ze Christopher woedend recht naar het scherm zag kijken, alsof hij haar uitdaagde om hem daar gewoon te laten staan, zakte de moed haar in de schoenen. Ze had ook echt zin om hem niet binnen te laten. De ogen van haar ex-minnaar puilden uit van woede, hij leek wel bezeten. Maar deze confrontatie moest toch een keer komen, dus misschien kon ze die beter hier aangaan dan op haar werk.

Olivia trok haar ochtendjas wat dichter om zich heen, deed de deur open en liep snel de trap af. Ze hoorde nu al beweging boven zich, want de andere bewoners van het pand waren ongetwijfeld kwaad dat ze zo vroeg wakker gemaakt werden, maar ze besteedde er geen aandacht aan. Dit ging hun niets aan. Ze trok de deur open – Christopher bracht net zijn vuist omhoog om er nog een keer op te bonken.

'Zo, daar ben je,' fluisterde hij agressief, en hij liet zijn vuist zakken.

'Ik woon hier, Christopher, dus...'

'Waag het niet om hier een grap van te maken, waag het godverdomme niet...'

Hij zwaaide met een vinger voor haar neus, en ze was even benieuwd of hij haar daadwerkelijk zou slaan. Hij zag er verwilderd en verward uit, met donkere kringen onder zijn bloeddoorlopen ogen.

'Neem van mij aan dat ik deze situatie op geen enkele manier grappig vind, Christopher.'

'Lulkoek, je geníét ervan. Bij mij naar binnen dringen, het hele verhaal opbiechten aan mijn vrouw, mijn gezin kapotmaken.'

'Ho, wacht even,' protesteerde Olivia. 'Penny heeft me zelf binnen gevraagd en ik heb niets gezegd wat niet waar was.'

'Ik wil haar naam niet uit jouw mond horen. Je bent nog niet goed genoeg om de stront van haar schoenen te vegen.'

'Maar ik was wel goed genoeg om jou een beetje te vermaken, hè? Drie keer in één nacht, als ik me niet vergis. Maar weet je, Christopher, een mens oogst wat hij zaait...'

Hij wendde zich van haar af en spande zijn handen gek van razernij tot klauwen. Even dacht ze dat hij zou ontploffen, maar toen hij zich weer naar haar omdraaide, zag hij er hol, bleek en verslagen uit.

'Over een week is het kerst, godsamme,' zei hij met overslaande stem. 'Maar ik mag van Penny niet thuiskomen, ik mag de jongens niet zien.'

'Je bent hier welkom, hoor.'

'O, sodemieter op. Ik wil bij jou nog niet dood gevonden worden, kutwijf.'

Olivia schrok ervan; ze had hem nog nooit zo tegen iemand horen praten, en al helemaal niet tegen haar.

'Wat bezielde je in godsnaam om naar mijn huis te gaan en haar alles te vertellen? We hadden het toch samen kunnen regelen…'

'Maar dat hebben we niet gedaan, hè?' wierp Olivia verbitterd tegen. 'Jij had je pleziertje gehad, en zodra het ingewikkeld werd, nam je de benen en ging je terug naar huis. Nou, daar schijn je dus niet meer welkom te zijn…'

'Jij gaat hier voor bloeden,' tierde hij. 'Penny, mijn jongens, zij zijn de enigen die ik heb op de wereld. En als ik hen kwijtraak door jouw bitterheid, door jouw verdriet…'

'O, sodemieter op, Christopher,' antwoordde Olivia kalm, en ze sloeg de deur in zijn gezicht dicht.

Er volgde een korte stilte en toen begon het gebonk weer. Olivia leunde doodmoe en ellendig tegen de muur en vervloekte haar lot. Elke dreun ging dwars door haar heen. Misschien was het inderdaad deels haar schuld, maar kom op zeg, dít verdiende ze toch niet? Waarom trok zíj altijd aan het kortste eind?

En waarom hield ze ondanks alles nog steeds van hem?

108

Hij sloop de gang door, bijna zonder een geluid te maken. Op blote voeten die heel zacht de vloerdelen kusten, liep Jack het halletje door, keek eerst in de keuken en toen in de woonkamer. Hij wist bijna zeker dat hij alleen was, maar hij moest het echt zeker weten, want de herinnering aan het onaangekondigde bezoek van Olivia van gisterochtend lag hem nog vers in het geheugen. Hij wilde niet verrast worden, zeker vandaag niet.

Nadat hij elke kamer had gecheckt, liep Jack snel de voorkamer in en schoof de dichte gordijnen een stukje open om op straat te kunnen kijken. Haar aftandse Corsa was nergens te bekennen, en tot zijn enorme opluchting de vrouw zelf ook niet. Jack had al visioenen gehad waarin zij het huis binnengestormd kwam en hem wijzend met haar vinger ontmaskerde. Maar het was stil op straat, er was niemand te zien. Aan de voorkant en de achterkant van het huis draaiden de beveiligingscamera's, maar die waren natuurlijk naar buiten gericht, op zoek naar indringers. Binnen was hij veilig voor hun kritische oog.

Jack draaide zich op zijn hielen om en liep terug naar de keuken, waar hij aan de andere kant het loszittende zeil omhoogtrok. Even later zat hij aan tafel met de iPad voor zich opgesteld. Hij surfte snel over het web, dook steeds diepere krochten in, tot hij wederom in de chatroom zat. Nu wachtte hij even, want zijn ademhaling was oppervlakkig en hortend, en zijn hart klopte in zijn keel. Zou er iemand hebben gereageerd? Had iemand het bericht van 'Dawn' gezien? En zo ja, had diegene dan toegehapt? De hoop, de angst – het werd hem bijna te veel, dus opende hij zijn inbox. Het duurde even omdat hij moest bufferen, maar toen verscheen hij toch, en Jack hapte naar adem. Dawn had sinds de vorige dag meer dan vijfhonderd berichten ontvangen, en bij de meeste was een bestand toegevoegd. Met trillende vingers opende hij het eerste bestand, zonder het bericht zelf te lezen, en klikte meteen 'afspelen' aan. Op zijn scherm verscheen een alledaags tafereeltje: een halfduistere slaapkamer waarin een man en een vrouw over een klein kind gebogen stonden, dat zich nu omdraaide en met grote angstogen opkeek naar de camera.

Jack kreeg bijna geen adem meer, zijn zintuigen explodeerden. Hij leunde achterover op zijn stoel en liet zijn hand langzaam in zijn pyjamabroek glijden.

109

Ze hadden het geweldig naar hun zin. De speelgoedwinkel lag vol kerstcadeautjes, was tot de nok toe gevuld met pratende poppen, futuristische robots en knuffeldinosaurussen die brulden als je erin kneep. Courtney slenterde langs de eindeloze uitstallingen, bijna net zo gebiologeerd als haar dochtertje, dat kirde, wees en kreetjes slaakte. Ze leken helemaal in al het moois op te gaan – de lichtjes, de kleuren, de kerstmuziek – maar tot Mike drong het allemaal niet door. Hij had alleen oog voor hen.

Voor moeder en kind was de kerst dit jaar al vroeg begonnen. Ze waren al bij Primark en H&M geweest, waar ze het personeel ongebruikelijke maten hadden laten zoeken, terwijl Courtney ondertussen stukken zocht waarvan de beveiligingstags loszaten. Ze had zes, zeven, misschien nog wel meer kledingstukken onder in de buggy verstopt – Mike wist niet precies hoeveel, want hij was op discrete afstand van hen gebleven, maar het was in elk geval een indrukwekkend aantal. Daarna waren ze naar de speelgoedwinkel gegaan, en Courtney was weer op jacht: ze zocht kleine dingen zonder tag en liet die in haar jaszak glijden. Zelfs van een afstandje verbaasde Mike zich erover hoe goed ze hierin was: de voorwaardelijk vrijgelaten vrouw wist intuïtief waar de beveiligingscamera's hingen en hoe ze de buggy en haar lichaam zo moest positioneren dat niet te zien was wat ze deed. In dit tempo had ze op één ochtend al haar kerstinkopen gedaan zonder ook maar een stuiver te hoeven uitgeven.

Haar missie was geslaagd en Courtney verliet de winkel met een vriendelijke glimlach naar de beveiliger. Hij vond haar blijkbaar wel leuk, want hij glimlachte veelbetekenend terug en knipoogde naar haar. De man had duidelijk geen idee wat voor vlees hij in de kuip had, tot wat voor barbaarse wreedheden ze in staat was. Voor hem hoorde het er op een leuke dag als vandaag allemaal bij, en voor Courtney blijkbaar ook, want die keek toen ze wegliep nog even flirterig naar hem om. Mike dacht heel even, tot zijn schrik, dat ze hém in de gaten had, maar toen liep ze ogenschijnlijk onbezorgd door. Hij maande zichzelf voorzichtiger te zijn, zich niet te laten afleiden, en volgde haar verder. Nu ging ze een winkel met afgeprijsde herenmode binnen, waar ze nog meer kledingstukken zocht, vermoedelijk voor haar vriend. Opnieuw ging ze enthousiast te werk, zonder er ook maar een moment bij stil te staan dat ze haar kind bij zich had, dat ze best kon worden gepakt of gearresteerd. Ze had zich een taak gesteld en met veel enthousiasme en zonder enige angst zocht ze een designerjeans met een loszittende tag.

Terwijl Mike haar in de gaten hield, moest hij weer aan het proces denken, waarbij haar advocaten grote nadruk hadden gelegd op de extreme ontberingen en emotionele verwaarlozing die ze als kind zou hebben meegemaakt. Ze beweerden dat Courtney had moeten stelen om aan eten te komen, dat ze bij Asda een schooluniform had moeten pikken om naar de plaatselijke basisschool te kunnen gaan. Haar advocaat had het gemoed van de juryleden bespeeld door de jeugdige moordenares af te schilderen als een verschoppeling, een listige slimmerik, die doordat ze zo uitgekiend was had weten te overleven, zelfs in een omgeving van geweld, misbruik en wreedheden. Maar zo was ze op hem nooit overgekomen. Voor hem was het overduidelijk dat dit een act was, dat Courtney Turner een rotte appel was. Iemand die ervan genoot om de regels waar iedereen zich aan hield aan haar laars te lappen, die tot een familie behoorde die 'bekend was bij de autoriteiten', zoals het tijdens het proces vaak eufemistisch werd geformuleerd. De verdediging had een succesvol web gesponnen, de goedgelovige, weekhartige juryleden om de tuin geleid, maar het was één grote leugen, een rookgordijn. Courtney Turner was van nature een dief, een leugenaar en een moordenaar, die nooit enige wroeging over haar slechtheid had getoond, die wist hoe ze het systeem moest bespelen om ervoor te zorgen dat ze er altijd zonder kleerscheuren van afkwam.

Van waar Mike stond, achter een rek met leren jacks, zag hij Courtney de winkel uit slenteren, een grapje maken tegen een verkoopster, die er totaal geen idee van had dat de jonge moeder minstens drie spijkerbroeken in haar buggy had verstopt. Voor Mike stond dit gesprekje symbool voor Courtneys hele leven: ze beging gewetenloos misdaden, en als ze er dan zonder berisping of straf van afkwam, glimlachte ze. Tot dusver was ze fluitend door het leven gegaan, had ze het gezag uitgelachen en precies gedaan waar ze zin in had, had ze de krochten van de misdaad en de verdorvenheid verkend zonder daarvoor ooit ter verantwoording te zijn geroepen.

Maar daar kwam vandaag een einde aan. Deze keer had iemand haar door – eindelijk zou deze sluwe jonge vrouw haar verdiende loon krijgen. Mike glimlachte in zichzelf toen hij haar met haar gestolen waar over straat zag wandelen. Courtney was opgewekt, verheugde zich op de kerst, was vol van het leven en van de liefde, maar had geen idee dat Mike dit jaar een wel heel bijzonder kerstcadeau voor haar in petto had.

110

'Bent u nou helemaal gek geworden? Ziet u mij er nou echt toe in staat om een moord te beramen?'

Guy Chambers liep paars aan, want hij was woedend dat hij zich na een slapeloze nacht in de cel nu op basis van een officiële waarschuwing in de ondervragingsruimte bevond.

'Ik ben verdomme staatssecretaris. Bij het ministerie van Justitie. Ik zou toch wel knettergek moeten zijn om me met zoiets in te laten.'

'Nou, u zou zich op ontoerekeningsvatbaarheid kunnen beroepen, maar dat is van later zorg,' antwoordde Chandra, die het wel amusant vond dat Chambers zo geschokt reageerde. 'Vooralsnog wil ik me graag op het bewijsmateriaal concentreren.'

'Ik heb al gezegd dat ik die telefoon nog nooit heb gezien.'

Chambers maakte een geringschattend gebaar naar de tafel, waarop de gevonden telefoon lag, in een zakje voor bewijsmateriaal. Hij keek Chandra indringend aan, snoot zijn neus en gooide de tissue nadrukkelijk in de prullenbak, alsof hij wilde zeggen dat ze dat met haar 'bewijsmateriaal' wat hem betrof ook mocht doen.

'Dus u blijft ontkennen dat de Samsung Galaxy die wij uit een prullenbak op straat in de buurt van uw appartement in Pimlico hebben gehaald, van u is?'

'Absoluut.'
'Dus u bent bereid officieel te verklaren dat hij niet van u is?'
'Ja! Hoe vaak moet ik dat nog zeggen?'
'Maar hoe verklaart u dan dat we uw DNA erop hebben gevonden?'
Chambers staarde haar verbijsterd aan.
'Dat kan niet.'
'Er is inderdaad een poging gedaan om de telefoon schoon te maken, maar we hebben zowel op de batterij als op de ruimte waar de batterij in moet sporen van uw DNA aangetroffen.'
'U bluft, dit slaat nergens op...'
'Zie ik eruit alsof ik bluf?'
Chambers voelde zich in het nauw gedreven en draaide zich om naar zijn advocaat, maar die keek al net zo bezorgd als zijn cliënt.
'Als u wilt dat wij even de kamer uit gaan, zodat u met uw advocaat kunt overleggen en een soort officiële verklaring kunt voorbereiden...'
'Ik ga helemaal geen verklaring afleggen, behalve om te zeggen dat ik niets verkeerds heb gedaan,' protesteerde Chambers kwaad.
'Het bewijsmateriaal doet anders vermoeden. Ik ga er vooralsnog van uit dat u bang was dat u ontdekt zou worden, dat u misschien dacht dat u in de gaten werd gehouden en dat u de telefoon daarom zo snel mogelijk hebt schoongemaakt en tijdens het joggen naar uw werk hebt weggegooid.'
Chambers keek stomverbaasd; hij vond het blijkbaar een verontrustende gedachte dat Chandra zijn dagindeling kende en wist welke route hij naar zijn werk nam.
Chandra maakte meteen gebruik van haar voorsprong. 'Ontkent u het?' vroeg ze.
'Volledig. Ik heb niets met deze gelekte gegevens of deze misdrijven te maken en u kunt niet bewijzen dat dat wel zo is.'

'Behalve dan dat we nu hard bewijs hebben, in combinatie met toenemend indirect bewijs, dat naar u wijst. U was op de bijeenkomst vanwaar de gegevens over Willis zijn gelekt. U was in de buurt van Oxford Circus toen die van Baynes openbaar zijn gemaakt. U was in Reading toen de beveiliging van Emily Lawrence werd geschonden.'

'Dat hebt u me allemaal al verteld, en toen was het niet geloofwaardig, dus...'

'Bovendien beschikken we nu over informatie die een verband met nog een ander lek doet vermoeden,' ging Chandra verder zonder acht op zijn onderbreking te slaan. 'We hebben net vernomen dat de gegevens over de woonplaats en identiteit van Courtney Turner drie dagen geleden naar Mike Burnham zijn gelekt.'

'En?'

'En dat bericht is van deze telefoon verzonden, terwijl de beller zich in de buurt bevond van het ministerie van Justitie.'

Chambers staarde haar sprakeloos aan. Zijn advocaat maakte zich zorgen en probeerde in te grijpen.

'Meneer Chambers, het lijkt me verstandig om even te pauzeren en deze ontwikkelingen met elkaar te bespreken...'

Chambers wuifde deze opmerking weg, maar leek onzeker en aangeslagen.

'Ik heb u gisteren al verteld dat u een hoofdverdachte bent,' ging Chandra verder om de druk op de ketel te houden. 'Ik ben ervan overtuigd dat u schuldig bent, dat u medeplichtig bent aan deze misdrijven, en die overtuiging is in de tussentijd alleen maar sterker geworden. Gisteravond is Ian Blackwell, beheerder van de website voor eigenrechters, Immer Waakzaam, op het station van King's Cross gearresteerd. Hij wordt momenteel door een van mijn collega's ondervraagd, maar heeft ons al verteld dat hij met u onder één hoedje speelt, en uitgelegd hoe u samen de publieke hysterie hebt aangezwengeld en tot een heksenjacht hebt opgeroepen.'

Chambers staarde haar aan, verbijsterd over deze ontwikkeling, die hij niet had zien aankomen.

'Zijn getuigenis, plus de telefoon die we van u gevonden hebben, maakt dit wat mij betreft tot een heel eenvoudige zaak. We hebben het over schending van een openbaar ambt, het beramen van moord, opruiing, en de lijst gaat zo nog even verder. Dit betekent het einde van uw carrière, een groot publiek schandaal, om nog maar te zwijgen van een aanzienlijke gevangenisstraf. Hoe u het ook wendt of keert, u kijkt recht in de loop, dus het lijkt mij voor uzelf het best om open en eerlijk tegen ons te zijn. Het wordt op prijs gesteld en beloond als u meewerkt, en dat zal het leven er beslist eenvoudiger op maken. Maar als u ons niet helpt, als u weigert mee te werken, dan zorg ik ervoor dat u de maximale straf krijgt.'

Ze liet de woorden even nagalmen en zag tot haar tevredenheid dat Chambers naar de tafel keek en zenuwachtig zat te frunniken. Van zijn machogedrag en zijn superieure grijns was niets meer over. Hij zag eruit alsof hij het Spaans benauwd had.

'Guy? Wat kun je me vertellen?'

Ze sloeg nu bewust een zachtere toon aan, en die leek het gewenste effect te hebben.

'Luister, ik wil officieel verklaren,' zei Chambers hees, en zijn stem sloeg over, 'dat ik niets met de recent gelekte gegevens, met die afschuwelijke moorden te maken heb...'

Chandra wilde iets zeggen, maar Chambers verhief zijn stem en praatte door haar heen.

'... maar ik heb in het verleden inderdaad wel contact gehad met Ian Blackwell.'

Dat was 'm: de bekentenis waarop ze hadden zitten wachten.

'Hij... wij... eh, wij kijken hetzelfde tegen de dingen aan. En

hij had een volmacht, een anonimiteit die hem in staat stelde om onze gezamenlijke agenda zonder vervelende gevolgen uit te voeren. In die hoedanigheid heb ik… heb ik hem soms beetjes informatie toegespeeld die hij op zijn site kon publiceren.'
'Informatie over mensen die voorwaardelijk vrij waren? Over ex-misdadigers en dergelijke?'
Het bleef even stil, maar toen knikte Chambers ernstig.
'En deze informatie heeft in de echte wereld tot consequenties geleid? Tot mishandelingen en dergelijke?'
Weer een kort knikje.
'Wie? Wie hebben jullie "ontmaskerd"?'
'Geen grote namen, geen bekende misdadigers. Zedendelinquenten, verkrachters, mensen van wier bestaan de samenleving op de hoogte zou moeten zijn, maar die van de radar zijn verdwenen of die de reclassering om de tuin hebben geleid…'
'Hoelang? Hoelang heb je met Blackwell samengewerkt?'
'Een jaar of twee. Hij heeft zomaar een keer contact met me gezocht, en vandaar is het verdergegaan.'
'En dat heeft rechtstreeks tot de gelekte gegevens van de laatste tijd geleid?'
'Nee.'
'Blackwell en jij hebben besloten een tandje bij te zetten, om de ergste misdadigers te ontmaskeren, de monsters van wie jullie het gevoel hadden dat ze er gemakkelijk mee waren weggekomen.'
'Nee, dat heb ik niet gedaan.'
'Guy, je hebt laatst nog toegegeven dat je vond dat die mensen – Willis, Baynes, Slater – hun verdiende loon hadden gekregen, dat ze snelrecht verdienden. En nu geef je toe dat je actief contact hebt gehad met een groep eigenrechters die rechtstreeks te maken heeft met de ontmaskering van deze beruchte misdadigers. Je DNA zit op de telefoon die gebruikt is om zowel vertrouwelijke

informatie over ex-criminelen als een recente foto van Emily Lawrence door te spelen aan Immer Waakzaam, en dan wil je nog steeds ontkennen dat je de bron van deze gelekte gegevens bent?'

'Zeker weten. Luister, ik had nooit contact met Blackwell moeten hebben. Daar heb ik verschrikkelijk spijt van. Maar voor die aanslagen ben ik níét verantwoordelijk.'

'Wetenschap liegt niet, Guy. Je DNA zit op die telefoon.'

'Hij is niet van mij, ik heb dat ding nog nooit eerder gezien, ik zweer het je.'

'Luister, we zijn in kringetjes aan het ronddraaien,' onderbrak Chandra hem. 'Dus ik zal ter zake komen. Guy Chambers, ik arresteer je op verdenking van schending van een openbaar ambt, om precies te zijn van het doorgeven van zeer vertrouwelijke informatie aan burgers en bekende groeperingen van eigenrechters. Je hoeft niets te zeggen, maar het kan nadelig zijn voor je verdediging als je nu iets voor je houdt waar je je later voor de rechtbank op wilt beroepen.'

Chambers staarde haar sprakeloos en asgrauw aan. Chandra dacht even dat hij zou flauwvallen, maar toen ze opstond om het vertrek te verlaten, herpakte de verdachte zich, greep haar bij de arm en fluisterde op felle toon: 'Ik heb het niet gedaan, ik zweer het. Ik ben erin geluisd. Ik ben onschuldig.'

111

Zodra de wereld je heeft veroordeeld, is er geen weg terug. Dan ben je getekend voor het leven, besmet door je misdrijven, voor altijd een paria te midden van engelen. Zelfs als je heel erg slecht behandeld bent, als je wel een vriendelijk woord of een greintje sympathie zou verwachten, kom je bedrogen uit. Je bent gedoemd en veroordeeld om te lijden.

Emily Lawrence wist dat ze blij zou moeten zijn. Tegen alle verwachtingen in leefde ze nog. Gekneveld en hulpeloos, omringd door likkende vlammen had ze de vernietiging recht in de ogen gekeken, en ergens had ze haar dood door verbranding wel rechtvaardig gevonden. Maar op die laatste momenten had ze toch nog gevochten, had ze zich tegen de kromtrekkende deur gegooid en was ze op de koude aarde erachter neergestort. Haar contactpersonen van de reclassering waren meteen bij haar, hadden in paniek dekens over haar heen gegooid, het vuur gedoofd, haar wonden verzorgd, haar bij bewustzijn gehouden tot de ambulance er was. Wonder boven wonder was ze ontsnapt aan de dood, maar alle eventuele blijdschap over het feit dat ze het had overleefd was snel verdwenen toen de pijn zich aandiende. Ze was van top tot teen verbrand, en hoewel ze wist dat het geen levensgevaarlijke verwondingen waren, was de pijn niettemin onvoorstelbaar hevig. Ze kon met geen mogelijkheid uitrusten of stilliggen, haar huid leek tegen haar in opstand te komen, kookte, protesteerde en vormde blaren alsof ze nog steeds ten prooi was aan de vlammen. Ze zat natuurlijk tjokvol pijnstillers, maar die hielpen amper en maakten haar op de koop toe duizelig en misselijk. Emily was er slecht aan toe, in elkaar gebeukt, beurs en verbrand, maar de ergste pijn kwam van iets anders dan haar verwondingen.

Toen Emily bijkwam op haar verkoeverkamer, was haar opgevallen dat de verpleegkundigen en artsen haar steelse blikken toewierpen wanneer ze haar wonden verzorgden en haar vitale functies controleerden. Er viel niet langer aan te ontkomen: Emily Lawrence bestond niet meer, die was in die vuurzee vernietigd. Ze was nu weer Janet Slater. De demonische Janet Slater. Iemand naar wie mensen nieuwsgierig waren en door wie ze gefascineerd werden, de vrouw die baby's had vermoord en haar verdiende loon had gekregen. Ze zag de gezichten van voorbijgangers die naar binnen gluurden en dan door de agent in uniform op de gang werden gemaand door te lopen. Marianne had met klem gezegd dat die man er was om haar voor nog meer aanvallen te behoeden, aangezien haar broer Robert nog op vrije voeten was, maar Emily geloofde er niks van. Die agent stond voor haar deur om de rest van het ziekenhuis tegen háár te beschermen.

Het leek absurd, maar het was wel waar. De kraamafdeling bevond zich op dezelfde verdieping, een klein stukje lopen bij haar kamer vandaan, en het was natuurlijk uitgesloten dat het ziekenhuis een veroordeelde kindermoordenaar in het gebouw tolereerde als er niet iets van extra bescherming bij kwam. Het ging je verstand te boven, want Emily kon niet eens één stap zetten zonder te vergaan van de pijn, maar ze had dus toch een bewaker nodig? Wat dachten ze dat ze zou doen? De gang op rennen en de kraamafdeling in de hens zetten? Het was ongehoord, gestoord, het was in strijd met haar decennialange missie om haar misdaden goed te maken, maar op veel gezichten die langskwamen stonden de afkeuring, de nieuwsgierigheid en de walging te lezen. Ze kon die mensen wel wat aandoen om hun gebrek aan mededogen, maar in werkelijkheid zou ze hun zwijgende veroordeling met alle plezier hebben ondergaan als Sam, de enige die er voor haar echt toe deed, in de buurt was om haar compassie, begrip en medeleven te geven. Alles wat ze de afgelopen twee dagen had gedaan, alles wat ze ooit had gedaan, was bedoeld geweest om zich van zijn liefde te verzekeren, om hem te helpen groeien en bloeien. De rest was gewoon ruis, de hogedrukspuit van een beroerd leven, en dat kon ze allemaal wel aan en zelfs naast zich neerleggen als haar enige ware liefde haar ook maar een sprankje tederheid zou tonen. Ze hunkerde ernaar hem bij zich te hebben, hem alleen maar even te kunnen zien, naar een eenvoudige glimlach of een gebaar dat al haar pijn, alle offers die ze had gebracht de moeite waard zou maken. Maar vooralsnog liet hij zich niet zien. De laatste keer dat de verpleegkundige bij haar was, had Emily al haar moed verzameld en gevraagd of er iemand contact met het ziekenhuis had gezocht, of er bezoek was geweest dat had geïnformeerd hoe het met haar was. De verpleegkundige, een gezette en misprijzende vrouw van middelbare leeftijd, had er groot genoegen in geschept om haar van top tot teen te monsteren en toen 'Nee, helemaal niemand' te kunnen antwoorden.

112

Hij kon zijn ogen niet geloven.
Sam had weer slecht geslapen die nacht en was laat opgestaan. Zijn nieuwe kamer was vreemd, het bed had een kuil en hij werd geplaagd door visioenen van zijn moeder, nachtmerries waarin ze hem een nieuw verhaal over verraad en verdriet kwam vertellen. Het was een gruwelijke ervaring; elke keer dat ze haar verhaal deed, voelden zijn schrik, kwelling en woede echt en krachtig tegelijk, waardoor zijn pijn voortdurend werd herhaald en versterkt. Toen hij wakker werd, voelde hij zich lusteloos en ongelukkig. Bij het koude daglicht wist hij niet meer goed wat hij nu van zijn moeder dacht, of hij wilde dat haar liefdevolle afscheid van de avond ervoor meteen ook een definitief afscheid betekende.

Hij stond op, liep naar beneden, naar de keuken, waar de tafel vol stond met boodschappentassen. Zijn vader was al op pad geweest; hij had in de herenmodezaken van Maidenhead zijn slag geslagen en wilde graag de vruchten van zijn inspanningen laten zien.

'Ik geloof dat ik wel zeven of acht winkels heb gehad,' pochte Paul trots. 'Bij de meeste was ik de eerste klant, dus ik kon lekker mijn gang gaan. Ik heb spijkerbroeken gekocht, T-shirts, sweatshirts, een paar overhemden, alle kledingstukken die een leuke jongeman nodig heeft.'

'Dat moet een godsvermogen hebben gekost, pap. Dat had je niet hoeven doen.'

Hij meende het. Sam wist dat Paul en Sandra niet veel geld hadden en dat dit echt een rib uit hun lijf moest zijn geweest.

'O, maak je geen zorgen. Aan wie moet ik mijn geld anders besteden? Ik weet dat je veel spullen hebt moeten achterlaten, en ik wil niet dat je tekortkomt. Jij kunt hier allemaal niets aan doen.'

Sam negeerde de niet erg subtiele steek onder water, maakte een tas van JD Sports open en haalde er een hoody uit.

'Ik was niet helemaal zeker van de maten, dus pas maar even. Als iets je niet past of het niet naar je smaak is, kunnen we het terugbrengen, dan gaan we samen even de stad in. Ik ruim straks de logeerkamer uit en haal mijn spullen uit de klerenkast, dan kun jij je daar installeren, oké?'

'Bedankt, pap, heel aardig van je.'

Paul wuifde het bedankje weg en pakte de tassen op.

'Kom, neem maar mee naar boven. Ik kom je zo thee en toast brengen, als je daar zin in hebt.'

Sam pakte de tassen, liep de trap op en ging de kleine logeerkamer in. Het voelde op de een of andere manier niet vanzelfsprekend dat hij hier was, maar hij waardeerde alles wat zijn vader deed om hem het gevoel te geven dat hij welkom was, dus hij kon niet anders dan hem hierin tegemoetkomen. Hij gooide de tassen op het eenpersoonsbed, trok zijn pyjamajasje uit en haalde uit de eerste de beste tas een T-shirt van Puma. Hij wilde het aantrekken, maar zag zichzelf toen in de spiegel van de klerenkast en hield even stil. Hij zag er zoals altijd bleek en slungelig uit, zijn ribben staken uit, maar zijn aandacht werd door iets anders getrokken: het lange dunne litteken op zijn buik.

Even bleef hij roerloos staan en keek naar het roze littekenweefsel dat zich zo duidelijk tegen zijn melkwitte huid aftekende.

Hij ging er met zijn vinger over, voelde de ribbeltjes die hij zo goed kende, en werd overspoeld door herinneringen. Hij wist nog dat hij in allerijl naar het ziekenhuis was gebracht, hij herinnerde zich de vreselijke pijn, zijn verwarring en angst, maar hij herinnerde zich ook dat zijn moeder voortdurend bij hem was geweest, zijn hand had vastgehouden, hem over zijn wang had geaaid, hem had overladen met haar liefde...

Het T-shirt viel op de grond en de jongen zakte opeens op het bed in elkaar. Zijn moeder had zich ongevraagd aangediend en nu kon hij er geen weerstand aan bieden. Hij nam zijn hoofd in zijn handen en snikte het uit.

113

Ze zaten aan elkaar vast, waren met elkaar verbonden door een onzichtbaar koord, ontstaan uit angst, verdriet en woede. Courtney was de hele dag hooguit tien meter van Mike verwijderd geweest, ze waren aan elkaar vastgeklonken in een macabere dans. Moordenaar en slachtoffer bewogen zich moeiteloos synchroon door het centrum van Colchester. De jonge vrouw leek zich er vooralsnog niet van bewust te zijn dat ze werd gevolgd en slenterde volkomen zorgeloos door de straten.

Ging het te gemakkelijk? Mike keek zo nu en dan wel even zenuwachtig achterom, bang dat hij in een val liep, dat haar potige vriend hem zou aanvallen, tegen de grond zou drukken en in elkaar zou slaan. Maar er was geen enkel teken van gevaar, en ook had Courtney hem niet in de smiezen, zoals hij in zijn duistere fantasieën vreesde. Voor zover hij kon beoordelen had niemand door dat hij haar achtervolgde, was niemand zich bewust van de dreiging die hij vormde.

Hij liep met gebogen hoofd en had zijn capuchon op, deed zo nu en dan of hij op zijn levenloze telefoon keek en zorgde ervoor dat hij de wat meer in het zicht hangende beveiligingscamera's meed. De zware parka en de verschoten spijkerbroek had hij in een kringloopwinkel gekocht en contant betaald om geen spoor achter te laten. Zodra hij had gedaan wat hij wilde doen, zou hij die verbranden, zodat er geen enkel spoor te vinden zou zijn van de figuur met de capuchon op die moeder en kind op de voet volgde. Het verliep tot nu toe volgens plan, ondanks zijn aanhoudende angst. Nu moest hij alleen nog een gelegenheid vinden om toe te slaan.

Dat bleek lastiger dan gedacht, want Courtney beperkte zich tot de hoofdstraten van de stad. Ze liep een McDonald's, een Wilkinson's en het postkantoor in en weer uit, en vervolgde toen haar weg. Mike bleef in de buurt, gespannen en alert. De adrenaline stroomde door hem heen. Hij begon nu ongeduldig te worden, zijn maag knorde, zijn mond was kurkdroog, maar hij moest en zou doorzetten. Hij had inmiddels drie berichten van de politie ontvangen, het ene nog dringender dan het andere, waarin ze hem met klem vroegen onmiddellijk contact op te nemen. Hij had geen idee of ze iets wisten, of ze erachter waren gekomen dat hij vertrouwelijke informatie over Courtney Turner had ontvangen, maar hij voelde intuïtief dat zijn kans om toe te slaan steeds beperkter werd.

Courtney liep weg uit het centrum en nam wat stillere straten om de kerstdrukte te vermijden. Ze liepen nu door een buurt met vooral woonhuizen, en dat betekende dat hij meer opviel, dus hield hij wat meer afstand, liep zo zacht mogelijk en hoopte maar dat ze niet zou merken dat hij achter haar liep. Courtney sloeg een hoek om, toen nog een, en hotste met de buggy over de ongelijke stoeptegels, terwijl ze gezellig wat neuriede. Met elke straat die ze doorliepen en dus steeds dichter bij haar huis kwamen, nam Mikes angst toe. Zou ze hem in dit stadium nog in verwarring brengen en zonder er erg in te hebben zijn plannen verijdelen? Het leek hem ondenkbaar dat haar dat zou lukken, maar ach, waarom ook niet? Ze had tot nu toe altijd haar zin gekregen. Waarom zou dat vandaag anders gaan? Toch kon hij die gedachte niet aan. Het was alsof de afgelopen tien jaar naar dit moment, naar deze dag hadden toegewerkt. Hij kon toch niet met lege handen naar huis gaan? En als dat wel gebeurde, wat dan? Mike werd beheerst door duistere gedachten, geplaagd door visioenen van mislukking en wanhoop, maar toen gloorde er toch hoop. Hij zag dat Courtney voor een kiosk stil was blijven staan, en meteen joeg er een stoot adrenaline door hem heen. Hij hield zelf ook stil, bukte zich om zijn veter te strikken en keek heimelijk toe hoe Courtney de buggy op de rem zette en met een gebruikte kraskaart in haar hand de winkel in ging. Hij kon het niet geloven. Was dit dan het moment waarop hij had gewacht? Maar kón hij het? Kon hij dit echt doorzetten?

Zijn hoofd bonkte en zijn handen beefden van angst. Maar ook al voelde hij het zweet over zijn wervelkolom kruipen, hij aarzelde niet, liep zelfverzekerd door, haalde de rem van de buggy en liep heel stil met de pruttelende baby weg.

114

'Moeten we nu weg?' vroeg Jack geschrokken.
Olivia keek haar cliënt aan. Sinds ze hier was, was hij al geagiteerd, afwezig en niet op zijn gemak. En nu kostte het hem dus moeite om eenvoudige instructies op te volgen.
'Ja, we moeten nu weg. Nu meteen.'
Hij knikte, maar leek nog steeds te aarzelen.
'Jack, we hadden een afspraak,' ging Olivia geërgerd verder. 'Oké, ik ben een beetje vroeg, maar je wist dat ik kwam. Dus kunnen we een beetje voortmaken? We hebben over een half uur een afspraak met het team van het bureau van Tottenham Hale, dus pak alles wat je nodig hebt, kleren, boeken, toiletartikelen, games, en gooi die in je tas. Je kunt je oude ID-kaart en je huissleutels hier laten, dat regelen we later wel. Oké, kom op, *vamos...*'
Olivia loodste hem naar de deur. Hij aarzelde, glimlachte flauwtjes en draaide zich toen om. Maar toen hij dat deed, keek hij even snel naar de andere kant van de kamer. Het ging zo snel dat je het niet had gezien als je even met je ogen had geknipperd, maar Olivia zag het wel, heel duidelijk. Ze reageerde er echter niet op, maar glimlachte, spoorde hem aan en trok hem mee naar de slaapkamer. Maar toen hij zijn weekendtas onder zijn bed vandaan haalde en begon te pakken, liep Olivia terug naar de keuken.

Ze liep snel naar de koelkast, trok die open, keek wat erin stond, keek in de vriezer, de groentela, maar gaf het toen op. Toen probeerde ze de koelkast iets van de muur te trekken om te kijken of daarachter soms iets verstopt zat, maar ook daar zag ze niets. Pas toen ze de koelkast weer tegen de muur duwde, zag ze het: een stukje van het zeil had van de vloer losgelaten. Ze ging meteen op haar knieën zitten, trok het omhoog en zag de kale planken eronder. Ze wist zeker dat ze iets te pakken had en wrikte de eerste de beste plank omhoog. In de holte eronder lag een tas. Gespannen en transpirerend haalde ze de tas eruit, trok de rits open en kieperde hem leeg. Een iPad en een standaard kletterden op de grond. Het geluid weerkaatste tegen de kale wanden. Onmiddellijk werd ze giftig: ze bleek gelijk gehad te hebben met haar vermoedens, met haar innerlijke overtuiging.

Nú wist ze waarom Jack niet had willen vertrekken.

115

Hij bonkte boos en gefrustreerd op de deur. Rechercheur Gary Buckland stond niet bekend om zijn geduld en dreigde dat nu ook te verliezen. Samen met zijn collega's had hij bijna achtenveertig uur achter Mike Burnham aan gezeten, maar de man leek van de aardbodem te zijn verdwenen. Ze waren twee keer bij hem langs geweest, hadden talloze berichten ingesproken, waren binnengevallen bij zijn ex-vrouw, waar een familiebijeenkomst plaatsvond, en hadden tekst en uitleg gekregen van zijn voormalige baas, Simon, die hun had verteld dat Mike er de laatste tijd met zijn gedachten niet bij was geweest en dat hij ook niet meer gemotiveerd was. Toch hadden ze nog steeds geen spoor van de man zelf gevonden, en hij wist dat Chandra Dabral daar woest om zou worden.

Gary bonkte nog een keer op de deur en vierde zijn frustratie bot op het levenloze huis door langdurig de bel in te drukken. Tot zijn verbazing hoorde hij opeens iets, en even had hij goede hoop... maar toen bleek de buurman van Burnham geërgerd en chagrijnig zijn hoofd door de voordeur naar buiten te hebben gestoken.

'Wat is er aan de hand, man? Hij is er niet, hij ís er niet.'

Gary keek de man even aan, maakte toen nonchalant zijn pasje los en hield het omhoog, zodat de man het kon bekijken.

'Politie, meneer,' antwoordde hij vernietigend. 'Dus als u het niet erg vindt...'
De man voelde zich tot de orde geroepen. 'O nee, natuurlijk,' reageerde hij snel. 'Ga uw gang. Hij is er alleen niet, dus het kan zijn dat u voor niks komt, meer niet.'
'U weet zeker dat hij niet thuis is?'
'Ja, hij is vanochtend vroeg met zijn auto vertrokken en is sindsdien niet terug geweest. Normaal gesproken zet hij hem hier voor de deur, dus u ziet dat hij er niet is. Hij heeft een donkerblauwe...'
'Volkswagen sedan, ja, dat weet ik. Dank u wel, we redden het verder wel.'
'Ik probeer alleen maar te helpen...' mopperde de buurman, en hij ging weer naar binnen.
Gary keek de man na en draaide zich toen om. Stoere praatjes, maar hij had eerlijk gezegd geen idee wat hij nu moest doen. Ze konden een signalement van zijn auto verspreiden en hopen dat de verkeerscamera's hem eruit zouden pikken, maar op de plekken waar je Burnham zou kunnen verwachten, hadden ze hem niet gezien, en dat baarde hem zorgen. Burnham had er wekenlang, maandenlang inmiddels, een heel strikte dagindeling op na gehouden. Zijn collega's bevestigden dat hij naar zijn werk kwam, dan weer naar huis ging, en hier alleen zo nu en dan van afweek om naar de supermarkt te gaan. Dus waarom was hij dan nu plotseling van de aardbodem verdwenen, was hij 's avonds laat thuisgekomen en er de volgende ochtend meteen weer vandoor gegaan? Waarom beantwoordde hij zijn e-mails niet, waarom belde hij niet terug? Hij moest onderhand toch weten dat ze hem dringend wilden spreken, dus waarom deed hij zo zijn best om contact te vermijden?
In beslag genomen door duistere gedachten liep Gary terug naar zijn auto. Ze hadden Burnhams mobiele communicatie op-

gevraagd en bij wijze van uitzondering toestemming gekregen om de inhoud van zijn berichten te bekijken. Zo waren ze tot de ontdekking gekomen dat hun ergste angsten werkelijkheid waren geworden. Mike Burnham had inderdaad informatie toegezonden gekregen over de verblijfplaats van Courtney Turner, en daar had hij niemand iets over verteld. Zijn familie niet, zijn vrienden niet, zelfs Graham Ellis niet, die zich nog steeds als een vader om de man bekommerde. Tel daar zijn grillige gedrag op zijn werk bij op en het beeld was helder: een gekwetste, verbitterde man, die totaal uit zijn evenwicht was geraakt toen hij had ontdekt dat de moordenaar van zijn dochter op amper een uur rijden bij hem vandaan woonde.

Het team had ogenblikkelijk contact gezocht met de politie van Essex, en er was op dit moment een team op weg naar het nieuwe adres van Turner, maar Gary vroeg zich af of ze niet al te laat waren. Het was vrijdag, maar Mike Burnham had deze informatie dinsdagochtend ontvangen. Wat had hij in de tussentijd gedaan? Wat voor plannen had hij gesmeed? Zou hij misschien iets gevaarlijks, iets onbezonnens van plan zijn? Het leek gestoord, want Burnham was op het oog niet gewelddadig, maar dat hij zo vastbesloten was om de politie te ontlopen, om onder de radar te blijven, deed bij Buckland alle alarmbellen rinkelen.

Waar zát die man in godsnaam?

116

'Waar is mijn kind? Waar is mijn kind?'
Courtney tuurde radeloos de straat af om Jailan te zoeken en krijste er verschrikkelijk bij. Ze had hier net nog gestaan, vlak voor de winkel, en nu was ze weg. Wat was er in vredesnaam gebeurd?
Ze voelde zich slap, giechelig, en kon niet geloven dat dit echt gebeurde. Ze was twee minuten weg geweest, ze had de buggy veilig neergezet in een rustige straat in een woonwijk, maar in die fractie van een seconde was hij verdwenen. Haar eerste gedachte was dat de rem het niet had gedaan. Met haar hart in haar keel rende ze de straat in en dacht dat ze haar lieve kindje wel moederziel alleen midden op straat in haar buggy zou zien staan... maar nee.
Courtney rende in paniek de hele straat door, keek tussen de geparkeerde auto's en rende toen aan de overkant terug. Alle mogelijke scenario's kwamen in haar op. Was Jailan op de een of andere manier uit haar buggy geklommen? Maar als dat was gebeurd, waar was ze nu dan? Ze kon alleen kruipen, dus ver kon ze dan niet zijn. Had een goedbedoelende oude dame de buggy gezien en was ze ermee naar het dichtstbijzijnde politiebureau gegaan? Dat was natuurlijk mogelijk, maar dan zou diegene echt vliegensvlug hebben moeten lopen om al uit het zicht te zijn ver-

dwenen toen Courtney de winkel uit kwam. Die persoon had de buggy dan zelfs bijna meteen nadat zij er naar binnen was gegaan hebben moeten meenemen, en dat sloeg nergens op, tenzij iemand hem met opzet had meegenomen...

Courtney voelde zich radeloos was totaal in paniek. Toch schreeuwde ze nog, brulde ze om haar dochtertje in de hoop op een reactie, in de hoop op een teken, al was het maar een schreeuw om hulp, maar er kwam niets. De straat was verlaten, levenloos.

Wat moest ze in vredesnaam doen? Moest ze de politie bellen? Haar contactpersoon bij de reclassering? Marcus misschien zelfs? Zou híj weten wat ze moest doen? Terwijl Courtney zich dit stond af te vragen, ging haar telefoon. Ze haalde hem uit haar jaszak, keek naar het nummer, hoopte dat dit gesprek redding zou brengen, een antwoord op dit afschuwelijke raadsel. Ze herkende het nummer niet, maar de timing was zo toevallig dat ze het niet kon negeren, dus nam ze zonder te aarzelen op.

'Hallo? Met wie spreek ik?' vroeg ze buiten adem, paniekerig.

Er volgde een korte stilte, en toen antwoordde een man. Hij fluisterde woorden die haar bloed deden stollen.

'Hallo Courtney. Met Mike Burnham spreek je.'

117

'Mag ik de naam?'
'Margaret Withers. Ze is gisteravond na een brand in Bedford hierheen gebracht.'
De receptioniste keek in haar systeem, en keek toen niet-begrijpend naar Robert Slater op.
'Weet u zeker dat ze naar dit ziekenhuis is gebracht?'
Robert deed net alsof hij op zijn telefoon keek.
'Lister-ziekenhuis, afdeling brandwonden. Dat zei mijn broer tenminste...'
'Nou, ik kan haar in het systeem niet vinden. Maar probeert u het anders even op de afdeling zelf, misschien dat ze daar iets weten. Vraagt u het maar bij de centrale balie op de tweede verdieping.'
'Dank u wel.'
Robert Slater liep al door; hij hield zijn hoofd gebogen om de vele beveiligingscamera's in de hal van het drukke ziekenhuis van Stevenage te ontlopen. Hij liep naar de lift, drukte op de knop en keek vol afkeer naar het groepje bezoekers en patiënten dat samen met hem geduldig stond te wachten. Normaal gesproken meed Robert ziekenhuizen als de pest – hij had er als kind, dankzij de gewelddadige woedeaanvallen van zijn vader, veel te veel tijd doorgebracht – maar vandaag maakte hij een uitzonde-

ring, om het karwei af te maken waaraan hij gisteravond was begonnen.

De liftdeuren gingen met een pingeltje open en hij stapte erin. De lift liep langzaam vol en toen hij omhoogging, voelde Robert in zijn jaszak aan zijn mes en ging met zijn vinger langs de gemene kartelrand. Het was een jachtmes, veel gebruikt, maar nog stevig, het enige wat hij nog uit zijn jeugd overhad waar hij aan gehecht was – een vluchtig moment van vrijgevigheid van zijn vader. Hij was nu blij dat hij het bij zich had. Met een mes wist je in elk geval waar je stond.

Hij had er nu ontzettende spijt van dat hij vuur als wapen had gekozen. Het had hem toen een passende wraakmethode geleken – Janet zou hetzelfde lot ondergaan als Gwyneth en Susan. Maar vuur was onvoorspelbaar, en hoe iemand erop reageerde ook. Hij had zeker geweten dat hij genoeg had gedaan om Janet te doden – hij had haar vastgebonden, de deur achter zich op slot gedaan – maar hij had vol afgrijzen gezien dat zijn jongere zus uit de in lichterlaaie staande caravan naar buiten was gevlogen en op het ijskoude gras was gevallen. Hoewel haar pijnkreten hem goed hadden gedaan, had Robert onmiddellijk geweten dat Janet niet zou doodgaan, dat hij had gefaald.

Robert was in een uiterst sombere stemming van het caravanpark weggevlucht. Zijn familie had deze missie aan hem toevertrouwd, en hij had hen moeten teleurstellen. Verbitterd had hij zijn auto weten te bereiken en was weggescheurd. Op een gegeven moment had hij zijn toevlucht genomen tot een parkeerplaats langs een verlaten weg, waar hij whisky had gedronken en had zitten balen van zijn pech, tot de futloze dageraad hem weer bij zinnen had gebracht. Hij wist dat Janet ernstige brandwonden moest hebben, dus was hij linea recta naar het Lister-ziekenhuis gereden, het dichtstbijzijnde ziekenhuis bij het caravanpark en het grootste ziekenhuis in Hertfordshire. Uit de aanwezigheid van politie op de parkeerplaats en in de hal had hij opgemaakt dat hij aan het juiste adres was, en onmiddellijk had hij zijn verlangen naar wraak weer voelen opspelen. Daarna had hij alleen even een kop sterke koffie en wat tijd nodig om nuchter te worden, en toen stapte hij uit, trok zijn pet diep over zijn ogen en liep vastberaden naar de hoofdingang toe. Hij zou Janet niet nog een keer laten ontkomen.

De liftdeuren gingen open en Robert liep de tweede verdieping op. Hij volgde de borden naar de brandwondenafdeling, wachtte tot de verpleegkundige even was afgeleid en glipte toen langs de balie de afdeling op. Het was een grote afdeling, met vanaf het midden drie gangen, maar Robert wist meteen waar Janet behandeld werd, want de geüniformeerde politieagent die in zijn eentje voor haar kamer de wacht hield, liet daar geen misverstand over bestaan.

Robert wilde absoluut geen onnodige aandacht trekken, dus keek hij de middelste gang in en deed net alsof hij de kamernummers bekeek, alsof hij probeerde vast te stellen of hij hier goed zat. Ondertussen hield hij de gang links van hem in de gaten. Twee verpleegkundigen passeerden hem, onderweg naar hun pauze. Na nog een schielijke blik wist hij dat er niemand op de linkergang te bekennen was, op die ene politieagent na.

Robert haalde diep adem, draaide zich om, kreunde luid en strompelde Janets gang in. Hij greep naar de muur, zwaaide heen en weer op zijn benen, deed een paar stappen in de richting van haar kamer en zakte toen op de grond in elkaar. Daar begon hij te stuiptrekken, met wild maaiende armen en benen, en naar adem te happen. Het bleef even stil – het leek wel een eeuwigheid te duren en Robert dacht dat zijn plan mislukt was, maar toen hoorde hij voetstappen zijn kant op rennen. Een paar tellen later zag hij het bezorgde gezicht van de agent, die zich over hem heen boog.

'Gaat het, man?'
Robert hield ogenblikkelijk op met stuiptrekken, greep de geschrokken politieagent bij zijn kraag en drukte de punt van het mes hard in zijn buik.
'Eén kik en ik snij je open als een vis. Begrepen?'
De geschrokken agent knikte. Hij zag lijkbleek.
'Doe wat ik zeg en er overkomt je niets. Doe je dat niet…'
Met deze onuitgesproken dreiging krabbelde Robert Slater overeind en duwde zijn hulpeloze gevangene voor zich uit de gang door. Verderop zag Robert een voorraadkamer, en hij liep er meteen naartoe, trok de deur open en duwde de agent naar binnen. De jongeman schrok en probeerde zich om te draaien, maar Robert was hem te snel af en sloeg hem met het heft van zijn mes hard tegen zijn achterhoofd. De agent zakte overrompeld op de grond in elkaar, en Robert propte hem snel een zakdoek in zijn mond en trok zijn armen op zijn rug. De man worstelde, maar verzet haalde nu niets meer uit. Robert haalde een stuk nylon koord uit zijn jaszak en bond zijn handen vast.

118

'Open hem, Jack. Open hem of ik meld het nu onmiddellijk.'
Olivia had Jack uit zijn slaapkamer gesleurd en hem met het bewijs geconfronteerd, dat nu op de keukentafel lag. Haar cliënt staarde naar de iPad alsof hij een spook zag.
'Ik zweer het, ik heb dat ding nog nooit gezien.'
'Niet doen. Gewoon niet doen,' beet Olivia hem toe, terwijl ze met een beschuldigende vinger naar hem priemde. 'Ik heb me in alle mogelijke bochten gewrongen om je te helpen. Ik heb voor je gepleit, ik ben voor je opgekomen, ik heb je beschermd, terwijl ik je eigenlijk had moeten aangeven. En dan krijg ik dít? Je wilde hier vanochtend niet weg omdat je dit dan moest achterlaten. Ik weet dat hij van jou is, dus maak open.'
 Hij aarzelde nog steeds en zag er bleek en zweterig uit, dus Olivia verloor haar zelfbeheersing, pakte hem ruw bij zijn arm en trok hem naar het apparaat toe.
 'Laat me los, u doet me pijn.'
 'Interesseert me geen reet,' antwoordde Olivia bars. 'Openen. Nu.'
 Jack zakte neer op de stoel en kermde zachtjes, maar maakte geen aanstalten te doen wat ze vroeg. Olivia werd woedend en gaf hem een harde klap boven op zijn hoofd, zodat hij opschrok en daarbij een zachte kreun liet horen. Toen boog hij zich einde-

lijk naar voren en tikte bliksemsnel zes cijfers in. Meteen verscheen er een chatroom, met links daarvan een inbox, die zich razendsnel met berichten vulde. Het aantal bleef maar stijgen.
'Ben jij dat?'
Jack knikte stuurs en bleef naar de tafel kijken.
'Dus die berichten zijn allemaal voor jou?'
Weer een nors knikje.
'Ga naar je verzonden berichten.'
'Olivia, alstublieft, ik heb hem geopend...'
'Uit de weg jij, ik doe het zelf wel.'
Ze duwde hem met haar schouder opzij, opende het postvak 'verzonden' en zag dat daar maar één ding in stond. Ze klikte het aan en begon te lezen.
'Hallo. Ik heet Dawn. Ik heb een dochtertje van drie dat klaar is om...'
Ze kon niet verder lezen. Jack draaide zich vernederd naar haar om.
'Olivia, het spijt me, ik wilde het niet doen...' zei hij op smekende toon.
Verder kwam hij niet. Olivia sloeg hem hard in zijn gezicht, zodat hij van zijn stoel op de grond viel. Hij werkte zich geschrokken omhoog op zijn knieën en zag dat Olivia dreigend over hem heen hing.
'Wat heb je in godsnaam gedaan? Al dat geld, al die tijd die we besteed hebben om je weer een leven te bieden, en dan doe je dít? Een paar dagen na je vrijlating al? Wat bezielt jou, Jack?'
'Het spijt me, het spijt me...'
Hij snikte nu met grote uithalen, met zijn handen voor zijn gezicht, pathetisch, verslagen, ontmaskerd.
'Ik vertrouwde je, ellendige...'
Ze hield zich nog net in en merkte dat ze stond te schreeuwen.
'Ik heb zin, heel veel zin, om jou hier gewoon te laten zitten,

Jack. Om je nu hier ter plekke aan je lot over te laten, dan kun je het verder lekker zelf uitzoeken…'

'Nee, alstublieft.'

'Maar ik ben, in tegenstelling tot jou, iemand die zich aan zijn woord houdt. Dus ik haal je hier weg, ik breng je ergens naartoe waar je veilig bent. En dan hebben we het hier nog over.'

Hij bleef op zijn knieën zitten en stak een hand naar haar uit, boetvaardig en onderworpen, maar die sloeg ze kwaad weg.

'Maar maak je geen illusies, Jack. Van nu af aan wordt het allemaal heel anders. We hebben geprobeerd je te helpen, je een nieuwe start in het leven te geven, we hebben je op je woord geloofd toen je zei dat je wilde veranderen, dat je een beter mens wilde worden. En wat krijgen we dan nu?'

Hij durfde haar nog steeds niet aan te kijken, maar ze pakte zijn kin beet en dwong hem ertoe.

'Je hebt ons al die tijd lopen besodemieteren.'

119

Chandra Dabral beende ongerust en ongeduldig op en neer door haar kantoor. Na haar ondervraging van Chambers had ze een lang gesprek gehad met zijn advocaat, waarin ze had benadrukt dat het voor haar cliënt gunstig was als hij een volledige bekentenis aflegde. Chandra's boodschap had niets aan duidelijkheid te wensen overgelaten, maar de reactie van Chambers' advocaat was teleurstellend geweest: de vrouw had bevestigd dat haar cliënt vasthield aan zijn onschuld. Chandra had haar teruggestuurd naar de ondervragingsruimte om haar cliënt op andere gedachten te brengen, maar daar was vooralsnog geen witte rook uit gekomen. Waarom duurde het zo lang? Wat viel er te bespreken? Hoofdinspecteur Draper had haar die ochtend al twéé keer gebeld om te vragen hoe het ervoor stond en haar smoesjes om hem aan het lijntje te houden raakten op.

Er werd aangeklopt, en Chandra keek verwachtingsvol op, maar toen ze zag dat het niet de agent van dienst was, betrok haar gezicht.

'Ik weet niet waar het over gaat, maar het zal even moeten wachten,' zei ze tegen rechercheur Reeves toen die naar haar toe gelopen kwam.

'Ik denk niet dat dat kan.'

'Later, Reeves. De ondervraging van Guy Chambers zit in een kritieke fase en...'

'Daarom moet u dit ook even zien.'

Haar ondergeschikte overhandigde haar een nieuwe getuigenverklaring, en een ongemakkelijk gevoel besloop Chandra.

'Wie is Sol Harrison?' vroeg ze toen ze zag wie de verklaring had ondertekend.

'Een straatmuzikant die in Reading woont en werkt.'

'Ga verder,' antwoordde Chandra op haar hoede.

'We hebben geprobeerd de precieze datum en het exacte tijdstip te bepalen waarop de foto van Emily Lawrence in Reading is genomen,' legde rechercheur Reeves uit. 'Zoals u al voorstelde, hebben we de foto online en in de kranten gepubliceerd en het publiek gevraagd of ze zichzelf erop herkenden. Heel veel mensen hebben ons gebeld, maar deze man heeft zichzelf op de foto gezien.'

'Maar er stonden helemaal geen mannen op die foto,' wierp Chandra ongeduldig tegen. 'Alleen een of ander oud mens met haar winkelwagentje en een jonge moeder.'

'Je ziet het niet meteen,' reageerde Reeves, en hij draaide de verklaring om. Op de achterkant stond de foto geprint. 'Maar hier in de etalage zie je iemands spiegelbeeld. Hij staat met zijn rug naar de winkel toe, maar...'

'Je ziet zijn silhouet, en de hals van zijn gitaar,' vulde Chandra voor hem in, want ze zag het nu zelf ook.

'Hoe dan ook, hij verkast vaak en speelt op allerlei verschillende plekken in Reading, maar hij weet zeker dat hij op de ochtend van 2 december voor de Tesco Metro aan het spelen was.'

'Herinnert hij zich dat of hebben we iets concreters? Parkeertickets, vervoersbewijzen?'

'Nog iets beters. Hij heeft zo'n elektronische pin, aangezien niemand tegenwoordig nog contant geld bij zich heeft. Die is

rechtstreeks verbonden met zijn bankrekening…'
Ze liet een uitdraai van zijn bankafschrift zien.
'… en daarop staan de datum, de tijd en het bedrag van al zijn fooien.'
Chandra bekeek snel de lijst met transacties en zoomde in op de data.
'Dus het lek dateert van 5 december, maar de foto van Lawrence is drie dagen eerder genomen. Dat betekent dus dat we Chambers op 2 december in Reading moeten plaatsen.'
'Dat is het probleem,' antwoordde Reeves schaapachtig. 'Guy Chambers was die dag in Parijs, waar hij een afspraak had met zijn Franse collega. Vandaar dat ik u even wilde spreken.'
Chandra keek haar ontdaan aan.
'Weet je het zeker?'
'Honderd procent. Zijn assistent heeft me zojuist zijn agenda gemaild. Die beslaat die hele maand november en december, en daarin kun je precies lezen waar Chambers op elk willekeurig moment was. Bovendien heb ik het online opgezocht. Er was een persconferentie die met zijn bezoek aan Parijs samenviel, een fotomoment. Guy Chambers was absoluut op 2 december in de Franse hoofdstad.'
Chandra kreeg even geen lucht meer en zakte neer op haar bureau.
'Het spijt me ontzettend, chef, maar ik vond dat u het moest we…'
'Maar hij móét het zijn,' hield Chandra vol. 'Zijn DNA zit op de telefoon waarmee de informatie is gelekt, waarmee die foto van Lawrence naar Immer Waakzaam is gestuurd. Betekent dit dat iemand hem erin probeert te luizen?'
'Of dat hij samenwerkt met degene die de foto genomen heeft.'
Met geen van beide suggesties kwamen ze een steek verder.
'Oké, ik ga weer met Chambers praten,' hoorde Chandra zich-

zelf zeggen, ook al tolde haar hoofd. 'Zeg tegen de rest van het team maar dat we terug moeten naar het begin. Wie was er op de betreffende dagen bij dat congres in Shepherd's Bush, wie was er op Oxford Circus en wie was er in Reading? Alles en iedereen onder de loep nemen. Námen moet ik hebben.'

Toen Reeves op een drafje wegliep om te doen wat ze vroeg, leunde Chandra zwaar op haar bureau en keek omlaag naar haar schoenen. Kon het zijn dat Chambers de waarheid sprak? Dat hij écht onschuldig was? Chandra haalde diep adem en probeerde zichzelf bijeen te rapen, maar haar gedachten buitelden over elkaar heen en ze voelde zich misselijk. Ze had het vandaag willen afronden, ze had Chambers definitief in de kraag willen vatten. Maar ze begreep er nu nog minder van dan ooit en voelde zich stuurloos. De dader van deze afschuwelijke misdrijven leek haar steeds weer te ontglippen.

120

'Zeg, wat een nare situatie, hè?'
Er klonk een vrolijkheid in Jeremy Firths toon door die Christopher Parkes op zijn zenuwen werkte. Hij was ontboden op de zesde verdieping en was er vanuit zijn kantoor snel naartoe gegaan, in de verwachting dat hij Firth daar ziedend over een of andere nieuwe ramp zou aantreffen, misschien zelfs op het punt om de handdoek in de ring te gooien. Maar tot Christophers verbazing maakte zijn baas die dag een opgewekte, zelfs nogal triomfantelijke indruk.
'Zijn er dan ontwikkelingen geweest?' vroeg Christopher, die niet probeerde te laten merken hoe ongemakkelijk hij zich voelde.
'In zekere zin, ja,' zei Firth plagerig, terwijl hij zijn plaatsvervanger indringend aankeek.
'Gaat het over Emily Lawrence? Is er iets gebeurd?'
'Daar gaat het prima mee. Nee, ik maak me zorgen om jóú.'
Hij glimlachte even snel zijn tanden bloot, en Christopher hád het niet meer.
'Ik had vanochtend Penny aan de lijn. Ze was erg overstuur en uitte de meest buitensporige beschuldigingen.'
Christopher reageerde niet, maar vanbinnen was hij op van de zenuwen en zijn hele lichaam klopte van angst.

'Volgens haar heb jij de afgelopen twee jaar een relatie met Olivia Campbell gehad, met als resultaat dat die nu zwanger is.'

Christopher staarde zijn baas aan en bracht toen alle schrik en teleurstelling in stelling die hij in zich had.

'O god, o Jeremy, wat erg. Het was nergens voor nodig om jou bij deze onzin te betrekken. Penny is altijd paranoïde geweest over Olivia, ben ik bang, geen idee waarom, en nu heeft ze het op de een of andere manier in haar hoofd gehaald dat we een soort relatie hebben gehad, wat pertinent onwaar is. Zoiets onprofessioneels zou ik nooit doen.'

'Dus je ontkent het?'

'Nou en of.'

'Dat dacht ik al, en daarom heb ik meteen na dat gesprek Olivia gebeld. Ze was net onderweg om Jack Walker op te halen. Ze heeft alles wat je vrouw zei bevestigd.'

Het bloed trok uit Christophers gezicht weg; hij snapte dat hij in een hinderlaag was gelopen.

'Dat brengt mij in een nogal lastige positie, Christopher,' ging Firth verder. 'Het komt qua timing nogal slecht uit, met alles wat er momenteel speelt, maar gezien de omstandigheden moet ik je vragen zelf te vertrekken.'

'Dan meen je niet?!' riep Christopher meteen uit.

'O, we hoeven er geen vertoning van te maken. Je kunt gewoon zeggen dat je vertrekt omdat je gezondheid te wensen overlaat of omdat je meer tijd met je gezin wilt doorbrengen. Wat jou maar het best lijkt voor Penny en jezelf.'

Firth glimlachte er breed bij, maar dit zogenaamde blijk van medeleven was flinterdun.

'Rotzak,' beet Christopher hem woedend toe. 'Je had het van meet af aan al op me gemunt, hè?'

'Nee, Christopher, jij hebt het op míj gemunt. Een beetje heulen met dat mens van de *Daily Mail*, mij eruit proberen te werken, mijn stoel aan het hoofd van de tafel proberen in te nemen.'

Christopher kon niets van dit alles ontkennen, en zijn stemming werd er niet beter op toen Firth zijn slotwoorden sprak.

'Maar die kans heb je nu wel vorstelijk om zeep geholpen, hè?'

121

Wat moest hij in vredesnaam tegen haar zeggen? Wat kon hij zeggen dat de gebeurtenissen van de afgelopen vierentwintig zou goedmaken?

Sam liep door de ziekenhuisgang en probeerde zijn emoties in bedwang te houden, maar hij wist dat hij elk moment kon instorten. Vóór het telefoontje van het Lister, om hem te vertellen dat zijn moeder was opgenomen, was hij al hevig geplaagd geweest door schuldgevoel. Hij vond het heel harteloos van zichzelf om haar in de steek te laten, om naar het huis van zijn parttimevader te vluchten, waardoor zij ten prooi was gevallen aan haar broer. Sam was gevlucht omdat het hem te veel was geworden, omdat hij boos en in de war was, maar als hij even de tijd had genomen om na te denken, als hij had gelúísterd naar wat zijn moeder zei, dan zou hij hebben ingezien dat ze alleen maar had gedaan wat volgens haar het beste was.

Ze had niet tegen hem willen liegen, maar was daartoe gedwongen door de rechtbank, door de reclassering en natuurlijk door haar eigen verpletterende schuldgevoel. Hij begreep nu hoe ze van haar verleden gruwde, hoe graag ze zichzelf wilde distantiëren van dat boze, gewelddadige meisje, en dat kon je haar toch niet kwalijk nemen? Ze had een afschuwelijke jeugd gehad, terwijl hij een warme, liefdevolle en stabiele jeugd had gehad. Ondanks het feit dat zijn ouders waren gescheiden had Sam nooit het gevoel gehad dat er niet van hem werd gehouden of dat hij niet gewenst was. Dat had hij die ochtend precies zo tegen zijn vader gezegd, terwijl die hem ervan probeerde te overtuigen dat hij niet naar zijn moeder toe moest gaan in het Lister-ziekenhuis, maar Sam liet zich niet van zijn plan afbrengen, want hij was vervuld van herinneringen aan de liefdevolle zorg waar zij hem in de loop der jaren mee had overladen. Toen Sam weer in een ziekenhuis was, moest hij er weer aan denken dat zijn moeder vroeger aan zijn bed had gezeten, tijdens en na zijn blindedarmoperatie, en toen besefte hij hoe slecht hij haar had behandeld, hoe verkeerd hij haar had beoordeeld, hoe graag hij het goed wilde maken. Hij hoopte maar dat hij nog op tijd was. Hij had geen idee hoe ernstig haar verwondingen waren en was bang dat het lot misschien wederom tussenbeide zou komen en hem de liefdevolle hereniging waar hij zo naar verlangde zou ontnemen.

Bij deze zorgwekkende gedachte sprongen Sam de tranen in de ogen. Hij knoopte zijn jas open en trok hem los, want hij had behoefte aan koele lucht. Het was bloedheet in het ziekenhuis, benauwd, geen frisse lucht. Plotseling voelde hij zich volledig overweldigd – de gebeurtenissen van de afgelopen twee dagen waren zo gruwelijk en wreed geweest dat je ze bijna niet kon geloven. Het idee dat zijn moeder was aangevallen en in die vuurzee was achtergelaten, was hem te veel. Hoe bang moest ze niet zijn geweest? Hoe eenzaam en angstig? En hoeveel pijn moest ze nu wel niet hebben?

Sam verzamelde al zijn moed en zette door. Hij loodste zijn onzekere stappen naar de balie van de brandwondenafdeling op de tweede verdieping. Toen hij kwam aanlopen, keek de verpleegkundige op. Hij trok zijn ID-kaart uit zijn zak en gaf die aan de vrouw.

'Sam Lawrence. Volgens mij ligt mijn moeder hier. Emily

Lawrence, al kan het zijn dat u haar hier onder een andere naam hebt…'

Hij aarzelde even of hij haar echte identiteit moest vertellen, want hij wist niet of dat wel mocht.

'Ik weet wie je bent,' antwoordde de verpleegkundige snel. Ze bekeek zijn ID zorgvuldig, keek toen naar hem op en zag hoe bedrukt hij keek. 'Maar ik moet eerst even met de politie praten, want er worden maar beperkt mensen bij haar toegelaten.'

Sam pakte zijn ID-kaart weer aan en voelde even iets van optimisme. Als de toegang streng werd gecontroleerd, dan leefde zijn moeder vast nog.

'Hoe gaat het met haar?'

De verpleegkundige hield even op met haar werkzaamheden en keek hem weer aan.

'Hoe erg gewond is ze?' drong Sam aan.

'Heel even, ik ben zo terug,' zei de vrouw ontwijkend, en ze liep snel weg.

Sam vloekte zachtjes. Had zijn moeder dan geen rechten meer? Waren haar misdrijven zo'n taboe, was haar bestaan zo'n goed bewaakt geheim dat haar eigen zoon niet eens mocht weten of ze dood was of nog leefde?

Sam stond ongeduldig wiebelend te wachten tot de verpleegkundige, een politieagent, wie dan ook terugkwam om hem uit zijn lijden te verlossen. Er gingen dertig seconden voorbij, toen een minuut, en toen kwam eindelijk de verpleegkundige terug. Ze keek moeilijk, maar zette een glimlach op, ging weer achter haar bureau zitten en haalde haar zender uit haar zak.

'Wacht hier even. Ik moet…'

Ze legde het verder niet uit, maar liep druk in haar zender pratend weg naar het hoofdgedeelte van het ziekenhuis. Sam verstond niet wat ze zei, maar hij vond haar gedrag zeer alarmerend. Er was iets niet in de haak.

Sam kwam opnieuw in beweging, zijn intuïtie dreef hem voort. Toen hij bij een kruising kwam, zag hij drie gangen die ieder naar een ander deel van de afdeling liepen. Zijn moeder kon wel in elke kamer liggen, dus welke kant moest hij op? Waarschijnlijk zou er ergens iets van politiebewaking staan, gezien het feit dat Robert Slater nog op vrije voeten was, maar vreemd genoeg waren alle drie de gangen leeg. Welke moest hij dan kiezen? Links? De middelste? Rechts? En ging hij nou echt al die gangen in en dan in elke kamer kijken? Zou hem dat lukken en zou hij ook de goede kamer vinden vóórdat de verpleegkundige terug was?

Sam hakte de knoop door en liep naar de middelste gang. Maar terwijl hij dat deed, zag hij iets in zijn ooghoek waardoor hij bleef staan. Aan het eind van de linkergang was iemand door een deur naar buiten gekomen. Sam zette een stap achteruit en draaide zich ernaartoe, in de hoop dat het een politieagent of een arts was, in elk geval iemand die hem gerust kon stellen. Maar de persoon die hij tegenover zich zag was duidelijk geen zorgmedewerker, ook al was hij net uit een voorraadkamer gekomen. Hij had een sjofele spijkerbroek aan en een parka die onder de vlekken zat, en hij had een honkbalpet op, diep over zijn ogen getrokken. Sam was meteen gespannen, want het voorkomen van deze man alarmeerde hem. De man gedroeg zich gejaagd, bewoog zich schielijk, en leek zijn gezicht per se naar beneden gericht te willen houden.

'Hallo?'

Sams stem galmde door de gang en er kwam meteen reactie. De man keek op, en Sam bleef als aan de grond genageld staan. Het boosaardige, getergde gezicht dat hem bars aanstaarde was dat van zijn oom, Robert Slater. Een man die hij nog nooit eerder had gezien, maar wiens gezicht in alle nieuwsuitzendingen was getoond.

'Wat doet jij hier?' vroeg Sam bits.

Slater antwoordde niet; hij was duidelijk geschrokken dat hij zijn neef hier zag. De man en de jongen keken elkaar aan, met het hele stuk gang tussen hen in, en daagden elkaar uit de volgende stap te nemen. Toen nam Slater een besluit, trok een mes uit zijn zak en rende de gang door. Sam aarzelde geen moment en stormde op de man af. Slater was snel, kwam slippend tot stilstand voor de deur van een eenpersoonskamer en duwde die open. Sam had maar een fractie van een seconde de tijd om te reageren, rende naar zijn oom toe en stortte zich op hem, zodat ze allebei achteruitvlogen.

Heel even hing de wereld op zijn kop, en toen vielen ze allebei op de grond, Sam tegen de muur aan de andere kant van de gang. Hij werkte zich buiten adem overeind, maar zag dat Slater alweer stond en een luguber uitziend mes voor zijn gezicht hield.

'Twee voor de prijs van één, hè?' zei hij spottend. 'Mij best, hoor.'

Slater viel aan en stak met het mes naar Sams keel. Sam trok zijn hoofd snel naar links, waarmee hij de stoot ontweek en het mes in het pleisterwerk drong. Slater rukte het los, maaide wild naar Sam en raakte hem boven in de schouder. Zijn slachtoffer had zich echter net op tijd weggetrokken, want het mes ging door katoen en niet door vlees, zodat Sam ongedeerd bleef. Slater strompelde verder, maar draaide zich snel om en maakte zich, terwijl hij stond te wankelen op zijn benen, klaar om nog een keer toe te slaan.

'Ga dan!' gilde Sam. 'Ga dan, misschien kun je nog wegkomen.'

'Maar ik wíl helemaal niet wegkomen,' siste Slater akelig. 'Ik wil dat wijf vermoorden. En tenzij jij ook dood wilt, zou ik maar maken dat ik wegkwam, jochie…'

'Ik ga helemaal nergens naartoe,' antwoordde Sam boos, en hij ging voor de open deur staan.

'Daar riskeer jij je leven voor?' zei Slater spottend met een knikje naar de kamer. 'Snap je het dan nog niet? Je moeder is een stuk tuig.'

Sam staarde zijn oom aan, en met elk woord dat hij zei, werd zijn woede groter.

'Tuig dat al jaren geleden had moeten worden afgemaakt. Ze heeft twee meisjes vermoord, twee onschuldige meisjes. Als er gerechtigheid bestaat, hadden ze haar indertijd al moeten ophangen.'

Sam voelde zijn woede kolken. Waarom hield die vent zijn bek niet?

'Nou ja, beter laat dan nooit, hè?'

Slater zette een stap naar Sam toe en hief zijn mes. Hij dacht blijkbaar dat de jongen uit de weg zou gaan, dat hij zijn hachje zou redden, maar in plaats daarvan zette Sam drie stappen naar voren en gooide zijn hoofd tegen het gezicht van zijn oom. Slater had dit niet zien aankomen en had geen tijd om weg te duiken. Sams voorhoofd knalde tegen zijn neus. Brullend van de pijn zakte Slater op de grond in elkaar. Sam stortte zich meteen op hem en sloeg hem het mes uit zijn hand. Zijn oom probeerde zich half verdoofd los te wurmen, maar Sam hield zijn armen al met zijn knieën tegen de grond gedrukt, hief nu zelf zijn vuist en liet die hard neerkomen. Deze keer voelde hij Slaters neus breken, en zijn slachtoffer krijste het uit van de pijn. De adrenaline joeg door Sam heen, en hij ging gewoon door. Opnieuw hief hij zijn vuist en liet die neerkomen. Het bloed sproeide uit Slaters slaphangende mond.

'Jij gaat hiervoor boeten, klootzak,' fluisterde hij.

Weer een dreun, en Slaters hoofd sloeg tegen de grond.

'Jij gaat boeten voor wat je haar hebt aangedaan.'

Opnieuw sloeg hij toe, en nu draaiden de ogen van zijn slachtoffer omhoog in hun kassen, zodat alleen nog maar wit te zien was. Slater raakte duidelijk buiten bewustzijn, maar Sam hield niet op, deelde stoot na stoot uit en brulde van woede en pijn. Hij wilde niet stoppen, hij kón niet stoppen, hij wilde die schoft die zijn moeder had bedreigd kapotmaken. Maar toen werd Sam opeens naar achteren gerukt, en twee sterke armen trokken hem weg uit het gevecht. Sam kreunde van de pijn en voelde dat zijn polsen op zijn rug werden gehouden en een politieagent die buiten adem was hem omdraaide en met zijn gezicht hard tegen de muur drukte.

Sam keek hijgend om, de handboeien sneden in zijn huid. De pijn leek hem weer bij zinnen te hebben gebracht en hij keek vol afgrijzen naar de bewusteloze bloedende man op de grond. Wat had hem bezield? Wat had hij gedáán?

122

De buggy hotste over de hobbelige grond, zodat zowel het goedkope metalen frame als de ontevreden inzittende door elkaar werd geschud. Maar Mike hield de pas er flink in, duwde de wagen over de rottende bergen vuilnis, hotste over de weggegooide rotzooi en genoot van elke gemene schok. Het liep niet gemakkelijk, maar op de verlaten vuilnisbelt had je een heleboel bergen vergaan afval, en Mike wilde die per se allemaal gehad hebben. Jaren geleden wemelde het hier nog van de mensen die allemaal braaf hun afval kwamen inleveren, maar tegenwoordig was de vuilnisbelt min of meer vergeten en verlaten, op Mike en zijn tegenstribbelende metgezel na.

Het voorwiel stootte tegen een betonblok, waardoor de buggy bijna omviel, maar Mike trok hem terug, loodste hem om het obstakel heen en ging verder. De huilende baby was daarnet al ontevreden geweest, maar nu was ze echt hysterisch, en de schok van de knal had haar verdriet nog twee keer zo groot gemaakt. Haar gegil doorboorde de doodse stilte van deze desolate plek... maar had geen invloed op haar plaaggeest. Mike hoorde het wel en het oorverdovende gekrijs drong wel tot hem door, maar het betekende niets voor hem, hij voelde níéts. En dat was maar goed ook, als je bedacht wat hij zo meteen ging doen.

Hij begon moe te worden, raakte bezweet en was buiten adem,

maar hij gaf niet op. Elke keer dat hij in de verleiding kwam om wat langzamer te gaan lopen of zelfs stil te houden, zag hij Jessica weer voor zich, die door twee vrolijke meiden al deze afschuwelijke vuilnishopen op en weer af werd gereden. Zij hadden geen genade, geen medelijden getoond, en genoten van Jessica's marteling – die hadden ze verdomme zelfs gefilmd – dus waarom zou hij die wel tonen? Deze woede, deze haat dreven hem voort, en hij bleef de buggy over het ruige terrein duwen, ook al protesteerde het frame en dreigden de rondtollende wielen het elk moment te zullen begeven.

Maar toen hoorde hij vlakbij een geluid dat hem dwong langzamer te gaan lopen en te luisteren. Hij keek om zich heen, tuurde de vuilnisbelt af en zag in de verte dat iemand zich door het gat in het hekwerk naar binnen wurmde. Hijgend en gespannen keek hij of hij kon zien wie het was. Tot zijn opluchting herkende hij Courtney Turner. Ze kwam overeind en rende naar hem toe.

Hij maakte echter geen aanstalten om de berg af te dalen en tuurde de horizon af om te kijken of er nog meer indringers waren. Courtney had ogenblikkelijk gereageerd op zijn verzoek naar hem toe te komen. Ze had aan de telefoon gezegd dat ze meteen kwam, maar hij achtte haar ertoe in staat hem te belazeren. Had ze de politie gebeld? Of haar vriend? Het was echt iets voor haar om hem erbij te lappen, om met een list te voorkomen dat hij het recht zijn natuurlijke loop kon laten nemen, maar tot zijn opluchting zag hij dat ze helemaal alleen was.

'Alstublieft, geef haar terug...'

Hij draaide zich om en zag dat Courtney zich op hooguit dertig meter afstand bevond van de roestende berg rotzooi waar hij op stond.

'Staan blijven,' brulde hij.

Maar ze liep door.

'Ik meen het,' zei hij dreigend. 'Staan blijven of ik...'

Nu bleef de jonge moeder staan, doodsbang voor wat hij haar kind zou kunnen aandoen.

'Alstublieft, laat haar gaan. Ze begrijpt hier niets van, ze heeft niets verkeerds gedaan...'

'Mijn Jessica ook niet,' siste Mike terug. 'Zij had jou niets aangedaan en toch heb je haar vermoord. Gestenigd, terwijl ze sméékte om genade...'

Dit kwam hard bij de jonge vrouw aan, en ze kromp ineen alsof ze fysiek pijn had.

'Weet je nog wat ze zei?' zei Mike, die nu de berg af kwam en de buggy ruw voor zich uit duwde. 'Weet je nog hoe Jessica je gesméékt heeft om op te houden? Dat weet je vast nog wel. Jij en je vriendinnetje moeten dat filmpje tientallen keren bekeken hebben...'

'Meneer Burnham, alstublieft, het was niet...'

'Waag het niet mijn naam te zeggen. Je hebt het recht niet om...'

'Echt, zo is het niet gegaan,' hield de jonge vrouw huilend en doodsbang vol. 'Ik zwéér het.'

'Zo is het precies gegaan. Hoe meer Jessica smeekte, hoe meer jullie ervan genoten.'

'Nee...'

'Hoe hulpelozer ze was, hoe leuker jullie het vonden.'

'Ik was gewoon een gestoord kind, ik wist niet be...'

'Nou, nu ga je voelen wat zíj gevoeld heeft,' onderbrak Mike haar woest. 'Jij gaat erachter komen hoe het voelt om volkomen hulpeloos te zijn, in de steek gelaten, gemarteld...'

Courtney keek als gestoken op; haar schaamte en verdriet maakten plaats voor onversneden angst. Haar ogen schoten van haar krijsende kind naar haar kwelgeest, en toen zette ze een stap naar voren.

'Ik smeek u. Doe haar niets aan. Ze is alles wat ik heb.'

'En míjn kind dan?' schreeuwde Mike terug.

'Alstublieft,' zei Courtney huilend. 'Ik doe alles wat u wilt.'

Ze kwam nog een stap dichterbij, want ze kon niet wachten om met haar kindje herenigd te worden. Maar terwijl ze dat deed, haalde Mike de hamer uit zijn zak en hield die hoog boven het krijsende kind.

'Alstublieft, niet doen!' gilde Courtney, en ze stak haar handen naar hem uit.

'Nog één stap en ik...'

'Oké, oké...'

Courtney liet zich zachtjes jammerend op haar knieën vallen ten teken dat ze zich gewonnen gaf. Mike bleef staan waar hij stond, met zijn hamer in de lucht, en genoot van haar angst.

'Wat wilt u? Ik doe alles...' smeekte Courtney met overslaande stem.

'Ik wil gerechtigheid.'

Courtney keek met grote angstogen naar hem op.

'Iemand moet boeten voor de dood van Jessica. Oog om oog.'

Courtney bleef naar haar krijsende kind kijken, en Mike verstevigde zijn greep om de hamer en spande zijn arm aan om toe te slaan.

'Niet mijn kind, alstublieft, niet mijn kind...'

Mike hief zijn arm tot hoog boven zijn hoofd en liet de hamer rondzwaaien.

'Nee...'

Courtney stormde naar hem toe, wierp zich aan zijn voeten en greep zijn broekspijpen vast.

'Ze is mijn alles. Het enige wat ik in mijn leven ooit goed heb gedaan,' smeekte ze. 'Ik smeek u om medelijden met haar te hebben, ik smeek u om genade...'

'Er bestaat geen genade meer, Courtney. Dat is een gepasseerd station.'

'Neem mij dan.'
Mike wilde al toeslaan, maar dit plotselinge verzoek verbaasde hem, waardoor hij even wachtte.
'Als u iemand iets moet aandoen, dan mij. Ik was verantwoordelijk, ík heb Jessica pijn gedaan.'
Mike aarzelde nog, want hij vertrouwde het niet helemaal.
'U hebt gelijk: ze heeft me inderdaad gesmeekt om op te houden,' ging Courtney verder. 'En weet u? Het deed me niks. Ik vond het zelfs leuk om haar pijn te doen. Ik zou het allemaal zo weer doen...'
In Mikes oren zwol een laag ronkend geluid aan. Hij wist dat Courtney hem ophitste, dat ze hem bespeelde, maar hij kon zijn stijgende woede niet onderdrukken.
'Ik zou er alles voor overhebben om weer die blik op haar gezicht te zien. Om haar zielige gejammer te horen. Hou op, Courtney, alsjeblieft, hou op...'
Hij verstond haar niet goed meer, want Mikes zintuigen werden vertroebeld door zijn razernij.
'Dat wilde u toch horen?' stookte Courtney hem nog verder op. 'Nou, ik heb het gezegd. Doe nu maar wat u moet doen.'
'Met alle plezier.'
En terwijl Mike deze woorden brulde, zette hij een stap naar voren en ramde de hamer tegen de zijkant van Courtneys hoofd.

123

Ze bleven dicht bij de muur en liepen snel het steegje door. Tot nu toe hadden ze ongestoord kunnen doorlopen en hadden ze via het tuinhek aan de achterkant van het huis ongemerkt kunnen vertrekken. Maar zowel Olivia als Jack wist dat overal gevaar kon dreigen, dus ze treuzelden niet en liepen snel door de steeg aan de achterkant, die parallel aan de straat liep.

'Hoe laat hebt u afgesproken?' vroeg Jack, die zwaar ademde.

'Over vijf minuten,' antwoordde Olivia met een bezorgde blik op haar horloge.

'Waar?'

'Op de parkeerplaats van station Tottenham Hale. Daar is het druk, daar lopen veel mensen. Daar zouden we veilig moeten zijn.'

'Hadden we niet gewoon een taxi kunnen nemen in plaats van zo rond te sluipen?'

'Nee, uitgesloten,' reageerde Olivia snel. 'Geen buitenstaanders, geen mensen die wij niet kennen. De beste manier om jou op dit moment in leven te houden is te zorgen dat niemand hier iets van weet.'

Jack knikte, maar zei niets; de gedachte aan het gevaar dat hij liep maakte hem heel gespannen, en toen Olivia's telefoon een luide *ping* liet horen, schrok hij dan ook op. Hij keek goed naar

haar terwijl ze het bericht stond te lezen; even betrok haar gezicht en toen stopte ze de telefoon weer in haar zak.
'Wat is er? Is er iets?'
'Nee, niks,' antwoordde ze kortaf. 'Ze zijn een paar minuten later. Maar wij eerlijk gezegd ook. Oké, we komen zo meteen uit op Glendale Road. Vandaar is het maar een klein stukje naar station Tottenham Hale, maar dan zijn we wel zichtbaarder. Dus hou je hoofd gebogen en blijf vlak achter me, oké?'
'Prima.'
Meer kon Jack niet zeggen, en zijn stem klonk nu helemaal geknepen van de spanning. Ze vertrokken weer, maar Jack bleef bijna meteen weer staan en pakte Olivia's mouw vast.
'Wat nou weer?' vroeg Olivia verbaasd.
Ze keek op en volgde zijn blik. Aan het begin van de steeg was opeens iemand verschenen die recht op hen afgelopen kwam. Olivia's hart sloeg als een gek en ze kneep haar ogen tot spleetjes om de indringer te peilen. Wie was deze man? En wat betekende het dat hij opeens de steeg in liep? Langzaam slaakte ze een diepe zucht van verlichting. Het was een bejaarde die even een ommetje ging maken en geen dreiging vormde. Ze trok Jack mee, passeerde de man snel en negeerde zijn nieuwsgierige blikken. Ze hadden geen tijd te verliezen.
Toen ze bij het eind van de steeg aankwamen, gingen ze weer iets langzamer lopen. Olivia keek naar links, naar rechts, toen weer naar links, maar Glendale Road lag er verlaten bij, want de kinderen zaten allang op school.
'Kom.'
Ze liepen zwijgend de straat door, bleven uit de buurt van de geparkeerde auto's en tuurden de straat vóór hen af. Olivia's telefoon begon te rinkelen, maar dat negeerde ze, want ze had alleen maar aandacht voor wat haar nu te doen stond. Ze kwamen al snel bij het begin van de straat, sloegen Nevis Road in en zagen

verderop het bekende bord. Station Tottenham Hale was nog maar vijfhonderd meter. Nu zou niemand hen toch meer de voet dwars kunnen zetten?

'Oké, de laatste meters zijn het belangrijkst. Alert blijven.'

Ze liepen behoedzaam verder, al hun zintuigen op scherp voor eventueel gevaar. Ze waren heel dichtbij, maar Olivia voelde hoe gespannen en bang Jack was. Ze keek even naar hem en zag het zweet over zijn slaap druppelen. Tot haar verbazing pakte hij haar hand en hield die stevig vast. Het was uiterst ongepast en ze moesten voor de buitenwereld een heel raar stel lijken, maar Olivia stond het toe en hield zijn hand vast tot ze bij de ingang van het parkeerterrein waren aangekomen. Toen glimlachte ze hem bemoedigend toe, trok haar hand los en keek op haar horloge.

Precies 11.16 uur.

'Oké, over ongeveer twee minuten word je opgehaald. Het is een busje, een Renault Movano, kenteken OE16VXL. De bestuurder heet Steve Fielding, oké? Er zijn nog meer agenten bij, maar daar hoef je niet mee te praten. Mond houden en je met niemand bemoeien, oké?'

Jack knikte, gespannen maar opgelucht.

'Nou, we hebben het geflikt, Jack. Hier stopt mijn bemoeienis. Succes verder.'

De jongeman knikte, bleek en geëmotioneerd, en kwam toen opeens op haar af en omhelsde haar.

'Dank je wel, Olivia,' fluisterde hij, terwijl hij haar tegen zich aan drukte. 'Het spijt me ontzettend...'

'Mij ook,' antwoordde Olivia vlak. 'Nou, kom op, geen aandacht trekken nu.'

Olivia maakte zich van hem los, draaide zich om en liep snel weg. Hun relatie was ten einde, hun samenwerking voorbij, en daar was ze niet rouwig om, al merkte ze dat haar cliënt daar anders over dacht. Hoewel ze niet durfde om te kijken en hem daar niet alleen wilde zien staan, had ze nadrukkelijk het gevoel dat zijn ogen haar volgden tot ze uit het zicht was verdwenen.

124

'Ik heb toch gezegd dat ik onschuldig was?'
Guy Chambers keek Chandra met vuurspuwende ogen aan.
'Het is onze taak dat vast te stellen,' antwoordde Chandra gepikeerd. Zijn toon beviel haar niet. 'Dus misschien zou u wat minder hoog van de toren willen blazen?'
Chambers haalde zijn schouders op, maar zei niets – hij vertrouwde haar duidelijk nog steeds voor geen cent.
'Uw assistente heeft ons eerder op de dag uw agenda gestuurd. Die beslaat de periode van 1 november tot 24 december van dit jaar. Kunt u bevestigen dat dit uw agenda is?'
Chandra schoof hem over tafel de geprinte pagina's toe, en Chambers keek ernaar. Hij was zo te zien geïrriteerd door dit blijk van afvalligheid van zijn assistente, maar een kort knikje kon er nog net af.
'Nadat wij tot de ontdekking waren gekomen dat u op 2 december, toen de foto van Emily Lawrence is genomen, in Parijs was, heb ik uw agenda bestudeerd om te kijken of ik daarin een connectie kon vinden met iemand die hetzij beruchte misdadigers begeleidt, hetzij toegang heeft tot vertrouwelijke informatie, iemand van de reclassering of van het ministerie van Justitie. En daarbij is mij één naam opgevallen: Olivia Campbell.'

Het bleef even stil, en toen barstte Guy Chambers in lachen uit.

'Liv? Dat meent u niet. Olivia is een zeer toegewijde ambtenaar – té toegewijd, als u het mij vraagt. Bovendien is ze een vriendin van me.'

'We zijn toch haar gangen nagegaan, en dan met name haar telefoongebruik. De locatiegegevens doen vermoeden dat ze op de betreffende dagen in Shepherd's Bush, op Oxford Circus én in het centrum van Reading was.'

'Nee, dat kan gewoon niet. Dat moet toeval zijn.'

'Ik geloof niet in toeval, en bovendien heeft ze in het verleden contact gehad met Mark Willis,' ging Chandra krachtdadig verder, terwijl ze naar het personeelsdossier van Campbell wees. 'We moeten alles nog met elkaar in verband brengen, maar ze schijnt Willis te hebben begeleid toen hij net uit de gevangenis kwam, toen ze in de regio Manchester werkte. Ze is zes weken zijn contactpersoon geweest, en toen heeft ze zich plotseling ziek gemeld, vlak voordat ze naar het zuiden werd overgeplaatst.'

'Daar heeft ze tegen mij nooit iets over gezegd,' antwoordde Chambers aarzelend. Hij was opeens een stuk minder zelfverzekerd. 'En dat is vreemd, gezien alles wat er gaande is. Ik zou verwacht hebben dat Liv me wel had verteld dat ze hem kende.'

Chambers leek zich met deze onthulling niet goed raad te weten, en Chandra maakte hier meteen gebruik van.

'Volgens uw agenda hebben jullie twee dagen geleden samen geluncht, klopt dat? In de Cinnamon Club?'

'Ja, dat klopt,' antwoordde Chambers vlug. 'We hebben het gehad over de ongelooflijke chaos op haar en mijn werk.'

'Wat herinnert u zich verder nog van dat gesprek?'

'Niets. Het was een gewone lunch; we hebben in de loop der jaren tientallen keren met elkaar geluncht. We zijn oude studievrienden...'

Chandra liet deze informatie even op zich inwerken en dacht na. 'U zei daarstraks dat iemand u erin had geluisd,' zei ze toen, 'dat iemand u de schuld in de schoenen wilde schuiven, úw DNA op de telefoon heeft aangebracht. Zou Olivia Campbell dat gedaan kunnen hebben?'
'Ik zou niet weten hoe ze...' antwoordde Chambers stamelend. 'We zijn amper een uur bij elkaar geweest.'
'Ze heeft u niet op enig moment een telefoon gegeven, u trots een nieuwe telefoon laten zien of...?'
'Nee, dat is niet gebeurd.'
Chambers keek haar met een verbijsterde en ongemakkelijke blik aan en vroeg toen: 'Weet u om wat voor soort DNA het gaat? Bloed? Zweet? Huidcellen?'
'We weten het niet helemaal zeker, maar we denken dat het slijm of speeksel was. Je kunt natuurlijk speeksel afgeven terwijl je praat, en als je niest verspreid je slijm, ziektekiemen en dergelijke, maar we hebben het hier over een forse hoeveelheid, dus...'
Chandra maakte haar zin niet af, maar Chambers werd opeens lijkbleek.
'Shit.'
'Wat is er, Guy?' vroeg Chandra op dringende toon.
'Nou, het heeft misschien niets te betekenen, maar... ik was die dag ook snipverkouden. Mijn neus liep aan één stuk door.'
'En?'
'En ik had een zakdoek bij me, een zakdoek met een monogram, die ik van mijn broer heb gekregen. Ik weet zeker dat ik die tijdens onze lunch bij me had, maar toen ik hem later die middag nodig had, kon ik hem niet vinden.'
'Maar hoe zou Olivia die van u afgepakt moeten hebben? Die moet u toch ergens in uw zak hebben gehad?'
'Ja, die had ik ook in mijn zak...'
Chambers pijnigde zijn hersens, en plotseling viel het kwartje.

'Ik weet het opeens weer: ik legde die zakdoek op tafel, en toen ging mijn telefoon. Het was het ministerie: ze belden om me te vertellen dat Andrew Baynes vermoord was. Ik ben er meteen vandoor gegaan, Olivia zei dat zij wel zou afrekenen. Ik moet hem op tafel hebben laten liggen, zij moet hem hebben meegenomen...'
Chandra keek hem indringend aan. Het leek vergezocht, maar Chambers leek er volledig van overtuigd.
'Maar waarom, Guy? Waarom zou Olivia dat doen? Waarom zou ze u en haar roeping op die manier verraden?'
Chambers aarzelde weer en oogde zeer aangeslagen.
'Ik heb werkelijk geen idee,' antwoordde hij toen.

125

Het busje remde abrupt en kwam vlak voor hem slippend tot stilstand. Het was er zo opeens en Jack schrok er zo van dat hij heel even aarzelde, van slag doordat het met zo'n vaart en zo onopgemerkt naar hem toe was gereden. Maar toen zag hij het kenteken – OE16VXL – en zakte zijn angst meteen. Dit was het busje. Dit was zijn vluchtauto, zijn redding.

Het portier aan de bestuurderskant ging open en een potige man in een waxjack en met een honkbalpet op liep naar hem toe. Hij hield zijn hoofd gebogen en leek liever geen aandacht te trekken, maar stak niettemin ter begroeting een hand naar hem uit.

'Steve Fielding.'

Jack schudde de hand. Hij was ontzettend opgelucht.

'Aangenaam. Ik ben Jack Walker.'

'Ja, dat snap ik. Zullen we dan maar?'

Hij schoof de zijdeur open. Vanbinnen was het busje helemaal leeg, er zaten alleen drie gehurkte mannen in trainingspak in. Jack zette een stap naar voren, maar bleef toen staan; hij begreep niet waarom deze mannen ook naar de grond keken, en niet naar hem opkeken.

'Wat is er?' vroeg Fielding boos. 'We moeten gaan.'

'Niks, ik dacht alleen...' stamelde Jack, overmand door een

slecht voorgevoel nu hij hoorde dat de bestuurder met een Southend-accent sprak.

'Vooruit met de geit, Kyle. We hebben niet de hele dag de tijd.'

Hij schrok zich dood toen hij zijn echte naam hoorde. Jack probeerde zich in blinde paniek om te draaien, maar voor hij dat kon doen, dreunde er een vuist tegen zijn achterhoofd, zodat hij voorover het busje in viel. Hij werd door allerlei handen vastgepakt en naar binnen gehesen. Half verdoofd en in de war probeerde hij te schreeuwen, maar toen de zware metalen deur dichtschoof, werd zijn angstkreet gesmoord.

Een paar tellen later reed het busje de parkeerplaats af. De richtingaanwijzer ging keurig aan en het busje reed in een rustig tempo weg van het station. Pas op Glendale Road werd er gas gegeven. Vanaf haar hoge positie op de voetgangersbrug voor reizigers zag Olivia het busje wegrijden, zag ze Jack voor altijd uit beeld verdwijnen. Toen draaide ze zich langzaam om en liep weg.

126

Ze kroop over de ruwe grond en groef haar gescheurde nagels in de koude harde aarde.

In een radeloze poging aan de aanhoudende klappen te ontkomen bewoog Courtney zich onhandig, gedesoriënteerd, wankel en kreunend van de pijn voort over het vuilnis. Mike volgde haar, bepaalde wanneer hij een slag wilde uitdelen, maakte zijn slachtoffer uit voor van alles en nog wat, ook toen hij de stompe kop van de hamer in haar ribben ramde.

Courtney gilde het uit en zakte in elkaar, waarbij ze met haar gezicht tegen de ijskoude grond sloeg, maar werkte zich toen weer op handen en knieën omhoog. Ze had geen idee welke kant ze op ging, maar ze wist dat ze aan haar belager moest zien te ontkomen. Die rook bloed en cirkelde zelfs nu nog om haar heen. Ze ademde oppervlakkig en haperend, ze zag wazig, elk bot in haar lichaam deed pijn, maar ze bleef verder strompelen in een poging te ontkomen aan de straf die onherroepelijk zou volgen. Ze wist dat ze niet deugde, dat ze een waardeloos stuk vreten was, maar ze wilde niet hier doodgaan, met haar gezicht in het vuilnis, als zomaar een stuk afval.

'Hoe voelt dat, Courtney?' hitste haar belager haar op. Zijn stem klonk ronduit vrolijk. 'Hoe voelt het om te weten dat je helemaal alleen bent? Dat niemand je komt redden?'

Ondanks de pijn voelde Courtney zich woedend. Ze spuugde een tand uit en kroop vastbesloten verder.

'Dat je pijn hebt, dat je écht pijn hebt?' Courtney kwam met haar rechterhand tegen iets scherps aan, waaraan ze haar huid openhaalde, maar ze slikte de pijn weg en bleef kruipen. Maar toen voelde ze dat haar achtervolger haar bij haar schouder vastpakte, haar bruut tegenhield en zich naar haar vooroverboog. Ze schrok er zo van dat ze amper tijd had om te reageren.

'Hoe voelt het om te weten dat je op deze verschrikkelijke plek dood zult gaan?' siste hij haar in het oor.

'Fuck you.'

Het bloed sproeide erbij uit haar mond, maar haar woede won het van de pijn.

'Nee, fuck yóú, Courtney.'

De hamer kwam recht tegen haar ribbenkast, zodat ze geen lucht meer kreeg en instortte. Even bleef ze doodstil liggen, bevangen door een onvoorstelbare pijn, maar toen dwong een laatste spoortje zelfbehoud haar opnieuw overeind te komen. Maar het was vergeefs, want ze had geen lucht in haar longen en geen kracht in haar ledematen, en zakte gebroken en verslagen weer op de grond in elkaar.

Mike Burnhams schoenen knerpten toen hij aan weerskanten van haar hoofd een voet neerzette. Toen hij zich bukte, hoorde ze zijn knieën knakken. Hij pakte haar vast bij haar haar, trok haar hoofd omhoog en bracht haar gezicht naar het zijne toe.

'Het einde is nabij,' fluisterde hij, waarbij hij haar met speeksel besproeide. 'Ik ga je nu vermoorden, terwijl je dochtertje toekijkt.'

Courtney hoestte bloed op, een harde, scheurende hoest, en daagde hem toen sputterend uit.

'Toe dan. Doe het dan. Maakt mij niet uit...'
Het was vreselijk, hopeloos, maar meer kon ze niet doen.
'O, reken maar dat ik het doe, wees maar niet bang. Maar eerst ga je mij vertellen waarom.'
'Waarom wat?' brulde Courtney niet-begrijpend.
'Waarom Jessica?'
Hij was nu zo dicht bij haar dat ze zijn warme adem in haar gezicht voelde.
'Er waren daar wel duizend andere kinderen. Waarom hebben jullie haar genomen? Waarom hebben jullie mijn dochtertje genomen?'
Zijn stem beefde van emotie, overmand door hartverscheurend verdriet. Courtney bezweek meteen voor zijn pijn en kwetsbaarheid, en werd overspoeld door een golf van ellende, schaamte en zelfhaat die alle verzet de kop indrukte. Maar in plaats van antwoord te geven begon ze te snikken.
'Nee, nee, nee. Jij gaat mij antwoord geven, kutwijf,' waarschuwde haar belager haar.
Courtney schudde hevig haar hoofd, ook al zag ze wazig en vlijmde de pijn door haar heen.
'Jullie hebben dat hele proces zitten lachen, jullie hebben geen woord tegen de politie gezegd, maar tegen mij ga je praten. Al moet ik er elk bot in je lichaam voor breken.'
De hamer dreunde opnieuw tegen haar zij, waarna er een grote golf bloed uit haar mond kwam. Courtney probeerde zich kokhalzend van hem af te wenden, maar hij pakte haar weer bij haar haren en trok haar hoofd met een ruk omhoog, zodat ze hem recht aankeek.
'Zeg het. Waarom heb je haar genomen? Waarom heb je mijn Jessica vermoord?'
Ze zag de pijn op zijn gezicht staan, ook al was hij in een staat van waanzin. En ze wist dat ze iets moest zeggen, ook al wist ze

zeker dat hij haar daarna zou vermoorden, ongeacht wat voor antwoord ze gaf.

'Waarom?'

Hij brulde haar het woord in haar gezicht, en eindelijk brak haar verzet. Courtney deed snikkend haar mond open om iets te zeggen. Ze wilde dat er een einde kwam aan haar lijden, misschien ook wel aan zíjn lijden, maar ze wist dat de waarheid meer pijn zou veroorzaken dan verzachten.

'Ik weet het niet...' fluisterde ze.

Hij keek haar ontzet aan.

'Ik weet niet waarom ik het heb gedaan, het spijt me...'

Hij keek haar woedend aan, zijn ogen waren nu twee donkere speldenprikken.

'Ik wilde gewoon iemand pijn doen. Het had niets met háár te maken...'

Hij liet haar als een steen vallen en ze klapte met haar gezicht tegen de grond. Even zag ze niets meer, maar toen kon ze nog net door haar half geopende oog iets van hem zien: hij beende krijsend en huilend op en neer. Zelfs vanuit haar positie, liggend op de grond, zag haar belager eruit alsof hij gek geworden was, helemaal van de kaart door wat ze had gezegd. Courtney dacht heel even dat hij misschien was bezweken, dat ze deze afschuwelijke beproeving tegen alle verwachting in misschien toch zou overleven. Maar het volgende moment ging haar hoop aan diggelen, want toen draaide de diepbedroefde vader zich plotseling met een duistere glans in zijn blik weer naar haar om. Ze had amper tijd om te reageren. Hij liep naar haar toe, zakte neer op zijn knieën, drukte haar gezicht tegen de grond en bracht zijn hamer nogmaals omhoog.

Hun gesprek was ten einde. Nu moest ze sterven.

127

'Ik wil alles horen wat u weet over Olivia Campbell.'
Christopher keek op en zag inspecteur Dabral met grote stappen op hem aflopen. Hij had zich het afgelopen uur op zijn kantoor verschanst, waar hij de brokstukken van zijn leven overzag en ervan overtuigd was dat het niet slechter kon. Maar nu stormde Chandra Dabral met vlammende ogen op hem af.
'Hoe bedoelt u? Ik begrijp niet...' sputterde hij om tijd te winnen.
Dabral reageerde niet op zijn verbijstering, maar pakte een stoel en ging tegenover hem zitten.
'Guy Chambers heeft ons al alles over jullie verhouding verteld, dus bespaart u zich de moeite,' zei Dabral op de man af. 'We weten dat u meer dan twee jaar een affaire met haar hebt gehad, dat de relatie pas onlangs is beëindigd... dus u gaat mij vertellen waar ze is, wat er speelt en waarom ze heeft geprobeerd om Guy Chambers die gelekte gegevens van de laatste tijd in de schoenen te schuiven.'
Christopher staarde haar met stomheid geslagen aan.
'Dat meent u niet.'
'Dat meen ik wel. Waar is ze?'
'Ik heb geen idee.'
Dabral keek hem indringend aan, maar zei niets.

'Echt, ik weet het niet. We hebben vanochtend ruzie gehad, maar sindsdien heb ik haar niet meer gezien.'

Guy Chambers had blijkbaar zijn graf voor hem gegraven, dus het had geen zin om het te ontkennen. De hele afdeling wist inmiddels dat hij er thuis uit was gezet en zou binnenkort ongetwijfeld ook te horen krijgen dat Olivia zwanger was.

'Wanneer was dat?'

'Rond half negen.'

'En dat was bij haar thuis in Tooting?'

'Ja, Chandos Place 83, flat A. Ik dacht eerlijk gezegd dat ze daar nog was, aangezien ze voor zover ik weet de hele dag niet op kantoor is geweest.'

'Ze is iets na negen van huis vertrokken,' verbeterde Dabral hem. 'En volgens de buren is ze sindsdien niet terug geweest. Waar ging die ruzie over?'

Christopher keek de inspecteur aan en vertelde toen somber verder.

'Olivia is gisteravond bij mij thuis langs geweest. Ze heeft met Penny, mijn vrouw, gesproken en haar verteld dat we een affaire hadden en dat ze zwanger van me was.'

'Nou, fijn kerstcadeau,' antwoordde Dabral op vlakke toon.

'Dus u kunt zich wel voorstellen hoe dat is gevallen. Ik heb vannacht in een Premier Inn in King's Cross geslapen en ben vanochtend meteen bij Olivia langsgegaan om even een hartig woordje met haar te spreken. Die vrouw heeft álles kapotgemaakt...'

'En hoe reageerde ze daarop?' vroeg Chandra. Zijn ellende kon haar duidelijk gestolen worden.

'Ze had er totaal geen spijt van. We hebben een paar minuten ruziegemaakt en toen heeft ze de deur in mijn gezicht dichtgeslagen.'

'En hoelang is dit allemaal al gaande?'

Christopher tuurde naar zijn handen en bestudeerde zijn nagels.

'Die relatie een jaar of twee, de ruzie een paar maanden. We hadden afgesproken ermee te stoppen, dat dat voor iedereen het beste was. Maar toen dacht ze er opeens anders over, wilde ze onze relatie nieuw leven inblazen en gebruikte ze de baby om druk op mij uit te oefenen, zodat ik bij Penny weg zou gaan.'

'Maar dat wilde u niet?'

'Nee, ik hou van mijn vrouw en ik hou van mijn zonen.'

'Dus heeft ze ervoor gekozen de bom te laten ontploffen.'

Het verbaasde Christopher dat ze dit zei zonder iets van triomfantelijkheid, zonder blijdschap over het feit dat de rokkenjager zijn verdiende loon had gekregen.

'Vertel me eens iets over haar carrière. Ze heeft veel ervaring met de begeleiding en herintegratie van ernstige delinquenten, toch?'

'Ja, ze heeft een tijdje in het noorden gewerkt en is een jaar of drie geleden naar Londen overgeplaatst.'

'En toen ze daar werkte, was Mark Willis een van haar cliënten?'

Christopher zweeg even en werd opeens een beetje misselijk.

'Ja, ze heeft Willis inderdaad een tijdje begeleid. Ze werkte in heel Lancashire, dus Bolton viel in haar regio. Ze hadden hem eerlijk gezegd nooit aan haar moeten toewijzen, want ze had al veel te veel op haar bordje...'

Waarom nam hij het voor haar op? Dat sloeg nergens op, maar om de een of andere reden voelde hij zich verplicht haar te verdedigen.

'Wat is er gebeurd?' vroeg de inspecteur kortaf.

'Aanvankelijk ging het wel goed, geloof ik, maar Olivia begon zich steeds meer zorgen om Willis te maken. Hij hield zich niet aan zijn avondklok, gebruikte drugs en alcohol, was 's avonds soms lang van huis...'

Hij zweeg opnieuw, want het was voor hem ondenkbaar dat hij tegenover een andere dienst de vuile was van de reclassering buiten hing. Maar ja, zijn carrière was toch al verwoest, dus wat deed het er nog toe?

'Er had zich een incident in Bolton voorgedaan. Een oude dame was 's nachts thuis aangevallen. Een jongeman met een skibril op probeerde haar te verkrachten. Gelukkig heeft ze zich weten te verzetten door de boel bij elkaar te schreeuwen en haar nagels in hem te zetten. Olivia kreeg hier lucht van, wist dat Willis de hele nacht op pad was geweest en ging naar hem toe om hem ter verantwoording te roepen. Hij deed ontwijkend, vijandig, maar had wel allemaal krassen in zijn hals. Ze vroeg hem op de man af of hij er iets mee te maken had en toen ging hij helemaal door het lint en viel haar aan. Ze heeft een nacht in het ziekenhuis gelegen en is toen linea recta naar haar chef gegaan. Ze eiste dat Willis zou worden aangehouden, misschien zelfs weer gevangenisstraf zou krijgen, maar haar baas wilde niet meewerken en zei dat er geen bewijs van was dat Willis bij de poging tot verkrachting betrokken was. Olivia was er honderd procent van overtuigd dat Willis wel degelijk een gevaar voor de samenleving vormde, maar ze kreeg bij haar baas nul op het rekest... en toen heeft ze per direct ontslag genomen.'

Dabral staarde hem aan en schudde vol ongeloof haar hoofd.

'Wat is er toen met Willis gebeurd?'

'Niet veel. Hij kreeg een nieuwe contactpersoon toegewezen en verder ging alles weer zijn gewone gangetje.'

'En Olivia? Ik wist niet dat zij ooit bij de reclassering weg was gegaan. Daarover staat niets in haar dossier,' voegde Chandra eraan toe, terwijl ze de pagina's doorbladerde die over haar cv gingen.

'Dat komt doordat ze haar van hogerhand hebben weten over te halen om met langdurig ziekteverlof te gaan en daarna ak-

koord te gaan met overplaatsing naar Londen.'
'Zodat de hele gebeurtenis netjes onder het tapijt kon worden geveegd,' concludeerde Dabral grimmig.
'Zoiets, ja,' gaf Christopher toe. Hij schaamde zich vreemd genoeg, hoewel hij er niets mee te maken had. 'Ze is nog een poosje in Manchester blijven wonen, maar ik denk dat ze eigenlijk een soort zenuwinzinking had. Maar ze moest bij haar moeder blijven, en dat boterde helemaal niet, want dat is echt een kreng van de eerste orde...'
Christopher zei het met gemeende afkeer, want hij dacht huiverend aan de vele avonden waarop Olivia haar haat jegens haar moeder had gespuid.
'En toen is ze hierheen gekomen en heeft ze u leren kennen?'
'Niet meteen. Ze was in het begin alleen maar bezig haar carrière weer op de rails te krijgen, hier een nieuw leven voor zichzelf op te bouwen.'
'Maar dat was geen succes?'
'Het was van meet af aan lastig. Londen was te druk, te duur, ze voelde zich hier nooit echt thuis. Ze miste Manchester, geloof het of niet. Bovendien had ze het verschrikkelijk druk op haar werk. Te veel zaken, te weinig tijd, zinloze bureaucratie, minimale supervisie. Ze ploeterde, zoals wij allemaal, omdat we niet genoeg geld krijgen, omdat reclasseringsambtenaren structureel worden ondergewaardeerd...'
Dabral onderbrak zijn tirade door haar hand op te steken ten teken dat het zo wel genoeg was.
'Maar goed, we konden het prima vinden samen en ze stortte haar hart vaak bij me uit. Zo is onze relatie begonnen.'
'En heeft zij er in de periode dat jullie iets met elkaar hadden ooit blijk van gegeven dat ze ontevreden was met haar baan?'
'Wat denkt u zelf?' antwoordde hij minachtend.
'Maar specifiek, heeft ze ooit gezegd dat misdadigers niet goed

werden begeleid, dat ze misschien tot recidive zouden vervallen, door gebrek aan nauwgezette supervisie?'

'Ja, heel vaak, maar dat geldt voor ons allemaal,' zei hij met klem. 'Het zou niet menselijk zijn als je er anders over dacht. Het hele systeem staat op instorten.'

'Hoe uitgesproken was ze daarover?'

'Hoe bedoelt u?' vroeg Christopher op zijn beurt argwanend.

'Ik bedoel: heeft zij zich tegenover u ooit denigrerend uitgelaten over haar cliënten?'

'Soms.'

'Heeft ze wel eens gesuggereerd dat ze misdaden begingen die niet aan het licht kwamen, dat ze de voorwaarden van hun vrijlating schonden, dat ze de regels omzeilden?'

'Ja.'

'En hoe reageerde ze daar dan op? Wat moest er volgens haar aan worden gedaan?'

'Ze kón er niets aan doen. Ze wilde dat er een paar werden aangehouden, maar wat had het voor zin? De gevangenissen zitten vol, daar is geen plaats voor die mensen. Ze heeft een keer gevraagd of een delinquent van haar lijst gehaald kon worden, maar wie had ruimte om diegene van haar over te nemen?'

'Heeft ze ook iets gezegd wat erop wees dat ze een en ander zelf wilde regelen? Dat ze haar cliënten iets wilde aandoen?'

'Tegenover mij niet,' antwoordde hij naar waarheid. 'Maar ze was... ze was somber, denk ik. Want haar moeder gaf niet om haar. Haar cliënten namen een loopje met haar. Haar chefs sloegen haar waarschuwingen in de wind...'

'En haar minnaar maakte haar zwanger en zette haar vervolgens aan de kant,' maakte Dabral het voor hem af.

Christopher reageerde niet, want hij had op haar overduidelijke veroordeling niets te zeggen. Was dat echt waar? Was híj onderdeel van het probleem? Had hij deze gevoelige, getroebleerde vrouw over het randje geduwd? Was zijn wrede afwijzing de druppel geweest? Het leek onmogelijk, maar als je het zo overzag, met de ene verpletterende afwijzing na de andere, zou het opeens zomaar kunnen.

128

Hij strompelde verder, zijn voeten bleven achter boomwortels steken, zijn armen aan doornstruiken haken. Jack had geen idee waar ze waren, geen idee waar ze naartoe gingen en ook geen idee wanneer deze verschrikking voor hem voorbij zou zijn. Hij wist maar één ding en dat was dat die kerels bloed wilden zien.

Hij had zich in het busje met hand en tand verzet, had naar zijn belagers geschopt, had zijn nagels in hun gezicht gezet, had in het wilde weg stompen uitgedeeld, maar het was drie tegen een. Al snel werd hij tegen de grond gedrukt, werden zijn handen vastgebonden en kreeg hij een smerige doek in zijn mond gepropt. Toen was het busje weggescheurd en werd hij hardhandig overeind getrokken. Maar de onderbreking was van korte duur, want hij kreeg een zak over zijn hoofd, en tegelijkertijd stompte een van zijn ontvoerders hem hard in zijn maag.

Het hieropvolgende half uur was verwarrend en angstaanjagend. Jack werd onder het rijden onophoudelijk heen en weer gesmeten. Hij lag op de koude vloer, verstikt door de mondprop, en probeerde adem te halen, want door het gebrek aan zuurstof en de hitte in de jutezak werd hij slap en duizelig. Niemand schoot hem te hulp, niemand stak een hand uit wanneer hij zich op zijn knieën omhoog probeerde te werken. Hij kreeg alleen zo nu en dan een schop, zodat hij weer op de grond viel, vergezeld van een stortvloed aan scheldwoorden. Elke gemene beschimping, elke hatelijkheid die hij naar zijn hoofd geslingerd kreeg, wakkerde de angst in zijn hart aan. Ze spraken duidelijk met een Southend-accent, en dat kon maar één ding betekenen. Hij was ontvoerd door familie van Billy Armstrong, en deze mensen gingen wraak nemen.

Terwijl ze hem uitscholden en van hun macht genoten, lag Jack in elkaar gedoken op de vloer zachtjes te snikken. Hij had het niet voor mogelijk gehouden, hij had gedacht dat uitgerekend híj deze plotselinge golf van vergelding zou ontlopen, maar Olivia had hem verraden. Zelfs in zijn donkerste uren had hij zich nooit kunnen voorstellen dat zíj hem zou aangeven, maar het kon niet anders dan dat zij met zijn ontvoerders had samengespannen en hem aan zijn lot had overgelaten. Zijn bloed kookte als hij eraan dacht hoe ze hem de les had gelezen, had gezegd dat hij een perverseling was, een schande voor de samenleving, maar die gedachte nekte hem ook en zoog alle verzet uit hem. Ze had hem er feilloos in geluisd en hem zonder pardon uitgeleverd aan zijn vijanden. En nu zou hij zijn straf moeten ondergaan.

Hij huilde gesmoord, want hij gunde zijn beulen niet nog meer plezier, en hij bad dat hij ter plekke in die zak zou doodgaan, dat hij zou stikken, een hartaanval zou krijgen, het maakte niet uit wat, als hij de pijn die onvermijdelijk zou komen maar kon ontlopen. Maar zoals te verwachten viel kwam er geen verlossing, geen bevrijding, en na ongeveer een half uur werd er plotseling op de rem getrapt. Even later schoof de deur open en werd hij met een ruk overeind getrokken.

Binnen vijf minuten bevonden ze zich diep in het bos, een eind van de gebaande paden af. Zijn ontvoerders hadden hem nu zijn kap afgedaan, zodat hij gewoon kon lopen, en hij tuurde wanhopig om zich heen of hij ergens een teken van leven zag, iemand die misschien kon ingrijpen en hem kon redden, maar ze hadden hun plek goed uitgekozen. Ze waren helemaal alleen in het dichte bos.

Jack werd met de minuut nog angstiger dan hij al was. De mannen liepen zwijgend verder, hun goede humeur verdween als sneeuw voor de zon en ze concentreerden zich op wat ze zo meteen moesten gaan doen. Jack herkende een paar van hen uit de rechtszaal: de bestuurder was Billy's vader, een van de anderen een oom. Ze keken allemaal hetzelfde: bars, vastberaden, verbitterd. Jack liet zijn hoofd hangen en begon met zijn voeten te slepen in de hoop deze gedwongen mars zo lang mogelijk te rekken, maar ze hadden hem door en sleurden hem mee, want zelf kwam hij amper vooruit. Terwijl hij zo werd meegesleept, dacht hij terug aan Southend, aan Danny, aan zijn moeder, aan een vuilnisbakkenpuppy, Chip genaamd, die ze hadden gehad toen hij klein was. Hij klampte zich aan deze herinneringen vast, concentreerde zich op momenten dat hij gelukkig was geweest, op die paar zonnestralen die hij had meegemaakt voordat die duistere dag in oktober was aangebroken. Maar de gedachten lieten zich moeilijk oproepen en toen werd hij door Billy's vader uit zijn dagdromen losgerukt. De man pakte hem bij zijn schouder beet en dwong hem op zijn knieën. Hij greep Jack bij zijn kin, duwde zijn hoofd omhoog en dwong zijn gevangene hem aan te kijken.

'Kijk maar eens goed naar dit knappe gezicht, Kyle, want dat is het laatste wat je ooit zult zien.'

Jack kermde, brulde van angst, maar de mondprop absorbeerde zijn ellende en smoorde het geluid. Billy's vader bukte zich en trok het ding uit zijn mond. Jack hapte naar adem en draaide zich toen naar zijn belager om.

'Doe het niet. Ik weet dat u me haat, ik weet dat het verkeerd was wat ik gedaan heb. Maar ik smeek u, alstublieft, doe het niet. Het is nooit mijn bedoeling geweest om Billy iets aan te doen, ik was gewoon een stomme jongen...'

Toen de vader de naam van zijn zoon hoorde, leek het wel alsof hij een elektrische schok kreeg, en hij stopte de prop weer in zijn mond. Jack bleef schreeuwen, kronkelen, bleef zijn belagers smekend aankijken, maar het haalde niets uit. Alle vier trokken ze kalm hun jas uit, rolden hun mouwen op, bewapenden zich met hamers, een moersleutel en een honkbalknuppel. Jack kon schreeuwen en gillen wat hij wilde, kon smeken te mogen blijven leven, maar het zou allemaal vergeefs zijn.
Hier bestond geen genade.

129

'Is dat 'r?'
'Geen idee, zou kunnen.'
'Kijk even goed. Is dit Olivia Campbell?'
Chandra Dabral wierp Christopher Parkes een boze blik toe. Hij keek heel gedesoriënteerd uit zijn ogen. Nadat ze zijn mea culpa had aangehoord, had ze hem meegesleept naar Scotland Yard, helemaal tot in het crisiscentrum. Hij zag er verward uit, en zij eerlijk gezegd ook, want nu ze een verdachte hadden, stroomden de aanwijzingen binnen. Maar er begon zich langzaam een beeld af te tekenen.

'Staat het vast dat ze op 2 december in Reading was?' vroeg Parkes, die er gespannen en ongelukkig uitzag.

'Honderd procent,' zei rechercheur Cooke. 'Volgens de tracking van haar telefoon was ze in Shepherd's Bush, op Oxford Circus en in Reading, zowel op 2 als op 5 december; op die laatste datum heeft ze daar een parkeerboete gekregen.'

'Echt iets voor Olivia,' mompelde Parkes bars.
'Dus? Ze is het?'
Chandra priemde met een boze vinger naar het beveiligingsbeeld op het scherm. Daarop was een lange vrouw te zien, in een dikke winterjas, naast een Vauxhall Corsa, zo te zien met een parkeerbon op de voorruit.

'Het zou zo te zien inderdaad haar auto kunnen zijn, hoewel ik het kenteken niet kan zien. Kunt u wat meer op haar inzoomen?'

Dat deed Chandra, en ze keek belangstellend toe hoe Parkes alle moed verloor toen hij de vrouw eindelijk herkende.

'Ja, dat is 'r. Die jas heb ik voor haar gekocht. Ik weet nog dat ze de riem zo mooi vond.'

'Oké, en die andere? Kijk nog eens goed...'

Ze klikte nog een beeld van de beveiligingscamera aan.

'Deze is twee dagen geleden in Pimlico genomen, op een steenworp afstand van het plein waar zij, vermoeden wij, een mobiele telefoon heeft neergelegd in een poging Guy Chambers als de schuldige aan te wijzen. Is dat 'r?'

Parkes boog zich naar voren en bekeek het beeld aandachtig. Deze vrouw zag er anders uit, met haar haar opgestoken, een donsjack en sneakers aan, en zuigend aan een sigaret was ze niet te vergelijken met de mondaine carrièrevrouw van de foto hiervoor. Maar ook nu zag Chandra dat Parkes ontzet was.

'Ja, dat is 'r. Ze heeft hier natuurlijk heel andere kleren aan, maar je ziet dat ze haar sigaret met een andere sigaret aansteekt. Een heel akelige gewoonte van haar.'

Hij zei het verbitterd, veelbetekenend, alsof dit op de een of andere manier een teken was dat ze een verdorven hart had.

'Weet u het zeker?' informeerde Chandra.

'Ja,' antwoordde Parkes zacht.

'Mooi. Oké, rechercheur Cooke, iedereen moet stoppen waar hij mee bezig is. Onze voornaamste prioriteit is nu dat we Olivia Campbell zien te vinden.'

'In het safehouse in Tottenham Hale is ze niet, ben ik bang. En Jack Walker ook niet.'

'Stuur een paar rechercheurs naar het kantoor aan Petty France, praat met haar collega's, met iedereen die haar goed kent. En geef haar signalement door aan de bureaus, want we moeten zo veel mogelijk agenten de straat op zien te krijgen. Met een beetje mazzel kunnen we uit de tracking van haar mobiele telefoon opmaken waar ze naartoe is, en misschien kunnen we haar dan voor zijn. Geef ook haar kenteken door, misschien dat de verkeerscamera's haar ergens zien...'

Rechercheur Cooke knikte ferm, liep snel weg en riep een paar collega's naar zich toe. Chandra draaide zich bezorgd naar Parkes om. Ze waren nu alleen.

'In hoeverre heeft Olivia Campbell toegang tot het Deliussysteem? Kon zij de meest vertrouwelijke dossiers lezen?'

'Nee, daar is haar functie niet hoog genoeg voor.'

'Hoe is ze er dan achter gekomen waar Baynes, Lawrence en Turner woonden? Wat hun nieuwe naam was? Zou ze die dossiers via een van úw apparaten hebben kunnen openen?'

'Nee, die kun je alleen op kantoor zelf inzien. Ze zou nooit hebben kunnen inloggen, zelfs niet als ze mijn computer had gebruikt, want dat zou na te gaan zijn.'

'Hoe dan?'

Parkes zag er opeens ontmoedigd uit en sloeg snel zijn ogen neer. Chandra wist genoeg.

'Hebt ú haar verteld waar ze woonden?'

'Nee. Althans, niet zoals u bedoelt. Ik... we... we hebben het vaak over casussen gehad als we alleen waren. Ik moest er met iemand over praten. En ik denk dat ze... in de loop der tijd... dat ze wel ongeveer een idee had waar ze woonden, wie hun contactpersoon was, zelfs hoe ze heetten...'

Chandra ontplofte. 'Dus we hebben dit verdomme allemaal te danken aan gesprekjes tussen de lakens?'

'Alstublieft, u moet me geloven, maar ik heb echt nooit gedacht dat ze die informatie op deze manier zou gebruiken. We waren gewoon twee collega's die met elkaar praatten, meer niet...'

Hij durfde verder niets meer te zeggen, want hij werd verpletterd door schaamte. Chandra keek hem verbijsterd aan.

'Nou, ik hoop dat het het waard was,' antwoordde ze vernietigend. 'Want uw gebrek aan professionaliteit, uw indiscretie, heeft levens gekost. Olivia Campbell is verantwoordelijk voor deze misdrijven, maar vergist u zich niet, meneer Parkes...'

Hij keek asgrauw naar haar op.

'U hebt bloed aan uw handen.'

130

Het was voorbij. Courtney Turner lag hulpeloos en kapotgeslagen in elkaar gedoken op de ijskoude grond en hoestte bloed op. Mike had heel lang over dit moment gedroomd, en nu was het dan zover. Hij hoefde het alleen nog maar af te maken. Zijn slachtoffer had weinig verzet geboden, want ze wist dat ze niet tegen haar belager op kon. Wílde ze gestraft worden? Wist ze diep in haar hart dat dit de prijs was die ze voor haar verdorvenheid moest betalen? Het maakte Mike niet uit, ze had zich gewonnen gegeven en daar had hij gebruik van gemaakt. Veel mensen zouden in de verleiding zijn gekomen om haar wreed en snel dood te maken, maar Mike had besloten er de tijd voor te nemen, want Jessica's langdurige marteling stond hem in het geheugen gegrift. Bijna een uur lang had hij schoen, vuist en hamer gebruikt om op elke centimeter van het lichaam van dit weerzinwekkende beest in te beuken, hij had tanden kapotgeslagen, botten gebroken en huid opengereten. Bij elke klap had hij gebruld van plezier en triomf, hij had genoten van het gevoel van bevrijding, in de wetenschap dat elke klap zoete wraak voor zijn teerbeminde dochter betekende. Jaren van pijn, frustratie en woede leken van hem af te vallen, alsof al dat lijden hem op dit moment had voorbereid. Hier ging het om. Dit was gerechtigheid. Hier werden rekeningen vereffend, en Mike was vast van plan er met volle teugen van te genieten. Courtney was totaal uitgeput en al een tijdje geleden gestopt met brullen. Ze was de pijn voorbij en had een punt bereikt waarop de klappen amper nog tot haar doordrongen. Haar lichaam was kapot, haar gezicht was een bloederige, aan gort geslagen bende. Ze was af en aan bij bewustzijn, soms was ze alert en dook ze in elkaar, dan zakte ze weer bewusteloos in elkaar, overmand door de pijn. Als dat zich voordeed, moest Mike haar aan haar kraag omhoogtrekken en hard tegen haar wangen slaan om haar weer bij bewustzijn te krijgen. En dan begon hij weer, meedogenloos en woest, terwijl zij op de grond in elkaar zakte. Maar zelfs Mike begon moe te worden, zijn armen werden zwaar, zijn gezicht zat onder het bloed, hij was buiten adem. Hij had al zijn gal, al zijn woede in deze verschrikkelijke afranseling gestoken, in de hoop op catharsis, maar de storm was vanzelf gaan liggen. Hij was bang dat hij uitgeput zou raken en zijn wraak niet zou kunnen voltooien, en dus vermande hij zich en maakte hij zich op voor de slotakte.

'Nou, Courtney, het is zover,' zei hij hees, en hij pakte de hamer stevig vast. 'Het was leuk, maar nu is het afgelopen.'

Hij greep haar bij haar haar en hees haar overeind, tot ze op haar knieën zat. Zo bleef ze met gebogen hoofd zitten en keek naar zijn schoenen, die onder de bloedspetters zaten, en wachtte op de genadeklap.

'Wil je nog iets tegen me zeggen? Je laatste woorden?'

Ze reageerde niet, bewoog niet, maar wachtte geduldig op het einde. Mike klemde zijn handen om de hamer. De adrenaline gierde door zijn lijf.

'We gaan het doen. Als je maar weet dat ik het niet voor mezelf doe, maar voor Jessica.'

Toen hij dat zei, bracht Courtney haar hoofd omhoog. Mike zette zich schrap, hief de hamer en spande zijn arm om toe te slaan. Tot zijn verbazing hief Courtney nu ook haar arm en stak verloren een hand naar hem uit om om genade te smeken. Mike schudde boos zijn hoofd en pakte de hamer nog steviger beet – voor zo iemand als zij bestond geen genade. Maar ze bleef naar hem gebaren, reageerde niet op alles wat hij haar naar het hoofd slingerde, maar kreunde zacht en wapperde wild met haar hand. Dacht ze nou echt dat hij niet zou doorzetten, uitgerekend op dit moment van triomf? Hij haalde diep adem, koos een punt op haar voorhoofd en richtte.

Maar toen hoorde hij het. Ze fluisterde zacht iets.

'Jailan.'

En nog een keer.

'Jailan.'

Toen begreep hij het. Ze richtte zich niet tot hém, maar probeerde contact te maken met haar dochter, die stil en uitgeput, maar wel wakker in haar buggy zat.

'Jailan…'

Mike sloot zich af voor haar zachte gesmeek, concentreerde zich opnieuw en zocht het punt weer.

'Het spijt me, liefje. Mama houdt van je…'

Ze fluisterde het, zacht maar krachtig; ze wilde dat haar kind haar hoorde, dat ze haar liefde voelde, ze wilde tot het bittere eind bij haar dochter zijn. Maar wat had Mike daarmee te maken? Hij was er niet bij geweest toen Jessica stierf. Hij greep Courtneys haar beet, bracht de hamer nogmaals omhoog, en nu moest hij moedig zijn, nu moest hij het afmaken.

'Ik hou van je, schatje van me…'

Plotseling werd het Mike te veel, en hij brulde het uit van woede en pijn. Hij liet Courtney los, die snikkend op de grond in elkaar zakte. Ergens had Mike zin om zich op haar te storten en haar de vergetelheid in te slaan… maar hij kón het niet. Hij had het gewild, hij had het met heel zijn hart gewild, maar nu hij op het punt stond deze jonge moeder te vermoorden, merkte hij dat hij zijn hart niet genoeg kon wapenen om het ook echt af te maken. Hij wist dat hij Jessica in de steek had gelaten, maar hij had het niet in zich ook hún liefde kapot te maken.

Mike schreeuwde het uit van frustratie, gooide de hamer op de ongelijkmatige grond en maakte zich uit de voeten. De tranen stroomden hem over de wangen.

131

Het zoemen hield maar niet op en stoorde haar, eiste haar aandacht op. Olivia trok kwaad de telefoon uit haar zak en zag tot haar verbazing dat het Isaac Green was. Ze was benieuwd waarom hij belde en kwam in de verleiding om op te nemen, maar deed dat toch niet. Ze was net bij haar auto aangekomen en moest zo snel mogelijk terug naar kantoor om alarm te slaan over Jacks 'verbijsterende' verdwijning.
Ze trok het portier open, nam plaats in haar oude Corsa, startte de motor en schoof haar telefoon in de houder. Ze had het echter nog niet gedaan of er verscheen een bericht van Isaac op het scherm. Nieuwsgierig opende ze het en las het.

De politie is hier. Ze willen je spreken over de gelekte gegevens. Wat is er in godsnaam aan de hand?

Kort en duidelijk, maar wel een mokerslag. Olivia keek vol ongeloof naar het bericht. Hoe waren ze in vredesnaam bij haar uitgekomen? Chambers zat nog in hechtenis, en bovendien was ze heel voorzichtig, heel behoedzaam te werk gegaan. Hoe kon het in godsnaam dat ze háár nu in beeld hadden?
In een fractie van een seconde moest ze een besluit nemen. Ze kon teruggaan naar kantoor en de confrontatie aangaan, maar

dat Jack op dezelfde dag verdwenen was dat ze haar op het spoor waren gekomen, was zo toevallig dat deze mogelijkheid afviel. Het zou een heilloze onderneming zijn, die er alleen maar op zou uitlopen dat zij de gevangenis in draaide.

'Godverdomme...' vloekte ze, en ze gaf een harde klap op het stuur.

Zo had het niet moeten lopen, dit was niet het einde dat ze voor ogen had gehad. Maar ze was ervan overtuigd dat ze haar doorhadden, dat Chandra Dabral het wist. Ze pakte haar telefoon uit de houder, deed het raam open en gooide hem naar buiten. Toen gaf ze gas en spoot weg. Het was nooit haar bedoeling geweest, maar nu had ze geen keus.

Ze moest vluchten.

132

Graham Ellis keek eerst geschrokken en vol afgrijzen naar hem, maar schoot hem toen snel te hulp.
'Jezus christus, Mike. Gaat het?'
'Ja, goed, ik heb niks.'
'Maar je zit onder het...'
'Dat is niet míjn bloed.'
De voormalig inspecteur bleef abrupt staan. Hij begreep het niet. Het duurde even tot het tot hem doordrong, maar toen zag Mike het besef in de ogen van zijn vriend dagen.
'Mag ik alsjeblieft binnenkomen?' vroeg Mike toen, met een stem waar de schaamte vanaf droop.

Het was een vreemd tweetal, daar tegenover elkaar aan tafel. Ze hadden daar heel vaak gezeten, maar nooit zó: Graham asgrauw en in shock, Mike dodelijk vermoeid en helemaal onder het opgedroogde bloed. Graham had hem met klem te kennen gegeven dat hij nergens aan mocht komen, dat hij niets mocht schoonmaken, en had hem naar een stoel geloodst, opdracht gegeven te blijven zitten en ondertussen zijn telefoon gepakt. Die hield hij nog in zijn hand, maar hij aarzelde om te bellen en keek Mike in plaats daarvan aan met een blik van ontstellende spijt en verpletterende teleurstelling.

'Heb je haar... heb je haar gedood?'
Hij had Courtneys naam tot nu toe niet genoemd, en Mike ook niet, maar de voormalig agent wist intuïtief wat er was gebeurd, alsof hij al die tijd al bang was geweest dat het een keer zou gebeuren. Mike schudde bedroefd zijn hoofd; hij werd plotseling overmand door verdriet en vernedering. Hij vond het echt verschrikkelijk dat hij zijn oude vriend ooit had gewantrouwd, dat hij diens goedbedoelde advies in de wind had geslagen door deze onvoorstelbare wreedheid te begaan.
'Waar is ze?'
'Op de vuilnisbelt van Drayton Park, de oude...'
'Ik weet waar het is,' onderbrak Graham hem kortaf. 'Is ze bij bewustzijn?'
'Ik denk van wel.'
'En het kind?'
Mike zag aan Grahams gezicht dat hij het bijna niet durfde te vragen, dus stelde hij hem snel gerust.
'Is daar ook. Ongedeerd.'
Graham knikte opgelucht, stond op om het alarmnummer te bellen en vertelde waar de ambulance naartoe moest. Hij draaide Mike zijn rug toe terwijl hij zachtjes stond te telefoneren, alsof hij hem wilde afschermen voor de verschrikkelijke gevolgen van zijn daad – een jonge moeder die op een afschuwelijke verlaten plek voor haar leven vocht – en toen hing hij op en liep terug naar de tafel. Hij ging zitten en keek Mike ernstig aan.
'Ik moet nu de politie bellen, Mike.'
Mike knikte en staarde naar de tafel, want hij schaamde zich te erg om zijn vriend zelfs maar aan te kijken.
'Het lijkt me het beste als we samen naar het bureau gaan. Ik kan iets over de context vertellen en een goed woordje voor je doen, maar of het veel uithaalt... Wat jij vandaag hebt gedaan... is afschuwelijk. En daar zul je voor gestraft moeten worden.'

De wrede ironie kwam keihard bij Mike binnen. Jarenlang had hij Courtney veracht, de misdadiger, de sadist, de moordenaar. En nu zou hij worden opgebracht, moest hij zijn vingerafdrukken afgeven, zou er een politiefoto van hem worden gemaakt en zou hij uiteindelijk als een wrede, meedogenloze schurk aan de wereld worden gepresenteerd.

'Het gaat hier om ontvoering, ernstige mishandeling, waarschijnlijk ook poging tot moord. Daar staat een forse gevangenisstraf op.'

Zijn stem klonk zo bedrukt dat Mike de tranen in de ogen sprongen. Hij schaamde zich dood, was ten prooi aan diepe wanhoop en besefte op dat moment wat hij allemaal zou kwijtraken.

'Waarom, Mike? Waarom heb je je leven vergooid? Waar was het allemaal goed voor?'

Mike gaf geen antwoord, maar staarde naar zijn handen. Er gleed een traan over zijn wang.

'Ik bedoel, voel je je er beter door? Ben je nu gelukkiger?'

Nu keek Mike wel op, want hij kon Grahams vorsende vraag niet negeren. Hij keek de man aan en schudde langzaam zijn hoofd. Nee, hij voelde zich niet beter. Hij voelde zich zelfs slechter. Die reactie had de voormalig agent ook wel verwacht, maar het leek hem toch flink te raken.

'Wat zonde, wat zonde...' zei hij zichtbaar ontdaan.

Het werd Mike te veel en hij richtte zich tot zijn vriend.

'Het spijt me, Graham. Het spijt me ontzettend.'

'Dat moet je niet tegen mij zeggen,' antwoordde Graham somber. 'Dat moet je tegen Rachel zeggen. En tegen Alison. Zij houden van je, zij hebben je nodig. Hoe moeten zij dit nu allemaal weer verwerken?'

'Alsjeblieft, Graham, maak het niet nog erger voor me...'

Graham keek hem bedroefd en hologig aan. Mike wist dat hij

meer moest zeggen, maar hoe moest hij de gekte verklaren die hem even in haar greep had gehad?

'Ik... ik dacht dat ze geen mens was,' mompelde hij toen. 'Ik dacht dat ze een beest was, een monster. En ze wás ook wreed, gewelddadig, sadistisch... maar ze was ook in staat tot liefde, tot echte liefde. Ik heb haar de afgelopen tien jaar gehaat, ik werd gevoed door mijn woede... en waar was het allemaal goed voor?'

Er kwam geen antwoord op zijn radeloze vraag, maar aan het gezicht van zijn vriend zag hij dat er in hem geen oordeel schuilde, maar alleen verdriet en spijt. Daardoor voelde Mike zich nog ellendiger, want hij had liever gezien dat Graham tegen hem tekeer was gegaan, dat hij kwaad was geworden omdat hij zo stom en zo wreed was geweest, maar de voormalig agent was wijzer en vriendelijker dan hijzelf. Die stond alleen maar op en hielp Mike overeind.

'Kom,' zei hij. 'Laten we het maar gewoon doen.'

133

Het was tijd om er een eind aan te maken. Om deze zaak te sluiten. Maar ze hadden de misdadiger nog steeds niet te pakken.

'Ze hebben hem op straat in de buurt van het safehouse van Jack Walker gevonden,' meldde rechercheur Reeves buiten adem. 'Het is zonder meer de telefoon van Campbell; het lijkt erop dat ze hem heeft weggegooid. Een agent komt hem nu brengen.'

'Iemand moet haar gewaarschuwd hebben,' antwoordde Chandra kwaad. 'Ze heeft er op de een of andere manier lucht van gekregen dat we haar wilden spreken. Waarom zou ze anders haar telefoon hebben weggegooid?'

'Ze verdwijnt hoe dan ook van de radar,' beaamde Reeves. 'Ze duikt ergens onder of ze vlucht.'

'Ik denk het laatste. Ze heeft geen partner, amper familie en niet veel vrienden, dus wie zou haar onderdak moeten bieden? We moeten contact leggen met de plaatselijke recherche, hun vertellen wat er is gebeurd, zeggen dat Jack Walker verdwenen is, wellicht ontvoerd, en dat ze zo snel mogelijk naar Tottenham Hale moeten gaan. Onze prioriteit is om Olivia Campbell te vinden.'

Reeves liep snel weg om een en ander te regelen, en Chandra liep met grote passen naar rechercheur Buckland toe.

'Is Campbell al op Heathrow, Gatwick of Luton gesignaleerd?'

'Nog niet. We hebben ook mensen naar King's Cross, Euston, Liverpool Street en Paddington gestuurd, maar die hebben haar ook nog niet gezien.'

'En op de weg? We weten dat ze met de auto is, dat ze er vanochtend mee is vertrokken. Hebben nummerbordherkenning en de verkeerscamera's iets opgeleverd?'

'Nog niet, maar we weten eerlijk gezegd niet goed waar we moeten zoeken – ze kan overal naartoe zijn gegaan...'

'Ja, maar als ze slim is, probeert ze het land uit te komen. Vandaar dat ik denk dat ze naar de veerboothavens zal gaan, dus dat is de M3 of de A3, afhankelijk van de vraag of ze naar Southampton of Portsmouth wil...'

Buckland tikte het als een razende in, maar schudde toen teleurgesteld zijn hoofd.

'Of ze probeert de tunnel, via de M20.'

'Die heb ik net geprobeerd.'

'Probeer het nog een keer.'

Buckland deed het schoorvoetend, maar ging snel rechtop zitten toen er iets op het scherm verscheen.

'Vauxhall Corsa, LK14TFV, op naam van Olivia Campbell, is drie minuten geleden in de buurt van afslag 3 van de M20 gezien,' zei hij ademloos.

'In welke richting?'

'In de richting van Folkestone.'

'Hebbes,' antwoordde Chandra, en de adrenaline joeg door haar heen. 'Geef het maar door.'

Buckland pakte onhandig zijn telefoon en deed wat hem was gevraagd.

'We hebben haar,' zei Chandra er nog achteraan.

134

Olivia bleef strak naar de weg kijken, gaf plankgas en joeg auto's voor haar weg. Ze wist dat ze door zo agressief te rijden het risico liep de aandacht op zich te vestigen, maar ze had geen keus. Ze had geen idee hoe acuut de politie al naar haar zocht, in welke mate ze ervan overtuigd waren dat ze schuldig was, maar ze wist dat ze er verstandig aan deed zo snel mogelijk het land te verlaten. Ze had haar paspoort bij zich, tweehonderd pond aan cashgeld en een paar creditcards. Dat was niet veel, maar voorlopig even genoeg, en misschien kreeg ze hiermee wat tijd om ergens in Frankrijk of Spanje iets te vinden waar ze zich schuil kon houden. Het was een hopeloze toestand, het zou karig worden, maar zo waren haar kaarten nu eenmaal geschud. Het ging er nu alleen nog om dat ze in leven bleef.

Het was niet zoals ze het voor ogen had gehad. Misschien was het wel dom geweest om te denken dat ze ermee zou kunnen wegkomen, want ze was geen doorgewinterde crimineel, maar het was wél volgens plan verlopen. Willis had zijn verdiende loon gekregen, iets wat hij allang had moeten krijgen, net als Baynes, en allebei waren ze ten onder gegaan op een manier die in haar ogen volkomen terecht was. Jack Walker plukte op dit moment de vruchten van zíjn misdrijf, en Janet Slater lag in het ziekenhuis met ernstige brandwonden, en haar leven lag in puin.

Ze wist alleen niet zeker hoe het met Courtney Turner was afgelopen, maar aangezien Mike Burnham duidelijk géén contact had gezocht met de politie ten aanzien van de gevoelige informatie die Olivia hem drie dagen geleden had gestuurd, wist ze zeker dat hij de zaak zelf afhandelde, zoals ze al die tijd zeker had geweten. Burnham, die zich vaak in de pers had beklaagd over de lichte straf die Turner had gekregen, had haar altijd al een lont geleken die alleen maar even aangestoken hoefde te worden. Ze passeerde afslag 6 naar Maidstone, Burnhams woonplaats, en glimlachte even en knikte haar laatste clandestiene beul stil en eerbiedig toe.

Pas op het laatst was de boel uit de hand gelopen. Ze had zichzelf in gedachten ongedeerd uit de strijd tevoorschijn zien komen, terwijl Firth ontslag nam, Christopher hem opvolgde en Guy Chambers overal de schuld van kreeg. Zijn gevangenisstraf en ondergang zouden wel aan haar geweten hebben geknaagd, want ze was ooit erg gesteld geweest op de opgedofte druktemaker, maar hij had er tot op zekere hoogte zelf om gevraagd met zijn uitgesproken denkbeelden en zijn roekeloze gedrag. Toen de gelegenheid om hem de schuld in de schoenen te schuiven zich aandiende, had ze die bovendien gewoonweg niet aan zich voorbij kunnen laten gaan. Zodra dat allemaal voor elkaar was en zodra ze ontslag bij de reclassering had genomen, zou Christopher haar op een gegeven moment misschien wel vergeven en zou hij tot het inzicht komen dat hij beter een nieuw gezin kon stichten met een vrouw die echt van hem hield dan jaar in jaar uit in zijn eentje kerst te moeten vieren. Ze kon het natuurlijk met geen mogelijkheid zeker weten, maar het was nu toch allemaal niet meer aan de orde.

Vreemd zoals het leven je in de steek liet. Olivia had altijd geprobeerd het goede te doen, te zijn wat mensen van haar verwachtten. Ze was een hardwerkend, gewetensvol en plichtsgetrouw meisje geweest, een optimistische, idealistische en gedreven jonge vrouw, een toegewijde, vastberaden en ijverige werknemer, maar wat had het haar opgeleverd? Ze was gekleineerd en verwaarloosd door een moeder die een zoon wilde, verleid door een charmante leugenaar die van twee walletjes wilde eten, verraden door degenen op wie ze dacht te kunnen vertrouwen. Ze had haar uiterste best gedaan om het goede te doen, ze had geëist dat Willis naar de gevangenis werd gestuurd, maar ze had er alleen wrok, wantrouwen en degradatie op haar werk voor teruggekregen. Aanvankelijk had dat haar verbaasd en was ze geschrokken van de pijnlijke les dat geen enkele goede daad onbestraft blijft, maar na verloop van tijd was Olivia het gaan begrijpen. Zíj was de afwijking van de norm geweest, niet al die anderen. Zíj wisten dat je naar believen de regels kon overtreden, zonder sancties of herstel, waarmee ze herhaaldelijk bewezen dat het dus inderdaad waar was dat aardige mensen altijd het onderspit moesten delven. Dit was wat haar werk bij Zijne Majesteits reclassering haar had geleerd.

Olivia scheurde door, de ene na de andere afslag vloog voorbij. Folkestone was haar doel, en zodra ze daar was, zou een heel nieuw toekomstpad zich voor haar openen. Ze zou naar het vasteland gaan, zich daar een paar maanden gedeisd houden, en dan in een nieuwe stad met een nieuwe identiteit weer opduiken. Ironisch dat haar dit nu zo'n fijn idee leek, gezien de gebeurtenissen van de laatste tijd. Het zou de kers op de taart zijn en ze zou er met volle teugen van genieten.

Ze zat nog steeds met een glimlach op haar gezicht over haar toekomstplannen te mijmeren toen haar iets opviel. Ze keek in haar achteruitkijkspiegel, en toen ze blauwe flitslichten achter zich zag, bestierf haar glimlach. Ze bleef in hetzelfde tempo doorrijden, tuurde en zag dat er over de M20 vier auto's in hoog tempo haar kant op kwamen. De angst vlamde door haar heen, ze richtte haar ogen weer op de weg en trapte het gaspedaal flink in. De auto schoot naar voren, de motor stuwde haar loeiend weg van het gevaar. Het was midden op de dag en er het was niet druk, dus Olivia schoot flink op. Ze zwenkte van de ene rijstrook naar de andere om haar achtervolgers vooral vóór te blijven. Ze keek nog een keer snel in haar achteruitkijkspiegel en zag tot haar schrik dat ze dichterbij kwamen. Ze keek of ze niet ergens van de weg af kon, een oprit, een afslag, het maakte niet uit wat, als ze maar van de snelweg af kon en op stille landweggetjes de achtervolgingsauto's kon kwijtspelen. Ook hierin werd ze teleurgesteld, want tot Folkestone kwamen er nu geen afslagen meer. Wat moest ze dan doen? Ze moest maar naar de haven toe rijden, zich daar zo goed mogelijk proberen te verstoppen en dan ondertussen een nieuw plan bedenken. Dit scenario was verre van ideaal, maar iets anders zat er nu niet meer voor haar op.

Terwijl ze hierover nadacht, werd haar laatste hoop echter de grond in geboord. De auto's voor haar hadden gas teruggenomen, en Olivia begreep nu waarom. Even verderop had de politie een blokkade opgeworpen, over de hele breedte van de snelweg. Op het wegdek waren scherpe punten neergelegd om banden lek te prikken, en daarachter stond een hele slagorde aan politieauto's. Overal om haar heen zetten auto's ter waarschuwing hun knipperlichten aan, en het was alsof de onophoudelijke gele flitsen luidkeels het gevaar verkondigden waarin zij zich bevond.

De achtervolgingsauto's kwamen nu dichterbij, de fuik sloot zich langzaam. Wat nu? Ze kon het opgeven en zich ter plekke overgeven. Ze kon van de weg af rijden, de berm in, en dan kijken of ze te voet kon ontkomen. Maar deze vluchtpoging zou zowel roekeloos als van korte duur zijn, iets wat door het dreigende geronk van de politiehelikopter boven haar hoofd werd benadrukt. Dus bleef er maar één optie over. Het was niet wat ze wilde, en het was ook niet eerlijk, maar het was het enige wat haar nu restte, en in bepaalde opzichten was het ook wel gepast. Je kon veel van haar zeggen, maar ze was geen lafaard.

De achtervolgers zaten bijna op haar bumper, dus ze had niet veel tijd meer. De Corsa bleef in volle vaart op de wegblokkade af rijden, maar Olivia gaf nu echt plankgas en keek gretig naar de snelheidsmeter, die naar de 160 kilometer per uur ging. Bijna op hetzelfde moment raakten haar banden de scherpe punten, en alle vier knalden ze tegelijk kapot, waardoor ze de macht over de auto verloor en die met een levensgevaarlijke snelheid naar voren vloog.

Olivia sloot haar ogen, haalde diep adem en slaakte toen een luide overwinningskreet. Haar autootje knalde met een misselijkmakende dreun tegen de stilstaande auto's aan.

DAG 6

135

De grond was bedekt met een dikke laag rijp en het gras gaf met een tevreden stemmend geknerp mee onder haar voeten. Ellen Townsend voelde zich die ochtend heel opgetogen en was een en al optimisme en opgewektheid. De cadeautjes uit de kerstkousen waren opengemaakt, de kalkoen stond in de Aga, ze had haar hele familie om zich heen en het was op de koop toe ook nog eens de mooiste kerstochtend die ze ooit had meegemaakt. De lucht was blauw, de zon scheen, maar er lag een dikke witte laag rijp. Een perfecter kerstplaatje kon je je niet wensen, en Ellen was dan ook intens blij dat ze leefde.

Het was zoals altijd een hectische en drukke ochtend geweest, maar toen de familie eenmaal de deur uit was om hun traditionele ochtendwandeling te maken, was alles weer wat rustiger geworden. Max, haar bordercollie, was in elk geval een stuk blijer nu hij door het bos kon rennen, in plaats van binnen te moeten blijven, en ze gooide nog een keer zijn bal voor hem en zag hem tot haar genoegen het struikgewas in rennen. Hij kon nogal onstuimig en een beetje te enthousiast zijn, maar ze koos voor hun wandelingen altijd een plek uit waar niet veel mensen kwamen, dus ze wist zeker dat hij niemand zou lastigvallen.

Ellen liep lekker stevig door, ademde de frisse winterlucht diep in en luisterde naar het gebabbel van Gerry en de anderen.

Het was doodstil, op hun opgewekte gesprekken na, en dat betekende dat ze hen goed kon verstaan, dus luisterde ze gezellig mee. Gerry en zij waren altijd blij als de meisjes thuis waren, al was de dynamiek natuurlijk anders nu ze allebei een vriend hadden. Anders, en in sommige opzichten beter, vond ze. Ze hield van gezelschap, ze vond het leuk om voor veel mensen te koken, en Gerry vond het zo te merken wel fijn dat er wat mannen bij waren, dus dat was mooi meegenomen. Veel mensen hadden het niet zo goed getroffen als zij, en Ellen stond daar op kerstochtend altijd even bij stil, maar ze kon niet ontkennen dat ze zelf heel tevreden was, en opgewonden zelfs. Het zou een mooie dag worden.

De anderen waren nu bijna bij haar, dus ging ze iets langzamer lopen. Ze zag dat Max nog niet terug was. Dat verbaasde haar, en ze riep hem, maar er kwam geen reactie. Ze liet de anderen passeren en ging toen achter hem aan. Ze riep hem weer en floot twee keer. Meestal kwam hij dan wel terug, want fluiten was voor Max onlosmakelijk verbonden met een hondensnoepje. Maar nog steeds geen Max.

Ellen baande zich zuchtend een weg door het dichte gebladerte. Ze was eerder benieuwd dan gealarmeerd, want Max ging er wel vaker vandoor, maar dook dan ineens weer op en sprong uit de struiken op haar af. Ze ontweek de doornstruiken, maar hoorde toen iets wat haar de rillingen bezorgde. Gejammer. Zacht, hoog gejammer.

Had hij zich pijn gedaan? Was hij met zijn poot in een konijnenhol vast komen te zitten? Was hij verstrikt geraakt in doornstruiken? Ze ging sneller lopen, in de richting van het geluid, tussen twee grote eiken door, en kwam toen uit op een kleine open plek. Meteen bleef ze staan. Max was zo te zien ongedeerd, maar was duidelijk wel in alle staten en danste jankend om een man heen, die op de ijskoude grond lag.

Ellen aarzelde en werd plotseling bang. Wie was deze man? Een dronkaard? Een zwerver? Stel dat Max hem wakker maakte, hij plotseling opstond en boos en vijandig deed? Ze draaide zich om en wilde al weglopen en Gerry roepen, maar toen viel het haar op dat de man niet bewoog. Hij lag er zelfs doodstil bij, ook al maakte Max steeds meer kabaal, bijna alsof hij...

Ellen was bang, maar kwam een stap dichterbij, en toen nog een. En toen zag ze het. Bloed. Heel veel bloed, in een gestold plasje rond de roerloze man. Was hij gevallen? Had hij zichzelf verwond? En zo ja, hoelang had hij hier dan al gelegen? Het was gisteren behoorlijk koud geweest en als hij hier de hele nacht had gelegen, gaf ze hem niet veel kans.

'Gerry, kom snel!'

Haar roep galmde door het bos en er kwam meteen reactie op. Daarna hoorde ze voetstappen haar kant op komen. Dat gaf Ellen moed, en ze zette nog een stap naar de man toe.

'Hallo?'

De man bewoog nog steeds niet. Ellen was nu dicht bij hem en zag zijn gescheurde kleren, zijn trainingspak dat onder het bloed zat en zijn rechterarm, die lelijk gebroken was en los aan het ellebooggewricht hing. Ellen sloeg een hand voor haar mond en kwam nog een stap dichterbij, zodat ze nu bijna boven op de man stond. Ze wist bijna zeker dat hij dood was, maar ze moest toch proberen hem te helpen, kijken of er nog iets gedaan kon worden.

Ze stak trillend een hand uit, trok aan zijn schouder en draaide hem om. Het lichaam van de man schommelde en draaide toen naar zijn rug, zodat hij naar haar opkeek. Ellen slaakte onmiddellijk een gil die door het bos galmde. Plotseling kon ze niet ophouden met gillen, want wat ze hier zag, was te afschuwelijk voor woorden. De man was niet gewoon dood, maar was doodgeslágen. Zijn armen en benen waren kapot, zijn huid zag zwart van de blauwe plekken, zijn kleren waren aan flarden gescheurd. Maar het ergst van alles was zijn gezicht, dat geen gelaatstrekken meer vertoonde, dat niets herkenbaars meer had en alleen nog maar een bloederige massa was en bijna helemaal in elkaar was gestort.

Ellen wist dat deze aanblik haar de rest van haar leven zou achtervolgen: de aanblik van een jongeman die zo toegetakeld, zo geschonden was dat zelfs zijn eigen moeder hem niet zou herkennen.

136

Mike staarde hem vol ongeloof aan en kon zijn oren niet geloven.

'Maak je nou een geintje?' stamelde hij toen hij eindelijk zijn stem had teruggevonden.

'Over zoiets zou ik nooit een grapje maken,' wees Graham Ellis hem terecht. 'Ik heb het van de inspecteur zelf gehoord. Courtney Turner weigert te zeggen wie haar heeft mishandeld, ze zegt dat het haar eigen schuld was en weerspreekt ronduit alles wat jij hun hebt verteld.'

'Maar de politie heeft toch bewijzen: de foto's die ze op het station hebben genomen, mijn kleren met háár bloed erop. Dat is toch genoeg om mij aan te klagen?'

'Dat zou kunnen, maar als het slachtoffer ontkent dat de mishandeling zelfs maar heeft plaatsgevonden, hoe groot is dan de kans dat het een rechtszaak wordt?' wierp de politieagent ferm tegen. 'En als ik heel eerlijk ben, weet ik ook niet of de wil er wel is om dit door te zetten, gezien de omstandigheden.'

Mike keek Graham verbijsterd aan.

'Begrijp me niet verkeerd,' ging de man verder. 'Wat jij hebt gedaan, is helemaal verkeerd, maar iedereen begrijpt de context, iedereen weet wat jij hebt meegemaakt. Ze hebben ook oog voor het feit dat je bent weggelopen, dat Courtney op een gegeven moment zal herstellen.'

'Hoe gaat het met haar?' vroeg Mike aarzelend, verpletterd door schuldgevoel.

'Niet goed, zoals je wel begrijpt,' antwoordde Graham voorzichtig. 'Haar gebit is met spoed behandeld, ze heeft in allebei haar armen een pin en ze moet een paar weken in het ziekenhuis blijven, maar haar vriend springt bij, en haar zus ook. Ze heeft een stevig netwerk en genoeg steun om hierdoorheen te komen, maar de aanslag zal zijn sporen wel nalaten.'

'Bij ons allebei,' zei Mike ernstig.

Graham knikte. 'Je mag van geluk spreken dat je er zo van afkomt, Mike,' zei hij. 'Courtney heeft besloten je niet aan te geven en daarmee heeft ze je jaren in de gevangenis bespaard, dus het is nu tijd om haar achter je te laten. Om verder te gaan en je nieuwe leven met Rachel, Alison, je familie en vrienden te omarmen. Ik weet dat je jezelf er altijd de schuld van hebt gegeven dat Jessica vermoord is, maar het is de schuld van Courtney en Kaylee geweest, en van niemand anders. Courtney weet dat, en dat is de reden waarom ze nu tegenover jou genade toont. Maar dit moet nu echt het einde zijn, Mike. Dit moet voor jou een nieuwe start inluiden.'

Mike werd plotseling overmand door emoties en vocht tegen zijn tranen.

'Je hebt gelijk. En het spijt me dat ik niet eerder naar je toe ben gekomen, dat ik er niet op heb vertrouwd dat jij me hierdoorheen zou helpen. Die fout zal ik niet nog een keer maken.'

'Dat doet me deugd,' antwoordde Graham hartelijk, en hij opende zijn armen en trok Mike naar zich toe. 'Je moet hiervan profiteren, Mike. Dit is een meevaller.'

'Een meevaller?' zei Mike met een stem die verstikt was door emoties. 'Een regelrecht kerstwonder, zul je bedoelen.'

137

Emily boog zich naar voren en probeerde te horen wat er werd gezegd. Meteen verging ze van de pijn, want zelfs bij de geringste beweging joeg er vlammende pijn door haar heen. Ze slaakte een kreet en zakte naar adem happend terug in het kussen. En terwijl ze daar stil en roerloos lag, hoorde ze opnieuw Sams stem.

'Het kan me niet schelen wat uw opdracht is. Ik wil met mijn moeder alleen zijn.'

De politieagent mompelde iets dwingends, wat Emily niet kon verstaan, maar toen hoorde ze Sam weer, schel en dringend.

'Mij best. Arresteer me dan maar. Maar ik wil even wat privacy.'

Toen ging de deur open en kwam Sam binnen en deed hem stevig achter zich dicht. Hij oogde ernstig, zijn voorhoofd stond gefronst, en Emily merkte dat ze meteen gespannen raakte. Ze had Sam sinds de brand niet gezien en had geen idee hoe hij nu over haar dacht, zeker nu hij zelf gewond was geraakt in een verhitte worsteling met Robert Slater, een voorval dat ertoe had geleid dat hij een paar dagen in hechtenis had gezeten. Hoe je het ook wendde of keerde, ze had zijn leven verwoest, het op zijn kop gezet, en dat was ook de reden waarom ze ervan schrok dat hij hier nu plotseling was. Zowel zijn aanwezigheid als zijn houding deed vermoeden dat hij iets belangrijks te zeggen had.

'Hé, lieverd,' zei ze hees. Door te praten sprongen haar lippen.
'Hé, mam,' antwoordde Sam. Hij was zichtbaar geschrokken van hoe ze eraan toe was.
'Ik zie er niet uit, hè? Maar ik leef gelukkig nog…' zei ze grappend, maar ze kermde wel van de pijn.
'Het komt wel weer goed,' zei Sam, en hij ging naast naar zitten. 'De dokters zeiden dat de meeste brandwonden niet ernstig zijn en na verloop van tijd wel zullen genezen.'
'Het had echt heel anders kunnen aflopen,' antwoordde Emily. 'Maar ik was er nog niet aan toe om het leven al vaarwel te zeggen. De gedachte aan jou gaf me de kracht om te vechten.'
Sam liet zijn hoofd hangen en staarde naar zijn handen. Hij vond de gedachte aan zijn moeder midden in een bulderende vlammenzee nog steeds moeilijk.
'Dat gen heb ik blijkbaar doorgegeven,' ging ze vlug verder. 'Ik heb gehoord over jou en je oom.'
Ze huiverde bij de gedachte dat haar puberzoon met die moordzuchtige broer van haar had liggen vechten. Oké, Robert Slater zat nu in hechtenis en kon hun nooit meer iets aandoen, maar ze wenste dat die twee elkaar nooit waren tegengekomen.
'Je had dat niet moeten doen, lieverd. Hij had je wel dood kunnen maken.'
'Of hij had jóú dood kunnen maken,' antwoordde Sam snel. 'En dat kon ik niet laten gebeuren, niet na alles wat je hebt moeten doorstaan. Ik… ik geloof dat ik de woede die jij vroeger hebt gevoeld nu wel wat beter begrijp. Ik geloof dat ik die ook een beetje voelde toen ik…'
'Zeg dat niet, Sam,' onderbrak Emily hem vurig. 'Wat jij hebt gedaan, was iets totaal anders. Jij probeerde iemand te beschermen. Terwijl ik… nou, wat ik gedaan heb, was onvergeeflijk.'
'Dat begrijp ik. Ik zeg alleen maar dat ik het nu snap. Ik snap nu hoe eenzaam, hoe kwaad, hoe hulpeloos…'

'Nee, Sam. Ik ben het er niet mee eens. Ik ben blij dat je vandaag gekomen bent, echt heel blij, maar ik wil niet dat je hier komt uit medelijden of plichtsgevoel. Ik meende het wat ik zei, de laatste keer dat we elkaar zagen. Ik ben waardeloos, schadelijk, en daarom ben je zonder mij beter af. Ik hou van je, Sam, ik hou met hart en ziel van je, en daarom wil ik alleen maar wat voor jou het beste is. Je hebt nu de kans om zonder mij opnieuw te beginnen. Pak die kans, zet jezelf voor deze ene keer eens op de eerste plaats, sla een nieuwe weg in.'

Het was gemakkelijk gezegd, maar heel moeilijk te verteren. Emily zou er kapot van zijn als Sam haar de rug toekeerde, maar ze wist dat ze hem de kans moest geven om voor eens en voor altijd aan de donkere schaduw van haar verleden te ontsnappen. Sam deed er een hele tijd het zwijgen toe en veegde zijn tranen af. Emily wilde niets liever dan hem troosten, maar ze wist dat ze daar het recht niet toe had, zelfs als ze er fysiek toe in staat zou zijn geweest. Eindelijk keek Sam op en keek haar met zijn rood geworden ogen aan.

'Ik ga helemaal nergens naartoe, mam. Ik blijf bij jou, voor altijd.'

Emily hapte naar adem en haar hart zwol.

'Ik heb heel lang kunnen nadenken over wat je hebt gedaan, over wat er in Bridgend is gebeurd. Ik weet dat daar een prijs voor moet worden betaald, een prijs die jij dag in dag uit betaalt, en dat jij... dat wíj de dood van die meisjes nooit goed kunnen maken.'

De tranen stroomden over Emily's kapotte wangen, want de herinneringen waren vers en deden nog steeds pijn. Sam veegde ze weg.

'We kunnen het verleden niet veranderen, we kunnen het niet uitvlakken, maar we hoeven niet dezelfde fouten te blijven maken. Je bent al vaak genoeg afgewezen.'

Nu begon Emily te snikken. Hij was zo wijs, zo volwassen, zo goedhartig dat het haar overmande. Hij pakte haar hand, hield haar gewonde vingers in de zijne en liet zijn tranen ook de vrije loop.

'De enige vraag,' wist hij tussen het snikken door uit te brengen, 'is hoe ik je voortaan moet noemen.'

Emily glimlachte even, vermande zich toen en zei: 'Emily. Zeg maar gewoon Emily tegen me.'

138

Op de gang hoorde ze haar naam fluisteren, en verpleegkundigen, dokters en portiers keken als ze langsliepen even snel door het kleine ruitje naar binnen. Olivia was ervan overtuigd dat haar komst voor enorme beroering in het William Harvey-ziekenhuis had gezorgd, dat ze zelden zulke zware misdadigers in hun midden hadden, met handboeien vastgemaakt aan het bed en voor iedereen te zien. Een enkele durfal had zelfs geprobeerd door het ruitje heen een foto van haar te maken, maar werd dan hardhandig door agenten verwijderd. Olivia vond het wel grappig dat ze zo lang onder de radar was gebleven, maar nu bijna een beroemdheid was en dat haar naam synoniem stond voor het kwaad.

Eerlijk gezegd was het een wonder dat ze er nog was. Ze was op volle snelheid op het politiekordon in gereden en had gedacht dat ze ter plekke zou overlijden. Tegen alle verwachtingen in had haar aftandse Corsa haar gered; de airbag had zich onmiddellijk opgeblazen en haar daarmee voor ernstig letsel behoed. Ze had een gebroken enkel, haar schouder lag uit de kom en ze had een gemene whiplash, maar verder was ze grotendeels ongedeerd. Zo dacht inspecteur Dabral er in elk geval wel over, van wie ze zo nu en dan op de gang een glimp opving. De inspecteur popelde om haar te kunnen ondervragen, en ze zag haar met de artsen bakkeleien, maar die waren zo voorzichtig dat Dabral vooralsnog geen toegang tot haar had gekregen, en dat bood Olivia tijd om na te denken.

Aanvankelijk was ze woedend geweest, en daarna radeloos dat haar poging om zichzelf van het leven te beroven was mislukt. Maar toen het medisch team testen bij haar kwamen uitvoeren om te checken hoe het met haar gezondheid én met die van haar baby was gesteld, was ze van gedachten veranderd. Ze geloofde niet echt in het lot of in karma of meer van dat soort onzin, maar het leek haar wel een teken dat ze het had overleefd, en met name dat haar baby het had overleefd. Ze was vastbesloten geweest om aan alles een eind te maken, en nu was ze vastbesloten om haar situatie te aanvaarden, waarbij ze haar ondervraging, haar arrestatie en haar proces wilde aangrijpen om een paar vervelende dingen aan te kaarten – tegenover de politie, de rechters en het publiek. Ze zou geen berouw tonen, ze zou hen tarten, de wereld een spiegel voorhouden en mensen uitdagen haar tegen te spreken. Het was duidelijk dat ze voor meerdere misdrijven zou worden veroordeeld, niet in de laatste plaats voor aanzetten tot moord, dus het had geen zin om de boel te verdoezelen of om er doekjes om te winden – ze zou niets achterhouden. Maar dat betekende niet dat ze de rest van haar leven achter tralies moest doorbrengen om voor haar eerlijkheid te boeten.

Op dat punt verscheen de baby in beeld: het grote geluk dat hij het had overleefd was voor haar de stimulans die ze nodig had om te blijven vechten. Wat de rechter en de jury ook over haar mochten denken, ze konden er niet omheen dat ze nu een alleenstaande aanstaande moeder was, en dat ze niemand had die haar kon helpen haar kindje groot te brengen of te verzorgen zodra dat bundeltje geluk eindelijk het levenslicht zag. Ze zouden er grote moeite mee hebben om een moeder naar de gevangenis te sturen en haar van haar pasgeboren kind te scheiden, en Olivia was van plan daarvan te profiteren. Het was wel duidelijk dat ze met haar rug tegen de muur stond, dat het strafrechtsysteem alles in het werk zou stellen om haar te straffen, maar de foetus die binnen in haar groeide, was een middel om hun hooguit een pyrrusoverwinning te gunnen, om aan de straf te ontkomen die ze in de ogen van veel mensen had verdiend. Ze had nu een troefkaart in handen, en die ging ze gebruiken ook.

Want als iemand het systeem wist te bespelen, dan was zij het wel.

139

Terwijl zijn politieradio onophoudelijk kwetterde, stond rechercheur Fulford energiek van zijn ene voet op de andere te springen en sloeg hij zijn gehandschoende handen tegen elkaar. Dat deed hij deels om de bittere kou tegen te gaan, maar ook om zijn zenuwen te verjagen. Dit huisbezoek wilde hij op geen enkel moment in het jaar afleggen, maar al helemaal niet met kerst.

Hij keek even zenuwachtig naar Lindsey Hall, de familieagent die met hem mee was, en toen klopte hij nog een keer aan. Het was al de derde keer dat hij had geprobeerd om iemand wakker te maken, maar nu hoorde hij binnen dan eindelijk toch iets. Een paar tellen later ging de deur voorzichtig open en keek een vrouw hem met afgetobd gezicht over de ketting heen aan.

'Wat moet u?' vroeg de vreemde verschijning met een duidelijk hoorbaar Southend-accent.

'Mevrouw Peters?' antwoordde rechercheur Fulford. 'Mevrouw Pam Peters?'

'Kan zijn. Wat is er?'

Haar vijandigheid en haar argwaan waren tastbaar, en dat maakte het voor Fulford nog moeilijker.

'Mogen we even binnenkomen? We kunnen beter binnen even praten.'

'Met kerst? Dat meent u niet. Ik wil geen smerissen binnen, en vandaag al helemaal niet. Het interesseert me echt niks of een van die ellendelingen zich in de nesten heeft gewerkt, dat zoeken ze zelf maar uit. Dus zeg wat u te zeggen hebt en dan opgesodemieterd.'

Fulford negeerde haar beledigende taal. 'Niemand heeft zich in de nesten gewerkt, maar er is wel iets gebeurd,' antwoordde hij kalm. 'Dus wilt u op zijn minst even de deur opendoen, zodat we normaal met elkaar kunnen praten?'

Pam Peters haalde met een zucht de ketting van de deur, deed hem iets verder open. In haar ene hand had ze een glas en in haar andere een smeulende sigaret.

'Nou?'

Fulford schraapte zijn keel. 'Het gaat over uw zoon, Kyle,' ging hij verder. 'Het spijt me, maar hij is vanochtend dood aangetroffen in een bos in Essex.'

'In Essex? Wat moest-ie daar nou weer?'

'Dat zijn we nog aan het uitzoeken, maar het ziet ernaar uit dat Kyle daar tegen zijn wil mee naartoe is genomen en toen om het leven is gebracht. Gecondoleerd, mevrouw.'

De moeder van middelbare leeftijd keek hem met een borende blik aan, maar toonde geen enkele emotie.

'Ik dacht wel dat jullie een keer zouden langskomen,' zei ze kil. 'Ik had alleen niet gedacht dat het met kerst zou zijn.'

'Dat kan ik me voorstellen, en we vinden het ook heel erg. Ik ben hier met een familieagent, Lindsey Hall. Vindt u het niet fijn als we binnenkomen en even bij u blijven?'

'Nee, dank u,' beet Pam Peters snel terug. 'Je hebt je werk gedaan, dus wegwezen nu.'

En met die woorden sloeg ze de deur in zijn gezicht dicht.

140

'Vertel, lieverd. Ik wil álles horen.'

Mike keek Rachel aandachtig aan; hij was bang dat zijn dochter zou dichtklappen of hem zelfs zou afwijzen. Ze wist niets over de mishandeling van Courtney, want Alison had gelukkig besloten het haar nog niet te vertellen, maar Mike had de afgelopen jaren zo veel schade aangericht, zijn dochter zo vaak laten zitten, dat het niet vreemd was als ze hem afwees. Hij had min of meer verwacht dat Alison de deur voor hem gesloten zou houden en hij was er al helemaal op voorbereid geweest dat Rachel hun kerstbabbeltje al zou beëindigen voor het goed en wel was begonnen. Maar tot zijn grote opluchting en blijdschap begon ze te vertellen.

'Nou, niks bijzonders. Ik ben gewoon met een paar andere vijfdeklassers uit Beaumont de verpleeghuizen in de buurt langs geweest. We hebben een paar volksliedjes gezongen en zijn daarna meteen doorgegaan met de kerstliedjes. Ze vonden het prachtig. Een paar mensen zeiden dat we hun daarmee echt een mooie kerst hadden bezorgd.'

'O, wat geweldig, schat,' reageerde Mike trots en aangedaan.

'Maar het leukste komt nog. Het leukste, en dat mocht ik van mama niet aan je vertellen, is dat onderweg naar huis een jongen me mee uit heeft gevraagd.'

'Aha…'
'Kijk niet zo geschrokken. Hij is heel aardig. Hij heet James en hij zit met geschiedenis bij me in de klas. Ik dacht dat hij me niet leuk vond… maar wel dus.'

Ze giechelde erbij en bloosde hevig, en Mike moest glimlachen.

'Nou, hartstikke leuk, lieverd. Maar ik moet wel nog wat meer over hem horen voordat ik je toestemming geef met die jongen om te gaan.'

'Papa!' kreunde Rachel, en ze trok een geërgerd gezicht.

'Nou, kom op, ik wil alles over hem horen.'

Rachel deed wat haar werd gevraagd en vertelde heel opgewonden over haar nieuwe vriendje, over wat ze met oudjaar ging doen, over haar dromen voor de toekomst. Mike hing aan haar lippen, zoog het allemaal in zich op en was intens dankbaar dat hij zo'n levendig, grappig en zorgzaam kind had. Ze was gewoonweg een zegen, iemand die hij haar hele leven wilde koesteren, liefhebben en steunen. En dat was dan ook precies wat Mike de komende jaren ging doen; hij zou hard zijn best doen om te veranderen en om de vader te zijn die Rachel verdiende.

Voor nu vond hij het gewoon fijn om hier te zitten en te luisteren, en om alle kleine details van haar leven tot zich te nemen. Vroeger was hij afgeleid, getergd en ongelukkig geweest, maar nu zat hij ontspannen en tevreden naar Rachels levendige gezicht te kijken, terwijl zij honderduit tegen hem kletste. Jessica zweefde ergens rond – dat kon niet anders, zeker met kerst – maar hij zág Rachel nu, Rachel, en niemand anders. Er was geen ruimte voor woede of verbittering, Mike voelde die dag vrede in zijn hart en was gelukkiger dan ooit met de qualitytime die hij met zijn geweldige dochter kon doorbrengen.

Het was het mooiste kerstcadeau dat hij zich ooit had kunnen wensen.

141

'Kijk eens aan, wie hebben we daar?'
Olivia zat gesteund door kussens in haar ziekenhuisbed en glimlachte hartelijk naar Chandra Dabral. De inspecteur stond aan het voeteneind en reageerde niet, maar keek de patiënt vol walging aan.

'Het spijt me dat ik u met kerst bij uw familie moest weghalen,' ging Olivia opgewekt verder. 'Maar ach, dat krijg je als je zo belangrijk bent, hè?'

'Ik ben hier niet om spelletjes te spelen, Olivia, en ook niet om grapjes te maken,' antwoordde de inspecteur streng.

'Dat verbaast me.'

'Ik ben hier alleen maar om jouw versie van de gebeurtenissen te horen. Hoe, wanneer en waarom.'

'Dat weten jullie vast allemaal al,' antwoordde Olivia lachend. 'Jullie hebben vast al met Guy en met Christopher gesproken, dus jullie weten al hoe gemakkelijk het allemaal was.'

'Dat woord zou ik er gezien de omstandigheden zelf niet voor gebruiken.'

'Nou, dat was het wel. De benodigde informatie verzamelen was een fluitje van een cent. Christopher heeft me bijna alles gegeven, de rest heb ik van Isaac en de anderen. De informatie verspreiden was ook niet moeilijk, nee, het moeilijkste was zorgen

dat de gelekte gegevens de juiste reactie opleverden. Maar daar had ik me ook geen zorgen over hoeven maken. De familie Bridge, de familie Armstrong, de familie Slater, en zelfs die stomme Mike Burnham stonden te popelen om dat uitschot te grazen te nemen. En neem het ze eens kwalijk.'
'Is dat de reden waarom je dit hebt gedaan?' reageerde Dabral afkeurend. 'Om te zorgen dat er "gerechtigheid" zou geschieden?'
'Nou en of. En daar ga ik me niet voor verontschuldigen,' zei Olivia trots. 'Sommige mensen zijn al slecht als ze geboren worden, punt uit. Voor hen is de dood de enige oplossing.'
'Daar ga jij niet over.'
'Maar in dit geval wel, hè?' wierp Olivia zelfverzekerd tegen. 'En het enige waar ik spijt van heb, als je het zo kunt noemen, is dat Janet Slater en Courtney Turner het er levend af hebben gebracht.'
'Het was jouw taak hen te beschermen,' protesteerde Dabral. 'Jouw taak om te zorgen dat ze een nieuw leven konden beginnen.'
'Het was mijn taak om de maatschappij te beschermen. En wat dat nieuwe leven voor die beesten betreft...'
Olivia wuifde het hele idee met een nonchalant gebaar weg, alsof ze het een lachertje vond. Dabral werd woedend en wilde terugslaan, maar Olivia was haar voor.
'Ze kunnen niet veranderen, dat begrijp jij toch ook wel? Willis, Walker, Slater... die zouden altijd een gevaar voor de samenleving zijn, dus ik had toch geen keus? De rechters en de reclassering tolereren die mensen natuurlijk en vergeven ze eindeloos alles wat onvergeeflijk is... maar dankzij mij zullen die beesten het nooit meer op zwakke en kwetsbare mensen gemunt hebben. Sommige mensen zullen me wel veroordelen om wat ik heb gedaan, maar in mijn ogen was hun dood gerechtvaardigd, noodzakelijk en volstrekt moreel verantwoord. In veel opzichten wa-

ren het zelfs genadige moorden, want die beesten konden niet stoppen, ook al zouden ze het willen.'

'Wanneer ben je zo verknipt geraakt?' vroeg Dabral, en ze schudde vol minachting haar hoofd. 'Zo'n schande voor je beroep.'

'Dat krijg je als je twintig jaar bij de reclassering werkt. Maar ik heb er veel geleerd, hoor.'

Olivia keek de inspecteur aan, die verbijsterd leek te zijn over haar ontspannen houding en heldere geest.

'Snap je het nou echt niet, Chandra?' ging Olivia lachend verder. 'We zijn allemaal als slechte mensen geboren. Een kindermoordenaar, een trouweloze geliefde, een verwaarlozende moeder – het zijn allemaal verschillende punten op dezelfde schaal, want alle mensen zijn egoïstisch, achteloos en wreed. Dat is de waarheid. Zodra je je dat realiseert, wordt dat hele idee van een reclassering een grap, een valse, obscene grap. Het idee dat mensen echt een nieuw leven willen is net zo'n grote mythe als het idee dat ze dat ook echt kunnen. Jack Walker heeft dat de afgelopen dagen dubbel en dwars bewezen, maar dat wist ik allemaal allang. Mensen kunnen niet getemd of genezen worden – we zijn wat we zijn. Dus moeten we ons zo gedragen als we zelf prettig vinden. Dat heeft Mark Willis gedaan, dat heeft Jack Walker gedaan. En dat heb ik ook gedaan, zou je kunnen zeggen, hoewel ik natuurlijk aan de goede kant stond.'

'Maakt jezelf dat vooral wijs. Maar ik geloof er geen woord van,' antwoordde Dabral duister. 'Volgens mij heb je het allemaal gedaan omdat je boos en verbitterd was. Jij hebt deze mensen verraden, je hebt ze vermoord, omdat je dat wilde, omdat je daar een soort pervers genoegen aan beleefde.'

'O, ik zal niet doen alsof ik het alleen maar uit onbaatzuchtige motieven heb gedaan,' antwoordde Olivia schokschouderend. 'Ik heb inderdaad genoten van de chaos, de morele paniek en de totale meltdown van de ruimdenkende duiders wereldwijd. En ja, misschien heb ik ook wel van de geheimhouding genoten, dat ik Chambers, Isaac en Christopher heb lopen piepelen en dat ik iedereen een rad voor ogen heb gedraaid. Het was leuk geweest om erbij te zijn toen ze erachter kwamen hoe erg ze belazerd waren, maar ach, je kan niet alles hebben, toch?'

'Dus je voelt je oprecht niet schuldig over wat je hebt gedaan?' vroeg Chandra.

'Over het lijden van die beesten? Nee, totaal niet. Dat was hun verdiende loon.'

'Godallemachtig, ze zijn doodgeslagen!' riep de inspecteur uit. 'Hun hoofd is met honkbalknuppels en hamers ingeslagen. Hun tanden zijn kapotgeslagen. Baynes is met een mes in zijn gezicht gestoken. Allemaal dankzij jou. En toch kun je mij recht aankijken en zeggen dat je níéts voor die mensen voelt? Geen medelijden? Geen wroeging?'

'Geen sprankje,' zei Olivia met een glimlach. 'Je zou het mijn levenswerk kunnen noemen, mijn bijdrage aan de samenleving. En weet je wat nog het leukste is, Chandra?'

Olivia wenkte de inspecteur naderbij, en die boog zich naar haar toe.

'Als ik de kans kreeg, deed ik het zo weer.'

Dankwoord

De auteur wil graag iedereen bij Orion bedanken die heeft meegewerkt aan de totstandkoming van *Eye for an Eye*: agent Hellie Ogden – redacteurs Emad Akhtar, Celia Killen en Sarah O'Hara – persklaarmaker Claire Wallis – corrector Linda Joyce – eindredacteurs Jane Hughes, Charlie Panayiotou, Tamara Morriss en Claire Boyle – audio: Paul Stark, Jake Alderson, Georgina Cutler – contracten: Dan Herron, Ellie Bowker, Alyx Hurst – financiën: Nick Gibson, Jasdip Nandra, Sue Baker en Tom Costello – inventaris: Jo Jacobs en Dan Stevens – ontwerpers Nick Shah, Joanna Ridley en Helen Ewing – productie: Ruth Sharvell en Katie Horrocks – marketing: Lindsay Terrell en Helena Fouracre – publiciteit: Leanne Oliver en Ellen Turner – verkoop: Jen Wilson, Victoria Laws en Esther Waters – de verkoopteams Digital, Field, International en Non-Trade – team verkoopactiviteiten – rechten: Rebecca Folland, Tara Hiatt, Alice Cottrell, Ruth Blakemore, Ayesha Kinley en Marie Henckel.

LEES MEER VAN

M.J. Arlidge

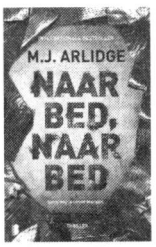   

Verkrijgbaar als